専門職としての臨床心理士

ジョン・マツィリア／ジョン・ホール──［編］　下山晴彦──［編訳］

東京大学出版会

What is Clinical Psychology? Third Edition
Originally published in English by Oxford University Press, 1999
This translation is published by arrangement
with Oxford University Press.
Copyright© John Marzillier and John Hall, 1999
Japanese Translation by Haruhiko Shimoyama
University of Tokyo Press, 2003
ISBN 4-13-011112-4

日本語版への序文

　世界的にみて臨床心理学が専門活動として本格的な発展を開始したのは1940年代からである．まずアメリカ合衆国で重要な発展がみられた．その後，さまざまな国々が続き，臨床心理学は，それぞれの国の事情を反映するかたちで発展してきた．つまり，専門活動としての臨床心理学は，健康に関する社会的要請，政府の施策の優先順位，専門職教育の普及との関連で，それぞれの国ごとに異なる発展を遂げてきている．

　このように国ごとの相違はある．しかし，それにもかかわらず，臨床心理学の知識と実践については，違いを超えた，確固とした共通性がある．それは，多くの研究論文や有効な実践活動にはっきりと示されている．日本とイギリスの間にも，明確な共通性がみられる．それは，両国いずれにおいても子どもを対象とした心理援助から臨床心理士の活動が始まったことである．現在，イギリスの臨床心理学は，本書で解説されているように，子どもだけでなく，多種多様なクライエントを対象とした活動に発展してきている．おそらく，同様な発展が，日本においてもみられるであろう．

　臨床心理士は，メンタルヘルスの問題だけでなく，問題行動や身体疾患に付随する心理的苦悩に関わり，そのような事態についての心理学的理解を絶えず深めてきた．そして，心理学的理解の蓄積は，新しい理論や新たな実践のかたちの開発につながってきている．イギリスにおいては，この20年間に臨床心理士の数は，顕著な増加をみている．また，臨床心理士が活動する臨床の場や社会的ケアの場は，多様な方向に拡大している．本書は，そのような発展や多様化について具体的に解説するものである．

　臨床心理学の実践活動は，常に発展してきている．そこで，私たちは，その発展を本書に反映させるために，この15年以上の間に3回改訂を行ってきた．最新版である本書では，ヨーロッパおよびその他の国々における実践活動についても言及している．いずれの国においても，国民の健康と社会生活を改善し，維持するためには，臨床心理士の知識と技能をどのように活用するのが最もよいのかということを検討せざるを得なくなっている．臨床心理士の活用にあたっては，医療保健，教育，社会福祉といった領域における他の専門職とどのような協力体制を形成するのがよいのかということが重要なテーマとなる．

私たちは，下山晴彦博士がオックスフォードに滞在中に，このような臨床心理学の発展における多様性について多く語り合った．日本において臨床心理学がさらに発展していくためには，解決していかなければならないさまざまな課題があること，そしてヨーロッパにおける臨床心理学の実践を知ることは日本の臨床心理学が直面している課題の解決に役立つ可能性があることを議論した．下山博士によって本書の価値が見出されたことは，私たちの喜びである．それとともに，日本語訳によって，本書が広く日本の読者の役立つところとなったことを嬉しく思う．

　　　2003年1月，オックスフォードにて

ジョン・マツィリア
ジョン・ホール

第3版の序文

　多くの人々から，しばしば臨床心理士の仕事について尋ねられる．例えば，友人，患者，同僚などから，「一体，臨床心理士とは，どういう職業なのですか」「あなた方は，一体何をしているのですか」「精神分析家や心理療法家とは，どのように違っているのですか」といった質問を受ける．本書を書くことの目的のひとつは，そのような問いに答えるためである．

　私たちは，臨床心理学に関する「よい本」がすでに数多く出版されていることは承知している．その中にはとても優れた本も数多く見受けられる．しかし，それらは，以下の2点において私たち臨床心理士に向けられた問いに答えていない．

　まず第1に，そのような本のほとんどがアメリカのものなのである．確かに，北アメリカにおける臨床心理学の実践と，ヨーロッパやその他の地域における実践とでは共通した側面はある．しかし，そこには大きな違いがあるのも事実である．ひとつ重要な例を挙げてみよう．例えば，イギリスではほとんどの臨床心理士は，国民健康サービス（National Health Service）で働いている．したがって，臨床心理上は，本質的には健康に関するコミュニティのニーズに合わせて働く公務員である．いっぽうアメリカでは，ほとんどの臨床心理士は，個人開業において臨床実践を行い，健康保険会社の優先権が介在するマーケットの需要に応えている．そのような違いが，臨床心理士がどのように働き，どう在るかということに大きく影響しているのである．

　第2の理由は，これまで出版された臨床心理学の本のほとんどが，どちらかというと理論と実践の細部にこだわった解説書になっているということである．ほとんどの本が，特定の問題や特定の技法に焦点を当てる構成となっている．そのため，読者は，時間を充分取り，それらを順次読みこなすといった心構えが必要となる．それに対して私たちは，本づくりにあたって，読者が臨床心理士の仕事の何たるかを知ることができるような構成とするように心懸けた．とりわけ最新の実践も含めて臨床心理士の仕事の実際を伝える本にしたいと考えた．

　臨床心理士は，さまざまな領域の臨床現場で，さまざまな患者や利用者の相談に応じて働いている．そこで，本書は，各章ごとに，それぞれの領域ごとに臨床心理士の活動を記述する構成とした．これは，現在行われている実践とより一致していて，最も賢明な区分といえよう．また，読者の多くは，ある種の患者のグ

ループに特に興味をもつであろう．その場合，このような臨床領域ごとの構成は，読者の関心に応えるものとなる．例えば，主に子どもを担当する臨床心理士もいれば，老人を対象とする臨床心理士もいる．あるいは，知的障害をもつ人を対象とする臨床心理士もいる．

　本書では，それらの各領域で臨床実践に関わっている臨床心理士に各章の執筆をお願いした．いずれの執筆者にも共通しているのは，自身の専門領域に固有な知識や技法だけでなく，その他にもさまざまな知識や技法を用いて臨床活動を行っていることである．各章での不要な重複を最小限にするよう努めたが，そのような事情からそれぞれの章の記述において多少の重複が避けられない面があるといえる．本書を読むにあたっては，読みやすさという点では最初の章から読み始めるのがよいだろう．しかし，本書は，必ずしも最初から終わりまで読み通さなければいけないというものではない．

　さまざまな領域の臨床現場の実践を示すことは重要である．なぜならば，現場における実践こそが，この30年間の臨床心理学の発展の大部分を支えてきたからである．私たちは，まさに臨床現場での実践において臨床心理士として働いてきたのである．本書が版を重ねる度に，新たな章を付け加える必要が出てきた．そのようなこと自体が，臨床心理学の発展を反映しているものといえる．当初私たちは，成人のメンタルヘルスの領域で臨床心理士の仕事をスタートさせた．そこでは，紹介されてきた患者に対して心理測定的なアセスメントを行い，その一部の人たちに行動療法的処置をするだけであった．しかも，それは，適用範囲がひどく限られたものであった．それが，当時の臨床心理士の役割であった．ところが，現在では，私たちが対処する範囲は驚くほど拡大してきている．

　10年前の初版以来，臨床心理学は，その扱う対象を急激な勢いで拡大，発展させてきている．私たちは，第3版の準備をするにあたって，このような臨床心理学の成長を取り入れるように細心の注意を払ってきた．臨床心理学は，活気に満ちた専門職業として，まさに発展し続けているのである．

　本書をまとめるにあたっては，多くの方々の援助を受けた．ここで，助けてくれた全ての皆さんに感謝の意を表したい．特に，最新版である本書の各章の執筆者の方々，以前の版の各章の執筆者の方々，草稿にコメントをしてくれた方々，その他有用なコメントを伝えてくれた方々に感謝したい．

　　　　　　　　　　　1998年5月，オックスフォードにて　　J. S. M.　　J. N. H.

専門職としての臨床心理士——目次

日本語版への序文　i
第3版の序文　iii

I　臨床心理学の専門性

1　臨床心理学とは何か ── 2

1. はじめに (2) ／ 2. 心理学とは何か (3) ／ 3. 痛みの心理学 (6) ／ 4. 臨床心理士とは，どのような職業か (9) ／ 5. 臨床心理学の発展史 (13) ／ 6. 訓練と資格の問題 (15) ／ 7. 臨床心理士は何をするのか (19) ／ 8. 臨床心理学の統合的アプローチの実際 (26) ／ 9. 実践の効果を評価する (30) ／ 10. 専門職としての臨床心理士 (31)

2　臨床心理学の活動における他者との協働 ── 37

1. はじめに (37) ／ 2. 他者とのコミュニケーション (38) ／ 3. 協働する他者 (1) 利用者 (40) ／ 4. 協働する他者 (2) 医療専門職 (50) ／ 5. 協働する他者 (3) 医療関連職 (52) ／ 6. 協働する他者 (4) 医療以外の専門職 (56) ／ 7. チームワーク (59) ／ 8. ヘルスケアの専門職の教育と訓練 (63) ／ 9. 活動の効果を評価する (67) ／ 10. まとめ (69)

3　臨床心理学の展望 ── 72

1. はじめに (72) ／ 2. 理論と実践 (73) ／ 3. アセスメントと介入 (78) ／ 4. 研究，介入効果，そして評価 (83) ／ 5. 他職種との協働 (88) ／ 6. 臨床心理学の発展と課題 (1) 健康と医学モデルの変容 (90) ／ 7. 臨床心理学の発展と課題 (2) 他の心理学専門職の出現 (96) ／ 8. 臨床心理学の発展と課題 (3) コミュニティ・ケアの趨勢 (98) ／ 9. 臨床心理学の発展と課題 (4) 長期にわたる障害への対応 (103) ／ 10. 臨床心理学発展の国際的な潮流 (105) ／ 11. まとめ (107)

II 発達と臨床心理学

4 小児と少年のための臨床心理サービス ─────110

1. はじめに (110) / 2. 小児期・思春期の心理的問題 (111) / 3. 問題の発生と援助の枠組み (116) / 4. 発達が子どもの問題に与える影響 (119) / 5. 家族のコンテクスト (122) / 6. 臨床心理士が活動する場 (124) / 7. 子どもを専門とする臨床心理士の活動の特徴 (128) / 8. 子どもと家族に用いる介入アプローチの種類 (136) / 9. コンサルテーション活動 (140) / 10. まとめ (142)

5 成人のための臨床心理サービス ─────145

1. はじめに (145) / 2. 臨床心理士が活動する場 (146) / 3. よくみられる心理的問題 (148) / 4. 心理学的なアセスメントと介入の基本原則 (150) / 5. 認知行動療法 (153) / 6. 認知療法 (159) / 7. 心理力動的心理療法 (162) / 8. 折衷主義のアプローチ (166) / 9. 認知分析療法 (169) / 10. 夫婦（カップル）療法 (169) / 11. 家族療法 (170) / 12. 集団療法 (172) / 13. 心理学的介入は，どれほど効果的か (174) / 14. まとめ (176)

6 高齢者のための臨床心理サービス ─────178

1. はじめに (178) / 2. 高齢者臨床の現状 (179) / 3. 高齢者へのケアが提供される領域 (180) / 4. 高齢者の示す心理的問題の分類 (185) / 5. 高齢者の臨床心理サービスの基本的枠組み (188) / 6. 介入の方法 (192) / 7. 介入における留意点 (195) / 8. コンサルテーションとチームワーク (199) / 9. 老年学に基づく臨床心理サービスの発展 (200) / 10. 研究 (208) / 11. 行政と政策立案 (210) / 12. まとめ (211)

III 障害と臨床心理学

7 知的障害への臨床心理サービス —————————216

1. はじめに (216) ／2. 学習機能障害とは何か (217) ／3. 対人行動としての挑発 (220) ／4. サービスの多様性 (221) ／5. 臨床心理士の役割 (225) ／6. アセスメントと解釈 (227) ／7. 機能分析による介入と評価 (229) ／8. 構成モデル (232) ／9. ケア・システムの変化 (238) ／10. 今後の方向性 (242) ／11. まとめ (244)

8 犯罪と反社会的問題への臨床心理サービス —————248

1. はじめに (248) ／2. 犯罪者への介入と刑事法制 (249) ／3. 犯罪者の更生 (252) ／4. 心理的問題と反社会的行動 (253) ／5. 臨床心理士の実践的役割 (258) ／6. 法心理学と臨床心理士の法律的役割 (259) ／7. 臨床心理士の社会的役割 (262) ／8. 犯罪者に関する臨床的アセスメント (265) ／9. 臨床的介入 (270) ／10. 犯罪者への介入の効果 (279) ／11. まとめ (280)

9 精神病への臨床心理サービス —————————282

1. はじめに (282) ／2. 重い精神病の概念 (283) ／3. 何が問題で，何が求められているのか (285) ／4. 精神科収容施設と環境の問題 (289) ／5. 重い精神病を抱える人々への心理援助の目標 (294) ／6. アセスメントによって個々の患者を理解する (298) ／7. 個人援助のためのプログラム作成 (302) ／8. 集団に基づく援助プログラム (307) ／9. サービスを供給する方法 (312) ／10. まとめ (314)

IV　臨床心理学の展開

10　神経心理学と臨床心理士の活動 ―――――― 318

1. はじめに (318)／2. 活動領域 (319)／3. 急性期の神経学的, 神経外科的場面の基本知識 (320)／4. 急性期におけるアセスメント (324)／5. 急性期における介入 (329)／6. リハビリテーション, コミュニティの臨床現場の基礎知識 (332)／7. リハビリテーションにおけるアセスメント (336)／8. リハビリテーションにおける介入 (338)／9. リハビリテーションの事例 (342)／10. まとめ (347)

11　健康心理学と臨床心理士の活動 ―――――― 350

1. はじめに (350)／2. 健康臨床心理士の活動と現場 (352)／3. 活動の在り方 (355)／4. 介入の焦点 (1) 心理的苦悩 (358)／5. 介入の焦点 (2) 患者と医療との関係 (363)／6. 介入の焦点 (3) ライフスタイル (369)／7. 介入の焦点 (4) ヘルスケアの環境 (370)／8. アセスメント (374)／9. 介入 (1) 個人のレベル (375)／10. 介入 (2) 集団のレベル (380)／11. 介入 (3) 組織, コミュニティのレベル (384)／12. まとめ (389)

12　プライマリケアと臨床心理士の活動 ―――――― 393

1. はじめに (393)／2. プライマリケアと臨床心理サービスの現状 (392)／3. プライマリ・ヘルスケア (398)／4. プライマリ・ヘルスケアにおける心理的問題 (399)／5. 一般診療の中での臨床心理士の活動 (1) 個人への介入 (403)／6. 一般診療の中での臨床心理士の活動 (2) 他職種との協働 (409)／7. 社会構成的な展望をもつ (411)／8. プライマリケアにおける研究 (414)／9. 予防と健康増進 (416)／10. コミュニティ・サービス (417)／11. まとめ (420)

編訳者あとがき（下山晴彦）　423
索　引　429

I
臨床心理学の専門性

オックスフォード大学の大学院臨床心理学博士課程の建物．医学部精神科付属ワーンフォード病院に隣接する場所にある．ここで，1学年約20名の博士課程の学生が，3年間にわたって臨床心理学の理論と実践を学ぶ．原著編者のひとりである Marzillier, J. は，この博士課程の責任者をつとめていた．

1——臨床心理学とは何か

John Hall and John Marzillier

臨床心理士の主な活動は，アセスメント，介入，効果評価の3種に大別される．本章ではまず，これらの活動を裏打ちする心理学の歴史を振り返る．次に，日常的な現象が，心理学に基づいてどのように理解され，介入されるかを，「痛み」を例として説明する．そして，「臨床心理士」を，心理学の知見を活用して，人々の苦悩の軽減，および生活の質的向上を図る心理学者かつ実践者として定義する．さらに，このような専門性をもつ臨床心理士を育成するために，学術面と実践面の双方の教育を重視する大学院での訓練過程を解説する．近年，臨床心理士の活動領域は，拡大しており，現在ではクライエント本人や家族への関わりはもちろんのこと，他職種の訓練やスーパーヴィジョンなど，ヘルスケアのシステム全体への関わりも含むようになっている．そこで，臨床心理士が，活動の現場においてアセスメント，介入，効果評価を統合して個人，組織，コミュニティに関わる臨床心理サービスのあり方について，事例を通して具体的に解説する．続いて，臨床心理士をめぐって近年盛んに議論されている，専門職としての独立性と責任性，さらにはヘルスケア・システム全体における役割について論じる．

1. はじめに

臨床心理士（clinical psychologist）は，人々の心身の健康を担うヘルスケアの専門職である．主な活動領域は，次の3つに大別される．

まず (a) 心理学的アセスメント（psychological assessment）がある．これは，心理学の方法と原理を用いて，心理的特質や問題の理解を深める活動である．例えば，脳損傷によって引き起こされる認知機能（記憶・知能・空間能力）のアセスメントなどは，すでに評価が確立している活動である．

次に (b) 心理学的介入（psychological treatment）がある．これは，心理学の技法と原理を用いて，好ましい変化を起こすように人を援助する活動である．心理学的介入には多様な形態がある．ある特定の対象についての恐怖感を短期間で克服するための実用的技法から，ある種の精神分析のやり方のように長期間継続して行う複雑な心理療法まで，さまざまな形態がある．

さらに (c) 心理学的評価（psychological evaluation）がある．これは，何

らかの介入をした場合，心理学の原理を用いて，その介入の効果を評価する活動である．臨床心理士は，とりわけ心理療法の効果の評価については，これまでさまざまな方法を開発し，発展させてきている．また，心理療法ほどではないが，身体面への介入の効果についても評価方法の開発を行ってきている．

以上が，臨床心理士が行う主な活動である．しかし，この3つの活動がすべてというわけではない．このほかの活動として，他領域の専門職の訓練を行うこと，ヘルスサービスの活動の運営に関わり，適切な指示を出すこと，ヘルスサービス活動の立案施策に関与すること，他の専門職と協働して研究を行うことなどがある．臨床心理士の中には，このような活動を自らの仕事の一部として行っている者もいる．いずれにしろ，臨床心理士の仕事としては，このようにさまざまな活動がある．これらの多様な活動については，本書の各章でわかりやすく解説される．

2. 心理学とは何か

心理学 "psychology" という語は，ギリシャ語で魂や心を意味する "psyche" と，学問を意味する "logos" の2語から成り立っている．直訳すれば「心の学問」ということになる．しかし，今日慣用的に使われている「心理学」は，そのような意味で用いられているのではない．むしろ，学問として成立する過程で独自な意味づけをもつに至っている．

心理学は，19世紀末に至るまで独立した学問領域ではなく，哲学の一部であった．ロック，デカルト，ヒューム，バークリーなどの哲学者が，哲学的な対話や分析を通じて，心的プロセスを理解しようと試みていた．有名なデカルトの「コギト・エルゴ・スム（我思うゆえに我あり）」，ロックの「タブラ・ラサ（白い石盤）」としての心という概念，ヒュームの「連想による因果律の説明」，それらはいずれも人間行動を理解しようとした哲学的アプローチの例である．その後，心理学は，2つの道筋を経て哲学から独立した．

ひとつは，哲学的アプローチを離れて，自然科学的アプローチとして発展する道筋であった．1879年，ウィルヘルム・ヴント（Wilhelm Wundt）は，ドイツのライプチヒ大学に初の心理学実験室を開設した．心理学の実験的研究は，ここに始まった．まず，ヴントとその学徒たちは，意識経験を体系的かつ精細に記述し，科学的に理解しようと試みた．それは，色や音などの，特定の刺激が与えら

れた際に生じる自らの体験や知覚を記述し，研究するというものであった．この方法は，内観主義として知られている．しかし，この内観主義は，心理学の中では一過性のものに終わった．その主な理由は，この方法が特定の人の特異な経験記述に頼っていたためであった．ただし，現代の心理学においてもなお優勢な実験科学的伝統は，この内観主義を源流としているということはある．

　心理学が，哲学から独立した2つ目の道筋は，心的プロセスの主観性を乗り越える試みとして形づくられた．1913年のアメリカの心理学者ワトソン（Watson, J. B.）による提言は，心理学に多大な影響を与えた．ワトソンは，内面的な心的プロセスを立証不可能なもの，つまり非科学的なものとみなした．そして，心理学は，そのような非科学的な心的プロセスを問うのではなく，観察可能な行動こそ問題にすべきであると主張した．この主張は，行動主義（behaviourism）と呼ばれ，20世紀初めの心理学を席巻する教条とまでなった．そこで強調されていたのは，観察可能な行動を学問の基本原則とすることによって，心理学を科学の中に位置づける必要性であった．ハトやネズミなどの動物行動について，数々の実験的研究が実験室内で行われた．例えば，スキナー（Skinner, B. F.）は，さまざまな報酬と罰の条件下，ネズミにレバーを押させたり，ハトに円盤をつつかせる装置を開発した．この装置は，スキナー・ボックスとして名高いものである．その他，動物行動を対象とした数多くの実験研究は，条件付けと学習に関する心理学の基礎を形成した．

　かつて哲学の一部門であった心理学は，こうして20世紀の間に，独立した科学の一領域となっていった．心的プロセスについての哲学的な論究が，動物と人間の行動についての実験的分析に道を譲ったのである．この変革を経て，心理学は，生物学や生理学，生化学といった，他の科学領域との結びつきを強めていった．心理学とそれら科学領域との相互関連に基づく研究は，現在では，観察された行動とその生物学的基礎との関連研究といったかたちをとっている．例えば，脳波と睡眠，心臓血管系と不安などの情動との関連についての研究がある．心理学は，現在においても，この行動・生物学的な伝統の上に成り立っている．

　しかし，アカデミックな心理学は，20世紀の終わりにはすでに，この行動・生物学的な伝統にさほど固執するということはなくなっていた．それは，認知心理学が心理学研究において主要な位置を占めるようになってきたからである．認知心理学の研究対象は，知覚，学習，記憶，言語，思考，情動など，基本的な心理的プロセスであり，これらのプロセスを心理学的に説明し，理解することが目

指された.例えば,いかに記憶プロセスが機能するか,あるいは人は知覚世界をどのように構成し,組織立てるのかといった研究がある.

このような認知心理学の研究においても,実験的な手法が重要なアプローチとして残ってはいる.しかし,それに限られるということはない.具体的には,質的研究法(qualitative method)が再評価されてきている.その理由は,質的研究法を用いることによって,日常場面において生じている心理的プロセスを詳しく把握できるからである.多くの場合,そのような研究は,物語(narrative)パラダイムに基づいて行われる.さらに,人間行動の発達的および社会的側面への着目もまた,現代心理学の重要な特徴となっている.人間行動の理解のためには,乳児期から老年期に至るまでの変化と発達についての研究が必要となる.発達心理学者の研究領域は広く,例えば,子どもにおける言語の獲得と使用の過程,発達早期の愛着と養育者からの分離が乳幼児にもたらす影響,遊びの過程と機能,加齢が記憶や思考などの基本的な心理的プロセスに及ぼす影響などがある.一方,社会心理学者は,社会的な文脈における人間行動を研究する.その中には,実験室内で人工的に設定された対人場面の実験的研究もあれば,日常の社会的場面における特定個人を観察し,分析する研究もある.

このように心理学には,さまざまな研究方法がある.しかし,いずれにしろ,心理学は,最終的には他の学問と重なりつつ発展するということになるであろう.つまり,心理学は,一方では生物科学(生物学や生理学など)と,そして他方では社会科学(社会学や人類学など)との間で交流し,重なり合うことになっていくのである.

以下において,痛み(pain)を例として,心理学的アプローチとはどのようなものかについて解説をする.痛みは,身体組織の損傷や神経繊維を経て脳に至る信号伝達と関連している.その点で痛みは,生物的および生理的な基礎をもつことは明白である.しかし,痛みは,生物学の用語だけでは説明しきれない.なぜならば,私たちが痛みを経験し,それを表現する時には,心理的要因が重要な役割を果たしているからである.実際,心理学は,痛みについての理解を深めるのに多くの貢献をしてきた.そして,それは,痛みの発生プロセスの説明理論として最も影響力をもつ「関門制御説(gate control theory)」(Melzack & Wall 1988)につながった.さらに,この理論は,外科手術における痛みへの効果的な対処法のほか,慢性的な痛みへの有効な介入などを新たに導き出してきている.

このように痛みについての心理学的アプローチは,基本となる研究と理論に実

践的なアセスメントと介入を組み合わせることで発展してきている．本書の主題である臨床心理学は，このような研究・理論とアセスメント・介入の結合によって特徴づけられるものである．

3. 痛みの心理学

あえて言うまでもないが，痛みは，怪我や傷に対する反応である．損傷が激しいほど，経験する痛みも強くなる可能性が高い．痛みは，確かに不快である．しかし，その反面，痛みには，個体が生き残るために役立つという意義もある．つまり，より深刻な怪我から個体を守るという機能があるのである．例えば，子どもが，はじめて熱いストーブに触れたとしよう．その際に子どもは苦痛を感じることになるが，その痛みを経験することで，ストーブには触れないという適応的な行動を学習することになる．また，身体の一部を損傷した時には，痛みは，活動範囲を制限する役割を果たすことにもなる．人は，足首や膝を痛めた場合，活動を続けて傷を深める代わりに，その部位を休めるようにする．

ところで，痛みに関しては，生物学だけでは説明し得ない興味深い事実もある．深い傷のような身体組織の激しい損傷は，その深刻さにもかかわらず，即座に痛みを発生させないことがある．また，逆に怪我が癒えてからも長期間，慢性的に間断なく痛みが続くこともある．その最も劇的な例が，切断の後の「幻肢」である．その場合，切断された四肢が元あったところに，痛みが起きるのである．さらに，人が極端な痛みに耐えられる許容範囲についての研究も進んでいる．例えば，手術場面でも，催眠をかけられることで痛みを訴えたり，表したりしない場合があるとの報告もなされている．このように痛みの心理学は，痛みを体験する際の心理的側面を理解するとともに，その痛みの体験に心理的側面を通して実践的な影響を与えることをテーマとしている．

痛みの心理学研究

心理学者は，さまざまな方法で研究を行い，痛みに関する知見を積み重ねている．まず第1に科学的実験による研究がある．実験研究によって，痛みを報告する場合（痛みの閾）や痛みに耐える場合（痛みの耐性）において関与する心理的要因の影響について，明確な知見が得られている．例えば，「寒冷昇圧検査 (cold pressor test)」は，氷水の中に手を浸させて，その痛みを検査するといっ

た実験研究である．この検査からわかるのは，注意をほかに逸らすなどの方略を用いると，より長時間，痛みに耐えられるようになることである．また，複数の実験研究は，痛みをもたらす刺激（例えば電気ショック）を自分でコントロールできると信じていれば，（たとえ，そのコントロールが見せかけであって，実際にはできないにしても）より強い痛みに耐えられるといった結果を示している．

第2には，痛みの経験を測定する信頼性の高い尺度の開発がある．心理学者は，これまで痛みを測定するさまざまな尺度を開発してきたが，その中でも最も内容が充実しているのがマギル-メルザック（McGill-Melzack）の痛みに関する質問票（図1.1）である．それは，図1.1に示されているように，経験されるさまざまな痛みの感覚を，一連の形容詞で表わしている．それらは，経験の知覚的な性質を表す形容詞，感情的な性質（例えば緊張や恐怖）を表わす形容詞，経験された痛みの強度評定する形容詞の3つのグループに分類される．この質問紙を用いた調査を通して，痛みを引き起こす症候群ごとに，その痛みを特徴的に示す形容詞が異なることが明らかになった．例えば，歯痛は，「脈打つよう」で「刺し込むよう」な「鋭い」ものとして表わされる．一方，生理痛は，「引きつるよう」で「疼く」ものとして表わされる．このような調査研究は，痛みの経験をより的確に表現するのに有効なだけでなく，痛みの種類を分類するのにも役立つ．

第3は，痛みの経験についての理論モデルの提案ということがある．多くの理論モデルが提案されてきているが，先述の「関門制御説」は，その中でも最もよく知られているモデルである．このモデルでは，ある種の神経メカニズムが脊髄後角に存在するとの考えが提起される．そして，その神経メカニズムがまさに関門として機能し，末梢の神経繊維から中枢神経系に至る神経発火の流れを調節するとみなされる．関門は，また脳から末梢神経に至る流れの影響下にもあり，注意，記憶，情動のような心理的要因が痛みに与える影響を表現するものともみなされている．

最後に第4として挙げられるのが，急性および慢性の痛みに対するさまざまな介入法の開発である．これまで，リラグゼーション，気晴らし（distraction），催眠，バイオフィードバック，構成的行動プログラムといった介入法が開発されてきた．このような介入法は，人々が痛みという経験に対して，より効果的に対処するのを援助する確かな手段となっている．

		マギル-メルザック式　痛みに関する質問票		
患者名		投与年月日	時間	午前／午後
鎮痛薬		用量	投与時間	午前／午後
		用量	投与時間	午前／午後

鎮痛時間の相違（時間）	+4	+1	+2	+3		その他		
痛みの評価指数	感覚的 (1-10)	感情的 (11-15)	評価的 (16)	その他(感覚的) (17-19)		（感情・評価的） (20)	その他（合計） (17-20)	現在の痛み の強度（合計） (1-20)

1　チクチク
　　ピリピリ
　　ビリビリ
　　ズキズキ
　　ズキンズキン
　　ガンガン
2　ビクッとする
　　ジーンと感じる
　　ビーンと痛みが走る
3　針で突くような
　　千枚どおしで押すような
　　きりでもみこむような
　　刃物でさすような
　　ヤリでつきとおすような
4　切るような
　　切り裂くような
　　切りきざむような
5　はさむような
　　しめるような
　　噛みつかれるような
　　しめつける
　　押しつぶされるような
6　ひっぱられるような
　　ひきぬかれるような
　　ひきちぎられるような
7　熱い
　　灼けるような
　　やけどするような
　　こげるような
8　ひりひりする
　　むずむずする
　　ずきずきする
　　ぴりぴりする
9　鈍い
　　気にさわる
　　不快な
　　うずくような
　　重苦しい
10　気になる
　　ほてるような
　　きしるような
　　われるような

11　つかれる
　　つかれはてる
12　気分が悪くなる
　　息苦しいような
13　おののくような
　　ギョッとする
　　すくむような
14　こりごりする
　　さいなむような
　　むごたらしい
　　残忍な
　　殺されそうな
15　悲惨な
　　めまいがする
16　うるさい
　　わずらわしい
　　なせけない
　　はげしい
　　耐えがたい
17　じわっとする
　　ひろがるような
　　しみこむような
　　つきさすような
18　きゅうくつな
　　しびれたような
　　しめられるような
　　つぶされるような
　　さかれるような
19　ひややかな
　　つめたい
　　こおるような
20　しつこい
　　むかつくような
　　もだえるような
　　おそるべき
　　拷問のような
　　現在の痛み強度
　　0　痛みなし
　　1　軽い
　　2　不快な
　　3　苦痛な
　　4　ひどい
　　5　耐えがたい

現在の痛みの強度　　所見：

恒常的
周期的
一時的

随伴症状：
悪心
頭痛
めまい
眠気
便秘
下痢
所見：

睡眠：
良好
断続的
不眠
所見：

摂食：
良好
若干
僅少
皆無
所見：

活動性：
良好
若干
僅少
皆無

所見：

図1.1　マギル-メルザックの痛みに関する質問票

　［訳注：メルザック，R.とウォール，P. D.（著），中村嘉男（監訳）『痛みへの挑戦』（誠信書房，1986年）を参考とした.］

4. 臨床心理士とは，どのような職業か

臨床心理士は，患者や他職種からさまざまな質問を受ける．その中で最もよく受ける質問は，「臨床心理士って何ですか」とか「臨床心理士は，精神科医，心理療法家，ソーシャルワーカーとどのように違うのですか」という問いかけである．表 1.1 に，ヘルスケアの専門職の一覧を示した．イギリスでは，これらの専門職は，互いに連携して仕事をしている．その際，臨床心理士は，他の専門職の仕事と重複したり，協働したりすることがある．

臨床心理士と他職種との主な相違点は，(a) 訓練と (b) 活動の形態の 2 点にある．例えば，精神科医は，初期訓練として医学全般を学び，それによって生体の諸機能に関する生物学的，解剖学的，生理学的知識の基礎をしっかりと身につける．このような訓練を通して精神科医は，身体的治療や薬物治療を行うのに必要な特定の専門技能を修得する．医療行為として向精神薬を処方し，ECT（電気ショック療法）のような外科的あるいは身体的治療を行う権限があるのは，表 1.1 に挙げた職種の中で，唯一精神科医のみである．ほとんどの国において，このような権限は，法令や免許登録によって保障されている．

表 1.1　ヘルスケア専門職の訓練過程と活動内容

職種	訓練過程	仕事内容
臨床心理士	心理学の学位に加え，3 年間の大学院博士課程における訓練	心理学的アセスメントと介入 認知行動療法の専門家 研究と効果評価
精神科医	医学の学位に加え，3 年間の精神科における卒後研修	精神医学的診断，薬物治療，身体治療研究 隔離治療などの法的職責
ソーシャルワーカー	社会学や社会行政学の学位（必須ではない）に加え，2 年間の専門的訓練	ソーシャル・ケースワーク 社会福祉的な諸手当支給や住宅供給などについての精通と斡旋 ケア・マネージャーや中心的ワーカーとして機能
看護師	3 年間の専門的訓練 多くの場合は学部レベル	病院やコミュニティ場面における患者に対する直接的な看護ケア 身体的ケアとソーシャル・サポートの両者を含む
作業療法士	3 年間の専門的訓練 学部レベル	多岐にわたる日常的な活動メニューの提供 活動の中心は，リハビリテーションや創作
心理療法家	多様な専門家養成コース 数カ月から数年まで	心理療法 訓練と実務経験によってそのタイプは異なる
カウンセラー	1〜2 年間のフルタイムの訓練コース さまざまな期間のパートタイムの訓練コース	障害の軽い人々への心理療法やカウンセリング キャリア・カウンセリングなど，対象分野により専門分化

1　臨床心理学とは何か——9

一方，臨床心理士の訓練には，心理機能や心理学的方法に関する専門的知識の学習が含まれている．そのような訓練を通して臨床心理士は，臨床心理学の活動を行うのに必要な特定の専門技能を修得する．具体的には，心理測定的テストなどの心理学的アセスメント，問題に関する心理学的定式化（formulation），心理学的介入などを行う技能，研究や効果評価を行うための心理学的方法などを身につける．このような心理学の活動を行う権限については，心理士の登録制度を設け，法律によって保障している国もある．1991年に発効したローマ条約第27項（Directive 89/48/EEC, under article 27 of the Treaty of Rome）では，専門職がEC内を自由に移動できるように，専門職の訓練の基準を統一することをEC全加盟国に求めている．このように訓練の基準を一致させることを通して，加盟国間における実践活動の均質性が確実に進展することになるであろう．また，「心理士」といった資格制度に関しても，加盟国間で同一の方向に進むことになるであろう．

　臨床心理士と他の専門職の間には，さまざまな点で重複する活動領域がある．そのため，臨床心理士と他の専門職の境界が曖昧になっている場合がある．それが最も顕著に表われているのが，心理療法の技能に関してである．心理療法は，臨床心理士の独占物ではない．むしろ，表1.1に挙げたすべての職種の活動は，何らかの形でその一部に心理療法を含んでいる．臨床心理士は，基礎訓練において，特定のタイプの心理療法を複数学ぶが，その中でも特に認知行動療法（詳細は5章参照）を専門的に学習する．資格取得後に，精神分析や家族療法といった，認知行動療法以外の心理療法の訓練を受ける臨床心理士もいる．ただし，このような資格取得後に行われる心理療法の訓練は，臨床心理士に限らない，さまざまな専門職に門戸が開かれているものである．そのため，例えば，「家族療法家」と称していても，それが臨床心理士であることもあれば，ソーシャルワーカーであることもある．その他，看護師，精神科医であることもある．時には，驚くべきことに，専門的なバックグラウンドをまるでもたない人が「心理療法家」（サイコセラピスト）を名乗っている場合もある．

　このような事態は，事情を知らない一般の人々の混乱を招くものである．そこで，心理療法家と称していても，その人が適切な資格を有しているか否か判断する資料が必要となる．そのために，イギリス心理療法協議会（United Kingdom Council for Psychotherapy）とイギリス心理療法家連盟（British Confederation of Psychotherapists）という2つの職能団体が認定心理療法家（accredited psychotherapist）の名簿を発行している．このような登録名簿は，心理療法家の雇用者や心理療法を受ける患者が適切な判断をするのに助けとなる．また，イギリス心理学会（British Psychological Society）は，公認心理士（chartered psychologist）のリストを公表しており，さらに心理療法の専門家としての技能をもつ心理士の登録制度を準備中である．確かに，このような情報は有用ではある．しかし，どのようなヘルスケアの専門家が，どのような技能を備えているのかを正確に知るのは，実際のところ難しい．［訳注：臨床心理士，心理療法家（サイコセラピスト），カウンセラーは，それぞれ専門の異なる職種である．しかし，臨床心理学の活動の中には，技法としての心理療法やカウンセリングが含まれる．したがって，臨床心理士は，心理療法やカウンセリングの知識と技能を身につけている．逆に心理療法家やカウンセラーは，臨床心理学を含む心理学の知識や技能を身につけているとはいえない．そこが，臨床心理士と心理療法家およびカウンセラーとを区別するポイントである．なお，日本では臨床心理士，心理療法家，カウンセラーの区別が適切になされておらず，混乱している．］

「臨床心理士」の定義に向けて

臨床心理士は，自らの専門性を，(a) 科学的心理学を基本として重視すること，(b) 人間が抱える問題を理解し，解決するために心理学を実践的に利用すること，の2点から定義することが多い．つまり，臨床心理士というのは，まず第1に「実践的科学者」なのである．つまり，「科学者かつ実践者（scientist-practitioner）」として科学的知識を実践場面で有効に活用することが，臨床心理士の専門性の中心にある．したがって，心理療法を行うにあたって臨床心理士は，抑うつ，不安，統合失調症（精神分裂病）等といった問題に関する科学的知見に基づいて実践活動を進めるとともに，実験的研究によって確立された心理学的原則を活用することを心懸ける．特に心理学的介入については，効果が認められているか，あるいは妥当性が検証されつつある方法を重視し，そのような方法のみを用いることを心懸ける．また，臨床心理士は，ほかのヘルスケアの専門職と同様，現行のヘルスケア・システムの一員として，個人，組織，コミュニティにサービスを提供する実践者でもある．専門職としての地位には，倫理的責任が必然的にともなうものである．そのような倫理的責任の内容は，「行動規範」（Code of Conduct）に記載されており，専門職である臨床心理士は，その規範に従うことが求められる．

以上をまとめると，臨床心理士は，専門職として，科学的な知識や法則を利用して人々の苦悩の軽減および生活の質的向上を援助する「心理学者かつ実践者」(psychologist-practitioner) ということになる．

臨床心理士の仕事の実際

事例・32歳のコンピュータ科学者カレンは，8カ月前に交通事故に遭った．ある晩，仕事を終えて帰宅する途中，対向車がコントロールを失って反転し，彼女の運転する車と正面衝突したのだった．彼女は，右脚を骨折し，全身打撲を負った．また，顔面をハンドルに打ち付け，口の周りを中心に損傷を受けた．事故後，短時間であるが，意識を失っていた．対向車の運転手は即死している．近隣病院の救急部門に救急車で運び込まれた彼女は，そこで診察を受け，即入院となった．意識を失っていたため，全身麻酔は行われなかった．病院へ搬送された際の記憶の想起には，おぼろげながらも極度の不安と苦痛をともなっていた．数週間の後，2度の脚の手術と，損傷した歯の治療がなされ，回復のための理学療法が始められた．休職は3カ月に及んだ．この間に自宅近くの神経学部門を紹介され，そこで心理的側面のアセスメントを受けるために神経臨床心理士に会っている．心理士は，カレンに，記憶，集中力，空間認知，単語学習，読解，知能といった，さまざまな認知機能の検査を行った．また，トラウマ後のストレスのアセスメントを行う質問紙である心的被害尺度，および全般性気分を測定する2つの尺度を施行した．
　検査の結果，記憶と集中力の障害は認められたが，事故による脳損傷を示す十分な証拠は得られなかった．したがって，障害はトラウマ後の心理的反応による可能性が大きかった．また，自己回答式の質問紙には，重度の不安と抑うつがあることが示されていた．さらに，心的被害尺度の得点は事故の記憶の侵入的想起に悩まされていることを示しており，彼女が外傷後ストレス障害（PTSD）であることが明らかとなった．そこで，彼女は，交通事故の結果引き起こされた心理的反応を改善するため，成人期メンタルヘルス部門の臨床心理士に紹介されたのである．

　先行研究から，交通事故後の生存者は，深刻かつ長期にわたる精神医学的・心理学的障害を被ることがわかっている．生存者の約20％は，事故直後から急性ストレス反応を示す．その症状には，興奮状態や気分変調，事故の記憶の侵入的想起，感情鈍麻のほか，情緒的問題の否認が含まれる場合もある．これらの症状は，事故後3カ月は続く．心理的問題については，さらに長引く場合もある．また，生存者の約20〜30％は，特に車の運転や同乗など，移動に対して恐怖症的な不安を示し，約10％は，PTSDと診断されるに十分な障害を残す．その他，交通事故後に共通して生じる問題として，抑うつ，対人関係の障害，怒り，過度の飲酒などが指摘されている（Mayou 1997）．

事例・事故から8カ月後の面接でカレンは，PTSDの明らかな徴候を示していた．事故の悪夢によって睡眠障害が生じ，事故と，その後の入院治療の記憶が侵入的に思い出される日々が続いていた．時折，鮮明なフラッシュバックが生じ，覚醒水準は全般的に高揚していた．また，交通事故場面が描かれているテレビ番組など事故を思わせる物事から回避する状態や自分自身と将来に対して否定的に考える状態となっていた．カレンは，通勤には車が必要だったので，運転は再開した．しかし，とても疲労し，消耗した．激昂してほかの運転手に食ってかかることもあった．時には興奮と動揺のあまり，運転ができなくなることもあった．また，夫との関係も悪化した．いらいらし，自分の感情を抑えられなくなることもあった．さらに，仕事の能率も低下し，集中力に支障をきたし，些細な問題ですぐに涙を流すようになっていた．

臨床心理士は，彼女にPTSDの心理療法を行うことを提案した．Herman（1992）は，トラウマの被害者に介入する際の3段階の過程を概説している．第1段階では，信頼関係を築くことが課題となる．信頼関係があってはじめて，患者が外傷体験に向き合う際の安全感が確保されるのである．第2段階では，積極的に外傷体験のストーリーを想起し，それを語り直すことが課題となる．この過程は，「再体験」（reliving）や「曝露」（exposure）と呼ばれることもある．安全感をもたらす環境と臨床心理士の援助によって，カレンは，入院中の事柄も含めて外傷体験にまつわる出来事や経験を語り始めた．時に彼女は，心理的に強い苦痛に襲われることもあった．しかし，臨床心理士は，彼女が物語を語り続け，感情表出を回避しないように勇気づけ，援助した．語り直された物語はテープに録音され，カレンは，次の面接までの間に，自分で録音テープを聴き直すことを勧められた．心理療法をはじめて数週間後には，カレンは難なく物語を語ることができるようになり，PTSDの症状は目に見えて軽減した．

最後の第3段階では，実生活に戻り，将来に向けての展望を得ることが課題となる．具体的には，仕事を続ける上での実際上の問題を話し合うということがあった．また，臨床心理士も交えて，夫との合同面接が何度か行われた．そこでは，夫婦が互いに協力関係を維持するのに妨げとなってきた問題に焦点があてられた．最終的にカレンは，事故に対して距離をとり，広い視野の中で自己の体験を見直す展望を獲得した．彼女は，交通事故が自己自身および周囲の者に甚大な変化をもたらしたことを認めた上で，正常な生活への復帰に向け，再生のために前進できるようになっている自分を感じるようになったのである．

5. 臨床心理学の発展史

臨床心理学が専門職として認知されるに至る道のりは，国や時代によりさまざまである．イギリスでは，臨床心理学は，第二次世界大戦後まで正式には認められていなかった．正式な認知は，英国心理学会（British Psychological Society：BPS）に臨床心理学部門が創設された1966年を待たねばならなかった．イギリス心理学会は，イギリスにおけるすべての心理学者にとって，中心的な職能団体であり学術団体である．ほかの先進国の多くにも類似の団体があり，アメリカに

オックスフォード大学医学部付属ワーンフォード病院の敷地内にある案内表示．心理療法部門は，精神科病院の中にありながらも，ある程度独立した部門として精神科と協力して患者の治療援助に関わっている．

はアメリカ心理学会（APA），ドイツにはドイツ心理学者連盟（Berufsverband Deutscher Psychologen）がある．アメリカとイギリスにとっては，2度の世界大戦が臨床心理学発展の契機となった．徴兵にあたって兵士としての適格性を判断する必要が生じ，そのための手段として心理テストやその他のアセスメントが開発され，普及することになった．心理学者は，そこで実際的な問題に直面し，自らのもつ知識と技術を実践することが求められるようになった．アメリカでは，戦場からの帰還兵の中に心的外傷体験を訴える者が多数生じた．心理学者は，アセスメントだけでなく，その治療に関与することとなった．イギリスでも，戦時中，緊急事態にあった病院において同様の問題が生じ，臨床心理学への関心が高まった．

イギリスでは，1948年の国民健康サービス（National Health Service：NHS）の発足が，臨床心理学発展への転回点となった．それを機に，当時ロンドンを中心に病院に勤務していた少数の臨床心理士が国民健康サービス（NHS）の傘下に入った．その大半は，精神病院で勤務していた臨床心理士である．アメリカでは，臨床心理士は退役軍人会の病院で多くの仕事を得ることになり，それが第二次大戦後の臨床心理学の組織化につながった．

1948年から60年代初頭までは，イギリスにおける臨床心理士の多くは，心理テストなどの検査の実施といった実験科学者の仕事に類した仕事をするだけで，心理療法に従事することはほとんどなかった．その後，心理学の原理と方法に基づく介入法である行動療法（behaviour therapy）の導入によって事態は一変し，臨床心理学は心理療法を専門に行う立場となった．そして，60年代終わりには，臨床心理士は，実験科学者というよりも臨床実践者としての地位を確立し，多くの有効な心理的介入法を開発していった．

70年代から80年代にかけて，イギリスでは臨床心理士が急速に増加し，心理療法の機能と技能を備えた専門職として独立した地位を確立していった．1977

年の政府見解では，個々の病院に1人，2人の臨床心理士を配置するのに止まるのではなく，より大規模な臨床心理学部門を各地域に設置する計画が示された．それ以来，臨床心理士は，従来職域としてきたメンタルヘルスや学習の障害の領域を超えて，幅広い臨床サービスに貢献するようになっていった．例えば，高齢者や薬物濫用者のケア，HIV/AIDS感染者との関わりなどが挙げられる．80年代から90年代には，臨床心理士の社会的需要が急増した．その結果，有資格の臨床心理士の供給が需要に追いつかない状態となった．現在でも，臨床心理士が社会的需要に比して不足する状況は続いている．1988年，イギリス政府は，臨床心理士の機能を検討する特別委員会を発足させ，1990年にMAS, MPAGと呼ばれる2つの報告書をまとめた．両報告書は，臨床心理士の機能をさらに一歩進めたコンサルタント・モデル（consultancy model）への方向を示した（2章参照）．それは，臨床心理士は，単に心理療法を担当するだけでなく，関連する他職種に心理学の知識と技能を教え，その活動を支援するコンサルタントの役割も含むというモデルであった．

臨床心理学の発展という点に関しては，ほかのヨーロッパ諸国でも同様の経過を辿っている．北ヨーロッパの多くの国では，臨床心理学を専攻する学生数は，心理学専攻の学生の中で最大多数を占めるようになっている．例えば，ドイツでは80%を占める．また，臨床心理学は，心理学実践に関わる領域の中で最大規模となっている．例えば，北ヨーロッパ諸国では60%に及ぶ．オランダに至っては，国内需要に比しても，あまりに多くの臨床心理士を育成したため，彼らの多くがイギリスに来て仕事をせざるを得なくなっているといった状況である．アメリカにおいても，同じような状況になっている．アメリカではヘルスサービスを提供する専門領域として臨床心理学，カウンセリング，学校心理学といった分野があるが，それらの分野で取得される博士号が，新たに取得される心理学全体の博士号の53%に上っている．

6. 訓練と資格の問題

臨床心理学の専門的訓練は，2段階に分かれる．第1段階は，学術的（academic）な心理学を基礎的な科学として学習する学部の課程である．多くの国々では，3, 4年のコースを経て，理学士（BSc），または文学士（BA）の学位が与えられる．続く第2段階ではじめて臨床心理学の専門実践的（professional）な

訓練が始まる．したがって，学部段階では，実務や専門技能に関するコースが含まれてはいるが，それ自体が職業訓練的な内容とはなっていない．なお，このような訓練過程は，国によって異なっている．オランダ，ノルウェー，ドイツといった国々では，臨床心理学の訓練を学部の心理学教育と切り離さずに，その中に組み込む形としている．その場合，大学入学後の2,3年間で入門レベルの心理学を学んだ後に，個別の専攻領域に分かれることになる．その結果，上記の国々にあっては，臨床心理士の数は，イギリスやアメリカのように大学院教育を必要条件とする国に比べてはるかに多くなっている．

　臨床心理学の訓練は，一般的には，学術的な知識の学習と実践的な体験学習を組み合わせたものとなる．そして，体験学習では，さまざまなヘルスケアの現場で，スーパーヴァイズを受けながら臨床活動を行う形式をとる．ただし，アメリカなどでは，学術的な課程が，臨床実践の課程と切り離されて先行する．つまり，大学院での最初の2,3年間は学術的な学習が中心となり，実践的な学習は，実習（practicum）と呼ばれる，病院などの現場で行われる数週間程度の短期研修に限られる．そして，この間の学術的な課程を修了した後に，フルタイムのインターン（internship）に出て1年間を過ごす．それに対してイギリスなどでは，学術面と実践面の訓練が当初から統合されている．学生は，週のうち2日間は大学院で講義，演習，個人指導を受け，3日間は臨床現場（placement）で実践教育を受けることを，少なくとも3年間は続ける．

　アメリカとイギリスのどちらの方法にも一長一短がある．学術面の訓練と実践面の訓練では，学習の形態が異なっている．そこで，アメリカのように両者を分離することで，学生は，それぞれの学習に個別に専念できるという利点はある．しかし，それは，理論と実践を人工的に分けてしまうことでもある．それに対してイギリスで行われている統合型の訓練は，心理学の科学的知識を実践的に活用するといった在り方を，その場で具体的に体験する点では優れている．しかし，学生に課せられる負担は非常に大きくなる．

　臨床心理士の訓練に関しては，そこで求められる臨床経験の幅も見逃せない点である．アメリカでは臨床実践の多くが個人開業で占められている．そのため，学生が選択する経験の幅は限定されたものとなる．極端なことをいえば，訓練経験が臨床神経心理学の領域に限られてしまうという場合もあり得る．他方，ヨーロッパでは，通常臨床心理士は公的機関に雇われる．公的機関は，さまざまな領域の問題に対応しなければならない．したがって，ヨーロッパの臨床心理士の訓

練にあっては，多様なクライエントと臨床現場を経験することが重視される．

したがって，臨床心理学の訓練は，その程度においても，また内容においても国によって差異がある．このことは，臨床心理士が，自らが訓練を受けた国を出て，外国で実践活動を行うことを望む場合には，他の専門職と同様に，その国で必要とされる関連資格を取得しなければならないことを意味している．例えば，アメリカとカナダでは，臨床心理士として臨床実践を行う地域によって異なる資格試験が課せられることがある．イギリスでは，イギリス心理学会が発行する臨床心理学の免許（Diploma）を外国人の臨床心理士が取得する手続きが用意されている．その際，場合によっては，一部の課題が免除される．

イギリスにおける専門教育

イギリスの大学院における臨床心理学の訓練は，1990年代の半ばまで期間や資格がまちまちであった．期間は，2年または3年であった．資格は，理学修士（MSc）あり，哲学修士（Mphil）あり，ディプロマ（Diploma）あり，博士（Doctorate）あり，という状態であった．しかし，1995年を境にして事態は一変した．現在は，すべての訓練コースが3年間の博士課程教育を前提とするものとなった．コース修了者は，学位の正式名には多少の幅があるものの，いずれも臨床心理学の博士号を取得できるシステムとなっている．また，修了者は，イギリス心理学会の公認心理士の資格取得に向けての要件を満たし，国民健康サービス（NHS）の職に応募することが可能となる．

訓練コースは，いずれも臨床心理学の理論学習，スーパーヴィジョン体験と臨床現場での訓練，実践的研究の訓練を組み合わせたものとなる．表1.2に，そのような博士課程のカリキュラムの一例を示した．

専門的訓練は，病院，クリニック，行政機関などの臨床現場における，スーパーヴィジョンを受けながらの臨床実践と，研修会やコースの授業で行われる臨床技能訓練を組み合わせたものとなる．イギリス心理学会は，スーパーヴィジョンを受けながらの臨床実践については，成人期の精神科患者（慢性期および急性期），学習に問題をもつ成人と子ども，心理的問題をもつ成人と子ども，高齢者といった領域のすべてを体験し，さらにそれに加えてひとつ以上の特殊領域（例えば，神経心理領域や非行領域）を体験することを訓練生に必修として課している．現場における研修期間は，それぞれの領域ごとに3カ月から6カ月にわたる．また，臨床実践と並行して，知識や理論の学習も行われる．さらに，訓練生は，

表 1.2 オックスフォード大学大学院博士課程における臨床心理学コースのカリキュラム

第1学年	1学期	成人のメンタルヘルスの問題と認知行動療法 人種・文化・ジェンダー概論 ライフスパン概論 臨床場面での研究法　その1 特論　その1
	2学期	認知行動療法（前期より継続―5週間） 倫理的問題セミナー システム論概論（5週間） 心理力動的心理療法（5週間） 臨床場面での研究法　その1（前期より継続―5週間）
	3学期	子どもと関わる臨床活動　その1 学習障害者と関わる臨床活動　その1 臨床セミナー
第2学年	1学期	臨床セミナー 臨床場面での研究法　その2 子どもと関わる臨床活動　その2 学習障害者と関わる臨床活動　その2 特論　その2 死別の問題
	2学期	臨床セミナー 健康心理学 特論　その2（前学期より継続）
	3学期	臨床セミナー 高齢者と関わる臨床活動 臨床神経心理学
第3学年	1学期	研究法セミナー 嗜癖 心理学と関連法規
	2学期	臨床セミナー グループ・ワークの技法 エビデンスに基づいた介入法
	3学期	研究論文執筆

　このような臨床訓練と知識学習に加えて，2つ以上の研究計画を立て，それらを実行しなければならない．そして，その研究のひとつを博士論文としてまとめ，審査を受けることが課題となる．したがって，研究技能の習得も，臨床心理学の訓練の重要な特徴となる．訓練生の評価は，授業での成績，筆記試験，臨床現場での実績，臨床活動の事例報告，そして博士論文の審査を総合して行われる．

　臨床心理士の有資格者は，国民健康サービス（NHS）の臨床心理士として勤務するのに必要な学識と専門技能を習得していることが求められる．国民健康サービス（NHS）の職に応募するのにあたって博士号取得が条件となるのは，そのためである．ただし，臨床心理士の資格を得た後も，より高度に専門化した経験や訓練が必要となることは言うまでもない．とりわけ，特別な患者層（例えば，

神経心理的に障害を受けた者）を対象とする仕事や特殊な臨床技能（例えば，家族療法や性的問題のカウンセリング）を要する仕事に就いた場合には，特別な専門訓練が必要となる．イギリス心理学会は，現在のところ，資格取得後の訓練コースの認定は行っていない．しかし，数は非常に少なく，正式の訓練体制も整っていない状態ではあるが，資格取得後の専門訓練コースは存在する．そのような専門訓練が必要であることの認識は高まってきている．

7. 臨床心理士は何をするのか

　臨床心理士は，広範な問題についてアセスメントをし，介入することを求められる．そして，そのための特殊な専門技能をもっていると見なされる．臨床心理士がほかに卓越して貢献できる問題としては，まず第1に恐怖症や強迫性障害といった心理状態，混乱や分裂した行動の問題，服装や会話といった社会技能の欠如，能力の未開発，記憶のような心理的プロセスの障害などがある．臨床心理士は，あらゆる事例において，個人，家族，集団の本質にある心理学的問題を理解し，その変容を試みる．

　第2に臨床心理士の介入対象となる問題として，医学的問題や身体的問題から2次的に派生して生ずる状態がある．例えば，脊髄損傷によって引き起こされた性機能障害といった問題がある．脊髄損傷は1次的には医学等のアプローチが必要な問題であり，性機能障害は，そこから2次的に派生した問題となる．また，1次的問題への対処法がないまま，2次的障害が進行し，重いハンディキャップが生じてくる場合がある．高齢者にあっては，この種の問題が少なくない．臨床心理士は，このような2次的に派生する問題や障害にも介入する．

　臨床心理士が携わる第3の対象として，ヘルスケアのシステム全体に関連する問題がある．これは，患者という立場にある人（identified patient）と直接に関わる問題ではない．例えば，新生児の養育システムに関わる問題がある．多くの母親は，新生児の育て方についてのアドバイスを得ることで，大いに助けられる可能性がある．しかし，営利企業や政府機関が発行する育児書は，ややもすると洗練され過ぎていて理解しにくいものとなっている．読者が容易に内容を思い出し，そこで推奨されている方法を利用しやすいように，健康に関する書物の内容をわかりやすいものにするには，どのようにしたらよいのであろうか．そのような健康に関連するシステムに携わることも，臨床心理士の重要な仕事である．

また，庶務係や医療秘書のような非臨床スタッフは，通常は特に変化のない日常業務をこなしているだけである．しかし，時として極度に攻撃的な人々に対処しなければならない時がある．では，このような非常事態における対応の仕方を非臨床スタッフに教示し，その方法を訓練するには，どのようにしたらよいであろうか．このような課題に応えるのも臨床心理士の仕事である．このように，臨床心理士が対処する第3のテーマは，個々の患者の要求ということを離れて，どのようにサービスを提供するのかという方法自体を対象とするものである．したがって，そのような活動は，ヘルスケア・システムそのものを理解し，変革する試みとなる．

　臨床心理士は，数多くの方法を用いて，このような多様な問題に対応する．まず第1に，標準化されている心理学の測定法を利用して，できる限り的確に問題を理解し，明確化し，その特徴をはっきりとさせようとする．第2に，対象となっている問題の改善を意図して，特定の技法を用いて問題に介入する．第3に，介入が効果的に行われているのかを調べるために，問題がどのように変化したのかを評価する．臨床心理士の仕事のほとんどは，このようなアセスメント，介入，評価の3種類の活動に分類される．もちろん，これ以外にも臨床心理士が行っている活動は数多くある．そのような活動のひとつに，心理学的な手法を用いて他職種の訓練やスーパーヴィジョンを行うことがある．これについては，他の専門職との連携を扱う次章で詳しく論じることにする．

人をアセスメントし，理解する

　臨床心理士に関するステレオタイプ的見方の最たるもののひとつは，おそらく「テスト屋」というものであろう．第一次世界大戦前にビネー（Binet）がパリの学童の学力に関心を寄せて以来，一般知能や特殊知能，あるいは教育や職業発達の達成度を測定する心理テストが，臨床心理士の専門性の中心にあるとみなされてきた．しかし，この種のテストのように，見るからに不自然な課題を設定し，それに対する個々人の達成能力を測定するテストは，現代心理学者のなし得るアセスメントの，単なる一面に過ぎない．

　テストは，重要なアセスメントの一種ではある．児童用の教育関連のテストは，知能と学力との乖離を調べたり，将来の学力を予測するために広く使われてきた．児童および成人用の知能テストや学力テストのほとんどは，多くの下位テストから構成されている．そして，テスト項目はすべて厳選されて難度順に並べられ，

多数の被検者からすでに得ている情報を入念に比較対照できるようになっている．また，語彙テストは，神経心理的あるいは認知的アセスメントの測度として用いられる．この語彙テストでは，言語記憶，視覚記憶，象徴認知といった特定の認知機能を検査するために厳選された尺度項目が用いられている．

このほか，重要なアセスメントの方法として，パーソナリティ・テストがある．これは，前に比べれば臨床場面で用いられることが少なくなっているものではある．パーソナリティ・テストは，2つの種類に大別される．ひとつは，"客観的"なパーソナリティ・テストである．これは，患者が自己記入する形式の質問紙である．これらの質問紙には，数百に上る項目が含まれており，協調性，他者支配性，他者従属性など，人格機能の多様な側面を網羅している．この種のパーソナリティ・テストは，多くの部分をキャテル（Cattell）やアイゼンク（Eysenck）などのパーソナリティ理論に負っており，彼らの名を冠したテストもある．また，企業など組織で広く用いられている「メイアーズ・ブリッグス類型指標」（Myers-Briggs Type Indicator）も，客観的テストの一例である．ほかにも，厳密にはパーソナリティ・テストとはいえないが，人が自己自身をどのように見ているかを明らかにするテストがある．例えば，ケリー（Kelly, G.）のパーソナリティ理論から導かれた「レパートリー・グリッド法」では，人が自己の世界をどのように見ているかが図式的に検討される．

パーソナリティ・テストのもうひとつの種類としては，"投影的"技法と呼ばれているものがある．投影的技法では，構造化されていない曖昧な刺激によって引き起こされた反応には，反応した個人の内的世界の構造やパーソナリティが表われるということが前提となっている．これらのテストは，熟練した実践家によって行われている．その一例として，「対象関係技法」（object relations technique）の図版を用いたテストがある．

以上で示したように臨床心理士の仕事としては，知能，認知，パーソナリティなどに関する各種テストを，標準的手続きに従って，個別もしくは集団の単位で施行するということがある．多くのテストについては，「標準点」（norms）を参照して，被検者の得点をほかの人の得点と比較できるようになっている．こうした標準点を参照できないテストもある．その場合には，日常活動を遂行できる程度を基準とし，それに照らし合わせて被検者の活動レベルのアセスメントを行う．この種の基準参照型のテストは，比較参照する他者の情報がなくとも，被検者の活動レベルの回復の程度を測定するのに役立つ．表1.3の第2項は，その1例で

表1.3　心理学的アセスメントの主なカテゴリー

1. 自己記述
自分の現在の気分や行動を，被検者が自ら記述する測度のことを指す．インタビューのようなオープン・エンド形式や，パーソナリティ質問紙のような強制選択形式のものがある．
　　例：パーソナリティ質問紙の質問項目
　　　ときどき寂しいと感じますか？　　　　　　　　　　　はい　いいえ　わからない
　　　人から批判されて気が動転することがよくありますか？　はい　いいえ　わからない

2. 他者による評定や判定
被検者以外の人が，被検者の現在の感情や行動を記述するもの．オープン・エンド形式のほか，標準化された評定尺度やチェックリストのような構造化された形式のものがある．
　　例：福祉施設での早朝の日常生活動作をチェックするために作成されたチェックリスト．観察者は，ある動作が現れた時に，項目をひとつずつチェックする．
　　　目覚ましが鳴ったら起きる
　　　人から促されなくても朝食の前に手を洗う
　　　人の助けを借りずに適切な服を選ぶ
　　　人の助けを借りずに服を着る
　　　人から促されなくても食堂に行く

3. ライフ・ヒストリー
被検者に関する過去の実際の情報を記録することを指す．情報には詳細な教育歴などが含まれ，その情報源はさまざまである．

4. 現実生活を模した測度
被検者に，できるだけふだんと同じやり方で，ある行動を実際にやって見せてもらったり，再現してもらう．
　　例：ロール・プレイによって，社会的技能をアセスメントする

5. 直接観察
自然に起きる特定の出来事や，ある種の行動をリアル・タイムで記録する．
　　例：一日あたりの暴力の生起頻度を数える

6. 生理的指標
被検者の身体の生理的機能を直接モニターする測度を指す．皮膚表面に密着させた電気的センサーを用いて，心拍数や発汗程度を測ったりする．
　　例：筋電図（EMG）

7. 作業テスト
このカテゴリーに含まれるのは，昔から考えられているようないわゆる「テスト」のほか，標準化された質問を用いて被検者に知的な課題をやり遂げてもらうようなアセスメント方法である．
　　例：認知的もしくは能力的テスト項目
　　　下記のリストから，ひとつだけ他と異なる単語を選び出せ
　　　　　横帆式帆船　　小帆船　　蒸気船　　縦帆式帆船
　　　下記の数列の後に続く数字をふたつ書け
　　　　　3　6　14　27　45　＿＿　＿＿

ある．そのテストでは，他者との比較というのではなく，日常生活で普通に行われる活動を被検者がどれだけ遂行できているかを評価できる仕組みになっている．

　パーソナリティのようにおおまかな概念を測定するのとは違って，ある特定の状態のアセスメントに特化した質問紙がある．例えば，保守性といった特定の性質，抑うつといった精神医学や精神病理学に特有な次元を詳しく測定するための質問紙がある．このような特定の状態や問題に関連したチェックリストや評定尺度は，患者をよく知る家族などが記入することも可能である．例えば，学習に障害をもつ人々と共に生活するケア・ワーカーが記入する形式の評定尺度が複数存

在する．たいていの場合，このような尺度の項目は，段階が綿密に設定されている．例えば，「ボタンをはめる」という行動ひとつとっても，評定段階は，「ボタン穴とボタンをつき合わせる」や「ボタンを穴に差し込む」といった具合に，微妙に程度の違う複数の段階を示すものとなっている．なお，この種の尺度は看護師やその他の職種の人々が用いることがあるので，そのための訓練やスーパーヴァイズを行うことも臨床心理士の仕事となる．

アセスメントの最後の種類として，行動的手法をあげることができる．自然な状況下で，行動を直接観察する．その場合，必ずしも，患者自身がアセスメントされていることに気づいている必要はない．例えば，突発する攻撃行動など，あるひとつの行動の生起頻度や持続時間を正確に測定する．その際，観察者は，数時間その場にいることが求められる．また，生理学的な測定に基づくアセスメントもある．これは，厳密には行動面の測定ではないが，機能に関する数量的指標を得るという点で同様の性質をもつ．例えば，心拍数や血流量，皮膚電気抵抗などが生理学的な測定の代表的なものである．今日では，小型の携帯型電気レコーダーによって，記録が容易になり，より多くのカテゴリーの情報を，高精度で収集することができる．

表1.3として，さまざまなアセスメント方法の種類の概観を示した．これらの方法が適用される領域は多岐にわたる．能力やパーソナリティといった，伝統的な一般的測度に加えて，上述したように当人の見方，自己報告，行動など，より特化した測度もある．それらは，患者の問題，さらに患者をどのようにケアし，問題のマネージメントをどのようにするのかということと密接に関連づけられるようになってきている．アセスメント理論やその実際についてさらに詳しくは，Peck & Shapiro（1990）を参照していただきたい．

上述のような心理学的アセスメントには，いくつか満たすべき要件がある．なかでも重要なのが，臨床上の判断の質を高めるのに役立つものとするという点である．つまり，アセスメントは，患者の身近でケアしたり，心理的介入をする人々にとって有用なものでなければならないということである．さらに，使い勝手の良さも必要となる．テストの利用者にとって施行やスコアリングが複雑過ぎてはならないし，被検者にとっては脅かされたり負担になり過ぎてもいけない．

また，心理測定論の観点からみて適切であることも求められる．つまりは，妥当性，信頼性，変化に対する感応性といった点で方法論的基準を満たしていなくてはならない．測度の妥当性とは，それが測っているとみなされている事柄を，

1 臨床心理学とは何か——23

実際にどれだけ測り得ているかということである．例えば，読解テストの妥当性を高めるためには，テストを受ける子どもが住んでいる地域で実際に使っていることばが用いられている必要がある．妥当性の評価については，当該の測度と，それと同様の属性を測定するほかの測度との関連性を検討する方法がある．例えば，抑うつ傾向の測度の妥当性を評価する指標として，うつ病の治療を受けている治療群と非治療群との群間比較を取りあげることができる．治療群の得点平均が非治療群よりも高ければ，当該の抑うつ傾向を測定する尺度の妥当性が認められるということになる．

測度の信頼性とは，異なる状況で測定した場合，どの程度，同様の結果が得られるかということである．テストを施行したり，チェックリストによる観察を行う場合，実施に際して施行者の間で微妙にその手続きが異なっていたり，観察に際して観察者間で注意を向ける患者の行動特性が異なっていたりすることがある．その結果，テスターや評定者の間で，得点や評定が微妙に食い違ってくる．そこで，複数の評定者間における評定結果の一致率が，評定者間信頼性の指標となる．その他の重要な信頼性には，再検査信頼性がある．これは，2回のテスト結果間の一致率を見る方法である．また，変化に対する感応性とは，測定されている属性が変化したことがはっきりわかっている時に，測度の得点もそれにともなって変化する程度のことである．例として，身辺自立スキルの測度の変化に対する感応性を評価する場合，脳卒中で入院していた患者が退院して身の回りのことを自分でするようになった時に，測度に表われる変化を調べるという方法がある．

人々の生活に介入する

この30年間，セラピストとしての臨床心理士の役割が急速に発展してきた．心理療法のさまざまな技法が導入されてきており，その多くは，状況に応じて問題に介入する際の有効な方法として選択されるまでに至っている（5章を参照）．

心理力動論や認知論などの諸理論から導かれた心理療法の技能にはさまざまなものがある．しかし，それとは別に，臨床心理士が患者と出会う在り方には，あらゆる技法に共通する心理療法の基本技能が含まれている．そのような基本技能を用いることで，患者は安心し，臨床心理士に信頼を寄せるようになる．そして，通常であればためらったり，非難を怖れたりして語らないような出来事や経験，対人関係についても語ることが可能となる．心理療法の土台となる，このような信頼関係を築く段階で，臨床心理士は，"良い"カウンセラーやセラピストであ

るための条件とは何かを検討してきた．そして，その結果，3つの鍵となる条件に注意を払うようになってきている．それは，患者を一人の個人として尊重する"肯定的関心"，患者が経験してきた現実を理解する"的確な共感"，そして"純粋性"である．

　心理療法の実践を活動の中心に置く臨床心理士の多くは，集団分析協会（Institute of Group Analysis）などの心理療法の諸団体が主催する上級者向けの訓練を受け，さらに，先述したイギリス心理療法協会（United Kingdom Council for Psychotherapy）などに心理療法家として登録する．したがって，そのような臨床心理士の臨床実践を決定づけているのは，臨床心理士としての初期訓練ではなく，その後に受けた心理療法の訓練やその関心領域ということになる．心理療法にはさまざまなアプローチがあるが，いずれもその原点はフロイト（Freud, S.）にある．フロイトの活動は，多くの学派を生み出す出発点となっている．例えば，初期にはフロイトの仲間で，後に離反したユング，あるいはその後のクライン（Klein, M.）やフロイトの実の娘であるアンナ・フロイト（Anna Freud）などは，フロイトの理論を修正したアプローチを提案している．

　しかし，現在，臨床心理士の活動の中心となっている介入技法は，認知行動療法として知られているアプローチである．認知行動療法のアプローチでは，クライエントの特徴や問題に応じて，種々の技法が組み合わされる．具体的には，対象事例の特徴や問題を考慮して，行動療法，認知療法，そして時には集団療法や家族療法の要素を組み合わせて，介入する．したがって，多くの臨床心理士は，自分のアプローチを概して折衷的とみなしている．つまり，ある特定のアプローチに固執するよりも，個別事例の必要性に応じて，個々の手法を組み合わせて対応するという立場をとる．

　このように臨床心理士は，折衷的介入法をとるようになっている．ここでは，その中でも主要な方法である行動的アプローチと認知的アプローチについて，その概要を確認しておくことにする．行動療法を行う場合，臨床心理士は，まず問題となっている行動の分析をする．これは，行動分析，あるいは"行動の機能分析"と呼ばれる作業である．行動分析においては，中心的問題となっている標的行動に先立って起きた先行事象（antecedents）と，その行動の結果生じた後続事象（consequences）に注目し，それらの出来事との関連で標的行動を検討する．先行事象とは，標的行動が生起する際に，それに先行して生じた出来事や決定要因のことである．例えば，標的行動が生じた時間帯や部屋の中で起きていた

出来事などが，先行事象として考えられる．後続事象とは，標的行動が起きた結果，実生活上にもたらされたさまざまな出来事のことである．

　認知療法にあっては，心理的問題は，行動，認知，生理それぞれの反応システム間の連鎖として理解できるということが基本的な前提となっている．これらのシステムは，必ず同時期に共変するといったものではない．むしろ，この3システムを想定することで，ただ行動的側面のみしか検討しないという狭い観点を超え，患者が問題をどのように評価しているのかという認知的側面も含めて考慮することに道が開かれるようになったのである．この点が重要な意味をもつのである．例えば，バンデューラの観察学習に関する知見は，人が行動を変化させる場合，当人の認知がそこに介在していることを指摘した．つまり，行動変容が起きる場合には，当人が自己自身の行動をどのように認知しているかが重要な役割を果たすのである．このような知見は，自己教示トレーニング法の開発に結びついた．これは，おそらく，介入のための認知的アプローチとして最初に開発された技法であろう．なお，認知的アプローチを用いるのに最も適するのは，過去，自分自身，将来に対して顕著な否定的思考を示すうつ病といえよう．

　行動療法や認知療法のほかにも，心理学の概念に基づいた介入法は数多くある．例えば，家族機能の理論を基礎とする介入技法では，家族全体をひとつのユニットとみなす．そこでは，家族のメンバーは，行動，情緒，期待などの点において，ほかのメンバーのすべてに対して影響を与え得るものとされている．したがって，家族療法では，そのようなメンバーによって構成されるユニットとしての家族に介入する技法が開発されてきている．その他，記憶の理論に基づいた介入技法もある．これについては，第10章を参照していただきたい．

　いずれにしろ，実際の実践活動においては，数多くのアプローチから適切な技法を選び，その要素を統合する必要性が生じる．このような統合は，至る所で必要となるものである．以下に挙げるアランの事例では，長期間にわたる神経心理学的なリハビリテーションのプログラムの過程で，さまざまなアプローチが組み込まれている．

8. 臨床心理学の統合的アプローチの実際

事例・アランは，当時，13歳の少年だった．健康で，学校でも成績上位だった彼は，ある日の帰宅途中，自転車に乗っていて転倒した．そして，左側の頭蓋骨骨折という深刻な

頭部外傷を被り，右半身の片麻痺に陥った．病院では，10日間を神経外科で，その後の7日間を術後治療部門で過ごした．フォローアップのCTスキャンは，左頭頂部の損傷を示していた．事故後2カ月を経過して，学校に戻った彼は，癲癇を起こす以外は，当初，それなりに適応しているように見えた．しかし，やがて試験（GCSE試験：イギリスの公立学校で15，6歳時に行われる）が近づくと学校にいかなくなり，全8科目中，3科目しか勉強をしなくなった．家庭教師の助けもあって，彼は英語と工学の試験には通った．しかし，1科目を落とした．それでもその後，学校に通い始めて全科目をパスした．大学入学前の上級コースでは，電気工学を勉強し始めた．しかし，勉強についていくのは容易ではなかった．学校から一歩外に出ると，発作的な攻撃性と抑うつ気分に悩まされていた．頭部の外傷から4年を経過して，彼は地域の頭部損傷の専門機関にリファーされてきた．

アセスメントと介入

初期のアセスメントでは，アランの呈する問題は広汎で，身体的，認知的，情緒的，行動的，対人関係的と，さまざまな領域にわたっていることが明らかとなった．主訴は，発作的な攻撃性，抑うつ気分，就学困難であった．心理測定的なアセスメントによれば，知的能力は高いレベルが確認され，記憶も学習能力も保持されていた．しかし聴覚的注意力，作動記憶，言語的な流暢さ，情報処理スピードの減衰は明らかだった．並行して行った作業療法や理学療法のアセスメントからは，運動スキルの減衰，歩行運動の不調和，右脚や足首の可動範囲の狭小化が認められた．その夏の終わり，彼は学校に戻らないことを決めた．その理由は，気分変調や集中困難だった．そして，職業訓練のための特別リハビリテーションプログラムに参加した．彼の主要な問題点は，気分変調による不安定な集中力，健康や身の回りについての危険認識の希薄さ，自らの行動制限によるフラストレーションと焦燥感，自信のなさといったものだった．一方で彼には，トレーニングに参加し，就業できるようになるまでの技術があるように見受けられた．しかし，他方では情緒面と行動面の不安定さからトレーニングへの参加自体が危ぶまれていた．

アランの神経心理学的な問題とそれに起因する社会的な問題は，世界保健機関（WHO）の提唱した障害分類（WHO 1980）の枠組みによって，以下のように概念的に理解できる．

1. 器質障害（impairment）
   心理的，生理的，あるいは解剖学的な構造や機能の損傷，あるいは異常．
2. 機能障害（disability）

器質障害に由来する活動能力の不全や欠落．正常な状態であれば，遂行できると想定される活動の仕方や範囲が限定され，あるいは遂行不能に陥る．

3. ハンディキャップ（handicap）

器質障害や機能障害のために被る不利益．正常な状態であれば，なし得る役割（年齢，性別，社会的・文化的要因に従って決まってくる）における制約や阻害．

［訳注：上記 WHO の障害分類の邦訳については，現在のところ，定訳がない．医学領域では，impairment を機能障害，disability を能力障害，handicap を社会的不利と訳すことが多いようである．しかし，機能障害という日本語には，impairment がもつ「解剖学的な構造の損傷」という器質面での損傷の意味が含まれていない．また，日本語の「能力」という語には，才能や知能と関連した評価的ニュアンスが含まれているため，能力の障害といった場合，否定的意味合いが含まれてしまう危険性がある．しかも，日本語の「能力」には「努力によって発揮できるもの」とのニュアンスがある．そのため，disability を能力障害と訳した場合，原語に含まれる「器質障害に由来する」との意味が排除される危険性もある．さらに，handicap は，単に社会的不利という面だけでなく，機能的な障害に因るものとの意味が含まれている．そこで，本書では，impairment, disability, handicap を，それぞれ器質障害，機能障害，ハンディキャップと訳すことにした．読者は，特に「機能障害」という語の位置付けが，医学的領域と本書の訳とでは大きく異なっていることに注意していただきたい．］

　頭部損傷がもたらした器質障害には，図1.2に示したように，身体面，認知面，情緒面，行動面での変化が含まれていた．身体面の機能障害（可動範囲の制限や，右半身の脆弱さ，歩行失調，バランスの悪さ）は，右半身の片麻痺が直接の原因である．しかし，認知面の問題（集中力と情報処理スピードの減衰，融通のなさ）や情緒面および行動面の問題（自信の欠如，抑うつ，攻撃性）は，その基底にある認知の変化とパーソナリティの変化が相互に複雑に絡み合った結果生じた状態といえる．それらの変化は，頭部損傷に起因したものではある．しかし，それは，機能障害と，それに関連した行動上の制約に適応しようとした結果，2次的に生じた心理的問題をも含んだものとなっていた．このような障害を特定化する神経心理学的アセスメントを実施し，それに基づくリハビリテーションを行っていなかったことが，アランの不適応が生じた，ひとつの要因になっていたと考えられる．ハンディキャップについては，移動の問題が生じていたが，それは，単に身体面の機能障害を反映したものである．このほか，ハンディキャップとして教育面と就業面での制約が生じていたが，これは，認知面，情緒面，行動面の

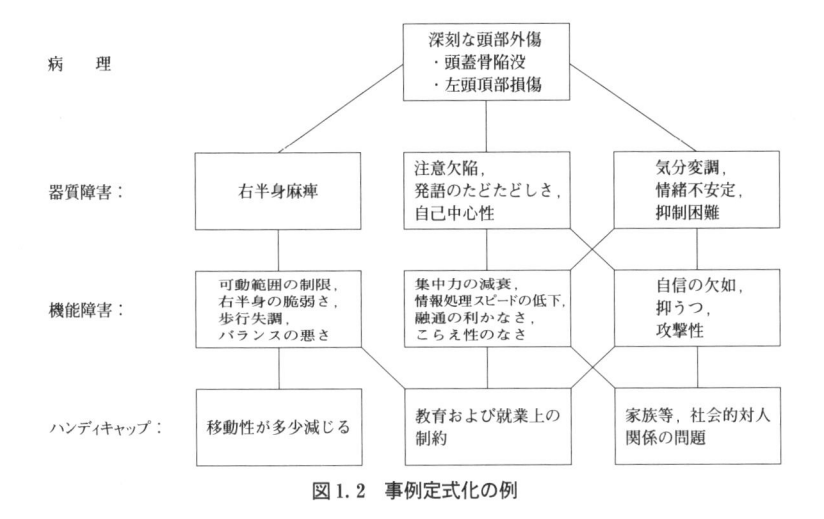

病　理		深刻な頭部外傷 ・頭蓋骨陥没 ・左頭頂部損傷	
器質障害：	右半身麻痺	注意欠陥, 発語のたどたどしさ, 自己中心性	気分変調, 情緒不安定, 抑制困難
機能障害：	可動範囲の制限, 右半身の脆弱さ, 歩行失調, バランスの悪さ	集中力の減衰, 情報処理スピードの低下, 融通の利かなさ, こらえ性のなさ	自信の欠如, 抑うつ, 攻撃性
ハンディキャップ：	移動性が多少減じる	教育および就業上の制約	家族等,社会的対人関係の問題

図1.2　事例定式化の例

問題が相互に絡み合って（さらに特定の身体面での制約も加わって）生じた事態である．また，対人関係上の問題は，主として情緒面と行動面の問題から生じて来ており，そこには，ある程度融通のなさの問題も介在していた．

　当初，心理学的介入は，障害についての神経心理学的理解をアランに提供することに焦点があてられた．それは，アラン自身が学校場面における認知機能面での問題や，家庭における情緒面での不安定さや発作的な攻撃性の意味を理解し，対処するのに役立った．両親は，頭部損傷患者の家族会に隔週で参加し，サポートとガイダンスを受けていた．アランは，その後，職業訓練のリハビリテーションと実務研修を経て，地元病院の工務部門で電気関連のメンテナンス助手の仕事を得るに至った．ただし，彼が応募から面接までをやり遂げるのには，かなりの心理援助を必要とした．採用面接では，減退した職務遂行能力（かつては大学進学を希望していたのだが）と自信喪失の2点がテーマとなり，それを乗り越えるのがたいへんだった．彼は，就職後も月に1回，心理療法を受け続けることを求めた．そこでは，発作的に起きる攻撃性と，徐々に高まる対人関係に対する関心にどのように対処したらよいのかが話し合われた．2年後，仕事に慣れてきたアランは，恋人と暮らし始めた．しかし，彼は，人間関係において情緒面でも行動面でも不安定になりやすく，それに対処するのに苦しんだ．現在でもアランは，このような不安定な事態にうまく対処するための心理援助を受けるために，恋人と一緒に臨床心理士のところを訪れている．

9. 実践の効果を評価する

　効果のない心理学的介入法を用いるのは，無意味である．従来，役立つとされていた介入技法が，きちんとした評価を経て，実はまったく価値がないか，あってもわずかしかないことが判明したという例は数多い．精神科領域で働く臨床心理士にとっては，かつてのインシュリン・ショック療法の例から学ぶべきことが多い．この治療では，患者は，熟達した医師，看護師によってインシュリン注射を受けて昏睡状態に導入されるのだが，その昏睡状態が治療効果をもたらす最大の要因と考えられていた．統制された効果研究がなされ，これが実際には効果のない治療法だと判明するまで，開発以来20年を待たねばならなかった．心理学的介入は，インシュリン・ショック療法ほどの不可逆的な副作用の危険を伴うということはない．しかし，それでも何らかの副作用はあるので，その効果については厳しく問われなければならない．

　介入効果を評価する方法として，より高い厳密さを求め，定量的測定を重視することは可能である．しかし，そのような手続きをとっても，評価というものには暗々裏に価値判断がつきまとう．結局，介入効果の評価は，誰が評価するかによって異なるものになりかねない．例えば，介入の担当者は，専門家として，よりよい効果を期待しており，その期待によって影響を受けるであろう．組織の運営責任者（manager）は，介入において協力を依頼する社会的資源に配慮しなければならず，それに影響されるだろう．また，患者本人の評価は，患者自身の生活にどのような影響が与えられるかによって左右される．例えば，日々の痛みから解放してくれるかどうかといった具体的な点に影響を受けてしまうのである．では，私たちは，どの意見に最も注意を払えばよいのだろうか．

　効果評価の第一段階では，一般的に，対象となっている介入法が，それに代わる従来の慣例的方法と比べて効果があるかどうか，あるいは，少なくとも何ら介入を施さないよりも役立つかどうかの検討を行う．効果があることが示されたならば，次に，その介入プログラムをいくつかの要素に"分解"し，個々の要素の効果を調べる．例えば，深刻な精神疾患の患者をケアするために用いられている"トークン・エコノミー法"という行動的アプローチについて考えてみる．患者は，ある望ましい行為をなしたところで，即座にトークンが与えられる．しかし，トークンが与えられた瞬間を観察すると，その他の事柄が同時に起きていることがわかる．例えば患者が言語的に賞賛されていたり（「よくできましたね」など），

適切に体を触れるなど非言語的に肯定の意が伝えられていたり（患者の肩に手を置く），フィードバックの情報が与えられていたり（「トークンをもらえたのは，〜だから」）といったことが，トークンが与えられるのと同時に起きていることがある．あるいは，孤独な日々を送っていた患者に，ともあれ，人と接触する機会が与えられたということも患者に影響を与える理由として考えられるだろう．では，これらの出来事の中で，どれが介入効果をもたらす要因なのであろうか．

　通常，評価は，援助を受けた個人や集団に表われた効果に焦点があてられる．しかし，介入効果を評価するための判断基準は，それ以外にもある．例えば，患者の抱える問題が，そのケアをする人々にどのような影響やインパクトを与えているのかということがある．それは，ケア・インパクトとかケア負担と呼ばれる事柄である．あるいは，ある効果を得るために投入される資源の量も，効果評価の基準となる．例えば，同一レベルの効果を得るために必要となる専門的介入の時間が，介入法Aでは10時間，介入法Bでは20時間だった場合，AはBよりも効果的といえる．

　また，介入の過程に着目することもある．そこでは，介入前に想定されていた介入プログラムの目標や活動と，実際に実行され，達成されたものとが比較される．そのためには，プログラムの手続きに関する計画が，事前に操作的に提示されていることが前提となる．そして，プログラムの終了前に，その不備を検討することができなければならない．

　このように介入の過程を評価する方法もある．しかし，効果の評価の方が，過程の評価より難しい．その理由は，前述したように，効果にはさまざまなレベルがあるからである．例えば，介入を受けた患者のレベル，患者をケアする家族が受けるインパクトのレベルなど，さまざまなレベルが存在する．このようなヘルスケアの効果に関して，臨床心理士が特に貢献できる事柄として次の2つがある．まず第1に，おおまかな援助サービスの目標を操作可能な目標に読み替えることである．それによって，効果評価の準備が整う．第2は，評価研究に馴染みの薄いスタッフも評価に参加できるような工夫を加えることである．

10.　専門職としての臨床心理士──3つの論点

　臨床心理学は，これまで，医師，看護師，理学療法士，作業療法士，ソーシャルワーカーなど，医学的問題や個人的問題に対処するさまざまな援助職の中で，

自らの専門領域を見いだしてこなければならなかった．専門職が発展するためにはさまざまな社会的制約が課せられるが，それは国によって異なる．したがって，新たな専門職である臨床心理士に認められる活動領域は，国によって違いがある．例えば，医師の役割は，専門職としての臨床心理士の活動領域の制約と密接に関連している．最近まで，フランスで心理療法を行えるのは医師に限られていた．また，イギリスでは，国民健康サービス（NHS）の中で臨床心理士が出会う患者は，通常，家庭医（一般開業医）などの医療職からリファーされてくることになっている．その一方で，他の専門職は，臨床心理学がどのようにヘルスケア・システムに参入するのかに強い関心を寄せている．他の専門職は，臨床心理士という新たな専門職集団がどの程度期待できるものなのかを，興味深く探っているのである．このような状況において，専門職としての臨床心理士の在り方を考えるのにあたってまず検討しなければならないのは，以下の3つの論点である．

専門職としての独立性

　ヘルスケアに関わる専門職のほとんどは，当初，医師が実践上，その必要性を認めたものである．しかし，実践活動を行うにあたっては，医学的訓練を必要としないために，医療とは独立に専門職として発展したのである．そのような専門職は，徐々に医師の監督下から独立するに至った．例えば，イギリスでは，医師はもはや，看護師の専門能力を査定する立場にはない．とはいえ，依然として，医師は他職種をも包含する知識をもっているといった意見も残ってはいる．

　ところが，そのような意見に対して，臨床心理学のような新たなヘルスケア専門職は異を唱える．というのは，臨床心理士のような専門職は，自らの専門性を医学ではなく，科学的な方法論に基づくとみなしており，医学に包含されるものではないと考えているからである．言語療法は，その好例である．言語療法の領域も，臨床心理学と同様に，そもそもの端緒として医学関係者の推進力と関心があった．しかし，医学関係者は，もはや言語療法の手続きについての知識を持ち合わせているとはいえない．

　専門職の独立性を示す基準としては，訓練が標準化されており，独立した活動が認められるだけの臨床能力を維持していることが挙げられる．ほとんどのヨーロッパ諸国において臨床心理士の資格取得のために必要な臨床経験と学問的能力は，医師の資格に匹敵するレベルとなっている．また，臨床心理学においては，医学と同様に学位の高さや臨床家としての適格性も重視されている．このことは，

医療職と同程度に独立して実践活動ができる能力を臨床心理学の専門職が備えていることを示している．

このように臨床心理士は，独立した専門職となることを強く望み，そのことを社会的に表明してきた．ただし，そのような臨床心理士の独立性を他の職種も同様に望んでいるかというと，必ずしもそうではない．むしろ，臨床心理士に対しては，独立して自立的な活動を展開するのではなく，他の職種との緊密な協力を重視するように求めるということがある．例えば，児童精神医学といった領域では，チームワークが非常に重視される．そのようなチームワークを重視する臨床の場では，チームのメンバーは，自らの職能団体に対してよりも，所属するチームに従い，献身することに価値を置く．この点で，他職種の同僚との協力は，臨床心理士が専門性を発揮するためには欠くことのできない要素である．ただし，協力関係を形成する仕方は，場所や環境によって異なるものであり，個別性がある．したがって，他職種との協力の在り方については，個々の状況に応じて詳しく検討する必要がある．この点に関しては，次章で詳しく論じる．

臨床心理士の責任性

ヘルスケアの専門職の責任性は，多くの場合，その職種の法的な登録制度と密接に関連している．主要なヘルスケア専門職については，ほとんどの国において公式の登録制度が整備されている．そのような制度では，まず訓練と適格性に関する最低限の基準が規定される．そして，その専門職の名称と機能の固有性が主張される．さらに，もし，メンバーの専門的能力が基準に満たないことが判明した場合には，除名処分もあり得ることが述べられる．現在，ヨーロッパ諸国のほとんどには，臨床心理士の公式登録制度が設けられている．しかし，その形態はさまざまである．臨床心理士が，他のヘルスケア専門職や他の活動領域と共に登録されるという国もある．オーストリアでは，臨床心理士の監督官庁は，なんとスポーツと一緒である（McPherson 1998）！

このような法的な責任性とは別に，臨床家は，目の前の患者に対して援助的な対応をする法的な義務を負っている．資格登録の法制度に明確に規定されていなくとも，不当な扱いを受けた患者が，悪質な介入行為による過失や損害を申し立てて，裁判所を通じて賠償請求することもあり得る．また，職業団体が，裁判所によって法的に課せられている基準とは別に，独自の基準を設けることもある．

"臨床心理士が第一に責任を負うべきは自らの患者に対してである"との見解

は，独立した専門職としての模範に則したものである．この観点に立てば，臨床心理士の行いを命ずるのは，患者のニーズと願望であるといえる．しかし，公的機関に雇われた臨床心理士にあっては，機関の方針が臨床サービスの在り方に強い影響を及ぼすのは当然のことである．したがって，費用を支払っているのが誰なのか——患者なのか，雇用者なのか——という問題が，責任性についての基本的な前提を左右する．実際，ある学派では，この問題が心理療法の関係において重要な要素であると考えられている．

イギリスの臨床心理士の中には，資格登録制度を設けることで得られる恩恵について複雑な思いを抱く者がいる．臨床心理士の専門職業化によって利益を得るのは，クライエントよりも，むしろ臨床心理士であるということは，ある意味で事実である．このような点を考慮して，専門職業化への道を歩むことに対して躊躇する臨床心理士もいたのである．

イギリスにおける心理士の主要な職業団体であるイギリス心理学会は，元来は学術団体であった．そのため，専門職業化に進むことへのためらいが強められたということもあった．学会は，現在も学術団体として機能している．したがって，アカデミックな心理学者や，ヘルスケアには従事していない応用心理学者の意見も，臨床心理士の意見と対等に扱われているのである．とはいえ，イギリス心理学会は，1988年に心理士の公認制度を設け，現在は，心理士法（Psychologists Act）の議会での立法に努めている．そのような制度化が，ひいては公共の福利を守ることに通じるという考えは共有されているのである．

ヘルスケア・システムにおける臨床心理学の役割

先進国のほとんどは，ヘルスケア全体を包括する施策を立てようとしている．たいていの場合，関連省庁が健康政策の優先順位を定め，公共のヘルスサービスに資金を提供することによって政策目標の達成を図る．したがって，ヘルスケア・システムは，中心となる施策，財源，国民の選択の幅，私的団体や任意団体が行うケア活動の割合などによって，異なったものとなる．例えば，アイルランドでは，学習機能に障害をもつ人々への援助サービスについては，そのほとんどを宗教団体が行い，政府がそれに資金提供をしている．

近年，"医療の社会化"（socialized medicine）が進んできている．その結果，人口動態に基づいてヘルスケア・サービスの政策立案をするという方向への，大きな変化が生じてきた．人口，年齢構成，罹病率がわかれば，利用者のニーズを

分析し，合理的な計画を立て，それに基づいてヘルスケアの政策を実行できる．反対に，個人開業が無計画に増え続け，サービス全体の大部分を占めるようになった場合には，計画的な政策立案は困難となる．このような状況においては，臨床心理士の活動形態も同様な意味をもつ．個人開業の臨床心理士と公的機関に勤務する臨床心理士の割合，およびプライマリケアに密接に関わる臨床心理士と2次的あるいは3次的な特定の援助サービスに関わる臨床心理士の割合がどのようになるかによって，臨床心理士が直面する問題の在り方も変わってくる．

　予防医学の有効性が増し，抗生物質，子どもへの矯正手術，高齢者への良質なケアなどが発展するにしたがって，人々の呈する健康上の問題も変化してきている．ヘルスケアがよりいっそう予防的役割を果たすことになれば，日常の健康維持に役立つ指導助言をどのように行うかが重要なテーマとなる．そして，それらは，本質的に心理学の問題なのである．また，高齢者の人口比率が高まり，医学的な介入にはもはや反応しないような慢性的ハンディキャップを抱えた人々が増えれば，ヘルスケアの強調点も変わってくる．そこでは，医療の対象ではない機能障害（disabilities）にどのように対処するかに強調点が移る．したがって，国民の健康問題をどのように改善していくのかは，高度医療技術の貢献とともに，それによって生じるライフスタイルの変化にどのように対応するのかに大きく左右されることになる．

　このように，臨床心理学がヘルスケア・システムの中でどのような役割を果たすかは，さまざまな要因によって決まってくる．その中でも，独立性と責任性をもってどれほどヘルスケアに貢献できるかという，臨床心理士の力量が主要な決定要因となる．そこでは，プライマリケアの専門家として，どれだけ心理学の知識を利用できるのかが重要な意味をもつ．適切に心理学的知識を用いることによって，臨床心理士がこれまでに直面してきた問題の質も量も随分と改善されるであろう．それは，臨床心理士に対する社会的需要に関わってくることでもある．

　ヘルスケア・システムが人々のニーズを把握し，それに対応する政策を企画できるためには，その政策を実行するのに必要なスタッフの形態と人数についての計画も立案できることが求められる．現在のところ，ヘルスケア・システムの政策における重要なスタッフとして，臨床心理士に寄せられる期待は高まっている．臨床心理士は，システムの各所において有効な貢献ができると期待されているのである．本書では，臨床心理士が現在，どのようなことをなしており，今後どのような発展が見込まれるのかについて見ていく．

引用文献

Herman, J. (1992). *Trauma and recovery*. Harper Collins, New York.

Mayou, R. (1997). The psychiatry of road traffic accidents. In *The aftermath of road accidents: psychological, social and legal consequences of everyday trauma* (ed. M. Mitchell). Routledge, London.

McPherson, F. (1998). Thirty years of regulating clinical psychology in Europe. *Clinical Psychology Forum*, **113**, 13-15.

Melzack, D. C. and Wall, P. (1988). *The challenge of pain* (revised edn). Penguin, Harmondsworth.

Peck, D. F. and Shapiro, C. M. (1990). *Measuring human problems*. Wiley, Chichester.

World Health Organization (1980). *International classification of impairment, disability, and handicap*. World Health Organization, Geneva.

参考文献

Butler, G. and McManus, F. (1998). *Psychology: a very short introduction*. Oxford University Press, Oxford.

Frude, N. (1998). *Understanding abnormal psychology*. Blackwell, Oxford.

Power, M. and Brewin, C. (1997). *Transformation of meaning in the psychological therapies: reconciling theory and practice*. Wiley, Chichester.

2 —— 臨床心理学の活動における他者との協働

John Hall

近年，臨床心理士は，他職種とチームを組み，協働して臨床サービスを提供することが多くなっている．そこで，本章では，臨床心理士が利用者や他職種などと協働する際の方法や課題を解説する．具体的には，利用者とその家族，医師，看護師，理学療法士，作業療法士，ソーシャルワーカー，ケアマネージャーといった他者との協働の可能性を検討する．そして，他者との協働において臨床心理士が担いうる機能として，以下の点の重要性を指摘する．①患者とスタッフのコミュニケーションの在り方を明確なものにし，適切な情報のやり取りができるよう援助する．②バーンアウトの心理学的な分析をし，その問題を軽減するための手段を提供することで，スタッフのメンタルヘルスの向上に貢献する．③異なる職種のメンバーのチームワークを促進する役割を担う．臨床目的のチームでは，個別事例への援助のために，臨床心理学の専門的な技術や知識を提示する．活動のマネジメントを目的とするチームでは，サービスを評価する方法を提案して，運営方針を検討する際に貢献する．④他の専門職が臨床現場において遭遇する具体的な問題について，心理学的な視点から問題を理解し，それに対応するための知識や技法を教育する．⑤利用者のニーズ調査やサービスの評価によって，どのような技能やサービス活動が有効であるかを実証的に示す．

1. はじめに

他の専門家と関わることなく，自分だけで仕事をしている臨床心理士はまれである．つまり，他の専門家からリファーされるのではなく，直接来談するクライエントのみを対象とし，ほかの心理士，セラピスト，ヘルスケアスタッフなどとの連絡を最小限にとどめて活動するといった臨床心理士は，いるとしてもほんの一握りに過ぎない．大多数の臨床心理士は，クライエントがリファーされてきた，その瞬間から，他の専門職の人たちとの関わりをもつことになる．それとともに，多くの臨床心理士は，担当する患者の家族や身の回りの世話をする人などと関わる機会をもつ．このように家族や介助の人々との関係も，専門家との関係と同様に重要である．

また，臨床心理士は，ヘルスケアの専門家と協力して働くだけでなく，ボランティア団体や慈善団体のスタッフと協力し，地域の公共機関の職員と連絡をとり，

ヘルスケアを利用する人々の代表者たちとも対応する．なお，ヘルスケアの利用者の代表は，通常は，専門的訓練を受けている人々ではない．したがって，彼らは，ヘルスケア従事者に共有されている前提をほとんど知らない．むしろ，積極的にそうした前提を問題視してくることさえある．このような状況において臨床心理士は，ヘルスケア活動の改善に寄与できるすべての人々との間に，協働関係を築くことができなければならない．

さらに，多くの臨床心理士は，特定の患者およびその家族と関わること以外に，地域のヘルスケアの組織づくりにも関わる．例えば，デイセンターの運営に助力したり，エイズの人々に対する新たなサービスを企画したり，障害をもつ子どものためのコミュニティ・サービスを監督指導したりする．

2. 他者とのコミュニケーション

心理的な援助を行う場合，どのような活動であっても適切なコミュニケーションが必要となる．身体的なヘルスケアでは，例えば緊急蘇生のように，話しことばや書きことばによるコミュニケーションがなくても治療が可能な場合もある．しかし，ほとんどのケアや介入においては，話しことばによるコミュニケーションが含まれる．たとえ口を開けるだけとか，音を出すだけといった単純な反応であっても，ケアや介入においては，コミュニケーションが必要とされる．大部分の患者にとって，質の良いケアや介入には相互的な情報のやりとりが必要不可欠である．相互的な情報のやりとりは，基本的な事実を確認するために必要なだけでなく，その情報を実践で役立たせるためにも必要となる．特に心理学的介入において臨床心理士は，患者の複雑な感情の状態を理解しなければならない．少なくとも患者は，自らの感情の状態について多くを語りたくないと感じているものである．また，多くの患者は，自らの感情の状態にひどく困惑している．したがって，患者の心理的な援助活動において，あらゆる活動の中核となる技能(skill)は，患者の語りを聴き，患者の気持ちや考えを理解すること，そして理解したことを患者に伝え返す能力である．その場合，患者が「自分は尊重され，理解されており，自らの状態が適切に把握され，コントロールされている」と感じられるように，理解したことを伝え返すことが必要となる．

臨床心理士は，このような情報の伝達システムについて，さまざまな観点から関心を寄せている．多くの患者にとっては，専門家に適切な情報を伝え，また専

門家から与えられた情報を保持することはたいへん難しい課題である．ところが，ヘルスケアのスタッフのなかには，患者にとってそのような情報のやりとりがどれほど難しいことであるのかを理解していない者がいる．それが，臨床心理士が情報の伝達システムに関心を寄せるひとつの理由である．感覚器官に障害があるために，何らかの電子工学的なコミュニケーション補助装置を用いて要求を視覚的に表示することが必要な患者もいるのである．

コミュニケーションの改善は，患者が専門家の指示を遵守すること（compliance）につながる．例えば，外来患者に薬の処方を口頭で伝える場合を考えてみる．その際，実際に患者が服用する薬は，処方の，たった3分の1しかないといった事態がしばしば生じていたとする．そのような場合，どのようにしたら，この低い服用率を上昇させることができるのだろうか．

まず，病院で出す書類についてのガイダンスが必要となる．どのような病院でも，膨大な種類の連絡用紙や通知書などの書類が使用されている．スタッフや患者は，そのような多様な書類に目を通していかなければならない．そこで，書類が，スタッフや患者の誰にとってもわかりやすいものにしていくガイダンスが必要となるのである．患者のうちの相当な割合，おそらく10〜15%の者は，難易度の高い語彙を理解するだけの読解能力を持ち合わせていない．したがって，患者への教示を記した書類を一般的にわかりやすいものにするためには，"読み易さ"を評価指標として採用することが重要となる．もちろん，ただ単純に読みやすいだけでよいというわけではない．安易に読みやすさのみを追求するだけでは，批判を招くことになるであろう．

コミュニケーションを改善するためには，患者に伝えられる情報に含まれる感情的側面に注目するというアプローチも必要となる．例えば，恐怖という感情に注目し，患者に恐怖を喚起させるようなメッセージが役に立つのかどうかを検討するといったことが考えられる．そこでは，恐怖を喚起させることで，専門家の指示に従うように患者をもっていくことができるかどうかがテーマとなる．現在までの研究からは，恐怖の喚起が役立つといったことを支持する結果は得られていない．ただし，Tuckett & Williams（1984）は，医師や患者が情報をどのように受けとめるのかという点だけを研究するアプローチの問題点を指摘している．彼らは，社会-心理学的観点，あるいは社会学的観点から，情報が交換される対人状況の分析を重視する．特にヘルスケアのスタッフが患者とコミュニケーションをする際に，その対人状況をどの程度コントロールしているのかに注目し，そ

の程度を検討することの重要性を指摘している．

現在，ヘルスケアのスタッフと患者との間のコミュニケーションについては，心理学的観点に基づく指導方法や解説書が数多く示されている．それらは，単に高度の専門性を有するスタッフに関連するものだけでなく，混乱した患者，暴力的な患者，あるいは見舞い客に対応する守衛や内勤スタッフに関連するものも含まれており，コミュニケーションの多様な側面を扱う内容となっている．

3. 協働する他者 (1)——利用者

臨床心理士が仕事で出会う人々は，3群に大別できる．第1の，最も重要な群は，患者やクライエントである．彼らの名称については，ヘルスケアサービスの受け手を意味する"利用者（ユーザー）"という語が一般的に用いられるようになってきている．なお，利用者と同様に重要なのが，彼らの家族関係者や介助者である．例えば，多発性硬化症のような慢性の身体的障害を抱えている場合には，家族関係者や介助者は，患者のケアを継続するための主要な資源となる．

第2の群は，ヘルスケアと，それに関連する専門的なスタッフである．医師，言語療法士，あるいは入所施設のケア・ワーカーのような社会的ケアのスタッフや教師のような教育職のスタッフも，この群に含まれる．

第3の群は，ボランティアや慈善団体で活動する人々である．彼らは，例えば，重篤な状態が慢性化している人々が入所する施設での介護を担当したり，特定の患者グループに必要な情報やサポートを提供したりする．このような活動をする人々は，近年，多くの国においてその重要性が増している．彼らの多くは，自分自身も患者と関係があったり，以前患者だった人々である．したがって，彼らは，患者を代弁してサービスの改善や向上を求める者であると同時に，現行のサービスを批判する者でもある．彼らは，専門的スタッフが前提としている条件を共有していない．そのため，専門的スタッフが提供するサービスに対して異議を唱えたり，注意を喚起したりする．しかし，それは，疑いなく，地域におけるメンタルケアのサービスの質を向上させる役割を果たしている．

利用者およびその家族との協働

従来は，患者にとって何が最良であるかを決定するのは，ヘルスケアのスタッフであった．しかも，決定したケアや介入に患者を積極的に参加させることに注

意が払われることは，ほとんどなかった．利用者を尊重することには，さまざまな側面がある．しかし，以前は，そのような側面への配慮が十分ではなかったのである．最近になってようやく，ヘルスケアの活動を計画し，どのようなサービスを優先させるかといった事柄を決定する際に，患者自身の意向が重視されるようになってきた．その結果，さまざまな変化が生じてきた．例えば，通所施設の利用者は，細かな配慮の下に計画された活動を施設内で行うよりも，無理のない安全な場所に出かけることのほうをより好むかもしれない．このような好みは，利用者の意向を聞くことによってはじめて把握できるものである．逆に，もし，サービスが利用者の優勢順位に合致していなければ，利用者は，当然のことながら，提供されるサービスを継続して利用することはない．

　Beresford & Croft (1993) は，利用者に意見を聞く際に留意すべき点をまとめたガイドラインを示している．そこには，例えば，質問をする際にはできる限り仮定条件や想定を組み込まないようにすること，個人との話し合いだけでなく，集団での話し合いの機会も用意すること，利用者が話し合いをしてよかったと思えるように場を受容的で温かみのある魅力的な雰囲気にすること，といった内容の指摘が盛り込まれている．なお，利用者に意見を聞く際に気をつけなければならないことがある．それは，利用者が計画立案グループの形だけのメンバーとみなされる危険性である．具体的には，専門家のスタッフが有給であるのに対して利用者は，無給で，単に時間を提供することだけを期待されるといった場合である．計画立案——あるいは研究——に参加したメンバーについては，できる限り全員に成果をフィードバックすべきである．なかには，作業をさせておきながら，結局何も成果が得られなかったという活動もある．このような活動では，メンバーにフィードバックすることはできないが，それは，例外である．

　利用者の視点に関しては，Chadwick (1997) が自分自身の患者体験も踏まえた衝撃的な報告をしている．自らも異常心理学の博士号 (Ph. D.) を有する Chadwick は，患者の立場から，自分の状態を知らされていることの重要性，"退院させる" (discharge) という語には病気を悪化させる含みがあること，病院から日常生活への移行の際には緩衝帯となる緩やかな構造の場が重要となることを強調している．退院させるという語には，締め出される，あるいは拒否されるという意味合いがあり，それが，患者の状態を悪化させることにつながるということを，Chadwick は患者の立場から訴えているのである．

　提供されるサービスの効果が有意であることが心理学的に実証されるか否かは，

サービスの有効性を判断するうえで重要な情報である．したがって，患者は，提供されるサービスに関する心理学の議論を知ることで，提供されるサービスの有効性に関する情報を得ることができる．その点で，心理学に基づくサービスの効果の実証的検討は，患者のより良い選択を支援する最も優れた方法である．このような実証的検討に基づくサービスの提供を重視するのが，根拠に基づく（エビデンスベイスト）医療である．

　根拠に基づく医療と患者による選択は，ともに医者に過剰な権威が与えられていたことへの反動として発展してきている．そして，これら2つの動向の組み合わせは，医療におけるパラダイムシフトをもたらすものとして理解されている．それがパラダイムシフトをもたらす理由は，スタッフと患者の関係の積極的な協力モデル（partnership model）を提起するからである．この協力モデルには，以下の4つの要素が含まれる．第1は，患者の求めるものは一様でなく，ゆえに患者と医者の役割は固定的であってはならないということ，第2は，話し合いと打ち合わせは，自らが求めるものを患者がはっきりさせるのを手助けするための促進要因であるということ，第3は，患者が自己の要求を決定する際には，単に情報や技術の提供だけでなく，感情的な支援や援助を求めているということ，そして第4は，保健専門職は，患者の価値観を確認し，それに沿って支援，助言，話し合いも患者に提供していく必要があることである（Hope 1997）．

　これらの議論については，すべて患者の家族関係者にも当てはまる．ただし，家族関係者との協働においては，さらに考慮すべき事柄がある．家族関係者は，コンサルテーションの結果に対して患者とは異なる関心をもつ．そのため，患者に関する話し合いにどのように協力してもらうかについては，家族関係者の関心事がどのようなものであるのかを考慮しなければならない．家族関係者が患者の主たる介助者である場合には，介助が家族関係者に及ぼす重圧や影響を考慮する必要がある．時には，患者のニーズを考慮する以前に，まず介助する家族関係者のニーズを優先させることが重要となる場合もある．"再発"といった場合，通常は，患者個人の変化を指して用いられる．しかし，再発があからさまに生じる場合などは，再発は，実際には，単に患者個人の問題ではなく，介助者が介助の重圧に耐えきれなくなっていること，つまり患者に対する支援体制が限界を超えていることを示すものともいえる．したがって，そのような場合には，介助者のニーズを重視し，介助者へのコンサルテーションを優先する必要がある．

4. 協働する他者（2）——医療専門職

専門活動（profession）の概念は，主として，特別な技能と知識を備えていることと関連する．また，それ相当の報酬と地位，つまり権威の在り方とも関連する．これまで，さまざまな職能団体が，"専門職"としての地位を確立するために多大な労力を払ってきている．専門職の地位確立は，20世紀において絶えず追求されてきたテーマであった．そのため，社会学者は，専門職の特徴を特定しようと試みてきている．それによると専門職は，次のように定義される．それは，専門的な知識体系を有していること，現場での実践業務を独占していること，構成員の活動を査定する権限が評議員に与えられていること，クライエントへのサービスに関する理念を有していること，である．

ヘルスケアにおける専門職の分化発展

現在，ヘルスケアの領域においては，さまざまな専門活動があり，各職種を区別する境界が存在している．そのような異なる専門職が成立してきた理由は，専門的知識の量が莫大になり，しかも専門的技能が多種多様となってきたために，ひとりの人間がそれらすべてに精通することがあり得なくなってきたからである．したがって，これらの専門職間の境界は，固定的なものではなく，また相互疎通性がないというわけでもない．ヘルスケア・システムに対して新たな需要が生じた場合，それに対応する新たな専門技能が必要となる．新たな技能は，現行のヘルスケア専門職の内部には存在しないため，既存の専門職以外から移入しなければならない．例えば，発展しつつある脳のイメージング法の分野では，より高度な物理学の知識が求められるようになっている．

ただし，実際には，ある一定の境界は存在する．そして，臨床心理士の活動の重要な要素として，その境界を認識し，境界領域で働く人々や他領域で働く人々と協働し，さらにはその過程において境界を変えていくということがある．なかには，ヘルスケアの専門職として2つ以上の専門領域で訓練を受け，境界をまたいで複数の領域にわたる仕事をしている者もいる．現に，臨床心理士のなかには，臨床心理士の訓練を受ける以前には看護師や何らかのセラピスト（作業療法士など）であったという者も存在する．また，臨床心理士として働いてはいないが，学位レベルまでは心理学を学んでいたという専門家の数も増えつつある．

ヘルスケアにおける専門職の団体の設立は，19世紀の半ばに始まった．1858

年には，イングランドで一般医療協議会（General Medical Council）という医師会の設立をみている．その後，さまざまな専門職団体の設立が続き，発展してきている．このような個別の専門職団体の発展は，患者や雇用者がより高度な能力を求めるといった内部の圧力のみに基づくものではない．それに加えて，活動に対する経済的報酬やその活動に従事する者の有効活用といった外部の圧力もまた，専門職団体が発展し続けることの原動力となってきた．この発展過程は，現在も進行中である．例えば，ヨーロッパ諸国における臨床心理士の訓練の期間と方法が変化しつつあることや，ほとんどのセラピスト団体が大学院卒レベルの訓練を求めるようになったことなどは，専門職団体が発展過程にあることを示すものである．

Etzioniは，"準専門活動"（semi-profession）という用語の導入を提案している．このことは，同じ専門活動であっても，ある専門職は他の専門職よりも専門性が高いということ，つまり専門職間に専門性の高低があることを示している．臨床活動を専門とする団体は数多くあるが，そのなかで医学が優位な立場に立ってきたことは確かである．具体的には，医学は，他の専門職の治療的な行為を統制したり，"指示"したりすることがある．ヨーロッパのなかには，公共のヘルスサービスの領域で，医師が未だに臨床心理士の活動に対してかなりの支配力をもっている国もある．しかし，それとは異なり，医療専門職が他の専門職に対して指示したり，法的な支配権をもっていない国もある．

このように国によって違いはあるが，実際には，現在の医療専門職は，他の専門職で必要とされる知識を持ち合わせているとは思えない．したがって，医療専門職が他の専門職を支配するのは不自然である．その結果，当然のことながら，個々の専門職が医師とどのような関係をもつべきかの交渉をせざるを得なくなる．そのような場合，上述したように，専門職と専門職の間の境界が変化するという可能性が出てくるのである．

イギリスではプライマリケアの領域においては，医学や臨床心理学が専門活動としては優位な立場を保っている．しかし，近年，カウンセリングが，専門活動として，あるいは"準専門活動"としてめざましい発展を遂げている．このようなカウンセリングの急速な発展は，医学の，そして本当のところは臨床心理学の優位に対する挑戦であった．現在，臨床心理士とカウンセラーの間で，両者の関係の在り方についての交渉が行われている．このような交渉は，かつて医師と臨床心理士の間で行われてきたものと，いくつかの点において類似したものとなっ

ている.

　このように専門職としての概要と基準は，ある一定の職務の範囲を有するものとなっている．したがって，それらは，個々の職能団体が実践する活動の特質を明らかにするとともに，職種間における活動の割り当てに関するガイドラインを提供するものとなる．このような専門職としての概要と基準が存在することによって，専門家とクライエントの両者が保護される．逆に，専門職間の相違が硬直化すると，専門職は，変化しつつあるヘルスサービスへのニーズと専門的技能の在り方に対応できなくなる危険性も存在する．そのような場合には，個々の患者の援助における協働（collaboration）が妨げられ，コミュニケーションの混乱が生じることになる．その点で他の専門活動の特質を理解することが，他の専門職と協働するための前提となる．

医師との協働

　医師は，あらゆる国において，最も有力なヘルスケアの専門職である．ヘルスケアに関しては，いずれのシステムにおいても医師が中心的位置を占める．したがって，医師の職能団体は，新たに発展しつつある臨床心理学の理論と実践のもつ臨床的な意味に注目する．また，医師の職能団体は，臨床心理士の臨床活動の在り方にも関心をもつ．そして，医療活動を改善していくための協力者として，臨床心理士の活動をどのように活用できるのかに注目する．

　医療活動には，大きく分けて2つのタイプがある．ひとつは，"一般開業""家庭医療""プライマリケア"といったタイプの活動である．もうひとつは，特定の分野（例えば神経学）に限定された，"2次的なケア"の場における専門的活動である．ほとんどの国において，このような両タイプの活動の間には明確な区分が存在する．特にイギリスでは，両タイプをはっきりと区別してきた．しかし，今後は，多くのヨーロッパ諸国と同様に，両タイプの活動の関連性を深めていくことになると思われる．具体的には，家庭医（一般開業医）も，関連する専門的活動を行うようになるであろう．このように両タイプの活動の関係は変化しつつあるが，家庭医が個々の患者の継続的ケアの在り方を決定する重要な位置にいることには変わりがない．家庭医は，患者をリファーするシステムの要にいて，患者にとって必要な専門的介入の方向を判断し，そこに向けて"舵をとる"役割を果たすのである．

　医師の訓練の在り方も変化しつつある．臨床以前の教育としてどのような経験

を重視するかについては，それぞれの国によって強調点が異なるということはある．しかし，伝統的には，初心の医師は，まず生理学や生化学といった"臨床以前"の科目を学習する．そして，その後にメディカルスクールの関連病院に来院する患者に直接関わることによって，"臨床"の科目に直面させられることになる．このように臨床以前の科目と臨床的科目の分離がみられるため，訓練医にとっては"臨床的"な知識と臨床以前の知識の統合が困難なものとなっている．したがって，少くとも訓練医には統合的態度を安易に期待できないということになっている．そこで，最近では，基礎的な"科学"的訓練を始める以前に，まず何らかの臨床的関わりと臨床的技能の訓練を導入する試みがなされるようになりつつある．その場合，訓練医が臨床的現象に関わりをもつようになったときに，それに対応して科学的な科目を導入するということになる．

　このような訓練方法の発展にともなって，医学生にも変化がみられるようになってきている．まず，最近の医学生は，医師という専門職になることについて，文化を身につける過程として関心をもつようになってきている．また，臨床活動に関連する対人実践の技能を習得する過程にも関心をもつようになってきている．さらに，このような変化は，医学部の教育課程の最初から行動科学を教えるといった発展をもたらしている．臨床心理学の観点からするならば，今後，医学教育の初期課程における臨床経験のなかに，医者―患者間のコミュニケーションといった，臨床活動に関連する課題教育が適切に組み込まれることが望まれる．そのような教育が行われるならば，訓練医は，臨床心理学の考え方を医療活動のなかに一層取り入れていくことになるであろう．

　医師は，通常，基礎的な訓練を経て専門的な訓練課程に進む．医学の領域のなかには，専門訓練の課程において比較的多くの心理学関連の科目を学習する分野がある．小児科や精神科は，その代表的な領域である．これらの専門領域では，それぞれ発達心理学（例えば親子の絆や正常な言語発達など）や社会心理学（例えば小集団の社会心理学）の知識が必須となる．したがって，臨床心理士が，この領域の専門家のために心理学の専門教育を行う役割を担うことがある．このようなことを考慮するならば，臨床心理士にとって適切な知識を備えていることは，単に専門の臨床実践に役立つだけではないのである．それぞれの学問によって事象を理解する概念的枠組みが異なることを訓練医に教え，それを通して彼らが専門領域における概念枠組みの問題に気づくきっかけを与えることができるのである．

臨床心理士が専門医と密接に連絡を取り合いながら活動をする場合には，協力の余地はある．しかし，協力の余地が見出せず，むしろ競争関係や緊張が生じる場合もある．例えば，特定領域の活動における責任のとり方や非常に高度な水準の要求に対処するための優先順位を確立するといった作業においては，臨床心理士と専門医の間に競争関係や緊張が生じやすい．イギリス心理学会と王立精神科医協会（the Royal College of Psychiatrists）の協力による心理療法の指針の出版（1995）は，組織レベルの協働の例である．専門職として臨床心理士と医師が個人レベルで協働するための基礎としては，互いの思考枠組みを理解するとともに，役割分担の混乱が生じる危険性のある領域を容認し合うことが必要となる（Hall 1996）．

　臨床心理士にとって，公衆衛生や地域医療もまた専門的な関心事となっている．これと関連して健康増進と疾病予防への関心が高まっている．また，それにともなって，環境全体が健康状態に与える影響を理解することが強調されるようになっている．臨床実践からは独立した領域として健康心理学が発展しつつあるが，これは，このような関心の高まりを反映するものである．この点については，11章で後述する．

看護師との協働

　看護師は，ヘルスケアのシステムにおける最大の職能集団を構成する．看護師は，病院において患者と最も身近なところで日々の関わりをもつ者である．また，病院や地域において日常生活の介助を必要とする人々に対して，最も人間的な関わりを仕事として遂行することを要請される者である．病棟の看護師については，ほとんどの場合，24時間体制のサービスを毎日提供することが義務となっている．そのため，夜勤の際には，医学的な——あるいは心理学的な——緊急事態や突発的な騒動が起きたなら，いつ何時でもそれに対処しなければならない．医者は，患者に対して医学的な責任をもつ．それに対して看護師は，患者が日々抱く，数多くの些細な心配事を聞き，それに対処する．患者の抱く心配事は些細なことのようにみえて，実際には重大な事柄である．そのような患者の心配事に対処するのは，その場に居合わせた看護師である．比較的経験の少ない初心の看護師が，そのような場に居合わせることも少なからずある．

　看護師は，病院にあって患者の日々の行動を最もよく知り得る者である．また，患者の家族関係者についても，人間的関わりを通して最も身近に知る者でもある．

病棟における看護師と患者の関わりを注意深く観察してみると，数多くの患者と関わり，しかも多くの時間を患者との接触にあてるのは，通常，比較的初心の看護師，つまり充分な訓練を受けていないスタッフであるという事実がみえてくる．このような事実は，とても重要な事柄を示唆している．それは，実際に患者の態度や行動を変化させる可能性をもっているのは，あまり訓練されていないスタッフであるということである．充分な訓練を受けた年長のスタッフは，患者との直接的な関わり以外の仕事に時間をとられざるを得ない．そのため，患者の変化に関わるのは，初心のスタッフということになるわけである．これは，臨床心理士の観点からの理解である．もし，この見方が正しければ，スタッフの訓練プログラムの，重大な見直しを示唆するものとなる．具体的には，訓練プログラムを計画する際には，どのような人々を訓練の対象とすべきかということから見直していかなければならない．そして，すべてのスタッフを訓練対象とした場合，知識と読み書き能力のレベルをどの程度に想定すべきかということも含めてプログラムの内容を再考する余地が出てくるのである．

　精神的健康の問題をもつ人々や学習に障害をもつ人々の援助をするコミュニティのチームにおいては，コミュニティ看護師が最大の専門職集団となる．コミュニティ看護師は，患者やクライエントにとっての"キーワーカー"となっており，チームに参加するスタッフ全体の配置調整（co-ordinate）を行う．臨床心理士が日々の活動において看護師と密接な連絡をとるのは，こうした場においてである．地域には，わがままな要求をしてくる患者や生活に困窮している患者がいる．コミュニティのチームは，このような患者に対しての援助活動も行う．そのような活動を通してコミュニティ看護師への畏敬の念が生じてくる．コミュニティのチームが発展するためには，このように活動を通して得られる畏敬の念が重要な要素となる．〔訳注：コミュニティ看護師は，日本の保健師に近い役割をとる者である．〕

　看護は，数のうえでは最も主要なヘルスケアの専門活動である．したがって，ヘルスケアのシステムにとっては，継続して看護師を補充していくことが必要不可欠となっている．ところが，ヘルスケアの専門職のなかでは，訓練課程における脱落者が最も多いのが看護師となっている．そこで，心理学者は，看護師への関心がどのように育つのかということや，なぜ訓練からの脱落者が多いのかということに注目してきた．若い看護学生は，病，苦しみ，死に直面させられる．それは，看護以外の仕事に就いた若い人々が経験しないような事柄である．したがって，看護師は，個人的に相当強いストレスにさらされていることになる．この

ことは，ストレスに対処する方法を身につけるような援助が看護師になされるべきであり，その学習過程において看護師は充分にサポートされなければならないことを示唆している．

　看護師に要求されることは，勤務する現場によって大きく異なる．手術室での看護では，身体的な介入を行うための高度な技術を要する．それに対して，ほかの看護現場，例えば学習困難を抱える人の援助の現場では，何にも増して対人的，社会的能力が求められる．冠状動脈の治療部門といった，高度に専門的な部門で勤務する看護師もいれば，コミュニティ精神科看護師（community psychiatric nurse）のように，まったく地域に密着して働く看護師もいる．入院治療の早い時期に退院しなければならない事情が生じた場合，病院の看護師が責任をもって果たすべきであった職務をコミュニティ看護師が引き継ぐことになる．

　また，看護師の職務や教育課程は，国によって異なる．ベルギーなどのいくつかのヨーロッパの国では，コミュニティ精神科看護師は存在しない．したがって，そのような国では職務として地域に密着した看護というものはない．看護師を複合医療職（polyvalent）として訓練する国もある．最初から看護に特化した基礎訓練を行う国もある．あるいは，最初は医療に共通する基礎訓練を幅広く受けさせた後に看護に特化した訓練を行う国もある．ヨーロッパ諸国に共通する訓練基準というものはない．教育課程に入学する条件も，初等教育卒から大学入学水準までと多様である．このような違いはあるものの，EC諸国は，将来，一定の訓練基準を作成するとの協定には合意している．

　以上のような理由から，看護師が心理学の知識と技能をどの程度有しているかについては，かなりの幅があるといえる．しかし，評価の高い看護雑誌や看護のテキストでは，心理学を学んでいる看護師が相当数に上っていると解説している．より多くの看護師が心理学の知識を学び，心理学の影響を受けるようになっている．また，看護師と臨床心理士の，両方の資格をもつ者も出てきている．その結果として，看護師の間では，臨床心理学を学習することで看護の質を高めること，そして臨床心理学の知識や技能を取り入れた訓練や支援を増やすことに対する要請が強くなってきている．

　看護師が専門職として発展し，自律性を獲得するためには，専門的な援助技能のレベルを高めることが重要な要素なる．近年，"臨床的看護専門家"や"看護セラピスト"といった名称を使う看護師も出てきている．このような概念は，看護師が認知療法家や家族療法家として独立して心理療法を行うという考え方を示

すものであろう．将来的には，これらの看護セラピストは，多くの分野において臨床心理士のスーパーヴァイズを受けながら活動することになると思われる．もちろん，臨床心理士と同一の専門領域で活動するということも生じてくるであろう．

ヘルスケア・スタッフのバーンアウト

医者や看護師として働くことの魅力のひとつは，"人と関わる"ことである．例えば，多くの看護心理学の教科書では，看護の人間関係の要素に焦点をあてている．この看護の人間関係とは，しばしば看護師—患者間の相互作用として描かれるものである．患者の立場になるならば，自分の世話をしてくれる人との人間関係の質は，非常に重要となる．このことは，"患者さんに接する際の望ましい心構え"（good bedside manner）ということばによって示されている．温かさ，感受性，そして患者への敬意といった特質は，あらゆる看護場面において望ましい心構えとして求められる．それは，個人心理療法で生じる深い人間関係において重視される特質とは異なるものである．その点で看護においては，個人心理療法とは異なる次元の人間関係への心構えが求められている．

ただし，患者がそのような特質を医療スタッフに求めたとしても，スタッフが常にそれを示すことができるというわけではない．スタッフ自身がストレスを感じている場合には，望ましい特質を提供することが難しくなる．病院内には，特に高レベルのストレスと結びついた職場がある．例えば，内科病棟の看護師は，外科病棟の看護師よりも高いストレスを示す．集中治療室やターミナルケア病棟のような，死亡率の高い病棟もまた，高いストレスレベルとなっている．この種のストレスが高じた場合には，結果として"バーンアウト"と呼ばれる事態が生じる．バーンアウトは，過剰に膨れ上がった感情的要求への反応として理解される．具体的反応としては，感情の分離，冷笑的態度，内的な感情的要求の否認などが生じる．このようなバーンアウトは，高度に個人的で感情的な事柄が求められ，しかも他者からのサポートを得られないような職種で生じるものである．したがって，バーンアウトは，医療看護職に限らず，例えば牧師や警官などの職種でも生じることになる．

このようなバーンアウトに対してどのような対処が可能であろうか．心理学の観点からは，バーンアウトの問題を心理学的に分析し，それを軽減するための処置をもたらすことができる．ここで，バーンアウトの問題を分析するのに役立つ

のが，Kelly, G. のパーソナル・コンストラクト理論（personal construct theory）である．パーソナル・コンストラクト理論によれば，周囲の世界を意味づけて整合的に理解しようとするのが人間の本質であるとされる．つまり，人は，自らの生活史と信念に整合するように，日々の出来事を関連づけ，自分自身の世界を"構築"（construct）しているということになる．

このパーソナル・コンストラクトの考え方に基づくことで，非常に混乱した状況のなかで患者と看護師に何が起きているかを理解することが可能となる．患者にとっては，周囲の世界においてありとあらゆる新奇な出来事が生じてきている．恐ろしい医学的処置の連続や周囲で絶え間なく動き回る，見知らぬ医療関係者もまた，患者を脅かす．看護師がやってきて患者にあれこれ尋ね，いきなり血液採取をする．これでは，患者の世界は，恐ろしい出来事で満たされることになる．したがって，患者がこのような出来事を，単なる脅威として意味づけるのではなく，それとは異なる理解ができるように援助することが必要となる．そのためには，看護師などの医療関係者は，患者に対する対応の仕方を改善していかなければならない．患者が自らの経験を意味づけていくために，積極的に援助を求めるような看護師の対応の仕方が必要となる．患者と看護師の間に援助を求めやすい関係が形成されるならば，患者にさらに豊かなサポートを提供することができる．それは，看護師にとっては，患者の隠されていた不安感を明るみに出すことを意味する．つまり，そこでは看護師が，患者の不安を覆い隠さずに共有することが重要となる．不安が隠蔽されていては，その内容を吟味することも，また不安になる必要がないと伝えることもできないからである．要するに看護師が患者の不安を一人で抱え込んではいけないのである．

医療の最前線で仕事をしている看護師は，これらの不安やストレスの何たるかを知っており，しかもそれを解消するための技能を備えている他者からのサポートを求めている．Parry（1990）は，ストレスがかかっている事態におけるソーシャル・サポートの重要性を指摘している．ソーシャル・サポートは単に情緒面だけでなく，情報面のサポート，さらには実際に役立つ事柄を提供するといったサポートによって構成される．ここで注意しなければならないのはソーシャル・サポートは自然に生じてくるものではないということである．周囲の人々に働きかけ，そこから引き出し獲得するものである．ストレスのかかる専門職に就いていながら，サポートされていないと感じる人は，潜在的にはサポートを受ける可能性をもちながらも，周囲の人々からサポートを引き出す方法がわからないでい

るのである．サポートを引き出せるように援助する方法については，孤独で抑うつ的な人々の社会的相互作用のパターンに関する研究が参考となる．同じ状況下で，サポートを得られていると感じている人と，得られていないと感じている人がいたとする．そのような場合，両者を観察することによって，そこにどのような違いがあるのかがみえてくるであろう．この相違点を分析することによって，ストレスを感じつつもサポートを求めることができないでいるスタッフに向けてどのような助言をすべきかを明らかにすることができる．当然，それは，単にスタッフだけでなく，サポートを求められないでいる患者に助言する場合にも適用できるものとなる．

　もちろん，看護師が，ほかの人々に比べてひどく特殊というわけではない．したがって，個々の看護師が直面する問題の原因をすべてバーンアウトと仮定するのは，時に安直すぎるであろう．その点で，日常生活のさまざまな問題について考えておくことも必要である．このような日常生活で生じる多くの問題については，セルフ・ヘルプのための優れた文献が増えつつある．例えば，研究技能や記憶力強化まで含めて幅広い問題を扱っている本として，Butler & Hope（1995）がある．

5. 協働する他者 (3) ── 医療関連職

　メンタルヘルスの領域には，医師と看護師の他にも数多くの治療関連の専門職がいる．そのなかでも最も多くの人数を抱えているのは，"医療関連職"や"医療補助職"といった名称を掲げる職種である．看護師の訓練には多様性がみられることについては前述したが，このような職種では，さらにその傾向が強くなる．イギリスでは，この職種のなかで規模の大きいものとしては，理学療法と作業療法がある．なお，これらと同種のものが，ほかの国では運動療法とエルゴ療法（ergotherapy）という名称で呼ばれることもある．

理学療法士や作業療法士などとの協働
　病院では，日中はリハビリテーションの活動が行われる．理学療法士と作業療法士の重要性は，このリハビリテーションのための主要な活動を患者に提供する役割を担っていることである．また，リハビリテーションのための通所施設では，これらの職種が主要なセラピストとして仕事をしている．理学療法や作業療法の

オックスフォード近郊のラドクリフ病院（The Radcliffe infirmary）の案内板．臨床心理士（Clinical psychologist）と言語療法士（Speech therapist）の部門が隣り合わせになっている．

活動の多くは積極的に患者に関わっていくものであり，セラピストと患者の身体的接触が多く含まれる場合もある．治療の手段として身体接触を利用することの重要性は，看護全般においてますます認識されるようになってきている．それは，簡単なアロマセラピーの技法にもつながるものである．

　このように理学療法や作業療法は，身体に関わっていく治療技術が本質的な側面となっている．しかし，それとは別に，身体に関わるセラピストであっても，強力な心理的サポートを提供する関係を患者との間で形成することも可能である．このことは，特に患者が心理的外傷を受けるような事故から回復する過程において特に当てはまる．例えば，深刻な脊髄損傷を負った人が，理学療法士と数カ月にわたって定期的な理学療法を受ける場合を考えることができる．多くの場合，脊髄損傷を負うのは，活動的な若い男性である．そして，理学療法士には，若い女性が比較的多い．このような状況において，理学療法士は，患者とどのような関係を形成するのかということを常に意識し，その関係の活用の仕方や治療過程において起こりうる問題への対処の仕方を心得ておく必要がある．

　理学療法や作業療法などの治療活動においては，さまざまな問題や課題がある．そのなかには，心理学的な観点から分析できるものもある．多くの患者は，医師や看護師が求める処方や生活管理に従わない．それと同様に多くの患者は，指示された通りに人工器官や身体補助器具を用いない．そこで，それらの器具を適切に使用するための教示やガイダンスが必要となる．このような身体活動を介して患者に関わる方法では，事前の指導をどの程度行っておくべきであろうか．じっくり時間をとり，ゆっくりと2,3時間程度の指導をすべきであろうか．それとも，患者がしっかり集中して聞くことを前提として，30分間程度の指導で済ませるのがよいであろうか．理学療法士や作業療法士をはじめとする医療関連の職種は，患者に接する時間の長さや患者に提供する特殊技能に関して，臨床心理士の意見を求める．そのようなテーマに関する適切な意見を出すことが臨床心理士の意義

として期待されているのである．

　この他，言語療法士は，話し方の問題を解消し，脳打撲などの後遺症である言語障害の改善を目指す職種である．言語療法士になるためには，言語発達と言語学に関する特別な訓練を受ける．したがって，言語療法は，言語や発達を学ぶという点で，必然的に心理学の概念に近接する領域となる．栄養士は，さまざまな種類の患者に対して，危険な栄養状態を軽減し，予防するために食行動に関する助言を行うとともに，長期間にわたる栄養管理をする．近年，栄養士は，過食や拒食という心因性の摂食障害への対処を通して臨床心理士と共通の関心をもつようになっている．その点で栄養士と臨床心理士は，近接領域となっている．また，先進国における肥満率の増加も，栄養士と臨床心理士の一層の協力関係を必要とするものである．

ソーシャルワーカーおよびケアマネージャーとの協働
　ヘルスケアとソーシャルケアの区分は，これまで明確ではなく，常に揺れ動いてきた．社会制度政策によって，両者が2つの別々のシステムとなっていても，多くの場合は，両システムが協力して活動することが求められる．ヨーロッパのなかには，ヘルスケアとソーシャルケアの監督官庁が同一組織となっている国も数多く存在する．イギリスの場合，イングランドではヘルス・サービスとソーシャル・サービスの機関が分離しているのに対して，北アイルランドでは1つの機関が両方のサービスを組織するようになっている．ただし，メンタルヘルス・サービスなどの分野においては，ヘルスサービスとソーシャル・サービスの統一機関を作るという動きがある．

　そのような動きを推進する際には，ヘルスケアとソーシャルケアとの間の，地域政策についての意見に対する反応のズレ，法定義務の負担の違い，実施方法と予算措置に必要な時間のズレ，専門的な説明責任のあり方に関するズレといったことが問題となる．例えば，法定義務の負担としては，"要注意"の子どもを入所施設などの養育システムに入れる際の手続きの違いが問題となる．このような問題は，ヘルスケアとソーシャルケアの組織的な統合を考える場合に，解決すべき課題として深刻な障碍となってくる．したがって，ヘルスケアとソーシャルケアの，両方の組織と協力して仕事をする臨床心理士は，政策や政治に適切に対応できる能力を磨いておくことが必要となる．

　"ソーシャルワーカー"の訓練の在り方とその役割は，ソーシャルケアの活動

を行う組織によって規定される．したがって，ソーシャルワーカーの仕事の範囲は，所属する組織によって大きく異なる．一般的な現場で働くソーシャルワーカーは，養子受け入れの調整から収監されている犯罪者の家族のサポートまでを含む包括的な活動を行う．このようなソーシャルワーカーは，ある程度の数にのぼる．また，宗教団体やボランティア団体によって運営される現場で働くソーシャルワーカーは，アルコール依存症などの特定の人々に対して専門的なサービスを提供する．通所施設や入所施設に属し，専門的サービスを提供するソーシャルワーカーもいる．例えば，高齢者のための通所施設で働くソーシャルワーカーは，そのような専門的サービスを提供する．なお，ソーシャル・サービスの組織は，サービスの委託機関でもある．そのため，"ケアマネージャー"によって，対象となる人がどのようなサービスを求めているかのニーズを査定し，必要に応じたサービスを受けられるような経費を提供する活動も行う．

このようにソーシャルケアには，さまざまな機能がある．ところがソーシャル・サービスの担当部局が，それらの機能それぞれに対応できる専門スタッフを雇っていない場合がある．つまり，ソーシャル・サービスの領域では，ある種のクライエントに対しては最良の援助を提供できる技能を備えたスタッフを雇用していない場合がある．そのような場合には，専門的ではないスタッフへの助言指導が必要となる．イギリスのソーシャル・サービスの領域では，臨床心理士をこのような場合の助言者として活用している．臨床心理士は，デイケア，子どもの養育と養子受け入れ，子どもの特別な施設への入所といったソーシャル・サービスに関しての助言を行う．

ソーシャル・サービスの担当部局は，今後，物質乱用者への地域プログラムの開発や崩壊の危険性の高い家族への子育てプログラムの提供など，これまで以上に高度な社会的ニーズに対応していくことが求められるであろう．イギリスのソーシャル・サービスの担当部局のなかには，これらの活動を提供するために，臨床心理士を，助言者としてではなく，直接雇用している機関もある．もちろん，ソーシャル・サービスとヘルス・サービスが統合されているヨーロッパの国々では，そのような活動は，臨床心理士の通常の仕事とされている．多くの国において，社会福祉活動は，慈善団体によって行われている．イギリスでは，サービスの提供者である"プロバイダー"(provider)が社会福祉活動を行う傾向が幅広い範囲で拡がりつつある．そこで，ソーシャル・サービスの担当部局とボランティアのプロバイダーの双方が，臨床心理士の助言を求める状況となっている．こ

れらの組織に関わる臨床心理士は，臨床家であると同時に"コンサルタント"の役割を果たすことになる．

6. 協働する他者（4）——医療以外の専門職

以上でみてきたのは，メンタルヘルスにおける主要な専門職である．メンタルヘルスの領域には，上述の職種以外にも，伝統的なヘルスケアの枠組みに単純に収まらない種類の活動をしている人々がいる．臨床心理士は，このような主要専門職以外の職種の人々とも協力して仕事をする．

4章では，子どもと関わる臨床心理士の活動について解説している．子どもの心理援助の領域では，心理専門職の制度として2つのタイプが考えられる．まずひとつは，問題の如何にかかわらず，子どもの問題に統一的に関わる心理職を設ける制度である．もうひとつは，子どもの心理（child psychology）の専門職と教育の心理（educational psychology）の専門職を分けて，2種類の専門職を設ける制度である．いずれを採用するかは，その国がヘルスサービスと教育サービスをどのように組織化するかという政策によって決まる．後者の場合であれば，臨床心理士は，教育心理の専門職と協働することになる．

同様に，臨床心理士は，教師と協働する場合が多い．特に児童や少年のための通所施設や入所施設に勤務している臨床心理士は，教師と密接な連携をとって活動することがほとんどである．そのような施設としては，例えば，精神病を患った若者のための施設，深刻な犯罪を起こした子どものための施設，重複障害児のための施設などがある．また，近年，児童虐待が注目されるようになり，その結果，子どものメンタルヘルスにおける専門職の再編成が進みつつある．臨床心理士は，子どもの里親や家庭を訪問し，相談にのる保健師との密接な協働が必要となるであろう．

緊急サービス（警察・消防・救急）については，従来は臨床心理学とは関連がないとみなされていた．しかし，心的外傷体験後ストレス症候群（PTSD）に関する臨床的研究によって，新たな側面に光が当てられるようになった．まず明らかになったのは，これらの緊急サービスに従事する職種の人々が，死亡，重傷，暴力を含む重大な出来事の現場に"最初に関わる"役割を担っていることである．しかも，これらの職種の人々は，"フラッシュバック"の記憶にさらされ，繰り返しよみがえる痛ましい情景によってPTSDが引き起こされる危険性が高いこ

とも示された．また，緊急サービスとはみなされないものの，刑務所の職員も緊急サービスのスタッフと類似の危険にさらされている．彼らは，自らに向けられた暴力も含めて，常に収監者の暴力に対処しなければならない．このような活動に従事する人々については，PTSDの早期発見と事件後のデブリーフィング (debriefing) が必要となる．そして，そのためのスタッフの訓練に協力する専門家として臨床心理士への要請が増加している．

最近では，カウンセラーとしての訓練を受ける人々が，かなりの割合で増加している．これはおそらく，心理的問題を抱えていることを積極的に認めるといった風潮が拡がっていることと無縁ではないであろう．そのような傾向自体は，メンタルヘルスや臨床心理学に関して世間の意識が高くなった成果といえる．カウンセラー全般の訓練において最も共通する基礎は，ロジャース派のアプローチ，つまりクライエント中心療法である．また，例えば人間学的カウンセリングのように，ある特定の概念的枠組みに準拠してカウンセラーの訓練を受ける場合もある．充分なカウンセリングの訓練を受けていない人であっても，物質乱用などの特定の問題領域において働くことは可能ではある．そのような場合，カウンセリングの訓練を正式に受けていないにもかかわらず，カウンセラーと呼ばれることになる．訓練コースのレベルはさまざまである．通信教育による2～3時間の短い入門コースから，高い基準の専門的なスーパーヴィジョンをともなう3年間のコースまである．イギリスカウンセリング学会 (The British Association for Counseling: BAC) は，イギリスのカウンセリングの主要な認定団体であり，ヨーロッパにも類似の団体がある．現在，心理学専攻の卒業生の多くは，このようなカウンセリングの訓練を受けている．彼らは，従事する領域に特化したカウンセリングの訓練を受け，臨床心理士が運営するチームの一員となる場合もある．臨床心理学フォーラム (Shillitoe and Hall 1997) は，臨床心理士とカウンセラーの協働において提起された問題を討議するために開催された．

他の分野の心理学者との協働

臨床心理学以外にも，いくつかの実践的な心理学分野がある．法心理学者 (forensic psychologist) は，犯罪者や法廷と関わる．また，法心理学者は，人と関わるだけでなく，自らが専門的な証人となることもある．組織心理学 (organizational psychology) あるいは労働心理学 (work psychology) ——以前は産業心理学 (industrial psychology) と呼ばれていた——は，人が適した仕事に

従事できるように人と労働との適合を研究する心理学である．この分野の心理学者は，例えば，労働を人に適合させるように装置の画面を設計し，人を労働に適合させるために採用手続きと教育プログラムを活用する．

　カウンセリング心理学は，ヨーロッパの多くの国では実践的な心理学の主要な分野となっている．ただし，イギリスにおいては，カウンセリングは，心理学とは異なる専門領域として発展してきた歴史がある．そのような歴史はあるが，現在では，イギリス心理学会は，カウンセリング心理学を独自の専門的実践分野として認め，資格認定につながる訓練コースを承認している（第1章を参照のこと）．認定資格をもつ臨床心理士が慢性的に不足している現状を考えるならば，臨床心理学の活動において，適切な技能を有しているカウンセリング心理士を雇う場合もあるといえる．カウンセリング心理士を雇う可能性が最も高いのが，プライマリケアの領域である．それに対して最も可能性が低いのは，神経心理学や学習機能障害の領域である．近年，多くの領域，特に臨床心理士の数の少ない領域では，さまざまな分野の心理学の活動を調整し，組み合わせて有効活用することで臨床心理学の活動を展開している．このような現状を考慮するならば，臨床心理学とカウンセリング心理学の共有領域は，この数年の間に急速に拡大するであろう．

　健康心理学（health psychology）も，イギリス心理学会によって，独立した専門的実践分野として承認されている．歴史的には，健康心理学の学問的な指導者の多くは，臨床心理士であった．しかし，現在では，より多くの心理学者がヘルスケアの領域で働くようになってきている．このような健康心理学者は，健康増進，臨床監査（clinical audit），調査研究といった活動をしている．例えば，調査研究としては，人口動態に基づく健康施策への提言を目的としており，健康診断プログラムの評価研究などを行っている．新しい健康心理学の教科書（Baum et al. 1997）では，多くのトピックが多くを取りあげている．興味深いトピックとしては，例えば，危険の知覚が取りあげられている．そこでは，癌の危険性と交通事故で重傷を負う危険性の比較などを通して，人が自らに降りかかる危険性をどのように判断するのかについて研究が紹介されている．

　上記の，新たに生じてきた心理学に関連する専門活動と臨床心理学の間で生じる問題については，次章で詳しく検討する．なお，臨床心理士の多くは，国民健康サービス（NHS）で仕事を続けていくためには，臨床心理学の訓練に加えて職業心理学や組織心理学の教育も受けることになる．国民健康サービス（NHS）

で働く場合には,例えば,職業選択,課題の計画立案,組織変革のマネジメントなど,職業心理学や組織心理学で学ぶ技能が,非常に重要となるからである.

現在,ヘルスケアの現場においては,異なる専門分野の心理学者が活動している.そこで,最善の策として,さまざまな専門分野の心理学者の活動をどのように組み合わせ,協力関係を構成していくのがよいかということが,重要な課題となっている.また,それとともに,ヘルスケアの現場で働いている心理学の卒業生へのサポートと継続的教育をどのように行っていくかということも,課題となっている.単に心理学の卒業生というだけでは,心理士という自覚がない場合もある.そこで,ヘルスケアに関する最新の知識を得たいと望んでいる者に対しては,サポートと継続的教育を提供することが必要となる.

7. チームワーク

よいチームワークについては,本書の多くの章において具体的に述べられている.チームワークといった場合,当然のことながら,互いに協力して働く人々の集団であるチームの存在が前提となっている.ヘルスケアの領域では,まず臨床実践のためにチームが形成される.そして,多くの臨床心理士は,自らの活動時間の相当部分を臨床チームの一員として過ごすことになる.また,チームは,メンタルケアの活動のマネジメントを目的として形成される場合もある.このようなマネジメントのための集団やチームの場合には,その構成員となるのは上級の臨床心理士である.

ヘルスケアチームのメンバー構成の在り方はさまざまであるが,おおよそ以下の3種類に大別される.第1の在り方は,同一の職種がチームメンバーを構成する場合である.この場合,熟達度や経験の異なる同一職種の人々がメンバーとなる.例えば,看護師のチームは,病棟の看護責任者や看護師長がリーダーとなって,有資格の正看護師および準看護師や研修生の活動を組織する.第2の在り方は,ある特定の職種がチーム全体の活動を指示することを前提として,多職種がチームメンバーを構成する場合である.例えば,手術に臨むスタッフ集団では,医療職である執刀医が責任をもって手術という活動を指導する.

第3の在り方は,異なる職種がメンバーを構成するが,ある特定の職種が優先的にチームの活動全体の責任をとるというのではない場合である.このような異職種チームは,マネジメント活動や臨床活動,あるいはその両者を目的として構

成される．臨床心理士は，通常この3番目のタイプのチームで活動する．このような異職種のチームによる活動の機能性については，意見が分かれるところである．異職種のチームでは，活動を明確に実行する機能が損なわれるという意見もみられる．しかし，異職種のチームは，異なる専門性をもつメンバーが協働するための唯一の受け入れられる方法であるとの意見もある．いずれの場合においても中心的な問題は，臨床心理士が他の専門職と連携し，協働する方法にある．

　臨床心理士は，異職種が協働する臨床チームにおいて重要な役割を担っており，それを通して活動に貢献している．そして，今後もそのような役割を果たしていくことになるであろう．そこで，臨床心理士が重要な役割を担う異職種チームの特徴についてみていくことにする．チームのスタッフには，それぞれが分担したり，補佐したりする活動が割り当てられる．チームの活動としては，ケースの受理，診断，新ケースのアセスメント，ケースについてのグループ討議，適切な介入方法の決定，介入後のフォローアップ体制の確立といった仕事がある．したがって，チームにおいて最初に問題となるのが，"誰が何をするのか""誰がリーダーとなるか""誰が何に対してどのような責任をもつのか"といった事柄である．このようなチームメンバーへの仕事の割り当ては，複数の要因を参考にして決定される．通常，チームのメンバーは，特定の専門的訓練に基づく特別な技能や知識を有する者としてチームに参加し，活動に貢献する．したがって，専門性がチーム内での役割を決定する際の重要な要因となる．また，専門技能や知識に加えて，特定地域や特定ボランティア団体に関する知識なども，チームの活動に貢献する要因となる．そのため，地域やボランティア団体について個人的に知っていることも，それに関連する患者に介入する活動の役割を決める際に重要な決定要因となる．例えば，地域の学習困難者の支援チームで働く臨床心理士は，個別のケア・プログラムを決定したり，特定の問題行動への介入プログラムを計画したりする役割を通して，活動に貢献することが期待されるであろう．このようなチームワークの方法については，イギリス心理学会（The British Psychological Society 1998）がたいへん参考となるガイドラインを作成している．

チームをリードする役割

　近年，患者という立場におかれた人（identified patient）と他者との間のつなぎ役や連絡役となる"キーワーカー"（key worker）の概念が，広く受け入れられるようになってきた．実際に，患者のつなぎ役として，キーワーカーが指名

されることが多くなっている．その結果，患者とキーワーカーとの間で個人的な信頼関係を発展させることが第1に重視されるようになり，特定の専門的技能はその後に来る2次的な位置づけとみなされるようになってきている．このような方針は，"ケア・プログラムの方法"の原則であり，イギリスのメンタルヘルス活動においては法令に準ずる手続きとして正式に記載されているものである．実際，重い精神病を患いながら地域に暮らす成人が治療援助サービスとのつながりを保つことができるのは，キーワーカーのようなつなぎ役が介在するからである．したがって，チームの役割を決定する際には，このようなつなぎ役をどのように配置するかということも重要な要因となる．

　専門職の仕事として想定される内容もまた，活動の割り当てを決定する際の要因となる．例えば，医師や臨床心理士といった専門職は，患者はひとりの専門家に継続してみてもらうことを求めるとの想定に基づいて活動を組み立てる．つまり，患者は病気の時には専門的技能に基づく一貫した介入を受けることを求めることが前提となっている．このことは，地域で働く看護師にも当てはまる．ところが，病院の看護師は，自らの職務を"病院組織"の一部として機能するといった想定に基づいて活動している．したがって，受け持ち患者の病気が治っていなくても，勤務体制を変えたり，あるいは他の病棟に移ったりすることさえある．

　マネジメントチームに関する限り，どのようなヘルスサービスの機関であっても，その権限は明確に規定される．それとともに，活動の最終的な責任の所在もはっきりと確定されるべきである．実際のマネジメントの作業では，定期的に活動の優先順位の見直しをしなければならない．その場合，少なくとも，さまざまなタイプの介入の効果に関するデータを解釈し，効果評価を行う必要がある．臨床心理士は，この介入効果の評価を実行する役割を担い，それを通してマネジメントに貢献することになる．さらに，職場の上司や同僚から信頼を得ている臨床心理士であれば，チームのリーダーの役割を適切に果たすことが可能となる．例えば，臨床心理士は，学習が困難な人々への新たなサービスを計画するチームの責任者，精神病を患う人々のための幅広いサービスの実施責任者（manager）や臨床部門の部長（director），あるいは事業計画の立案責任者になることができる．

　チームのリーダーシップについては，どのような職種のメンバーであっても，適切な経験や知識を持ち合わせている限り，その役割をとってもよいものである．専門職集団におけるリーダーシップは，その時の状況に応じてメンバーの間で順

次交替することもある．適切なリーダーシップが，チームの目的をアピールする手段として決められる場合もある．チームメンバーの専門的オリエンテーションの違いは，時としてリーダーシップの成立を困難にする．例えば，地域の子ども支援チームでは，専門的オリエンテーションの違いによってリーダーシップをとることが難しくなる．そこでは，児童精神科医，臨床心理士，サイコセラピスト，そしてソーシャルワーカーがひとつのチームを構成している．子どもの健康を中心とするオリエンテーションは，医学によるリーダーシップを提案する．教室での適応と学業を重視する教育的オリエンテーションは，心理学のリーダーシップを望む．家族と社会環境の影響を強調する社会的オリエンテーションは，ソーシャルワークのリーダーシップを求める．

　しかし，混乱を示す子どもは，それがどのような問題であっても，一人ひとり問題が起きる領域が異なっている．子どもの臨床活動の特徴は，まさに一人ひとり異なる問題の領域に対応することである．したがって，子どもを支援するチームにおいては，画一的なリーダーシップは意味をなさない．確かなことは，医療職以外の職種が，経験と能力のあるスタッフを多く提供するようになっていることである．もちろん，医療職以外には，心理職に限られないさまざまな職種がある．そのようなさまざまな職種のメンバーがチームのリーダーシップをとる機会は，確実に増えてきている．

ネットワークとコミュニケーション

　以上，チームワークについて解説してきた．ただし，チームワークという用語は，実際には，上述した内容とは異なる種類の協力活動に適用されることが多い．その異なる種類の協力活動とは，ネットワークとして記述されるべき活動である．ネットワークでは，多くの場合，専門家がほかの職種の専門家と定期的に連絡をとるものの，その連絡は電話か手紙によるものが主となる．チームワークと同様にネットワークにおいても，メンバーの間のコミュニケーションが良好であることは非常に重要である．しかし，ネットワークでは，ネットワークを構成するメンバー全員が集合し，直接対面することは，ほとんどない．地域サービスの分散化の傾向によって，ヘルスケアのスタッフは，仕事の場を共有することで成立するチームワークによる協働から離れざるを得なくなっている．そして，必然的にチームワークよりもネットワークに近い在り方をとるようになってきている．その結果，ネットワークのメンバーがスーパーヴィジョンやサポートを受けるため

に集合する機会が必要となる．もし，このような協働の在り方の変化が認識されておらず，それへの対応がなされていないならば，スタッフは，ほとんど個人的なサポートを受けずに働くことになる．そのような場合，仕事に対する不満や仕事への意欲喪失といった事態につながる危険性が高くなる．

　チームは，人々の集合体である．したがって，社会心理学，特に小集団についての心理学の知見が，チームの行動の在り方を理解する助けとなる．どのような集団においても，2種類の活動のバランスをとることが必要となる．2種類の活動のひとつは，集団が共有する目的を達成するための活動である．もうひとつは，集団のメンバーの社会的かつ対人関係的な要求を満たすための活動である．集団の課題は，それぞれの集団で異なる．したがって，集団ごとに，それぞれ異なるレベルの判断と活動が必要となる．ある集団が，あるひとつの活動で満足したとしても，ほかの集団は，その種の活動では満足せず，ほかの種類の活動で満足するといったことはよくある．チームへの忠誠心が非常に強くなった場合，メンバー個人が少なくとも内面で保持しておくべき他の忠誠心や責任感が排除されることがある．その結果，集団の課題が微妙に変更され，チームの動きは，当初意図されていたのとは異なる方向に逸れていくことになる．

8. ヘルスケアの専門職の教育と訓練

　近年，ヘルスケアに対する期待が高まっている．そのような期待に応えるうえで大きな問題となるのが，必要な技能，能力，知識を効果的に教えるための教育方法である．結局，効果的な教育をするためには，有能な教育者が相当数いることが前提条件となる．しかも，有能な教育者は，単に主要なヘルスケア専門職の基礎訓練を行うためだけでなく，専門教育を受けずに無資格で働いているスタッフに対して組織内で仕事に従事しながら訓練を施すためにも必要なのである．能力と経験に大きな差がある集団を対象として，ある一定範囲の技能学習をさせる教育プログラムを構成することは，非常に難しい課題である．例えば，ヘルスケアの領域の教育者は，職場のニーズに適合する教育目標を立て，学習者のレベルに合わせた教育手順を想定し，それぞれのレベルごとにカリキュラムと訓練方法を策定していかなければならない．さらに，教育者は，自らの教育技能を評価し，それを教育効果の問題として見直す必要がある．

　教育に関わるヘルスケアの専門家であれば，誰にとっても，評価を教育的に利

用する技法を知っていることは重要である．通常，メンタルヘルス関連の教育課程における評価については，よくて学生がどれだけの知識を習得しているのかを査定する程度である．それは，単に知識の程度を査定するやり方が，評価方法として簡便で利用しやすいからである．論文や事実確認の質問が含まれていたとしても，結局は，知識習得の程度を査定するだけのほうが実施しやすいということがある．しかし，実際は，何らかの技能を遂行する能力は，単なる知識習得の結果ではなく，教育者が教え，育てることを目標として学習訓練をした結果なのである．したがって，メンタルヘルスの教育に関わる者は，単に評価をするのではなく，技能の習熟程度を評価し，その評価を技能の学習発展に結びつけるように教育的に利用することが必要となるのである．例えば，血圧計で血圧を測る方法といった特定の実践的技能の学習であれ，初回面接において自傷行為の危険性を査定するといった複雑な対人関係技能であれ，多くの場合，技能を遂行できる能力は，教育者が評価を教育的に利用し，学習訓練をした成果として習熟するものなのである．

　このように心理学の知識は，ヘルスケアのシステムにおける教育や訓練の状況の広い範囲に関連している．なお，メンタルヘルスの領域の教育に関しては，臨床心理士に特定して考えるならば，臨床心理士が他の専門職に心理学の知識と技能を教育する場合と，他の専門職がその専門領域の技能を臨床心理士に教育する場合の，2つの場合がある．

他の専門職に心理学を教える

　他の専門職から，心理学の知識や技能を教えてほしいと求められることが増えつつある．多くのヘルスケア専門職の訓練科目は法律で定められており，そこでは，かなりの時間の心理学教育が必要とされている．この点に関しては，心理学の入門科目として，味も素っ気もない学術的な一般心理学を教えるのでよしとする場合が未だにみられる．言うまでもないことであるが，このような心理学教育は，適切ではない．心理学を学ぼうとする訓練生のほとんどは，自らの専門領域で生じる疑問に対して心理学が答えを出してくれることを期待している．したがって，心理学入門としては，訓練生が出会う実践的な問題を具体的に探求する視点を心理学の観点から提供することが，より適切な内容となる．例えば，訓練生が出会う問題としては，患者に手術を受ける心の準備をさせるにはどうしたらよいか，患者が暴力的になる危険性をどのように査定したらよいか，痛みをコント

ロールするにはどうすればよいか，といった疑問がある．これらのトピックについては，心理学の理論と実践を統合する形で解説することは可能である．そのような解説を通して，心理学が訓練生にとって役に立つ学問であることを提示できる．

"臨床心理学"と，動物行動学や文化人類学といった関連領域との境界は，時として不明確となる．近年，医療社会学などを含めて，このような関連領域を"行動科学"（behavioural science）と称するようになっており，心理学は，その行動科学課程のひとつとして教えられることが多くなっている．臨床経験の豊かな臨床心理士が，同僚である他職種の専門家と協力して，包括的な行動科学課程の科目構成を立案し，教育することは，訓練生にバランスのとれたプログラムを提供するために有効な活動となる．

心理学教育の内容や方法を決定するのに際して，注意すべき課題がある．ヘルスケアの専門職を目指す訓練生の多くは，心理学を学ぶことを望む．しかし，そのような訓練生のほとんどは，心理学という学問には実験心理学という分野があることを知らずに授業にやって来る．ヘルスケア領域を専攻する学生であれば，どのような職種の学生であっても，よく知っている心理学者の名前を挙げなさいと質問すると，必ずフロイトの名前が最初に挙がってくる．なかには，心理学という学問に対してほとんど幻想に等しいものを抱いている学生もいる．そういう学生は，心理学にはあらゆる現象を解釈できる力があるといった，非現実的な期待を抱いて心理学を学びにやって来る．そのため，心理学の専門分野として動物実験が講じられた場合，それが，心理学への幻滅をもたらすことがある．学生は，動物学を人間の行動についての還元主義者の説明であるとみなすかもしれない．動物愛護の精神からすべての動物実験に反対するという学生も出てくるかもしれない．このような点を考慮するならば，他職種への心理学教育を計画する際には，慎重な配慮が必要となる．特に教育課程の最初の段階では，受講生の心理学についての期待を考慮した注意深い解説が必要となる．

臨床心理学の介入技能を訓練する

臨床心理士は，これまで心理学の介入技法を開発し，その手続きと教育方法を発展させてきた．その結果，他の職種のメンバーが心理学の介入手続きを学ぶことを認めるだけの教育体制を整えることができるようになった．心理学的介入法に対する需要が高いにもかかわらず，熟練した臨床心理士の数は限られている．

そのため，熟練した臨床心理士は，複雑で非常に難しい事例を担当し，しかもほかのスタッフの訓練もしなければならない．そのような負担が臨床心理士に重くのしかかる．そこで重要となるのが，ほかのスタッフに対する介入技法の訓練である．

　熟練した臨床心理士は，数少ないヘルスサービスの資源である．資源として貴重な存在だけに，有効活用するための対策が必要となる．この点については，イギリスの臨床心理学の実践活動を総括したMAS（1988）が，心理技能の3層モデルを提案している．この3層モデルは，訓練の方略といえるものである．第1層の心理技能は，すべてのヘルスケア従事者に必要なものである．第2層の技能は，限定された特別な技能である．それは，例えば，特定の心理学的介入法において用いられるものである．第3層は，包括的な心理学の知識に裏付けられた技能であり，通常は資格を有する臨床心理士が使用するものである．このように分けて考えるならば，第3層の技能を用いる臨床心理士はその技能に相応しいレベルの臨床的活動に専念し，第1層や第2層の技能を用いる活動については，ほかのスタッフに任せるべきということになる．

　また，臨床心理士は，ほかの職種のスタッフ訓練や心理以外のセラピスト志望者の指導にも関与する．そのようなコースで教えられるメンタルヘルスの技能は，広範囲にわたる．例えば，基礎的なカウンセリング，性的機能不全への介入，入院中の子どもの心理学的ケア，家庭における重度障害児の教育などの技能も，そのような技能に含まれる．訓練を受ける人々もまた，広範囲にわたる．家庭医やコミュニティ看護師に加えて，親，教会の職員，電話相談や通所施設のボランティア・スタッフなどが対象となる．例えば，親に対する子育て技能の訓練としてWebster-Stratton（1997）が開発したプログラムがある．これは，行為障害の子どもの家族を対象としたプログラムであり，その有効性が確かめられているものである．具体的手続きは，親のグループに子どもに関わる技法の教示と練習を繰り返して行うといった構造化された実習方式となっている．

　臨床心理士が直接，技能訓練を行う際に注意しなければならない実際的事柄がある．多くの場合，プログラムに参加する人々は，それまで心理学の本を読んだ経験がない．そのような場合，特定の技能を身につけるためには，まず先に，その技能の背景にある心理学全般の知見を学ばなければならない．また，訓練や教育の予定を立てる際には，多忙を極める参加者が都合をつけられるように柔軟性をもって授業時間を設定しなければならない．例えば，病棟や寮の夜間スタッフ

のためには，夜の10時や11時のセッションが必要である．このような難しい要求や課題があるにもかかわらず，多くの臨床心理士は，こうした訓練を最も刺激的な仕事のひとつとみなしている．

　イギリスの大部分の臨床心理士は，ほかの職種の人が臨床心理学の技能を学ぶことを有益であると考えている．イギリスでは，臨床心理士は，医師や看護師，そして心理以外のセラピスト（理学療法士や作業療法士など）に比べると，かなり数が少ない（患者の親や配偶者に比べて数が少ないのは言うまでもない）．このように少数であることを考えるならば，臨床心理士は，上述の3層モデルの範囲内で，臨床心理学の技能を積極的に"与え"，ほかのスタッフと共有し，臨床活動を適切に進めるように努力すべきである．

9. 活動の効果を評価する

　臨床心理士は自らが提供したサービスを評価する方法を開発してきており，その方法については，ほかの章でも触れられている．ここで評価といった場合，それは，臨床心理士の活動の効果や臨床心理士が参加しているチームの効果についての評価である．したがって，大部分の臨床心理士にとって，比較的限られた範囲の効果評価となっている．しかも，それは，患者にとっての有効性に焦点をあてたものがほとんどである．

　それに対して，今日では，より広範囲の枠組みでヘルスケアの有効性を示すことが，強く要請されるようになってきている．ヘルスケアは，条件を厳密に統制する実験をしたり，活動を操作したりする効果研究の手法を使用することが不可能な状況での活動である．しかし，それにもかかわらず，幅広い枠組みで効果を示すことを求める圧力が次第に強くなっている．活動の効果を示すことへの関心の高まりは，関連する用語の使用にも顕れている．例えば，根拠に基づく（evidence-based）ヘルスケア，質の保証，監査（audit），臨床的基準などの用語が，活動の有効性を表現するために用いられるようになっている．これらの用語は，サービスの利用者の視点を強調するものであったり，サービスを提供する専門家の立場を強調するものであったりする．このように強調点は異なるものの，いずれもヘルスケアの援助資源を対象となる問題に有効に適用することを説明するための用語である．

　活動の効果を評価せよといった圧力の出所は，さまざまである．深刻な精神病

を抱える患者を病院に収容し続けるのではなく，コミュニティで暮らすようにしていく動きが広まっている．しかし，実際には，患者を援助するコミュニティ・サービスが充分に行われていない．そこで，コミュニティ・サービスの実態に世間の関心が寄せられており，それが，ヘルスケアの活動の効果を評価せよとの圧力につながっている．また，政府は，公共資金が最も効果的な方法で使われているかどうかに関心を示すものである．さらに，専門家も，自らの活動に納得していないということもある．例えば，高齢者への新たなサービスの在り方が高齢者に満足されるような仕方で提示されておらず，納得できるものでないことは，専門家自身がよく自覚している．このような状況のなかで，既存の活動に替わる新たなサービスや伝統的なやり方とは異なる援助の在り方への関心が高まっている．そして，そのような関心は，新たな技法やサービス活動を生み出している．新たに開発された技法や活動については，その効果を評価することが必要であり，それも，効果評価を求める圧力と結びついてくる．

　臨床心理士は，これまでサービス評価に関しては，多大な貢献をしてきた．特にサービスを実際に提供する他職種と組んで活動の効果を評価してきた．現在，サービスの目標を立てる際に，望ましい効果を達成できるような方向で目標を定めるようになってきている．つまり，闇雲に目標を立てるのではなく，実際に達成可能なもので，しかもその効果を測定でき，実施プログラムが有効であることを証明できるように目標を定めるようになってきている．これは，臨床心理士がサービスの評価に貢献してきた成果である．

　活動の目標や望ましい効果を定める場合には，適切なベースラインや介入前の測定変数を事前に確保できるようにしておくべきである．また，評価は，特定の専門職にとってのみ望ましいとされる効果に基づいてなされるべきではない．特定の専門職だけでなく，患者や，患者の身近でケアを担当する現場スタッフなどにとっても望ましいとされる効果に基づいて評価がなされるべきであろう．したがって，あらゆる職種や立場の者が評価の過程に関与するとともに，評価に関与した者すべてがその結果を理解できるものであることが求められているのである．評価の結果は，科学雑誌に載るだけではなく，直接ケアを担当するスタッフが読むことができなければ意味がない．また，サービスの企画者や実施責任者は，評価結果に基づいて資源の分配という，難しい判断をしなければならない．その点で企画者や実施責任者も読むことができるものでなければならない．

　研究者は，想定される関連要素すべてを，それだけで測定できるような総合的

効果評価尺度の開発を目指す．"生活の質"（Quality of life）は，そのような尺度の構成概念である．例えば，心臓のバイパス手術を受けた場合，患者の日常活動は，明らかに制限される．そのような手術やその後の状態と関連して，回復や治癒の程度を測定する尺度がある．しかし，そのような尺度は，簡潔ではあるが，実際には無味乾燥な内容となっている．そこで，生活の質を測定する尺度は，そのような尺度を補足するために用いられる．当然のことながら，どのような臨床的介入も，対象となっている機能や行動に影響を与えるだけのものである．したがって，ケアの質が向上したとしても，ある限られた介入によって"生活の質"が影響を受けたとするのは，かなり誇張した尊大な考え方である．この点で生活の質といった概念は，注意深く定義されることが必要となる．もし，そのような注意深い定義がされるならば，生活の質といった概念は，ある種の研究では，妥当性のある，有効な指標となるであろう．身体的リハビリテーションの領域においては，日常行動（Activities of Daily Living：ADL）の指標が，総合的な効果評価尺度として用いられてきている．これは，医学的障害が第一次的でない人々には，あまり関連のない指標である．そのような人々には，社会的行動に関する情報も含んだ包括的な指標が必要となる．このような包括的な尺度については，まず信頼性，妥当性，偏りに対する感受性の問題がしっかりと検討されなければならない．そして，それに加えて，臨床心理士が日々働いているメンタルケアの活動の場で，その尺度が実際に有効であるのかという有用性の問題もしっかり検討されなければならない．

10. まとめ

臨床心理士は，さまざまな職種の専門家やさまざまな立場の人々と協働して仕事をする．一人ひとりの患者の生活にとって，これらの専門家や人々のもつ意義は，それぞれ異なっている．高度に洗練された診断を下す専門家もいるし，生活の場において患者の身の回りの世話をする人もいる．このようなスタッフの活動のほとんどに，心理学的な要素が含まれている．

例えば，患者が，ある特定のサービス機関にはじめて来所した場面を考えてみよう．その患者と最初に会う人は，どのようにして，患者から最も重要な情報を確実に，かつ迅速に得ることができるだろうか．直接患者の世話をするケアの現場についても考えてみよう．患者の身の回りの世話をするスタッフは，月々で変

化するケア・プランを，一人ひとりの状態に合わせて適切にこなしていかなければならない．これは，たいへんな作業である．このようなケアスタッフに対して，どのような援助ができるであろうか．いずれの場合も，心理学的要素がそこに関与してくる．さらに，サービスの利用者についても，心理学的要素が関わっている．サービスの利用者が自らの危険な状態を示す事実を察知し，緊急事態に備え，できる限り有効な対処ができるようになるためには，心理学的要素が重要となるのである．

　臨床心理士は，多くの点でほかのスタッフの活動に関連する重要な機能を果たしている．しかも，臨床心理士が重要な機能を果たしているのは，非常に幅広い領域のスタッフの活動においてである．一般的には，臨床心理士の主要な活動領域は，メンタルヘルスや子どもの臨床の領域とみなされている．しかし，臨床心理士が重要な機能を果たしているのは，そのような特定の領域に限定されない幅広い領域となっている．このようなことが，最近の臨床実践を通して明らかとなってきている．

　では，どのような点で臨床心理士は重要な機能を果たしているのであろうか．まず，臨床心理士は，患者と面接する人々のコミュニケーションの在り方を明確なものにし，混乱が起きないように援助できる．スタッフのチームワークを促進することもできる．また，関連する心理学的な知識を提供することができる．他領域の人々が心理学的な知識や技能を習得するのを援助することもできる．さらに，仕事における困難やストレスに直面したスタッフを援助することができる．最も効果的な介入法の選択を確かなものとするように援助することもできる．そして最終的に，選択された介入法の有効性を示す手助けをするのも臨床心理士の機能である．

引用文献

Baum, A., Newman, S., Weinman, J., West, R. and McManus, C. (1997). *Cambridge handbook of psychology, health and medicine.* Cambridge University Press, Cambridge.
Beresford, P. and Croft, S. (1993). *Citizen involvement.* Macmillan, London.
British Psychological Society (1998). *Responsibility issues in clinical psychiatry and multi-disciplinary teamwork.* British Psychological Society, Leicester.
British Psychological Society and Royal College of Psychiatrists (1995). *Psychological therapies for adults in the NHS — a joint statement.* British Psychological Society, Leicester.
Butler, G. and Hope, T. (1995). *Manage your mind.* Oxford University Press, Oxford.

Chadwick, P. K. (1997). Learning from patients. *Clinical Psychology Forum*, **100**, 5–10.

Clinical Psychologists and Counsellors Working Together (1997). *Clinical Psychology Forum* (special issue) (eds. R. Shillitoe and J. Hall), **101**, pp. 4–43.

Hall, J. N. (1996). Working effectively with clinical psychologists. *Advances in Psychiatric Treatment*, **2**, 219–225.

Hope, T. (1997). Evidence-based patient choice and the doctor-patient relationship In *But will it work, doctor?* (eds. M. Dunning, G. Needham, and S. Weston), pp. 20–23. But will it work, Doctor? Group.

MAS (Management Advisory Service) (1988). *Review of clinical psychology services*. Management Advisory Service, Cheltenham.

Parry, G. (1990). *Coping with crises*. British Psychological Society, Leicester.

Tuckett, D. and Williams, A. (1984). Approaches to the measurement of explanation and information-giving in medical consultations: a review of empirical studies. *Social Science Medicine*, **18**, 571–580.

Webster-Stratton, C. (1997). Early intervention for families of pre-school children with conduct problems. In *The effectiveness of early intervention: second generation research* (ed. M. J. Guralnick), pp. 429–454. Paul H. Brookes, New York.

参考文献

Davis, H. and Butcher, P. (1985). Sharing psychological skills: training non psychologists in the use of psychological techniques. *Br. J. Med. Psychol* (special issue), **58** (3).

Ham, C. (1994). *Management and competition in the new NHS*. Radcliffe Medical Press, Oxford.

Jaques, E. (1978). *Health services: their nature and organisation, and* the role of patients, doctors, nurses, and the complementary professions. Heinemann, London.

3——臨床心理学の展望

John Marzillier and John Hall

1990年代以降，臨床心理士は急増し，活動領域も多彩な場に広がっている．本章では，発展拡大しつつある臨床心理サービスに関して，まず，それぞれの活動領域に共通する要素を確認する．近年の臨床心理士の実践は，とりわけ認知心理学の理論と研究成果に多くを負っている．しかし，それだけでなく，実践から得られた知見が理論をさらに発展させるという面もある．そして，さまざまな実践に共通する特質は，徹底したアセスメント，心理学に基づいた介入，系統的な効果評価の3点である．なかでも，効果評価や臨床心理学的研究においては，有効性を示す根拠（エビデンス）を厳しく問うエビデンスベイスト・アプローチが重視されている．こうした趨勢は，ヘルスケアのコストが公的に拠出されることと関わっている．社会が変化すれば，臨床心理学も旧来のモデルの上で安閑としてはいられない．そこで，本章では，臨床心理学の将来的な発展のために検討すべきトピックとして，健康と病気に関する人々の見方やケア・コストの低減圧力などを取り上げる．また，臨床心理士には，他職種との協働やコミュニティ・ケアも含めたサービスが求められている一方で，ヘルスケアのシステムをどのように組み立てるかといった，社会に対する政策的な提言も求められていることを指摘する．

1. はじめに

50年前のイギリスでは，一握りの臨床心理士が，精神病院で専門的な技術者として働いているだけであった．当時は，物理学者や生化学者でさえ，ヘルスケアの中では"裏方（backroom boys）"としての役割が与えられているだけであった．臨床心理士も，それと同様に裏方として，主に心理測定的なテストを用いて，専門的な科学的調査研究に従事していたのである．ほかのヨーロッパ諸国では，臨床心理士は存在すらしていなかった．アメリカにおいてのみ，かろうじてその価値を認められ始め，専門職のアイデンティティを形作りつつあった．これが1990年代後半となると，様相が一変した．ヨーロッパ諸国のほとんどと，オーストラリア，ニュージーランド，南アフリカなどの英語圏，その他，南アメリカ諸国でも，臨床心理士は職業としての地歩を固めてゆく．イギリスをはじめ，いくつかの国々では，とりわけこの10年間で臨床心理士の数が急増した．

数の上だけではない．より重要なのは，本書で詳しく記述するように臨床心理

士が，さまざまなヘルスケアの領域の第一線で活躍していることである．すなわち，臨床心理士が実際上の影響力をもつ臨床フィールドは多岐にわたるようになったのである．子どもの健康，高齢者との関わり，疼痛マネージメントから，神経学的障害，さらには他職種のトレーニングにまで及んでいる．ヘルスケア従事者の多くにとって，心理学的なものの見方と技能は，重要性を増し，時にヘルスケアの中核的地位を占めるようになっている．

以後の章では，多彩な場で働く臨床心理士の実務を，例を挙げながら説明する．そこで本章では，まずそれらの実務に共通するテーマを示し，この後の章の前提となっている臨床心理学の基本的要素を確認する．そして，その上で臨床心理学とヘルスケア全体にとって，それらが意味するところをみていくことにする．

2. 理論と実践

伝統的に臨床心理士は，"科学者かつ実践者"（scientist-practitioner），または"評価者かつ実践者"（evaluator-practitioner）を自任してきた．従事する活動がどのようなものであっても，科学者かつ実践者，あるいは評価者かつ実践者といった臨床心理士の基本的在り方は，変わらない．例えば，実際に行っている具体的活動が，学習機能に障害をもつ人々への基礎的スキルの教示であっても，神経症的な青年への積極的な心理療法であっても，高齢者への新たなデイケア・プログラムの効果評価であっても，臨床心理士の基本的在り方は変わらないのである．

科学者かつ実践者モデル

では，この"科学者かつ実践者"とは，何を意味するのだろうか．第1章では，臨床心理学の専門性が，日々発展を続ける"科学としての心理学"という知識ベースを基本としていることを示した．つまりは，世間一般に流布している"常識的心理学"（common-sense psychology）ではなく，科学的・体系的知識を現場に活用することが，臨床心理学の基本的な特質ということである．例えば，第4章では，子どもの，ある種の行動が重大な問題であることを理解するには，標準的な子どもの発達に関する知識が欠かせないことが示される．小児期の発達による変容が，どのような段階と過程をたどるかを知っていれば，的確な日常文脈で問題をアセスメントし，その子どもに合わせた介入を図ることが可能となる．

成人が対象であっても、ポイントは変わらない．さらに、青年から親となり、やがては退職するといった人生移行を経る成人にあっては、発達の過程がより長期間にわたり、社会文化的な要因の影響を受けやすい．このような長い時間軸の発達経過は臨床心理学の訓練の中でも重要視されるようになってきており、生涯発達の科目が必修となっている．一方，"科学"のモデルが変化しつつある今日、心理学もその変化の波にさらされている．量的研究に加えて質的研究法が発展している．また，10章で解説するように脳画像診断技術の進展は，脳と行動の相互関係に関する数多くの知見をもたらしている．

　科学的知見とは，理論に埋め込まれた諸事実から構成されているものである．そして，心理学の研究の推進力となっているのは，人間行動についての多様な理論である．時に理論どうしが競合することもある．しかし，理論は重要である．人々の行動を意味づけようとする私たち心理学者の企ての活力源となっているのは，理論である．臨床心理学においても，学習過程の理論をはじめ，数々の理論から影響を受けており，臨床実践を直接的に導く理論も多い．例えば，7章ではCullenらが行動の機能分析について論じている．そこでは，学習理論から導出された，このアセスメント方法が，学習困難を抱える者を援助するのにいかに生産的な手段を提供しているのかが描き出されている．また，5章で解説される不安症状への行動療法は，条件付けの実験室的研究から生まれたものである．CarpenterとTyermanは，10章で脳損傷の患者への記憶保持プログラムの適用を解説しているが，それは，さまざまな心理的過程で機能している記憶の理論から影響を受けたものである．ただし，理論と実践との関係は，理論が実践に影響を与えるといった単なる一方向的なものではない．むしろ，理論と実践は双方向的に影響を与え合う関係である．この点に留意しておくことが重要である．例えば，脳損傷の患者の記憶障害に関する研究が正常な記憶機能についての理解を促す役割を果たしていることも忘れてはならない．

認知心理学の成果の活用

　現在の臨床心理学においては，認知心理学から導き出された理論や知見の影響力が増している．認知モデルや認知的技法は，メンタルヘルスに関する問題への心理学的介入法として，卓越した有効性が認められてきている．実際，その対象は，不安，抑うつ，パニック，PTSD，摂食障害，慢性的疲労など広範囲にわたる．認知的アプローチにおいては，情動面の障害やそれに付随する障害というも

のは，人々が自らの経験に付与する意味づけや解釈に媒介されているということが基本的前提となっている．現在，関心を集めているのは，それら障害の認知の特質や，その特質とさまざまな情動状態との関連である．例えば，5章で述べるClarkによるパニックの認知モデルでは，身体に起きた何らかの変化（心拍数の増加や目まいなど）に特異で誤った評価を与えるために，パニックの悪循環をよけいに助長するという過程が前提となっている．

さらに，認知心理学領域では，モジュール的情報処理説や複数の処理システム間の相互作用説などの新たな展開がみられ，さまざまな心理療法モデルが統合される可能性が現れている．一例は，Teasdale & Barnard（1993）による認知サブシステムの相互作用モデルである．このモデルでは，心的活動は，9種類の機能特異的なサブシステムの集合的活動を反映しているとみなされる．例えば，情動経験に関しては，すべてのサブシステムが直接的，間接的に関与してはいるが，その中で中核的な役目を担うのが意味付与サブシステムとされる．つまり，情動経験に関する心的活動においては，刺激に反応する感覚器，自己刺激に感応する固有受容器，判断中枢などを起点として発信される情報が信念や情動の変化にあたって重要な働きをするのであるが，その際，さまざまな起点から発信された情報を統合するのが意味付与サブシステムであるとみなされる．したがって，情動経験への介入に関しては，まず身体感覚の変化を体験させることが，言語による関わりと同等に，あるいはそれ以上に重要になる．そのため，何らかの情動焦点型の心理療法において身体感覚の変化を体験することが，言語焦点型の認知療法や心理力動療法などと同等，またはそれ以上に有効な働きをすることになるとされるのである．

こうして，心理療法の諸理論や実践のあり方を統合するアプローチが飛躍的に発展してきている．例えば，Power & Brewin（1997）の統合的アプローチは，認知療法，精神分析，認知心理学，比較行動学，人間性心理療法，実存的心理療法を統合するものである．認知心理学は，力動的な無意識の研究に対しても現代的な枠組みを提供しており，認知理論や認知療法上の技法を精神分析と結びつける動きもある．

アセスメントと介入における科学的研究の活用

"科学者かつ実践者"モデルは，科学的な原理を臨床実践において活用するということを意味している．きちんとしたアセスメントの測度を作成するためには，

項目分析や尺度構成法,因子分析といった科学的手続きが欠かせない.特に信頼性や妥当性を備え,変化を適切に評価できる尺度を構成するためには,上記の科学的手続きがどうしても必要となる.例えば,10章で解説する神経心理学的検査,妄想のような特定の問題をアセスメントするための質問紙,介入効果をアセスメントするための評価尺度は,このような科学的手続きを経て作成されるものである.同様の科学的原理を活用して作成された心理測定的な尺度や検査は多数ある.子どもの知的能力を測定するイギリス式能力尺度は,そのひとつである.したがって,臨床心理士は,科学的原理に留意することで,臨床心理学の活動において誤った結果を導くことのないアセスメントを実施することが可能になる.すなわち,項目が偏っていたり,信頼性が低かったり,不適切な解釈を招いたりすることなく,アセスメントの結果により高い信頼を置くことが可能になるのである.

また,介入方法を系統的に評価する際にも,はっきりとしたかたちで科学的原理が活用されている.これは,臨床試験という形式をとって行われる.例えば,パニック障害への認知療法的な介入の効果評価や個別事例の入念なアセスメントなどが,臨床試験として行われる.臨床試験では,クライエントに,介入の以前,最中,以後のそれぞれの時点において,自己観察などに基づいて自己モニタリングのデータを記録するように依頼する.そして,その自己モニタリングの記録から収集されたデータが,当該の問題がどのように変化したのかを評価する際の根拠(evidence)となる.しかし,試験的に行われる介入においては,ある程度多くの患者数を対象とすることが期待できない場合もある.研究者でもある臨床心理士は,そのような場合に適した効果研究の方法として,単一事例研究法を開発し,発展させてきている.臨床心理士は,単一事例研究法を用いることで,介入効果の妥当性をより確実に把握することが可能となっている.

一方,"科学者かつ実践者"モデルの"実践者"としての側面も,見過ごすことはできない.現実の臨床事例に対応するには,実践活動に関わるさまざまな技能が求められる.その技能の幅は広く,心理療法場面における微妙な対人関係の技能から,他職種との協働場面における交渉技能にまで及ぶ.これらの技能は,科学的な原理や手続きよりも,むしろ実践経験によって習得されるものである.したがって,臨床心理士の"科学者"としての側面は,限られた一面である.この点は,他の専門職と同様である.創造的かつ鋭敏な実践者であるために,臨床心理士は学ぶことを怠ってはならない.専門的な研修コースの技能訓練で習得す

る技能もあるが，多くの技能は，日々の臨床経験を通して習得していくものなのである．

人を人として遇するための心理学

さまざまな場面で仕事をする臨床心理士の活動を支えているのは，患者がまずもって人間として有している権利と価値観についての基本的配慮である．6章でGarlandは，高齢者と関わってきた自らの活動を評してこう述べている．"確かに特有な心配事はある．しかし，基本的に高齢者とは，単にほかの人よりもたまたま長く生きた人であるに過ぎないのである．"また，Cullenらは，7章で次のような主旨のことを述べている．"'ノーマライゼーション'の考え方は，学習に困難をもつ者への関わりに大きな影響力を保っている．つまりは，コミュニティから隔離してはならず，他のコミュニティ・メンバーと同等の権利と権限を有する対等なメンバーとして接しなくてはならない．"ただし，実際にこの通りにゆくことは，稀である．これと類似の議論は，重い精神病を患う成人のケアに関する9章でも述べられている．そこでは，重い精神病のケアの領域においても患者に加えられる抑制は最小限に留めることが望ましいとの考え方が，同様に影響力をもっていることが議論されている．

人間としての権利や価値観に払われる配慮は，臨床心理士の活動の，また異なった側面においても見出すことができる．それは，心理療法の場で，クライエントの尊厳と価値を尊重するという側面である．臨床心理士は，心理療法の場においてセラピストとして価値判断から離れた自由で開かれた態度をとる．クライエントは，そのような臨床心理士の態度によって受容される．そして，そのような受容的で信頼できる雰囲気の中でクライエントは，辛い個人的な体験を相談できるようになる．さらに，障害をもつ者が権利を侵害されないように擁護し，その権利を代弁することも臨床心理士の重要な役割である．それは，またBlackburnが8章で述べているように，犯罪者の権利についてもいえることである．臨床心理士は，親をはじめとする大人から虐待されたり食い物にされたりしないように，子どもや若者を守らなくてはならない場合もある．

以上述べてきたことは，"心理的な問題のほとんどは，私たち誰もが経験する問題と本来的に違わない"という考え方を反映している．そして，それは，本質的に倫理のテーマに結びつく．不安，抑うつ，性的問題，嗜癖行動なども，私たちの多くの経験と連続線上にある．したがって，問題を理解するにあたっては，

病理過程が作用していることを想定する前に，まずは正常な心理的メカニズムに基づく解釈を探ることが重要となる．最近の研究によれば，何ら精神症状をもたない一般成人においても，幻聴と非常によく似た経験をもつ人々が一定の割合で存在していることが報告されている．このような研究結果は，正常な心理的メカニズムによって問題を理解することの重要性を支持するものである．

このような点を考えるならば，専門的な介入は乱用すべきではないということになる．問題があまりに強力，あるいは深刻であって，当人が自分で対処できない事態や日常生活に支障を来たしている事態において初めて専門的援助の道を探ることが望ましい場合もある．そこで，臨床心理学的アプローチにあっては，たとえ生物学的欠損を疑うのに明白な根拠があるにしても，正常な経験との共通性に強調点を置くことになる．例えば，学習機能障害においては，原因として生物学的欠損である器質障害の存在が前提となっている．しかし，そのような場合であっても，正常な経験との共通性を強調する視点は欠かせない．学習機能障害を抱える者も，ほかの人々と同様の生活スキルを学ばなくてはならないのである．そして，その際の学習の原理は，ほかの人々の場合と変わらないのである．また，身体的な病を患う人々は，痛み，心的外傷，孤立に対して通常の心理的反応を経験する．それは，私たち誰もが時として経験する心理的反応と変わらない．

ただし，このように共通性を強調したからといって，問題が生じている個々の事態の特徴や特異性が存在していないといっているのではない．例えば，学習が困難であること，重い抑うつ状態であること，あるいは大きな外科手術後の状態など，それぞれの事態に特有な性質があることは言うまでもない．むしろ，ここで強調したいのは，心理学が究極的に問うているのは，"人々"に共通する経験と行動であるということである．だからこそ，あらゆる状況や問題における経験のいずれの場合にも連続する側面をまず認識することによって，多くのことが得られるのである．

3. アセスメントと介入

アセスメントと介入に共通する臨床方略については，本書の中の各所で繰り返し例示される．どのような状況下で，どのような人々を対象に活動をするにせよ，臨床心理士が提供できるよう心がけることが3点ある．それは，問題についての徹底したアセスメント，心理学に基づく方法による介入，介入効果についての系

統的な評価の3点である．

アセスメント

　アセスメントには，際立って重要な特質が3点ある．第1点は，アセスメントは，臨床活動の過程においてなされる意味ある問いに答えるべきものであるということである．臨床心理士は，かつて，患者のIQ検査を依頼された場合，往々にして，その結果もたらされる情報の価値を真摯に考慮することを怠っていた．イギリスでは，臨床心理学全体の流れとして，IQ検査のように単に状態や問題を記述するだけのアセスメントは使用されなくなり，それに替わってより実用的で特定の疑問に答えられるアセスメントが利用されるようになっている．つまり，患者の臨床像と密接に関連した結果をもたらすようなアセスメントが用いられるようになっているのである．

　学習機能障害の場合を例にとって考えてみる．Cullenらは，旧来のIQ検査と，それに替わる新たなアセスメント法とを比較対照している．人から問い掛けられると，いつも笑い出して逃げてしまう学習機能障害をもつ子どもがいたとする．新しいアセスメント法では，その子が笑って逃げ出す理由を探っていくことができる仕組みになっている．それに対して旧来のIQ検査では，その点での実用性が低い．したがって，新たなアセスメント法でもたらされる情報は，その子どものコミュニケーション・スキルを上達させるために有効に活用できるという利用価値がある．また，身体医療の現場では，胸部痛と頭痛が引き起こす不安の要因を調べるために，簡便な日誌的記録紙が用いられる．この種の不安を導く要因（先行子）を知ることは，私たちがその不安をよりよく理解するだけでなく，何らかの変化を生む方法を計画することにも役立つ．

機能分析と事例の定式化

　このようなアセスメントの実用性の観点は，アセスメントの第2の特質につながる．それは，問題を引き起こし，さらに維持させる要因を分析するのに貢献するという特質である．これは一般に，機能分析（functional analysis）および事例の定式化（case formulation）として知られている側面である．つまり，問題を単に記述するに留まらず，患者その人と家族において，その問題が果たしている機能と役割に注目し，その意味を明らかにするのである．そして，問題の素地をなす複数の要因が，問題を発生させる引き金となる特定の"誘引刺激"（trigger) とどのような相互作用を有しているかを見出していくのである．例えば，精神病院で，入院患者が攻撃性を爆発させたとする．そのような場合，機能分析としてのアセスメントは，その引き金となるような行動パターンを正確に把握し，心理学的に複雑に絡み合った要因間の関係を見出すために用いられる．具体的には，精神病院において患者が攻撃性を爆発させる引き金となった誘引刺激を明らかにするとともに，その背景にある人間関係の複雑な絡み合いを心理学的な観点から明らかにする．

　臨床心理学の対象となる問題への介入が成功する鍵は，鋭敏で注意深いアセスメントを通して適切な機能分析ができるかどうかにある．つまり，鋭敏で注意深いアセスメントによって，その問題が患者の日常生活の重要な局面とどのように関わっているのかを明らかにできるかどうかに，介入の成否がかかっているのである．例えば，抑うつ，不安，摂食障害といった問題がみられた場合，アセスメントによって，その問題が患者の日常生活の局面とどのように関連し，日常生活においてどのような機能や意味をもつのかを明らかにできるかどうかが，介入の成否を決定するのである．摂食障害の事例の場合，患者の自己価値観を決定付けているのが，自分はスリムで魅力的であるべきだという信念であるならば，介入が成功するためには，アセスメントによって，その自己価値観と信念との関連を把握しなければならない．

　こうした機能分析によって，問題の原因や，問題のもたらす結果についての情報が得られることから，アセスメントの第3の特質が導かれる．それは，アセスメントがその後の介入の基盤を提供するという点である．変化を生むための方途を考えるのに有用な情報が，得られるのである．問題を維持させているいくつかの要因が特定できれば，それらの要因を修整することで，当初の問題を変化させることができるであろう．例えば，子どもに睡眠困難がある場合に，問題を維持している要因として，その問題への親の対応に着目するということがある．

　なお，アセスメントの対象は，一個人やその個人の問題だけに限らない．精神内界，対人関係，社会，施設，家族など，さまざまなレベルがある．この点については，9章でHallが重い精神病との関連で述べている．重い精神病を抱える患者の心理援助においては，居住場面でのケアの状況の特徴をどのようにアセスメントするかということがテーマとなる．9章では，精神科施設におけるケア状況のアセスメントが具体的に扱われている．そこでは，入所している人々だけでなく，病棟スタッフ，施設管理者，医師などの行動をも考慮にいれたアセスメン

トが行われている.

　この種のアプローチは,さまざまなシステム間の相互作用を問題にするため,システム・アプローチと呼ばれることがある.このアプローチを採用することで,さまざまな社会的関係をアセスメントすることが可能となる.例えば,子どもの反社会的行動を理解するためであれば,その子と家族メンバーとの関係,あるいはその子と学校の級友との関係などを視野に入れることができる.これらの関係のそれぞれが,問題に固有の相互作用システムを表わしている.

　このように,さまざまなレベルの問題のアセスメントがある.しかし,それが,個人レベルにせよ,複数システムのレベルにせよ,そこでは,共通した方略が用いられることになる.つまり,それは,何が問題になっているのかという具体的かつ実践的な問いを契機として,問題を引き起こし,維持する種々の要因を系統的に分析し,それに基づいて特定の介入目標を定めるという方略である.

介　入

　心理学的介入とは,心理学的な手続きと原理を活用して有益な変化を起こすことを目指すものである.心理学的介入が目指す変化については,本書の多くの箇所で論じられている.本書では,施設に居住する高齢者にリアリティ・オリエンテーションを施すことで混乱状態を軽減するための介入から,関節リューマチの患者を援助して慢性的疼痛に対処できるようにするための介入に至るまで,多様な介入が扱われている.問題のタイプや対象者によって,介入の在り方はさまざまである.しかし,それでも,さまざまな介入に共通する特徴を指摘することは可能である.

　まず第1の特徴は,いずれの介入においても臨床心理士は特定のスキル教育を行っているということである.例えば,学習機能に障害をもつ者には靴紐を結ぶスキルが,糖尿病の子どもにはインシュリン摂取の管理プログラムを習得するスキルが,脳損傷の患者には文字の名前と読み方を覚えるスキルが,それぞれ必要となる.それぞれの場合に対応したスキル・トレーニングの方法がある.それらは,いずれもモデリング,デモンストレーション,反復練習,事後のフィードバック,強化,誘因,宿題など,確立した手続きを備えている.

　さまざまな介入のあり方に共通する第2の特徴は,恐怖や不安を軽減するということである.恐怖症や不安症への認知行動療法については,5章で詳述されている.不安は,心理的問題に特有なものではなく,身体的問題でも往々にして生

じる．そして，問題を悪化させたり，治療の障害になったりする．したがって，これらの不安や恐怖を軽減させることは，心理的問題だけでなく，身体的問題にとっても有益である．

　介入に共通する第3の特徴として，認知的プロセスの果たす役割の重視ということがある．認知的プロセスとは，具体的には思考，態度，信念などのプロセスのことである．この側面は，とりわけ抑うつの認知療法において際立っている．抑うつ状態にある人は，自分は何をしても他人に認められることなどはないといった信念や思い込みをもっていることが多い．あるいは，社会的な場面においてその人の生活に影響を及ぼす何らかの出来事が生じた場合，それに関して悲観的，自罰的な方向に原因を帰属させ，それが気分変調の引き金になるということもある（5章を参照）．このような点で抑うつに関しては認知プロセスへの介入が有効となる．ただし，認知プロセスが重要となるのは，抑うつだけではない．その他の問題でも，認知プロセスの枠組みを適用できる領域は多くある．例えば，身体障害を克服しようとする動機づけに直接的影響力をもつのは，その問題に対する患者の態度がどれほど肯定的なものか，または期待感がどれほど現実的なものかといった，認知に関わる事柄である．このような信念や思い込みを修正するためには，確立された手法が利用される．つまり，患者の信念や思い込みと矛盾する証拠となるような日常生活上の事実を見出して，それを信念や思い込みと突き合わせる．そして，それを通して信念や思い込みに疑いをもつようにさせ，新たなものの見方や考え方を取り入れるようにもっていくのである．

　ほとんどの患者は，変化を模索するための強い動機づけをもつものである．問題や障害を克服しようと切望している．しかし，もっとも重い精神病を抱える患者では，アパシー的行動にみられるように，この動機づけ自体に問題をもつ場合がある．そのような場合は，変化についての患者の動機づけを高めることを直接的に目指すために，心理学的介入を用いる．9章で述べるトークン・エコノミー法は，その例である．心理学的にいえば，動機づけというのは，前もって決定付けられた何らかの状態や，パーソナリティ特性ではなく，行動を引き起こしたり維持したりする多様な要因から生まれるものである．例えば，嗜癖に介入する場合，その成否は，変化への動機を生み出して維持する患者自身の能力にかかっている．そのような患者の能力は問題となっている嗜癖に対抗するために，必要なのである．

　心理学的観点からは，介入は，大きく分けて4つのプロセスが関与している．

まず"行動"の変容である．これは，例えば，スキルの習得などに関わるプロセスである．次は，"感情"の変容である．これは，例えば，恐怖や不安を減じ，抑うつ気分を高揚させるといったことに関わるプロセスである．さらに，"認知"の変容も関与している．これは，例えば，態度，信念，思い込みの修正といったことに関わるプロセスである．そして，"環境"の変容である．最後の"環境"のカテゴリーでは，患者の外部環境にあって患者に強い影響を与え，患者の行動や問題をコントロールしている要因に対して，詳細な注意が払われる．この環境要因には，生活の場における物理的環境だけでなく，対人的環境も含まれる．前者の物理的環境に関しては，例えば，生活を容易にするために，筋力に深刻な障害がある人のために家庭に昇降機を設置するなどを意味している．また，後者の対人的環境については，例えば，過去にドメスティック・バイオレンスを受けた経験がある人に対して身近な家族が接する際の態度などを意味している．

4. 研究，介入効果，そして評価

"研究"という語が包含する意味は，多岐にわたる．さまざまな研究機能や研究課題がその中に含まれている．しかし，通常は，研究といった場合，研究計画を実行する過程を指している．つまり，研究を仕上げていく過程である．その過程は，まず，最初のリサーチ・クエスチョンを立てることから始まり，次のような課題を含むことになる．

・この患者にとって，どのような介入が最善の方法なのであろうか．
・この介入法を採用した場合，それは患者がこれまで受けてきた介入法に比べて，何らかの利益を患者にもたらすことがあるだろうか．
・同様の問題を抱える6名の患者への介入において，個別形式で行うのと，集団形式で行うのでは，スタッフの時間効率の観点からは，どちらが優れているだろうか．

このような問いを立てて検討することで，研究当初のリサーチ・クエスチョンは，ある程度筋の通ったものとなってくる．論点がはっきりしてくるのである．そこで次に，研究者の視点に立ち，関連する文献を読むことに着手する．その場合，この領域では今までにどのような研究がされているのだろうかと自問しながら，先行研究を検討する．そして，次の点を検討していく．

- 介入効果を評価するのに最適な測度は何だろうか．
- この研究には，どの程度の患者数が必要であろうか．
- 収集したデータを解釈するには，どのような統計手法を用いるべきだろうか．

メタ分析

　このような問いは，いずれも実際的で役立つものである．ただし，臨床的な観点からするならば，もっとも重要なのは，計画されている研究が臨床実践にどのような影響を与えるものであるかという問いである．つまり，その研究結果は，ほかの人々が活用できなくてはならないということである．それも，患者が通常，心理援助を受けている実際の臨床現場で活用できなくてはならない．したがって，研究の価値は，研究担当者以外の人々が自らの観点からその研究を批判的に評価検討した上で，その研究知見を実践の場で取り入れるか否かの判断を経て確かめられていくことになる．その際，どのような場でなされた研究なのかも重要な判断要素となる．例えば，プライマリケア場面における深刻な不安症状に対する短期認知療法の効果研究について考えてみる．もし，それがオランダ郊外の裕福な学園市街ライデンで行われた研究であるならば，その結果は，イギリス中部の貧しい工業都市にも適用できるだろうか．この種のことを確かめるには，その介入効果を評価した際と同じ測度を用いて，イギリスでも効果研究をするしかないということになる．

　そこで，ひとつの研究結果に頼るのではなく，諸外国でも行われた類似の研究を含めて多数の研究の成果を調べることが賢明な方途となる．メタ分析（meta analysis）は，そのような，別々に行われた類似研究の結果をとりまとめる方法である．メタ分析では，患者のサンプル・サイズを大きくできるため，効果の有無を明らかにできる可能性が高くなる．また，異なる状況設定を通じて，どれだけ介入効果が安定しているか知ることができる．なお，メタ分析は，どのような研究を分析対象に含めたのかという基準が明確になっている場合にのみ，その結果を信頼に足る資料として利用できるというものである．

　Rosenthal（1995）は，心理学研究の知見を蓄積するためにもっとも適切な方法は，メタ分析であると強調している．さらには，メタ分析の登場で，それまで心理学研究で普及していた数多くの伝統的統計手法は時代遅れになったとまで述べている．しかし，メタ分析が対象とするのは公表された研究に限られ，しかも学術誌は否定的な知見や有意ではなかった知見を掲載しない傾向があるので，見

かけ上，介入効果が拡大されることがある．さらに，たいていの研究者が習熟している言語はごく限られるということがある．そのことを考慮するならば，優れた研究であっても，それが少数派の言語で公表されたものであるならば，メタ分析の評価対象として研究に含まれない可能性が高くなる．

エビデンスベイスト・アプローチ

　さらに，以上の議論から次のようなことが明らかとなる．それは，効果がみられた研究を臨床場面で実践していく際には，その研究を実施する前提となっていた技能と同様の技能が必要となるということである．つまり，研究成果の消費者として，その研究で明らかとなった方法を実践していくためには，そこで前提となっている技能を身につけることが必要となるのである．こうして導き出されたのが，エビデンスベイスト医療，あるいはエビデンスベイスト・ヘルスケアと呼ばれるアプローチである．このアプローチで必要なのは，当該状況の治療や介入に役立つエビデンスを体系的に調査検討すること，そして有効性が明らかな治療や介入に基づいた臨床実践を行うことである．現在では，たくさんの"コクラン・センター"が世界保健機関（WHO）の後援を得て国際ネットワーク上に存在し，それぞれのセンターが，特定の病態（condition）に関する体系的な調査検討をしている．例えば，統合失調症（精神分裂病）の治療介入効果の体系的検討を担う国際センターはオックスフォードに拠点があり，そこでは心理学者が研究に従事している．[訳注．コクラン・センター：1992年にイギリス政府が国民健康サービス（NHS）の支援のため，研究調査機関として設立し，ヘルスケアの介入の有効性に関する体系的検討を行っている．1999年7月現在，世界13カ国15カ所に広がっている．]

　ただし，エビデンスベイストの心理学研究の重要性が強調されているからといって，それは，二重盲検法，ランダマイズド・デザイン，統制群を設けた研究のみが他に抜きん出て価値ある研究方法ということを意味しない．それでは，新しい方法を探索的に検討する初期段階の研究が必要ないことになってしまう．探索的段階にこそ，研究の創造的側面が示されることを忘れてはならない．また，ある種の心理学的介入においては，患者と臨床心理士との双方が，その時点でどのような介入がなされているのかを明確に意識している．そのような介入については，盲検法はそもそも不可能となる．このような点もエビデンスベイストの研究では，見落とされている．したがって，エビデンスベイストが意味するところは，ある介入が他の介入よりも有効であることを示す合理的なエビデンスが確かに存

在するならば,その介入を優先すべきであるということである.

効果研究とヘルスケアのコスト調整

この一見,単純な原則が,いくつかの国々でヘルスケアの実施策に大きな変革を招いた.それがもっとも顕著であったアメリカでは,"マネジド・ケア"がヘルスケアの実際を転換したことが知られている.マネジド・ケアにおいてヘルスケアに基金を主に提供するのは,健康維持機構(Health Maintenance Organisations: HMOs)と呼ばれる組織である.この組織が,臨床心理士が患者に行う心理療法のセッション数や入院期間に厳しく制限を加えている.こうした事態は,心理実践にも大きな影響を与えている.具体的には,制約された条件の範囲内で費用を賄えるような,より短期間でより効果的な介入が求められるようになっている.そこで,短期間で効果的な介入の実施に向けて,健康維持機構だけでなく専門職団体も臨床実践のガイドラインを出版するようになっている(Nathan 1998).このガイドラインは,規定を課すというものではない.その点で,真のガイドラインであり,介入を担当する者が何をなし得るかに関しての適切な指針を与えるものとなる.

ヘルスケアの基金が公的制度として拠出されているイギリスにおいても同様の社会的圧力がみられる.イギリス政府は,1998年に国民健康サービス(NHS)内に優れた臨床活動を維持するための国立の組織を設置するとの声明を出している.声明によると,その組織は,ヘルスサービスに関わる公共機関が有効性を示すエビデンスに基づいて活動委託することを保障する権限を与えられるとのことである.このことにも,イギリスにおいて臨床活動の有効性が問われていることが示されている.

これらの変革には,さまざまな推進要因がある.コストは,その要因のひとつである.ヘルスケアのコストは,生活そのもののコストを上回る.そのため,ヘルスケアの基金を提供する機関はどこも,コスト抑制に腐心している.また,変革の推進要因として,ヘルスケアの質に対する国民の関心の高まりも挙げられる.治療や介入の効果についての良質な情報が手に入りやすくなったことが,このような関心を高める刺激となっている.情報技術(IT)の発達と,ヘルスケアの専門研究者によるデータ集積が,それに拍車をかけている.このような要因が相まって,あらゆるヘルスケア・スタッフが,自ら研究を評価し,さらに研究で得られた知見を現場で実際に活用する必要性が高まっている.これは,ヘルスケア

に関わる臨床心理士にとって好機であると同時に，大きな挑戦でもある．

評価と「質」

　研究の遂行を強調するならば，介入プログラムの評価・監査を強調することも忘れてはならない．評価するというアプローチをとることで，前もって介入目標を特定し，目標への到達度をモニターし，介入の成否を見極めることができる．また，介入効果以外の側面，例えば，利用者が介入計画をどれだけ受け入れるかといった側面も含まれる．"サービス評価"という概念はすでに確立されているが，その他の用語の多くは，関連する概念や手続きを表現するのに正確に用いられているとは限らない．例えば，そのような用語としては，品質管理，監査，標準的セッティング，同業者による検討（peer review），消費者満足などがある．

　評価は，さまざまなレベルで，さまざまな基準や測度に基づいて行うことができる．例えば，心理療法を評価する際のモデルとして，"関心"（interest）を含むことができる．その際，関心をクライエントの関心，専門職の関心，社会の関心という具合に，さまざまなレベルを設定できる．クライエントは，まず第一に困惑状態を軽減して幸福感を増大させるという，自らの個人的変容に関心を抱く．一方，専門職は，介入の基礎にある理論モデルによって変容を捉える．したがって，特定の症状よりもクライエントの信念の変容に重きを置くこともある．また，社会的な観点からすれば，心理療法は，社会の規範や標準との関連でその価値が評価される．例えば，社会的観点からは，ホームレスや精神病の患者といった世間で目に映る"問題"を減らすことに関心が向けられる．

　"サービス評価"という概念の次に重要なのが，"質"という概念である．それは，品質管理，ケアの質，生活の質（QOL）といった場合の質である．質の構成要素の定義は，有効性や効率性などの評価研究の要素とかなり類似している．しかし，さらに利用可能性や公平性を加えることが多い．まず，利用可能性とは，サービスを利用する難易を表わす．例えば，それは，家からクリニックまでの物理的距離だけで決まるのではなく，交通費（駐車料金を含む）やクリニックでの平均待ち時間も勘案される．公平性とは，サービスが，年齢，性別，収入，勤め先での地位等にかかわらず，それを必要とする人々に遍く利用される程度を指す．質をアセスメントするにはまた，クライエントが歩んだケアの既往歴全体が考慮される．ケアの過程でクライエントは，さまざまな職種にさまざまな場所で出会う．その結果，必然的にサービスの基本タイプも，診断，リハビリテーション，

ターミナル・ケア等，多岐にわたることになる．これらの質を重視することは，本質的に，サービスの消費者の視点をより真剣に考え，効果に対してより多次元的な観点を想定することに通じる．

　さらに，複数の異なるレベルから評価することも重要である．それは，異質な観点や価値観を取り入れることができるからだけではない．評価のタイプによって，用いる測度が決まってくるからである．したがって，さまざまなレベルからさまざまな測度を利用して，評価することが必要となる．さまざまなレベルのひとつとして，例えば，経済性を考慮することは，大局的な変化を評価測定することに目を向けさせる．具体的には，どれだけの人々が入退院したかの算定やスタッフが担当する患者数に基づくサービス効率の査定などが，そのような経済性の測度となる．この種の測定の問題点は，クライエントの観点からも専門職の観点からも，反映されることのないレベルの事柄である（退院は，必ずしも心理的な改善の結果とは限らない）．クライエントの側，あるいはセラピストの側といった介入の分配経路（logistics）を知ったとしても，そのサービスの質や目的までは知り得ないのである．したがって，コストや効果，効率はいずれも重要ではあるが，評価にあたっては，それらだけを対象とするのではなく，加えてクライエントとセラピストの双方を含む観点からみた心理的変容を対象とすべきである．

5. 他職種との協働

　臨床心理学の日々の実践では，他職種と緊密な連携をとることが必然的に求められる．この点については，他の職種との協働の実例が本書の各章で数多く示されている．また，2章では Hall が，そのような協働（collaboration）が取り得るさまざまな形態について論じ，そこから派生する論点を掲げている．

　もっとも一般的な協働の形態は，臨床事例に関する共同作業（joint work）である．その場合，臨床心理士の専門的技能が，看護師，巡回保健師，理学療法士，医師，その他専門職の技能と組み合わされる．例えば，脳損傷の患者に関しては，理学療法士や作業療法士の活動と，心理学的なアセスメントと介入が組み合わされる．また，巡回保健師と臨床心理士の活動が効果的に組み合わされる例としては，睡眠障害の就学前児を抱える親を対象とした集団療法がある．こういった実例からわかるように，協働による活動の成功は，各専門職が相互にそれぞれの技能と知識を共有することにかかっている．このことは，患者のみならず，

さまざまな専門職にとっても有益であり，互いの貢献について学ぶことを可能とする．

臨床的問題の多くは，多元的な側面をもっている．そのような多元的問題に対応するためには，多専門職の協働がとりわけ有効となる．集中治療部（ICU）における活動は，医療職と臨床心理士が協働して患者の心理的な状態をモニターし，取り扱うことの重要性を教えてくれる．特にその重要性が際立つのは，患者の不安が強い場合である．このような場合に，例えば医療職によって軽く身体を動かすようにとの指示が出されても，不安によってそれが抑制されてしまうことがある．そのようなときに医療職と臨床心理士の協働が有効である．さらに，ある種の身体的治療法は，負の心理的効果を与えてしまうことがある．例えば，現代の産科医療技術は，母親が新生児に好ましい情緒反応を形成するのを阻害することがある．そのような場合には，臨床心理士が産科の医療職と協働して心理的側面の問題に対処することが特に重要となる．

日々の臨床活動において臨床心理士に求められる役割としては，他職種との協働という面に加えて，他職種に臨床心理学の技法に関する訓練やスーパーヴィジョンを行うということがある．スーパーヴィジョンは，訓練の一環として行われる．近年このような訓練を，コンサルテーションと区別して考える傾向が強くなっている．つまり訓練は，知識と技能の伝達，およびそれを達成するための体系的プログラムや体制作りを目指すといった明確な目的を有するものとして位置づけられるようになっている．カウンセリングや認知療法といった臨床心理学の技能をほかの職種に教育する活動に従事する臨床心理士は，すでに数多く存在する．訓練においては，訓練を受ける者が，単に実践技能を習得するだけでなく，それら技能の前提になっている心理学の観点や理論をしっかりと学習することが重要となる．したがって，最良の訓練コースのプログラムは，十分な時間をかけ，実践と理論の双方の習得が可能となるように周到な配慮がなされているものである．

一方，コンサルテーションは，目の前にある特定の問題を解決するための構造化された対応を意味する．コンサルテーションにおいて臨床心理士は，まず問題を心理学的に定式化する（formulate）．そして，その問題の当事者と直接関わる人々に対して問題解決に必要な心理学的知識と技能を教示し，それを通して問題に関わる人々を支援し，問題解決に向けての動きを導いていく．たいていのコンサルテーションでは，時間的に余裕がなく，一定の時間内に対処することが求められる．そのため，その問題に対処するのに相応しい専門職に紹介することは

しない．むしろ，限られた時間内で，心理学的な観点から時間を最大限に有効活用するための方法が，コンサルテーションということになる．

臨床現場でコミュニティ精神科看護師が対応する問題の多くは，臨床心理士や精神科医の専門的技能を必要とする種類のものではない．したがって，必ずしも臨床心理士がすべての問題に関与することはない．看護師は，コンサルテーションを活用することで，クライエントに対してかなりの援助をすることが可能になる．この点でコンサルテーション・モデルは，非常に有効な機能を備えているといえる．ただし，コンサルテーション・モデルを活用せざるを得ない要因として，慢性的な臨床心理士の不足があることに留意しておくことは必要である．

本書の第1版の時点で，イングランドにおける臨床心理士の不足率は14％，第2版の1990年時点では22％であった．国民健康サービス（NHS）への活動委託が開始されたことで，全体的な不足率を算出することが困難になったが，現在の時点においても臨床心理士の不足状態が依然として続いていることには変わりない．養成規模を拡大できるかどうかは，適切なスーパーヴィジョンが受けられる研修現場の確保ができるかどうかにかかっている．そのため，速やかに養成規模を拡大することには，一定の制限が課せられる．実際，イギリス内では，ほかにも看護師，作業療法士，精神科医などのヘルスケア専門スタッフが不足しており，それらのスタッフの養成にも同様の限界がある．そこで，限られた人的資源を最大限有効に活用することが，臨床心理士のみならず，他職種にとっても共通のテーマとなっている．ヨーロッパ諸国の中には，ある種のヘルスケア・スタッフの過剰という現象がみられる国もある．しかし，ヘルスケア・スタッフを過剰に抱える国からスタッフがイギリスで働くために移住してくるとしても，それは，イギリスの人手不足状態を改善するほど大規模な数になる可能性は低い．

6. 臨床心理学の発展と課題（1）――健康と医学モデルの変容

現場の実践が現在どのような方向に進んでいるのかを見極めることは可能である．そして，そのような動きが今後の臨床心理学の発展のあり方を考えるうえで重要な手掛かりを与えてくれる．現在，臨床心理学の実践活動には，さまざまな動きがある．その中には，本書で解説されるものもある．例えば，さまざまな健康関連の領域で臨床心理学の方法が活用されていることや，他の専門職との協働が注目を集めていることなどが，それにあたる．さらに，次の4つの特徴も，明

らかに現在の臨床心理学の大きな動きと関連している．それは，健康と医学に関するモデルの変容，実践に関わる他の心理専門職の出現，コミュニティ・ケアの趨勢，そして長期にわたる障害への対応の4つである．

まず，健康と医学に関するモデルの変容からみていくことにする．ヘルスサービスの伝統的観点は，医師が看護師の助力を受けながら，病気（illness）を治療するために専門的技能と知識を駆使するというものである．現代医療の大部分においても，このことは当てはまる．しかし，病気も疾患（disease）も医療技術のみで根絶させることは，決してできないことが明らかになってきている．また，不健康は，多くの場合，人々が生活する社会環境的状況によって生み出されるものであること，そして健康の回復もたいていは社会的変化によってもたらされるものであることが明らかになってきている．ヨーロッパ諸国において腸チフスやコレラ，クル病などの疾患が事実上根絶されたのは，衛生管理の改善が進み，物資が豊かになったことによる．現在でも健康を損なわせる主な要因となっているのが，貧困である．そのことは，先進国と途上国の間で健康状態に不均衡があることを考えるならば，自明のことであろう．比較的豊かなイギリスにおいてさえ，適正な人間生活を維持するための収入の最低限度を意味する貧困線の線上，あるいはそれ以下のレベルで暮らす人々は，病気に罹り，若くして死亡する危険性がほかの人々に比較してずっと高い．したがって，病気は，ただ単に個人的な不運とは考えられない．健康という概念は，ほとんど社会的・経済的概念といえるのである．

社会経済的視点の導入

健康と疾患がもつ社会経済的側面については，臨床心理士を含めて健康関連の専門職がほとんど取り上げてこなかった問題である．おそらく，そのような問題は，"政治"の問題とみなされていたからであろう．その結果として，自分たちの生活全般を支配する数多くの不公平には触れたくないということになっていたのだと思われる．しかし，状況は急速に変化してきている．うなぎ登りのヘルスケア・コストは，イギリスとアメリカにおいてシステムの急激な再編成を招いた．そして，それは，乏しい資源を目当てにさまざまなヘルスケアの部門が競合する"内部マーケット"を生み出した．その結果，健康に関する不均衡は，より目にみえる形をとるようになり，専門職は，臨床実践のあらゆる段階で社会経済的問題に直面せざるを得なくなった．

慢性精神病患者のケアとエイズ感染者のケアの比較は，どのようにしたらできるのだろうか．心血管系の外科手術の技術向上（高額を要する）と，冠状動脈の心疾患予防のための健康増進プログラムとでは，どちらに資源を振り分けるべきなのだろうか．このような点に関する判断は，かつては暗黙のうちになされていた．しかし，現在では，公の場で議論されるようになっている．なぜならば，これは，明らかに経済的観点に基づいて議論される問題だからである．臨床心理士であっても，他のヘルスケア専門職と同様に，こういった議論を無視してはいられない．組織の管理担当者（manager）の判断の内容によっては，臨床心理士の存在そのものが脅かされることになるのである．国民健康サービス（NHS）の活動の一環として行われていた臨床心理学のサービスの中にも，ヘルスケアのコストの削減という名目ですでに民営化された例もある．このようにヘルスケアに対する社会経済的圧力が増大している状況にあっては，専門職といえども政治に巻き込まれることは避けがたい事態なのである．

　その他，急速に関心を集めるようになっている領域として，健康と病気の環境要因がある．過去10年以上にわたってメディアの注意は，飢餓や地震，政治的弾圧，戦争，難民，洪水，原油流出，原発事故などの世界規模の災害に向けられてきた．これらの災害がもたらす甚大な影響は，被災地のみならず地球全体に及ぶ．そのため，その影響は無視できない．これと関連して，工業製品に満ちあふれる消費主導の生活様式の結果として引き起こされる環境破壊についても関心が高まっている．なかでも，酸性雨，核廃棄物，都市の老朽化，道路造成計画は，直接的および間接的に健康に影響を与える．そのような中で生活圏の"緑化"は，社会の変革過程の始まりとなる．それは，小さな出発点ではあるが，健康改善のためだけではなく，地球存続のためにも必要な営みである．環境を顧みない健康のモデルなど，あり得ない．

旧来の医学モデルへの懐疑

　また，健康と医学に対する世の中の関心は，高まる一方である．多くの医学的治療の価値に対して懐疑の目が向けられるようになっている．それは，表面的には有効とみなされてきた治療に，実は効果がなく，時に有害ですらあることが判明し，それが公になるといった場合が見られるようになってきているからである．そこで，ヘルスケアの消費者にとって今まで以上に求められる心構えとして，古くからの商売上の格言が参考となる．それは，"買い手の危険もち（買い手は注

意してかかれ)"ということである．不安治療のために安定剤を用いる場合などは，その好例にあたる．安定剤に含まれるバルビツール酸が中毒性の高い薬物であることが知れ渡ると，ベンゾジアゼピンが取って代わった．それは，依存性がなく，危険性が低い薬物としてもてはやされた．しかし，遅ればせながら1980年代になると，ベンゾジアゼピンもまた，依存性を生じさせ，常用により脳に永続的な影響を残し得ることがわかってきた（Catalan & Gath 1985）．こうしてベンゾジアゼピンに依存性ができてしまった人の10人に1人は，医者から騙されたように思ったのだった．そして，この安定剤を製造していた製薬会社を相手取り，法的行動に打って出る者もいた．

　このような懐疑主義と不確実性が渦巻く風潮にあって，消費者の目が向けられていったのは，代替医療（在来型の医療に代わる医療）や補助的医療であり，現在，これらは在来型医療と共存している．この種の医療は，より安全で，より環境にやさしく，経済的圧力からもより自由であるという，信念がもたれやすいのである．同様に強調される全人的（holistic）モデルも，魅力的に映るということになる．結局，現代医療は，心理的なケアを差し置いて，身体的な変容にあまりにも重きを置き過ぎてきたのである．それが，このような風潮となって現われているといえる．

　したがって，健康と医学のモデルは，流動的な事態となっている．一方で，社会的，経済的，環境的要因は，健康に対する世界的規模の広範な外的影響力の重要性を強調する．これらは，個人のコントロールを超えて健康に影響を与える要因である．他方，消費者は，少しでも多くの健康情報を手に入れ，自分の健康をコントロールしようと躍起になっている．人々は，病気に罹らずに良好な健康状態を保つためには，積極的な手段をこうじる必要があることに気づいている．健康な"ライフスタイル"が繰り返し話題になるのは，こうした関心の高さの表われである．結局，人々のコントロールを超える要因とコントロールしようとする個人の意欲との間の葛藤状況から，健康にまつわる独特の問題が生じてきている．具体的には，健康を脅かす潜在的危険性が知られるようになった結果，それが，逆に人々の不安をますます喚起するようになっている．例えば，HIV感染に関する情報の広がりは，人々に心理的動揺を引き起こし，ヨーロッパ社会に深刻な衝撃を与えた．

ヘルスケアの政策立案における臨床心理士の役割

では，このような状況の中で臨床心理学は，どのような位置づけを得て，どのような役割を担うのがよいのであろうか．この点については，個人の身体的健康に対処する場合であっても，単に身体的要因だけでなく，心理的要因も含めた全人的なアプローチが必要となるということがある．それに加えて，ヘルスケア・システム全体の政策立案をし，それを運営していくためにも，心理的要因を含めて考えることが重要となる．したがって，心理的要因を考慮することの重要性とその意義は，現在のヘルスケアの状況において強調されてしかるべきなのである．実際，臨床心理士の中には，システムを運営する役割をすでに担っている者も存在する．それらの臨床心理士は，ヘルスケアのさまざまな場面で，心理学の概念と原理を活用する機会を得ている．そこで，臨床心理士がヘルスケアにおいて果たすことのできる貢献の在り方を，今後の可能性を含めてみていくことにする．

個々の場面を具体的に検討していくと，臨床心理学が健康関連領域に貢献できる形態は多岐にわたることがみえてくる．第1に，さらに多様な個人へのアセスメントと介入プログラムを開発していくことが可能である．例えば，冠状動脈系の心疾患のおそれがある人については，ストレス・マネジメントのためのアセスメントと介入プログラムを開発することができる．また，発症および未発症のエイズ患者のためのカウンセリング，そして死に行く患者とその家族のための心理的援助の方法を発展させることもできる．第2に，臨床心理士の人数が今後増大すれば，総合病院においてカウンセリングやコンサルテーションといったサービスを提供することもできる．そうなれば，総合病院におけるヘルスケアのあり方も随分と変わってくるであろう．イギリスでは臨床心理学に関するMPAG報告が出版されており，そこでは，臨床心理士に広範な役割を求めることが構想されていた．カウンセリングやコンサルテーションを提供するといった臨床心理士の役割は，「MPAG報告」の構想にも合致するものである．第3に，健康増進を推し進めるための重要な役割が心理学に期待されている．例えば，心理学は，ライフスタイルを変えるための方略の効用と限界について意見を述べることができる．そのような役割を担うことによって臨床心理学は，健康増進に向けて力強い推進力を発揮することができる．第4として，健康関連領域についての良質な心理学研究を提供することが求められている．健康に関しては，非常に多くの考えが，十分な理解と慎重な評価がなされないまま，世の中に流布されている．健康領域に関する限り，しっかりと吟味された心理学研究は未だ乏しい状況である．最後

に第5として，臨床心理士は政府や議会に働きかける活動を積極的に行う必要があることを述べておきたい．これは，他のヘルスケアの専門職についてもいえることであるが，特に臨床心理士には強調しておく必要のある事柄である．こういった働きかけをすることによって，政府は，健康について以前よりも広い視野をもつようになり，ヘルスケアのあらゆるレベルにおいて人や物などの資源が必須であることを認識するであろう．

システム・アプローチの重要性

　以上みたように，ヘルスケアのシステムは，現在変貌を遂げている．しかし，そのヘルスケア・システムの内部にあって臨床心理学は，実際のところ，専門職としては少数勢力に過ぎない．では，そのような少数勢力である臨床心理学が，上述した広範な論点が惹起する課題にどのように対応できるのであろうか．その方途は，次のような認識をもつことによってみえてくる．それは，心理学的援助は，ただ単に病気や損傷を被った個人をアセスメントし，介入するだけではないという認識である．本書の各所で説明されるようにシステム・アプローチによる活動も，心理学的援助に含まれる．このシステム・アプローチは，社会システムが心理的問題を引き起こし，それを維持するのに重要な役割を果たしていることを指摘する．例えば，ファミリー・セラピストは，子どもや大人の問題を，その人の内部で生み出された事柄としてではなく，家族内のさまざまな勢力への反応として理解する（4章を参照）．したがって，システム・アプローチでは，問題の変化は，システムの変化を通して追求される．

　ヨーロッパ社会もまた，家族と同様に心理的問題がその中に埋め込まれたひとつのシステムとみなすことができる．一人の未婚の母親が，仕事をもたず，劣悪な高層アパートの一室に暮らしているといった事例を考えてみよう．彼女の住む地域一帯には薬物中毒が蔓延し，犯罪が横行している．そのような状況の中で彼女が抑うつと不安に苛まれ，酒，煙草，賭け事といった"その場しのぎの解決策"に溺れていったとしても，それは何も不思議ではない．このような事態に対して，臨床心理士が目指すことは，彼女の行動，心的状態，認知を変化させることであろうか．それとも，社会的，環境的，政策的な面についての変革を目指すことに重点を置くべきであろうか．これは，臨床心理士という専門職に批判的立場をとる者によってすでに議論されてきているテーマである（e.g., Pilgrim 1997）．

この種のジレンマは，新しいものではなく，ヘルスケアのあらゆる形態に関わっている．社会環境の変化によってライフスタイルが改善されれば，冠状動脈系の心疾患の危険は減るだろう．しかし，だからといって心臓の外科手術は見送るべきだろうか．つまりは，要はバランスの問題なのである．イギリスで臨床心理学が職業として根をおろして30年この方，臨床心理学に基づく個別的なケアがあまりにも強調され過ぎてきた面がある．そして，それによって，システムの観点からの問題の分析や解決策，あるいは臨床心理学に近接する他領域による問題の分析や解決策が十分に取り上げられないできたということもある．

7. 臨床心理学の発展と課題 (2)——他の心理学専門職の出現

過去10年の間に，新たに2種類の心理学関連の専門職集団が，臨床心理士と共通の業界で力を伸ばしてきている．健康心理士（health psychologist）とカウンセリング心理士（counseling psychologist）である．これら2職種は，臨床心理士とどのような関係にあるのだろうか．また，その活動は，臨床心理学の活動とどのような違いがあるのだろうか．

健康心理学

11章で，Fielding & Latchford は，健康臨床心理学について解説している．そこでは，健康臨床心理学を総合病院における臨床心理士の活動として定義している．このような定義は，臨床心理士が総合病院以外の現場で行っているスタッフの訓練，コンサルテーション，組織変革といった活動の延長線上に健康臨床心理学を位置づけるものである．例えば，Leedsにあるセントジェームズ病院のような総合病院で生じる心理的問題に対処するには，臨床心理学の技術と知識を結集しなくてはならない．一方，11章ではまた，ヘルスケアへの"臨床的ではない"（non-clinical）アプローチの意義についても述べられている．例えば，ヘルスケア・サービスをどのように提供するかに関して問題が生じている．そのような問題をテーマとするのが，まさに"健康心理学"なのである．医療現場には，医学生の訓練からヘルスケア・スタッフのコミュニケーションの仕方まで，基本的に心理学的要因が影響している側面が多い．健康心理学者は，理論についても実践についても，心理学に注目することが如何にヘルスケアに大きな影響をもたらし得るかということを明らかにする．近年，この健康心理学の領域では膨大な

知見が蓄積されており,それをわかりやすく紹介するテキストも出版されている (Baum et al. 1997). このようにして健康心理学は,それ自体で1つの専門領域として形成されてきている.

ところで,健康心理学者の中には,元々臨床心理士であった者が数多くいる.上記の Fielding & Latchford もそうである.そのような人々は,健康心理学と臨床心理学の間にあって,ヘルスケアにおける健康心理学の専門性を今も模索中である.しかし,健康心理学者になるためには,より直接的な進路もある.現在では,大学院に健康心理学の課程があり,心理学の学部卒業生は,健康心理学者になるための専門的訓練を受けられるようになっている.また,イギリス心理学協会の中にも,1997年に健康心理学部門が創設された.こうした趨勢が意味しているのは,従来臨床心理士のみが適任とされてきた国民健康サービス(NHS)内のポストが,今では健康心理学者に譲られる可能性が出てきたことである.臨床心理士の不足状態を鑑みれば,より多くの心理学関係者がヘルスシステムに参入することは,健全な展開といえる.ヘルスケアの問題のそれぞれに,特化した専門性を発揮して対応できるように訓練の機会が設けられることも望ましいことではある.ただ,難をいえば,健康心理学には,臨床的アプローチが欠けるきらいがある.もっとも,それは,健康心理学が,今後どのように発展し,どのように訓練を組み立てていくかに左右されるものではある.

カウンセリング心理学

このような健康心理学の展開と似た経過をたどっているのが,カウンセリング心理学である.イギリスでは,従来,心理学を専攻し,将来個人や集団を対象とした心理援助の仕事に就くことを望む卒業生は,児童専門セラピストとして養成された少数を除き,臨床心理士としての研修を受けなくてはならなかった.しかし,臨床心理学の専門課程に進学を希望する学生の内,毎年,10人中9人は進学が認められない事態になっている.そのため,多くの臨床心理士候補者がふるいにかけられて消えてゆく結果となっていた.このような狭き門となったのは,単純に訓練の場が不足していたためである.

しかし,このような状況に対して,心理学の実践者養成においては心理療法の訓練により重点を置く方向に養成課程を改善していくべきであるとの強硬な論調がみられるようになった.臨床心理士の養成課程では,心理療法の訓練以外にもさまざまな知識や技能の訓練や教育が含まれている.そのため,臨床心理士の養

成課程では心理療法の訓練が十分になされないとの意見が出されたのである．そのような意見には，心理療法の訓練が臨床心理士の養成課程に独占されていることへの批判も含まれていた．そこで，イギリス心理学会は，3年間で学位取得が可能なカウンセリング心理学課程を新設した．課程修了者には，カウンセリング心理士の公認資格が授与され，学会内のカウンセリング心理学部門への入会参加資格も与えられた．

　この新たなカウンセリング心理士の基準に則した養成課程を設ける大学もすでに出てきている．例えば，ロンドン市立大学のカウンセリング養成課程の応募要件は，臨床心理学養成課程の応募要件と重なるものとなっている．カウンセリング心理学の訓練は，理論と実践の教育を積極的に行うとともに，特定の心理療法技能の習得に力を入れる．さらに，学生の人間的な成長を目指すプログラムも，訓練の一環として求められている．こうして学位を得たカウンセリング心理士は，心理療法の専門家としての歩みを始める．そのような心理療法への特化は，多くのポストに応募する際の強みとなる．しかし，ここでもやはり難をいえば，カウンセリング心理士には，広範な基礎的臨床経験が欠けている．これは，臨床心理学の訓練の柱となっているものである．臨床心理士にとっては，この種の経験が，その後，多年にわたる強みとなるのである．

　上記の臨床心理学，健康心理学，カウンセリング心理学のそれぞれが，実践に関わる心理学の分派として分立する状態が続けば，各養成課程の卒業生の間で，国民健康サービス（NHS）に求職する際に競合が起きるのは確実である．心理学の専門職が不足している現在の状況であれば，それでも問題はない．しかし，オランダやアメリカのような国々では，すでに健康関連の求人数を超えて心理学の専門職が養成されてしまっている．5章で述べるように，臨床心理士もカウンセリング心理士も，うまく協調して働くことで成人のメンタルヘルスに幅広く柔軟なサービスを提供し得る．一般医療場面における臨床心理士と健康心理学者についても同様のことがいえる．今後10年間，これら実践に関わる心理学専門職が，縄張り争いで衝突せずに，どれだけ協調して活動できるのかを興味深く見守ることにしたい．

8.　臨床心理学の発展と課題 (3)――コミュニティ・ケアの趨勢

　精神病を患う人々，高齢者，学習困難を抱える人々にコミュニティ・ケアを提

供することがメンタルヘルスの大きな潮流となっている．このような動きが生じてきた理由のひとつとして，コミュニティ・ケアの方法を採用することで，対象となっているコミュニティの住民がメンタルヘルス・サービスを利用しやすくなるということがある．これは，積極的な理由である．その他に，旧式の施設に収容してケアをした場合，ケアの水準が保てないことに加えて居住環境の問題もあった．また，旧式の病院は，人件費と設備費を削減するために閉鎖されてきている．そのような経済的な理由も，コミュニティ・ケアへの流れを促す理由となっていた．その結果，多くの地域で，臨床心理学のサービスは，活動の場をコミュニティに移行しつつある．活動の一部を移す場合もあれば，活動全体を移行させる場合もあるが，いずれにしろ活動の場はコミュニティへと移っている．また，活動の場所だけでなく，活動を構成する組織的枠組みについてもコミュニティの場に移りつつある．

さて，このように臨床心理学の活動の軸足がコミュニティ・ケアに移りつつある今日，コミュニティ・ケアを行うにあたって適切な体制とはどのようなものなのかという問いに答えることが臨床心理学の課題となってきている．

コミュニティ・ケアの体制づくり

まず，コミュニティ・ケアの重要な目標は，ケアを求める人にとって，できるだけ訪れやすいような場所に施設を設けることである．そうすれば，既存のコミュニティ・サポート，すなわち家族や友達とのつながりを保つことができる．危機的状況が生じたときには，これらのサポートが特に重要になる．次に重要となる目標は，さまざまな専門職やボランティア団体などの間で，組織的な協働を可能にすることである．協働関係を形成することで，ケアの連続性を保つことができる．また，軽微な問題が深刻な問題に発展するのを防ぐ可能性も高まる．したがって，コミュニティ・ケアに欠くことのできない特質は，臨床心理士などの2次的ケアの専門職とプライマリケアのスタッフの間で緊密な連携を確立することである．さらに，こうしたさまざまな専門職は，互いに相反するアドバイスや臨床実践をしたり，提供する技能が重複したりすることがないようにしなければならない．その点で，異なる職種の専門職がチームを組んで協働することが必要となる．

このようなコミュニティ・サービスが展開した例として，"学習困難を支援するためのコミュニティ・チーム"がある．ここでは，臨床心理士などの専門職は

コンサルタント的役割を取って，ケア・ワーカーなど前線部隊の活動と連携を図る．臨床心理士は，心理学的なアドバイスやスーパーヴィジョンを個別に提供する．それとともに，他の専門職との協働を通して，コミュニティ・ケアのプログラム全体に貢献する．そのような協働は，スタッフ相互のサポート・グループや研修グループを立ち上げることにもつながる．また，さまざまなスタッフが協働するグループは，スタッフ間のコミュニケーションを改善し，スタッフ間に起きた問題を仲裁する場としても機能する．

コミュニティ・サービスは，その利用者にとっては有益なものである．ところが，サービスに従事するスタッフにとっても有益かというと，必ずしもそういうわけではない．コミュニティでの活動に進出するためには，新たな技能を習得する必要が生じるだけではなく，実践のあり方そのものに関しても，それまでのやり方から新たな方法へと転換を迫られることになる．そして，そのような転換は，それに従事する者に心理的な影響を与える可能性がある．コミュニティ・ケアへの転回によって生じるスタッフのストレスや心理的問題に関しては，現在のところ，限られた知見しか得られていない．数少ない知見としては，例えばコミュニティ看護師が経験している問題がある．コミュニティを活動拠点とする看護師は，自分の属する専門職集団から隔絶されがちになる．そうなると，仲間からの日常的なサポートを受けられないだけでなく，専門活動を統括している運営組織との連絡も途絶えがちになってしまう．その結果，自らが属する専門組織から取り残されるという感覚が生じてくることもある．

受け入れ地域との調整

このようにコミュニティ・ケアには，長所だけでなく，短所も含めてさまざまな側面がある．しかし，いずれにしろ，コミュニティにおけるケアの理想のあり方としては，ケアを受け入れる地域とヘルスサービスを担う実務の双方の現実と限界を適度に調整し，両者の間の兼ね合いをとっていくことが求められる．コミュニティ・ケアを重視するイギリスやイタリアなどのヨーロッパ諸国では，大規模な精神病院が閉鎖されるようになった．その結果として，重い精神病の患者や病気の再発可能性の高い患者が適切なケアを受けられずに放置される状態を招いている．確かに，大規模精神病院の閉鎖によって街中で普通の暮らしをするようになったことで，回復に向けて効果を得た人は数多くいるであろう．しかし，その一方で，路頭に迷い，結局刑務所の独房で悶々と暮らす末路を辿る人々もいる

のである．また，コミュニティが，常にケアを提供する存在とは限らないということもある．それは，精神的な機能障害を抱える人々の宿泊・居住施設が近隣に建設されることに対して，地域住民が示す抵抗をみればわかるであろう．地域住民が彼らにとって望ましくないと考える公共施設（いわゆる迷惑施設）の建設に反対する姿勢を示すNIMBY現象は，核廃棄物の処理場に限った話ではないのである．［訳注：NIMBYは，"not in my back yard"の頭文字をとったもの．「私の近くには困る」という意味を含む．NIMBYという言葉には非難の意が込められており，施設立地の社会的必要性は認めるとしても自分の近隣には来てほしくないという住民エゴの噴出した状態を指す．］

　イギリスでは，ソーシャルサービスとヘルスサービスでは，予算上の財源が異なる．したがって，財政難に陥っているヘルスサービスの運営責任者は，ソーシャルサービスとは関係なしに財政の立て直しを図ることになる．つまり，ヘルスサービスの運営責任者は，金のかかる病院は閉鎖して，立地条件の良い跡地を売却し，当座の資金を捻出することが財政の助けになるとみなし，そのような政策を採ってきている．その結果，精神病患者の長期ケアの場は，自治体に移る．しかし，自治体の財政事情にも余裕はない．このような状況において，歴代のイギリス政府当局は，"精神病特別補助金"といった特別な基金制度によって，両サービス・システムの財源を橋渡ししようとしてきた．他にも，すべてのメンタルヘルスサービスを統括する合同機関を設立することも検討された．こういった混乱状態によって必然的に引き起こされるのは，精神病患者や長期間のサポートを要する人々にとって必要な入居施設もケア・スタッフも用意できなくなるという事態である．

サービスの運営

　イギリスで，もう一つ問題となっているのは，ヘルスサービスの運営に関する変化である．一方で病院等のサービス資源からヘルスケアを買う役割の"購入者（現在はコミッショナーと呼ばれる）"がいる．他方でサービスを供給する契約を結ぶ側の"提供者"がいる．そして，その両者の間に反目が生じてきたのである．このような"内部マーケット"は，さまざまなサービスのコストを浮き彫りにし，その結果，サービスの提供者間に競争原理が持ち込まれることになった．資源というのは有限であり，利潤を生む機会も現実には限界がある．そのため，この内部市場は，コミュニティ，病院のサービス提供者双方に，緊縮財政をもたらした．

どちらの運営責任者も，経費削減の危機に瀕しながら，基本的なヘルスケア体制を維持しようと，不十分な予算のやりくりに必死である．そこで，現在では，これまでよりも緊密に家庭医（一般開業医）をサービスの委託プロセスに介在させ，サービス契約に働く競争原理を和らげようという提案がなされている．

　臨床心理士にとってコミュニティ・ケアは，多様な人々に心理学的なサービスを提供できるという点で，以前のあり方よりも納得できる形態である．コミュニティ・ケアでは，利用者の一人一人が生活している場により近いところで活動ができる．それに加えてケアのモデルから医療的特質をある程度払拭でき，地域コミュニティがコミュニティ・メンバーのケアに責任を持つ可能性を高めることができる．専門職は，個々の地域グループと緊密に連絡をとって活動ができるようになり，技能や専門的知識を普及させることができるという利点もある．さらに，予防や啓発のための調査を手軽に実施できるということもある．逆にサービス資源が不十分で，ケアの配分の構造化が適切になされていないということがあれば，コミュニティ・ケアは機能しないであろう．そのような場合には，ケアをもっとも必要とする人がケアを受けられずに苦しむことになる．

　コミュニティ・ケアのモデルへの趨勢は，大規模収容施設によるケアのモデルの退潮にともなって生じてきたものとみることができる．このような動向に関して極端な単純化が許されるならば，それは，一次元上をゆっくりと揺れ動く，振り子のようなものとみることもできる．そのような観点からするならば，多くのヨーロッパ諸国では，現在のところ，実現可能な上限までコミュニティ・ケアの方向に振り子は振り切っている．

　ただし，特に重い機能障害を抱える人々への対応については，コミュニティにサービス資源を分散するのではなく，資源を集中させる施設サービスも継続させる必要性が残っている．重い機能障害の場合，家族のケア負担が重荷になるので，家族向けに一時休息の施設を提供することが必要となるからである．実のところ，イギリスでは現在，施設供給の増加を求める声もある．自傷他害のおそれのある重い精神病の患者に限っては，半閉鎖的施設が求められている．このように，コミュニティ・ケアには多面性がある．したがって，その定義は，"コミュニティ内におけるケア"というだけでは不十分である．コミュニティ・ケアを適切に定義するためには，プライマリケアのサービスと2次的ケアのサービス間の緊密な連携，および早期介入の重要性を含めることが必要となる．

9. 臨床心理学の発展と課題（4）——長期にわたる障害への対応

心理学をヘルスケアに適用するにあたっては，健康問題や人々のニーズを反映させなくてはならない．したがって，人々が変わり，そのニーズも変われば，ヘルスケア・システム内の優先順位もまた，変化させていく必要がある．Kaprio (1979) は，10年間の状況を次のように指摘している．

「ヨーロッパ社会は，健康になっている．死亡率は下がり，ニーズも変化してきている．遺伝，環境，行動の各要因から規定される病態が，健康をめぐる諸領域を席巻し，家庭生活や地域生活にまで侵出してきている．」

ケアにおけるニーズの重要性

これは，ケアにおけるニーズの重要性を特に強調するものである．そして，そこで強調されている話題は，近年になって初めて臨床心理士が注目するようになったテーマである．Bradshaw (1972) は，その主著のなかで，そのようなニーズを分類している．それによると，ニーズの種類は，専門家が述べる"標準的ニーズ"，不足に見合う必要性としての"感知されるニーズ"，感知されたニーズが行動として示された"表出されたニーズ"，ある住民が受けているサービスを知って他の住民にも同様のサービスを求める"比較に基づくニーズ"に分類される．ニーズというのは，往々にして，"Xという誰かが，Zという目的のために，Yを必要としている (need)"というふうに表現される．ここで，Zの性質があいまいな場合も多い．このようなニーズについての考えは，対人依存の関連概念を検討するなかから明らかになってきた．つまり，対人依存に関連する概念を検討するなかで，生涯にわたってサポートや援助を受けた経験の重要性が明らかとなってきたのである．それらの経験が，他者からケアを引き出すための決定因になるのである．心理学には，長期にわたるケアに関してはさまざまな点で貢献できる可能性があるが，そのなかでも，このようなニーズを分析する定型的な方法を開発することは，心理学が最も大きな貢献を果たせる領域である．

ヘルスケアのニーズに関して，近年とみに注目されるようになっているものとして機能障害を抱える人々のニーズがある．その場合，特定の年齢層ではなく，全年齢層にわたる人々が，ヘルスケアを必要としている．若年成人層のなかには，悪化することがない代わりに，回復することもない障害を抱える人々が増加している．そのような人々は，障害を抱えて長い人生を送ることになる．そのため，

そのような人々は，自身の機能障害に適応するための，特別な援助を必要とする．WHOが器質障害，機能障害，ハンディキャップ（社会的不利）の障害分類を確立したことは，ヘルスケアにおける慢性的な機能障害の重要性が高まっていることを示している［28ページの訳注参照］．そして，障害への心理的適応は，障害をもつ本人のみならず，その家族やケアする人々にとっても，欠かせないものとなってきている．

また，家庭生活のパターンが変化したことも，慢性的な状態にある人々へのケアに影響している．両親のどちらかしかいない家庭，離婚と再婚によって目まぐるしく子どもの養育者が変わる家庭が増加している．このような家庭において子どもが得られるサポートは，量的に少なくなりがちである．さらに，女性が家庭外で働く機会が増え，多くの高齢者にとって自らの面倒を見てくれる子どもに恵まれないという状況になると，必然的に高齢者を自宅でケアできる可能性は低くなる．以上のことが示唆するのは，障害をもつ人々の家族に情報提供やガイダンスを行う必要性が増加しているということである．情報提供やガイダンスを充実させることで，障害を抱える人に対して，その家族がより適切な対応を長期にわたって続けることが可能となる．さらには，家族の男性メンバーがケアの担い手に加わるように導入する方法も探ることができる．

治療からケアへ

ところで，ケアということに関しては，臨床心理士は，伝統的に関心をもってこなかった．臨床心理士が関心をもっていたのは，ケアに対置されるところのキュア（cure），つまり治療であった．しかし，近年に至り，臨床心理士が介入するにあたっては，治療ではなく，事態を改善していくためのリハビリテーション的なモデルを適用する必要があるとの主張が強くなってきている．積極的な治療が必ずしもうまくいかずに失敗に終わった事例があることを徐々に認めるようになってきたのである．そして，臨床心理士が目を向ける必要のあるケアのいくつかの側面がはっきりしてきた．例えば，危険に対して警戒を怠らず，しかし時には危険もおかすといったケアにおける意思決定には，どのような心理的プロセスが関わっているのだろうか．ケアはどのように始まり，どのように終わるのだろうか．ケアの初期段階で，ケアを受ける側はどのような気持ちをもつのだろうか．ケアの場合，ケアをする者とケアを受ける者の間には，もともと情緒的愛着や社会的愛着の関係は存在していないことがある．そのように事前の愛着がないにも

かかわらず，人間は，何故に他者のケアをしようとするのだろうか．本書の読者の内，4人に1人は，人生のどこかの時点で，ケアを必要とすることになる．したがって，上記の疑問のいくつかは，読者自身が，他人事としてではなく，自らに関わる事柄として考えていく問題なのである．

10. 臨床心理学発展の国際的な潮流

　学問領域としての臨床心理学は，国によって成り立ちや目指すところに異なる部分がある．臨床心理学に関しては，伝統的にアメリカが"マーケット・リーダー"と目されてきた．そこで，ヨーロッパ諸国の臨床心理学のあり方をアメリカのそれと比較し，検討してみる．まず，ヨーロッパ諸国では，臨床心理士は多くの雇用機会に恵まれている．そこで優勢な職域は，健康，教育，矯正，就業ガイダンスである．また，臨床心理士は，実践研究の団体，公共サービス，警察，軍隊にも採用され，職員の訓練を援助したり，緊急時のサポートをしたり，さらには機器のデザインに携わるということもある．

　イギリスを含むヨーロッパ諸国では，ヘルスサービスや専門職による心理学的サービスに影響を与える組織上の変革が，相次いでなされてきている．その中には，イギリスの政策におけるヘルスケア機構の財政構造改革や，EC内における専門職資格制度の改革も含まれる．Jansen (1986) は，ヨーロッパ5カ国に共通するメンタルヘルスと社会福祉政策の動向を幅広く調査し，各国で同様に強調されている政策を指摘した．それは，適切なソーシャルサポート・システム，統合的なヘルスケア・システム，そして，相互調和的なケア・システムの3点である．最後の相互調和的ケア・システムは，地域コミュニティに基盤を置いたケアが可能となるように，社会福祉システムにしっかりと支えられるべきことが強調されている．このように，公共財源によって心理学的サービスを国民に提供することに関しては，ヨーロッパ各国間では政策上の前提を多く共有している．

　1957年に制定されたローマ条約の第27条が，1991年に発効し（EC Directive 89/48/EEC），これにより加盟国間で専門職資格の相互認定が図られた．ECの方針は，公共サービス下で働く臨床心理士の資格授与および認定手続きを加盟国間で統一する方向に推進する強い影響力を持つであろう．そして，ECの規定は，ヨーロッパ諸国の臨床心理士が足並みを揃えていくように促し，時にはそれを強制することになるであろう．その結果，今後，EC内では臨床心理学の

知見に関する交流が増加すると思われる．このような動きは，ヨーロッパ心理専門職協会連合（European Federation of Professional Psychologists Associations）も後押ししており，国や地域をまたいだ組織間の業務の調整が進んでいる．現在，実践に関わる心理学諸領域の共同宣言が準備されているところである．これらの動向には，心理学専門職の大規模なコミュニティを創り上げる可能性が秘められている．もし，このようなコミュニティが実現すれば，アメリカの心理学コミュニティが拠って立つ暗黙の前提，すなわち1948年のBoulder会議以来，世界の臨床心理学を導いてきた前提に一石を投じることとなるであろう．

　アメリカにおける臨床心理学の地位も，Boulder会議以降，決して安定していたわけではない．Moghaddam（1987）は，心理学の研究と実践の世界は3つに分かれると提起している．第1の世界がアメリカ，第2の世界がその他先進国，第3の世界が発展途上国である．さらに，そこでは，心理学の知識はほぼ一方向に流れていることが述べられている．ただし，"現代心理学の重要な知見のなかで，アメリカの心理学に由来するものはほとんどない"にもかかわらず，心理学の知識の流れは，第1の世界から第2の世界，あるいは第1および第2の世界から第3の世界へという方向に限られているとも指摘されている．この分析が示しているのは，ヨーロッパ諸国が，心理学の第1世界，すなわちアメリカから心理学の知見を輸入し続けてきた可能性である．しかも，輸入された知見は，必ずしもすべてが必要不可欠のものばかりではなく，社会的価値，政治，制度の現状にそぐわないものもあったということである．

　この見解を補強する事実として，アメリカの臨床心理学実践はマネジド・ケアが強い影響力を与えていることが挙げられる．Bobbittら（1998）は，専門職にとってマネジド・ケアの意味するところを検討している．そこで見出された結論は，マネジド・ケアというのは，アメリカにおける資金配分の歴史ある一特徴であるということである．つまり，それによって，"お決まりになっていた個人心理療法"に割かれる財政支出を減らす可能性がもたらされたということである．また，アメリカでは，どの大学とも関係しない，臨床心理学の私的な学派が広まってきている．すべての学派が，アメリカ心理学会から認定を受けているわけではなく，また学派の養成プログラムの修了者にインターンとしての研修機会が十分に保証されているわけでもない．このような状況にあるアメリカの臨床心理学においては，現在，臨床心理士は供給過剰にある．しかも，それは基準を満たす研修を受けた者ばかりとは限らず，なおかつセラピスト同士で競合している．

以上から明らかなのは，いかなる専門職も自らを取り巻く幅広い環境変化にしっかりと反応するとともに，その変化に積極的に対処していかなければならないということである．そのためには，臨床心理学は，自らの活動が公共サービスのニーズに本当に適合しているか否かを常に問い直し続けなければならない．

11. まとめ

　臨床心理学は，専門職として驚くほど急速に発展してきた．それは，数の上でも，介入の対象となるクライエントの問題の種類の上でも言えることである．その間，理論と臨床実践との間の絶え間ない交流がなされてきた．その結果，心理学の研究と理論の領域が臨床実践を遂行していく上で重要な意義をもつことが明らかとなってきた．また，臨床心理士は以前と同様にアセスメントを重視しているが，その強調点は，クライエントの問題とそれへの介入が直接に関連してくる行動および経験的側面に向けられるようになってきている．効果的な心理学的介入が広まると，クライエントも他職種も，それに興味をもつようになった．その結果，臨床心理士の活動として，他職種との協働活動や他職種の訓練といった重要な領域が展開してきた．

　また，健康と病気への人々の見方は変わりつつあり，健康に関する人々のニーズも変わってきている．それらの変化の一端は，医療とは異なる援助形態や，個人の責任に委ねられるヘルスケアへの待望に示されている．臨床心理学の実践は，これらの変化を支持し，さらには後ろ盾となるための有益な概念や手続きを提供するものである．

引用文献

Baum, A., Newman, S., Weinman, J., West, R. and McManus, C. (1997). *Cambridge handbook of psychology, health and medicine*. Cambridge University Press, Cambridge.

Bobbitt, B. L., Marques, C. C. and Trout, D. L. (1998). Managed behavioral health care : current status, recent trends, and the role of psychology. *Clinical Psychology : Science and Practice*, **5**, 53-66.

Bradshaw, J. (1972). A taxonomy of social need. In *Problems and progress in medical care* (ed. G. McLachlan), pp. 71-82. Oxford University Press, Oxford.

Brewin, C. (1988). *Cognitive foundations of clinical psychology*. Erlbaum, London.

Catalan, J. and Gath, D. (1985). Benzodiazepines in general practice : a time for decision. *British Medical Journal*, **290**, 1374-76.

Clark, D. M. and Fairburn, C. (1997). *Science and practice of cognitive behaviour therapy*. Oxford University Press, Oxford.

Hall, J. N. (1990). Towards a psychology of caring. *British Journal of Clinical Psychology*, **29**, 129–24.

Jansen, M. A. (1986). Mental health policy: observations from Europe. *American Psychologist*, **41**, 1273–8.

Kaprio, L. A. (1979). *Primary health care in Europe*. WHO Regional Office for Europe, EURO Reports and Studies, No. 14, Copenhagen.

Moghaddam, F. M. (1987). Psychology in the three worlds. *American Psychologist*, **42**, 912–20.

Nathan, P. E. (1998). Practice guidelines: not yet ideal. *American Psychologist*, **53**, 290–9.

Pilgrim, D. (1997). Clinical psychology observed (reprise and remix). *Clinical Psychology Forum*, **107**, 3–6.

Power, M. and Brewin, C. (1997). The *transformation of meaning: integrating theory and practice*. Wiley, Chichester.

Rosenthal, R. (1995). Progress in clinical psychology: is there any? *Clinical Psychology: Science and Practice*, **2**, 133–49.

Teasdale, J. D. and Barnard, P. J. (1993). *Affect, cognition and change: remodelling depressive thought*. Erlbaum, Hove.

参考文献

Powell, G., Young, R. and Frosch, S. (eds.) (1993). *Curriculum in clinical psychology*: British Psychological Society, Leicester.

Rutter, D. R. and Quine, L. (ed.) (1994). *Social psychology and health: European perspectives*. Avebury, London.

II

発達と臨床心理学

シェフィールドの市内にある,「アーロンハウス」と呼ばれる介護付き住宅 (Residential care home). 庭付きの広い邸宅を高齢者が共同生活する介護付き施設に改装したもの. シェフィールド市内の文教地区の住宅街に位置しており, 落ち着いた, 生活しやすい環境となっている. 市内にあるために家族や知人も訪問しやすい立地条件にある. イギリスの伝統的な住宅形式の施設であるので, それまでの住環境から施設への移行が比較的スムーズにできるように配慮されている.

4──小児と少年のための臨床心理サービス

Irene Sclare

　本章では，最初に子ども（小児と少年）およびその家族が直面する問題と，その特質について整理する．子どもの問題への臨床心理サービスにおいては，病理的基準だけではなく，発達の視点から問題を扱うことが重要になる．また，本人だけでなく，親を中心とする家族や学校など，子どもを取り囲む環境と密接に関わりながらケアを行う必要もある．そこで，次に，このような小児と少年の領域において求められる臨床心理サービスの在り方を解説する．臨床心理士は，実に多様な臨床現場で働いているが，いずれにおいても多職種間のチームのメンバーとして活動する．そのような形態において臨床心理士が小児や少年の多様なニーズに応じてサービスを提供する方法についても解説する．そして，最後に小児や少年を専門とする臨床心理士の活動の特徴をまとめる．臨床心理士の活動としてまず，子どもと家族の状況，サポート資源などを含めて問題をアセスメントする過程と，その方法について解説する．そして，アセスメントに基づいて子どもと家族に介入する方法を説明する．また，臨床心理士が直接的ケアに関与できない場合には，子どもに直接関わる人物に対するコンサルテーションが必要となる．そのようなコンサルテーション活動についても解説する．

1. はじめに

　イギリスでは，臨床心理学を学ぶ者は，誰でも訓練期間中に小児と少年の臨床実践を経験する．そして，現在，約350名の認定臨床心理士が，この児童と少年の領域を専門にすることを選択し，ヘルスサービス，ソーシャルサービス，教育機関において仕事をしている．そのような臨床心理士は，問題を抱えた子どもに関して，アセスメント，介入，コンサルテーション，研究，訓練など，さまざまな取り組みを行っている．［訳注：本章では，「子ども」といった場合，16歳以下の小児と少年を指す．］

　子どもを専門とする臨床心理士は，子どもに対してだけでなく，親やその他の家族成員，さらには子どもに関連する他の専門家に対しての働きかけも行う．したがって，子どもを専門としていても，児童心理学だけでなく，成人の経験や組織心理学についての知識がなければならない．また，子どもを専門とする臨床心

理士が取り組む問題は,広範囲にわたる.比較的解決が簡単な問題や生じたばかりの単純な問題だけではない.臨床心理士は,非常に込み入った深刻な問題にも取り組まなければならない.さらに,問題発生の危険性を減少させるために,多くの臨床心理士は,心理的問題の生じる可能性の高い子どもと親に対してストレスへの耐性をつけるように予防的な取り組みも行っている.

2. 小児期・思春期の心理的問題

　臨床心理士,あるいは児童精神科医や児童心理セラピストなどのメンタルヘルスのスタッフにリファーされてくる児童および少年の数は,近年増加している.これは,子どもへの心理援助の必要性に対する認識が高まってきたことや,利用可能な援助の方法が増えていることの反映といえるだろう.通常,リファーは,一般開業医(GP),ソーシャルワーカー,保健師,小児科医など,ストレスや問題を抱えた子どもや親たちと定期的に接する機会がある人々によってなされる.利用者が多いため,ほとんどの心理学的サービスは,緊急性の高いケースを除いて,順番待ちのリストを作らなくてはならない状態となっている.この領域の心理学的サービスは,一般的には,誕生から16歳までの子どもとその家族を対象にしたものである.しかし,ほとんどの臨床心理士は,特定の発達段階や特定のタイプの問題を専門として研究と臨床実践を行っている.例えば,思春期を専門とする臨床心理士,多動を専門とする臨床心理士,あるいは頭部損傷に関連した心理的問題を専門とする臨床心理士がいる.

　子どもは,大人に依存する存在である.したがって,16歳以下の子どもが,何かに悩んでいたり,あるいは他人を困らせる問題行動をしていても,自ら臨床心理士のところに援助を求めてやってくることはありえない.子どもは,まず親や教師に話をする.それで親や教師は,問題に気づき,対処法を考える.具体的には,一般開業医やソーシャルワーカーなどに相談することになる.そして,相談を受けた一般開業医やソーシャルワーカーが,心理的援助の必要性を感じた場合,子どもやその関係者を臨床心理士にリファーしてくることになる.

　子どもの問題に関して心理学的援助や精神医学的援助を自ら求める親もいる.そのような親は,子どもが同様の問題をもっていても援助を求めない親に比較して,問題をより深刻に受けとめていることが明らかとなっている.これは,問題を抱えた子どもがリファーされてくるかどうかは,子どもの特質よりも,親の特

質にかかっていることを示唆するものである．したがって，臨床心理士，あるいは児童精神科医や児童心理セラピストといったメンタルヘルスのスタッフにリファーされてくるのは，心理的問題を抱えた子どものほんの一部に過ぎないと推測される．実際には，傷つきやすい子ども，問題を抱えた子ども，そしてそのような子どもをもつ親たちが，幅広い範囲で存在している．サービスを提供する機関のほとんどが，そのような子どもや親たちがもっとサービスを利用しやすくなるように，心理相談へのアクセスを高める必要性があることを認識している．臨床心理士などのスタッフは，コミュニティにおいて心理援助を必要とする児童や少年に幅広く関わることができるように活動を展開していくことが求められているのである．

子どもにみられる心理的問題の広がり

多くの小児や少年は行動，感情，対人関係の問題を抱えており，それらは，家庭や学校などの生活場面における苦悩の原因となる．また，排尿コントロールや読字学習などの特定能力の獲得が遅れている子どももおり，それらは，ストレスや動揺の原因となる．中には専門家の援助を必要とせずにやがて解決する問題もある．しかし，専門家の援助がない場合，解決をみないまま，子どもの適応や幸福の障碍となり，家庭生活に悪影響を及ぼし続ける問題もある．

近年，さまざまな国において子どものメンタルヘルスに関する調査研究が行われている．それらの結果から，全体の20％の小児や少年が，"子どものメンタルヘルス障害"に十分相当する複雑で重大な問題を抱えていることが明らかとなっている (Costello 1989)．子どものメンタルヘルス障害とは，重大な問題として判断され，子ども，親，養育者，教師が関わらざるを得ない行動，感情，対人関係の状態である．ここで，重大と判断されるのは，問題を抱えた子どもやその周囲の者に悪影響が及んでいる場合，対処しがたい深刻な事態が長期間続いている場合，子どもの年齢にそぐわない問題が生じている場合である．しかも，問題を抱える子どもは，複数の障害を併せ持っていることも多い (Offord et al. 1987)．このようなメンタルヘルス障害を示す子どもは，社会的に貧困な地域，心的外傷（トラウマ）やストレスを生じさせる出来事を経験した集団やコミュニティにおいて，より多くみられる．児童期の障害の中には，成人期にまで残存し，成人の適応や対処能力に影響を及ぼすものがある．実際，成人の心理的問題の中には，その起源が児童期や思春期にあるものが，少なからずみられる．そのため，可能

シェフィールドの小児病院．怪我をして包帯を巻いた小熊の絵が正面入口の脇に掲げられ，病院を訪れる子どもを出迎えている．上部の窓ガラスにも，一つひとつ動物などのキャラクターの絵が掲げられている．

な限り早期に，問題を抱える子どもや脆弱性を示す子どもに対して，援助や介入がなされる必要性が強調されている．

また，脊椎披裂（spina bifida）や脳性小児麻痺のような身体的機能障害，あるいは喘息や糖尿病のような慢性的身体症状をもつ子どもも，心理的問題が生じる危険性が高いことが知られている．Eiser（1990）は，病気や障害が，子どもとその同胞の自尊感情や情緒的適応に与える否定的な影響について述べている．また，障害や病気を抱えた子どもの親は，高いストレスと不安を経験している．そのために，子どもの養育にあたって余裕をもてず，子どものさまざまな要求に対処できなくなることが見出されている．

子どもや親が経験するストレスには，社会経済的要因や病気関連の要因に由来する側面がある．しかし，慢性的病気に関しては，医師や看護師の対応の仕方を改善することで，子どもや家族が受けるストレスは軽減すると，Eiser は述べている．例えば，治療を受けても過剰な痛みやストレスは生じないことを事前に伝えるようにすることで，子どもや家族の心理状態は大いに変化する．さらに，医師や看護師と親や病気の子どもとの間のコミュニケーションを改善することによって，治療の受入れが促進される．このようなコミュニケーション技能を医療スタッフや看護スタッフに指導することは，臨床心理士の役割である．また，痛みに対処する技法や病院内での親のサポートグループを立ち上げることも臨床心理士の役割である．この他，子どもへの臨床心理サービスにおける臨床心理士の仕事には，さまざまな活動がある．これらの活動については，以下に詳しく解説する．

子どものメンタルヘルスの問題と、その特質

　子どもの心理的問題は、基本的に行動、感情、発達の3領域に分類することができる。もちろん、現実には、子どもの問題は上記領域すべてにわたることになるのだが、敢えて分けるとするならば3領域となるのである。このような問題の中で最も援助要請が多いのが、破壊的行動である。破壊的行動には、自らの行動が破壊されて混乱している場合と周囲に対して破壊的な行動をする場合がある。いずれの場合も、女子よりも男子が多いのが一般的傾向である。例えば、わがまま、癇癪、仲間への攻撃などの深刻な破壊的行動は、3歳頃からみられるようになる。そして、それらの問題は、子どもと親との間で具体的に生じている相互作用のパターンと関連していることが特徴的である。このような問題については、適切な介入がなされない場合、思春期や成人期にまで問題が持ち越される。その結果、友人関係、家族関係、学校での成績などに大きな影響が及ぶことになる。

　事例・ジェームス　ジェームスは、12歳の男児である。彼は、幼児期より家庭や学校において大きな問題を抱えてきていた。彼は、よちよち歩きの頃から、多動で自己主張が強く、行動を制御するのが困難であった。保育園では、しばしば他の子どもに対して攻撃的であった。特に玩具を共有しようとする場面ではひどかった。5歳の頃、彼は学校でじっとしているのが難しく、教師は校庭で彼がほかの子どもとケンカをしないように見張っていなければならなかった。彼はサッカーが好きで、学校のチームでは上手にプレーしていた。しかし、教室では、言われたことに従うことは少なかった。授業中、じっと座っていることはなく、ほかの子どもの勉強を邪魔することがしばしばみられた。また、読み書きの学習の遅れも目立っていた。

　ジェームスの場合、その気になれば、他人の面倒を見たり、熱心に活動に取り組むことはできた。しかし、経験の浅い教師は、彼の行動を挑戦的であるととらえた。両親は、ジェームスが怒って反抗的になっているときにはどうすることもできず、彼の言いなりになることが多かった。結局、ジェームスは、年齢相応の読書能力を身につけることなく中学校に進学した。そのため、専門の教師から授業に追いつくために特別な援助を受けることが必要となった。彼は、教師との間で問題が起きれば、すぐに学校をさぼった。そして、次第に不良グループとつながりのある年上の者と付き合うようになっていった。両親は、このようなジェームスを見ていて、いつか警察沙汰を起こすに違いないと感じるようになっていた。

　親や教師は、子どもの混乱した感情、心配や不安な気持ちを見落としがちである。これは、さまざまな問題を引き起こす要因となる。したがって、このことは、親や教師が留意しなければならない重要な点である。子どもは、ほかの心配事に気をとられている大人に対して、わがままをいうことを差し控えるものである。

子どもは，そのような場合，何か親に伝えたいことがあっても，それをせずに，引きこもったり，逆にべったりしたり，あるいは"良い子"を演じたりする．そのような場合，小児や少年であっても，抑うつや不安障害を体験することもある．そして，そのような体験は，自殺企図といったことを含めて深刻な結果をもたらす．したがって，これらの問題は，親子関係のあり方と関連して生じてくるといえる．例えば，親子間でどのような愛着が形成されているのかといったことや家族の安定性に対する脅威を親子がどのように感じ，あるいは認識しているのかということが，子どもの問題の現われ方と結びついているのである．

一方で悲しみや不安を含む混乱した感情を抱えながら，他方では，親に代表される重要な他者との間でも安心できる関係を形成できない子どもがいる．そのような場合，子どもや家族に適切な援助が提供されなければ，混乱した感情や安心できない人間関係が成人期に持ち越され，成人としての適応に悪影響を及ぼすことになる．強烈な恐怖やパニック発作については，その影響がはっきりと行動に顕われるので，親に気づかれやすいものである．しかし，それでも，恐怖やパニックは，将来感情障害に発展したり，あるいは恐怖症やパニック障害として発症することもある．

事例・ジェーン　ジェーンは，しっかりとした意欲的な子どもであった．学校に楽しく通っており，バレエと水泳が好きで，それを中心とした生活を送っていた．母親はプロの舞踏家で，ジェーンも母親の後を継ぐことを期待されていた．ジェーンには，一緒の学校に通い，同じバレエ教室に参加している親友が近所にいた．ジェーンは何でも上手にやることができ，そのことを誇りに思っていた．両親は，彼女が3歳，彼女の兄が6歳の時に離婚していた．ジェーンは，その頃から面倒をみてくれるようになった祖母にとてもなついていた．ジェーンは，離婚後も定期的に父親に会っていた．しかし，母親は父親とジェーンが会うことに反対しており，その件でのいざこざは続いていた．そのため，ジェーンは，母親と父親の対立の責任は自分にあると感じていた．父親が新しい伴侶を見つけて再婚した後に，この思いは，さらに強いものとなった．ジェーンが14歳になったとき，祖母は，病を患い急死した．その後，ジェーンはとても引っ込み思案になり，悲しげな様子になった．運の悪いことに，同じ時期に親友が家族とともに渡米するということも重なった．学業成績は急激に悪化し，身なりに気を配るということもしなくなった．ジェーンは，バレエの試験に落ち，父親も母親も落胆させてしまったと感じた．彼女は，将来を悲観し，孤立感を抱くようになった．そして，父親の家を訪問した後，外出すると強いパニック発作に襲われるようになった．そのため，飼い犬と一緒でなければ，朝，家を出るのを渋るようになった．

近年，外傷後ストレス障害（PTSD）に苦しむ小児や少年が存在することが明らかとなってきている．外傷後ストレス障害を患うことになるのは，心の傷となるような出来事や生命が危険にさらされる状況などを体験したり，目撃したりした小児や少年である．外傷後ストレス障害に苦しむ子どもは，災害や事故に関する侵入思考に悩まされ，学業への集中が困難となる．さらに，感情的な問題を抱えることも多くなる．例えば，気分変動，強い恐怖感，睡眠障害などが生じる．このような場合，特に何も心理的援助がなされなければ，この種の影響がそのまま続くこともある

　摂食障害（anorexia）は，命に関わる深刻な障害であり，成人期だけでなく，思春期にも発症することが知られている．近年，その深刻さが世の中に正しく認知され，注目されるようになってきている．この障害は，さまざまな心理的問題が複雑に絡み合って生じてきたものであり，おそらく，その起源は幼児期初期にあると考えられる．介入については，生命の危険があるので，まず病院の医師の協力が必要となる．具体的には，小児科医と児童メンタルヘルスの専門家とが協力し，さらに当事者である若者とその両親がともに参加することで，適切な介入が可能となる．摂食障害などの深刻なメンタルヘルスの問題に関しては，親，そして教師や一般開業医といった専門家は，その早期のサインを見落とさないように注意し，心理的な混乱を抱えた若者が，問題形成の初期段階に専門家の援助を受けられるように体制を整えておくことが必要となる．

　成人期になっても問題が残る発達障害は，自閉症と注意欠陥／多動性障害（ADHD）である．いずれも5歳以下で診断可能である．これらの障害は，仲間関係の形成困難，学校における学習困難，さらに高い家族ストレスといった問題を含む．これまで臨床心理士は，認知行動療法を用いて自閉症と注意欠陥／多動性障害の子どもへの心理学的介入を行ってきた．具体的には，対人反応や課題への集中が向上するように行動を修正し，適切な行動を形成するのを援助し，それなりの成果をあげてきた．それとともに，臨床心理士は，認知行動療法の理論に基づき，子どもの発達的問題に対処するための技法を親や教師に指導し，親や教師自身の対処能力を改善することの援助も行っている．

3. 問題の発生と援助の枠組み

　ある子どもは，特別に傷つきやすく，心理的に深刻で長期にわたる問題を抱え

やすい.ところが,ある子どもは,回復力があり,立ち直りが早い.このような違いがみられる理由としては,遺伝的要因と心理的特性が部分的に関与しているようである.この点に関しては,子どもの気質の研究が行われている.それらの研究によれば,すでに乳幼児期から,ほかの子に比較して扱いにくく,親が育てる喜びを得にくい気質の子どもがいることが明らかになっている.また,身体障害,小児期の慢性疾患,脳障害(てんかん・自閉症・注意欠陥/多動性障害を含む)といった器質的問題をもった子どもは,学校や家庭で心理的問題を抱える危険性が高い.それは,疾患や機能障害が対人関係に影響を及ぼす場合があるためである.

子どもに深刻な問題を生じさせる危険因子は,その他にも存在する.まず,親から"どのような育て方をされたのか"が重要な影響力をもつ.親自身が,うつ病などのメンタルヘルスの問題をもっている場合には,子どもの要求に適切に対応することは難しい.また,暴力的なしつけや一貫性のないしつけといった育て方,子どもの怒りを制御できない対し方,混乱した夫婦関係なども,子どものメンタルヘルスに悪影響を及ぼし,障害を形成する要因となる.離婚は,それまでに形成されてきた家庭環境を崩すことで,子どもには対処できない不幸や問題をもたらす場合がある.特に,離婚後も親同士の対立といさかいが続く場合には問題が生じやすい.

ストレス,心的外傷,別離に対する子どもの回復力には個人差がある.また,ストレスや大きな変化を経験した後で,親がどのような対応をするかによって,子どもの回復力は変わってくる.親自身が支えられる環境にあり,心理的に安定しているならば,ストレスの悪影響から子どもを守ることができ,問題が生じても子どもが自分を責めることがないように対処できる.そのような場合,子どもは,長期の心理的障害に陥ることを免れる.逆に,自尊心が低く,子どもの育て方に自信がない親は,自分の子どもをしっかりと指導することができず,自分は価値のある人間で大切にされているという感覚を子どもにもたらすことができない.

学校は,こうした問題が生じる危険性の高い子どもや家族に対して個別の支援や助言を提供することで,援助的環境として機能できる.ただし,学校が,逆に子どもの心理的健康を害する場になる可能性もある.例えば,教師がしっかりとした授業計画を立て,学級運営ができなければ,子どもは潜在能力を十分に発揮できなかったり,仲間からいじめを受ける被害者になる場合もある.

なぜ,親の協力が必要となるのか

　上記の点を考えるならば,行動や感情の問題をもつ子どもの援助を行うにあたっては,親,そして可能ならば学校の協力が必要となることは言うまでもない.なぜならば,子どもに対して,どのような行動が許容範囲で,それにはどのような意義があるのかを示し,感情的なサポートを提供するのに重要な役割を担うのが,親であり,学校であるからである.子どもの感情を大切にし,行動を導き,子どもが自尊心と安心感をもてるようにするのが親の役目である.

　ところで,親と子の間には,ある一定の関わり方のパターンが形成されており,それが互いの行動を固定化させてしまっている.そのため,専門家が外部からいくら助言しても,パターン化された問題行動は変わらずに維持されることが多い.こうしたパターンを崩す力をもっているのは,子どもではなく,大人である.つまり,問題が生じている状況を変える力をもっているのは,子どもではなく,大人の方である.したがって,親が,子どもの問題について専門家から責められるのではなく,支援され,力を与えられていると感じることが,まず必要となる.そのように感じることができた親は,子どもに対して新しい関わりを試したり,子どもの問題の解決策を見出したりするようになる.この点に関して子ども時代に親からの虐待や拒絶を経験した者は,自らが親となった場合,子どもとの間で適切な関係を形成するのが難しいということがある.そこで,そのような親は,通常,子どもを育てるための新たなモデルと指針を得るために,そして子どもに対する新たな関わりのパターンを発展させていくために,外部からの援助を必要とする.

変化しつつある家族形態

　家族生活については,近年,根本的な変化が起きてきている.そのような変化の中には,家族のストレスを増大させ,専門家の助言の必要性を高めているものがある.例えば,転勤などにより家族の移動性が高まったため,拡大家族との接触が減少し,家族を支えるネットワークが失われている.また,より多くの女性が,依然として男性に劣る賃金条件ではあるが,仕事に従事するようになってきている.しかし,それにもかかわらず,大多数の女性は,育児の責任の多くを負い続けている.離婚は,さらに日常的になっており,再婚して新たな家族を作る人も増加している.このことは,臨床活動における親の役割を複雑なものにしている.臨床心理士は,臨床心理サービスを行うにあたっては,家族の複雑な状況

を考慮した上で親の役割を位置づけていかなければならない．

　都市住民においては，機会の不平等や収入の不平等がはっきりと存在している．これは，イギリス全土でもみられ，特に黒人の児童や少年が不利な状況にある．都市部では，母親が一人で家族を支えているということがある．彼女たちの中には，父親や拡大家族と接触したり，支援を受けることがほとんどない場合もある．臨床心理サービスは，文化や社会の変化を無視して理想的な親像や子ども像を押しつけるのではなく，こうした家族生活の現実に合わせて提供されなければならない．

4. 発達が子どもの問題に与える影響

　子どもの問題に関わる場合，発達的変化と問題との関連性を考慮することが必要となる．通常，小児期および思春期の発達過程においては急激な変化が生じる．そのような子どもの発達過程は，感情的および社会的因子によって影響を受ける．なお，遺伝と環境が発達に及ぼす影響については，実際には両者を区別することはできない．両者は，相互に関連しながら発達に影響を及ぼしている．

　子どもの発達的変化は，身体的成長，思考や推論の能力の発展，コミュニケーションスキル，仲間と関わる能力，養育者からの自立の程度などにみることができる．特定の年齢や段階における典型的な行動パターンや能力については，多くの発達心理学のテキストで解説されている．そこでは，それぞれの発達段階において鍵となる発達課題があり，親はそれぞれの課題に即した育て方をする必要があると記述されている．しかし，実際には，子どもの発達の速度は一様でない．同じ発達段階や同年齢の子どもには類似点もあるが，それと同じ程度に多様性もみられる．子どもの中には，発達が全般的に遅れており，新しいスキルを獲得するのに特別な援助を必要とする場合もある．あるいは，特定の領域における発達だけが，他の領域と比較して遅れていたり，発達がみられなかったりする場合もある．特定領域の発達に問題がある例としては，読字障害，書字障害，注意集中の欠陥，難聴，歩行障害などがある．

　発達心理学は，子どもの認知スキル獲得に重要な役割を果たすのはどの発達段階であるのかをつきとめ，さらにその認知スキルが感情や社会性の発達過程とどのように関連しているのかを明らかにしてきた．このような研究成果によって，例えば自閉症の子どもにみられるような生得的に決定された障害の特質が明らか

となってきている．つまり，発達心理学の"心の理論"によって，子どもは，通常5, 6歳までに他者の立場に立り，他者の観点を意識できる能力を獲得することが明らかにされている．自閉症の子どもは，この能力が障害されているため，他者の感情や意図を"読む"ことが困難となることが示された．

　子どもの発達は，どのような体験をしたのかによって直接的な影響を受けることがある．事故や病気の結果として身体面での障害が残った場合，それは，発達過程にある子どもの能力に直接的な影響を及ぼす．特に，脳に障害が残った場合には，影響は深刻である．また，子どもが，虐待によって親から故意に傷害されるという体験をした場合，身体面での影響だけでなく，感情面でも悪影響が残るものである．具体的には，スキル獲得の遅れ，集中困難，衝動性などがみられる．心的外傷（トラウマ）を体験した子どもの中には，他者とコミュニケーションできなかったり，学習できなくなったりする場合もある．なお，稀ではあるが，ある特定の神経学的状態に置かれた場合，心理的問題に類似した事態が生じることがある．落ち着きがなく見えていた子，乱暴に見えていた子，元気なく見えていた子が，実は進行中の病気を抱えており，それによって発達や能力が影響を受けていた場合もある．

愛情欠落が子どもの発達に及ぼす影響

　劣悪な養育環境は，子どもの感情発達および認知発達に悪影響を及ぼす．かつて，こうした悪影響は，子どもの施設でみられた．過去のある時期，子どもの施設では，集団的な指導ばかりが行われ，子ども一人ひとりの感情や人間関係に対応したケアがなされていなかった．遊びや学習の場においても，集団指導ばかりが行われていたのである．現在では，障害児や幼児の施設入所によるケアは，その長期的な影響を考慮して，以前ほどは行われていない．

　施設でなくとも，家族が深刻な機能不全に陥っている状況では，子どもの感情発達や認知発達への悪影響が生じる場合がある．特に親の養育態度が場当たり的で一貫していない場合や，行き過ぎたしつけが行われている場合には，悪影響が生じやすい．これは，安心できる愛着の提供が子どものストレスからの回復力に結びついていることを強く示すものである．したがって，逆に温かく，愛情にあふれ，一貫したケアを提供することによって，発達の遅れを回復することも可能となるといえる．

発達過程に関する情報が，どのように役立つか

　問題行動の中には，特定の年齢層の子どもに共通して生じるものがある．疫学研究によって，そのような問題行動は，正常な発達過程として生じるものであり，通常は子どもの成長とともに解消することが明らかとなっている．問題をもっているとして子どもがリファーされてきたとき，その問題行動がその子の年齢層にとって"正常"なものであるのかどうかを判断することは重要である．つまり，その問題行動は，同年代の子どもが到達している発達段階全般においてしばしば生じる行動なのかどうかを見極めることが重要となるのである．

　このような前提に立つならば，例えば，3歳の子どもに夜尿があっても発達的には正常で介入が必要とは判断されないが，8歳で夜尿をする少年は，その他の発達は正常であったとしても，援助的介入が必要と判断されることになる．それに加えて，親は，年齢に相応しくない夜尿という行動を容認できないものである．そのため，子どもが発達的にみて"正常"の域を超えて夜尿をし続けるならば，親は，それに対してイライラしはじめる．その結果，少年は，夜尿によって自信を喪失し，羞恥心で傷つきやすくなっているのに加えて，親の視線や批判を意識することになる．8歳というのは，自分の問題が他者にどのような影響を与えるかを理解できる年齢でもある．したがって，心理援助を受けて，問題解決に取り組もうと動機づけを得ることもできるのである．彼は，彼自身の積極的協力を必要とする心理療法の作業に参加することができるであろう．夜尿を止めようという彼の意欲や努力に対する親の励ましや賞賛は，彼が新しい行動パターンを形成していくのを支える力となる．この年齢に達している少年は，自分の問題と"闘う"ために，親の助けを得て想像上の力やメタファーを利用することができるようになる．

　子どものアセスメントをする際には，いくつかの事柄に留意しなければならない．小さな子どもは，認知能力が十分に発達していないという制約がある．そのため，心的外傷体験や恐怖体験を上手に説明したり，そこに含まれる意味合いを理解したりすることには限界がある．まず，そのことを心に留めておく必要がある．したがって，場合によっては，遊びの観察を通して問題点を明らかにする必要がある．また，子どもに質問する際には，発達的因子，例えば，その子は自分の考えや他者の気持ちを説明できるかどうかといった事柄にも留意しなければならない．幼い子どもは，年長の子どもと比較して情報の想起が困難であり，過去のことを思い出すためには，何らかの手助けを必要とする．そのため，幼い子ど

もは暗示にかかりやすく，親の前で面接をすると，応答は容易にその影響を受けてしまう．親は，子どもの善悪の判断に多大なる影響を与えている．そこで，親に虐待傾向があり，子どもに対して威圧的に振る舞っている場合には，この点が問題となる．暗に脅して子どもを黙らせてしまうことが生じるからである．

親，あるいは大人は，このぐらいの年齢ではこのような行動ができるはずだといった，子どもの発達に関する固定的な観念をもっている．そのため，子どもが，その年齢で発揮できるはずの能力に見合った行動をしていない場合に，行動を改善させるために，心理的援助を求めて来ることがある．例えば，担任教師によって7歳の女の子がリファーされてきた．担任から見て，彼女は過度に恥ずかしがりで，他者とコミュニケーションしないことが問題であるということであった．しかし，実際には，彼女には，特定領域の言語の遅れが生じていたのである．それは，生得的な障害であり，発話や言語の発達を制限し，彼女に自信を失わせる働きをしていたのである．したがって，臨床心理士は，一般の大人の見立てを安易に信用せずに，しっかりとしたアセスメントを行うことが必要となる．

最後に，子どもにアセスメントや介入を行う際には，子どもの同意を得ることを忘れてはならない．子どもは，同意を前提とすることによって，一方的なアセスメントや介入から保護される権利をもっている．専門家は，このことに留意しなければならない．もちろん，同意を得るためには，臨床心理士が何を行うのか，何を目的に面接をすることになるのかについて，年齢に応じた説明を行うことが必要であることは言うまでもない．

5. 家族のコンテクスト

家族は，児童心理学や子どものメンタルヘルスの領域において，非常に重視されてきた．家族は，子どもの発達にとって，それを支える資源とみなされることも，悪影響を与えるものとみなされることもある．ここで重要となるのが，家庭環境，つまり家庭内の人間関係の特質，家族が共有する信念（belief），親が子どもに与えた経験である．家庭環境は，子どもや少年の自己認識，自尊心，仲間関係を作る能力に多大な影響を与える．ある種の敵意を含んだ一貫性のない養育スタイルや家族の在り方は，感情面でも発達面でも，子どもに有害な影響を与える．特に，子どもが暴力や脅威にさらされていた場合には，影響は深刻である．

そのような家族においては，概して親自身が不幸な生活史をもっているもので

ある.例えば,親自身が子ども時代に有害な家庭環境で育ったために,子どもを育てる能力を身につけていないということがある.そのような場合,専門的援助を行い,機能不全に陥っている養育環境を改善することを試みる.しかし,専門的援助による改善ができず,しかも家庭は子どもの要求を満たすことができないとの証拠があれば,子どもは,裁判所の判断によって親から引き離されることもある.子どもが虐待の危険にさらされているか否かのアセスメントは,過去および現在における親子関係,親の行為に影響している要因を徹底的に調査することを通してなされる必要がある.

虐待の家族への関わり

Reder と Lucey(1995)は,子どもに対する暴力や無視といった虐待的養育およびそのような行動パターンを親が改善できるか否かをアセスメントする枠組みを提示した.このアセスメントの枠組みでは,家族関係のコンテクスト,親自身の人間関係,子どもの問題についての親の見方,親自身の精神健康,子どもの強さと弱さを臨床的に調査し,把握することからはじめる.そして,さらにそのような臨床的見地と子どもの望ましい在り方に関する心理発達的見地を統合する作業を行う.虐待の状況のアセスメントにあたっては,子どもの願い,親に対する感情,誰に世話をされたいのか否かという子どもの気持ちを考慮に入れることが重要である.しかし,それと同時に,子どもの心身の安全が脅かされる危険性との兼ね合いを考慮しなければならない.そのため,虐待のアセスメントは,複雑な作業となる.通常,複数の専門家が協力して家族との面接を繰り返し行い,結論を出す.このように,たいへんな労力のいる領域に携わる臨床心理士は,子どもの発達およびその臨床に関する知識と経験を身につけ,それを利用することが求められる.具体的には,幼児童期の障害,子どもの発達に必要な事柄,家族機能,養育技能,そして,子どもや援助者に対する行動パターンを改善するための大人の能力に関する知識と経験に基づく実践ができなければならない.

小児や少年は,里子や養子となることで,新しい養育者による好ましい影響を受けたり,悪影響を生み出していたコンテクストを改善したりすることが可能となる.しかし,そのような状況の変化にもかかわらず,対応困難な問題が残ってしまう場合もある.養育者の大幅な変更は,子どものアイデンティティや自尊心に影響を与える.子どもが変更に納得するためには,親から離される理由を子どもにしっかりと説明する必要がある.その際,子どもの認知能力に見合った説明

をすることが重要となる．当然，このような対応は，個々の子どもに応じて，細心の注意を払って行うことが求められる．

親の代理となる養育者は，子どもの挑戦的な行動に対処し，新しい家族環境に慣れさせ，子どもとの間に安心できる信頼関係を形成しなければならない．臨床心理士の援助と助言は，代理の養育者がこのような難しい課題を達成する際に役立つ．機能不全に陥っている家族から引き離され，里親のケアのもとに置かれた子どもの中には，非常に混乱し，動揺している者がいる．そのような子どもは，大人の忍耐力を試し，他者への不信感を確認しようとする傾向がある．そのような状況に里親や養親が対応しきれず，重大な問題が生じた場合には，新たな居場所も破綻してしまうことになり，子どもは，さらなる拒絶や喪失を経験することになる．

そこで，特定の問題に関して個人や家族の援助をするだけでなく，このような新たな受け皿をも崩壊させてしまうような深刻な問題が生じるのを未然に防ぐための助言や指導を提供することが，臨床心理士の重要な仕事となる．その場合，臨床心理士は，養子縁組や里親制度を運営する機関に所属するソーシャルワーカーと連携し，養親や里親などの心理援助を提供することになる．

6. 臨床心理士が活動する場

子どもの臨床心理サービスに携わる臨床心理士の実態についての全国調査が行われた．それによると，臨床心理士は，実に多様な組織で働いていることが明らかになった．多職種協働のメンタルヘルス・サービスに所属する臨床活動もあれば，小児対象の地域メンタルヘルス・サービスの一環として行われる臨床活動もある．また，病院に直接雇用されている臨床心理士もいる．病院は，医学的治療を集中的に行う場であって，伝統的に行われてきた子どもや成人のメンタルヘルスの枠組みとは公式のつながりはない．この他，少数であるが，地域サービス（例えば，一般開業医）に雇用されている臨床心理士，ボランティア団体に所属する臨床心理士，社会福祉課に直接雇用されている臨床心理士もいる．

子どもの臨床活動は，多様な専門活動に分化しつつある．今日，多くの臨床心理士は，担当領域の中の，ある特定のクライエント群に特化して臨床活動を発展させている．例えば，特定のクライエントとしては障害児，被虐待児，医療的治療を受けている子どもなどがある．特定のクライエント群に特化する傾向は，成

人を対象とする臨床心理サービスの発展過程においても同様に生じている．そこでは，ある特定の問題を抱えるクライエント群や同一の状況にあるクライエント群に特化した臨床心理サービスが展開しつつある．

　複雑な問題や特殊な問題を抱えた子どもについては，高度な専門性を備えた援助サービスが必要となる．そのような場合，臨床心理士は，同僚と特別チームを組んで対応する．また，多くの場合，それと並行して，問題発生のプロセスに関する系統的な研究と，介入の効果研究が行われる．例えば，これまで，自閉症児，抑うつ的な若い母親，虐待を繰り返す若い男性，摂食障害の兆しのある若者などに対して，新たな介入法が開発されてきた．これらの介入法は，専門的な援助サービスと並行して行われた研究プログラムに基づいて開発されたものである．このような総合的なプロジェクトの成果は，その専門領域において専門家が見習うべき実践の標準を提供することになる．

多職種のチームワーク

　子どものメンタルヘルス・チームは多職種の専門職から構成されており，臨床心理士は，その一員として活動する．チームは，各専門職が職種を越えて協働し，地域行政から派遣されたソーシャルワーカーとともに活動する．介入は，通常，外来相談の形態で行われる．また，介入を行うにあたって，チームのメンバーは，子どもをリファーしてきた紹介者と密接な連絡をとる．例えば，心理的援助が必要として学校から子どもがリファーされてきた場合，メンバーは，学校を訪れ，教師を支え，助言する．また，子どものメンタルヘルス・センターに来談したがらない，深刻な問題を抱えた子どもに関わる専門家，例えば地域の児童入所施設などに勤務する専門家に対しては，コンサルテーションや人的支援を提供する．この他，少数ではあるが，専門的な入院施設に勤務する臨床心理士もいる．そうした施設では，多くの場合，うつ病や精神病といった重篤なメンタルヘルスの問題をもつ児童や少年に対して，看護師や児童精神科医による24時間体制のケアが行われている．

　多職種による活動は，子どもやその関係者をサポートするのに有効であり，介入も効果的に行える．特に，複雑に長期化した問題を抱える子どもと家族に対応する場合には，多職種のチームであれば，多様な介入法を共有し，広い視野をもつことが可能となる．また，チームを組むことで，活動を通しての訓練も可能となる．あるいは，異なる職種が刺激し合うことで新しいアイデアを生み出すこと

も可能となる．しかし，チームでの活動に付随して，問題が生じる場合もある．よくあるのは，誰がリーダーシップをとるのかということや，どのようなモデルに基づいて介入をするのかということに関して対立が生じ，それが未解決のまま葛藤状態となり，問題が生じる場合である．

以上のような多職種間のチームワークによる活動の他に，チームワークの第2の形態として，臨床心理学を基礎とした活動がある．そのような場合，臨床心理士は，紹介されてきた子どもや親に対して，他の臨床心理士と協力して主体的に心理援助を提供する．この形態では，子どもがリファーされてきた場合，まず問題に関わって重要な役割を担う大人との間で協力関係を形成する．重要な役割を担う大人としては，例えば，学校の教師，親，養護教諭などが考えられる．そして，クリニックにおいてではなく，家庭や学校において子どもの問題解決を図ることを目的とした専門的な体制を整える．このような方法は，家族や紹介者に対応するものである．しかし，より専門的な介入が必要となった場合に，そうした介入を提供する機関との連絡がしっかり取れていない場合には，適切な対応が困難となる．なお，子どもの臨床心理サービス活動においては，さまざまな職種の活動が重複して行われている．そのため，紹介者は，どの種類の活動を利用してよいのか迷うということがある．

チームワークの第3の在り方として，臨床心理士以外に子どものメンタルヘルスに携わるスタッフがいないサービス機関で，臨床心理士が非常勤あるいは常勤で働く場合がある．この形態のサービスがあることで，実際に心理援助を必要とする子どもやその親が臨床心理士に相談を受けることが可能とはなる．ただし，子どもがメンタルヘルスの専門的サービスを受けることはできないという限界はある．臨床心理士がこのような形態で勤務する場としては，小児科，こども発達センター，一般開業医，深刻な病を抱えた子どものホスピス，社会福祉事務所，非行少年矯正センター，学校，里子や養子のための社会活動団体などがある．このような場で働く臨床心理士は，子どもの心理援助に関わる複数の場を掛け持ったり，異なるタイプの活動に参加したりしている．これは，臨床心理士にとっては比較的新しい勤務形態である．このような形態の場合，勤務にあたっては，どのようなレベルの活動を行うのかについての同意に基づく契約がなされる．具体的には，心理学的介入の目標や目的を特定化し，それが子どもや家族の抱える問題に及ぼす効果に関する評価がなされ，それに基づいて活動のレベルについての取り決めがなされる．この方式で雇用されている臨床心理士の問題点としては，

スーパーヴァイズや専門家同士のサポートがなければ，心理職の仲間から孤立してしまうということがある．

多様なニーズに対応して心理サービスを組織化する

小児や少年にヘルスサービスを提供する方法については，近年大いに改善されてきた．この点については，さらなる改善計画も提案されている（詳細については Williams and Richardson（1995）の *Together we stand* を参照のこと）．これまで，臨床心理士などの専門職は，地域コミュニティの子どものニーズを考慮し，それらのニーズに有効に応えるサービスを提供してきた．子どもに関するヘルスサービスの変革は，このような子どものニーズにとって有効なサービス活動をより確かなものにすることが目的となっている．

子どものメンタルヘルス・サービスにおいては，子どもや親が心理援助に対してどのような期待をもち，どのように利用しているのかを，以前よりも入念に検討するようになってきている．具体的には，質問紙や直接口頭でフィードバックを得る方法を用いて，提供されたサービスに関して家族がどの程度満足しているのかを調査してきている．このような調査の発展は，文化的に多様な子どもや親のニーズを満たすために重要な役割を果たしている．

子どもや家族がどの程度の援助を必要とするのかは，その問題の深刻さによって異なる．理想をいうならば，提供するサービスは，問題から生じる援助ニーズのレベルに合致した，あるいは適合したものであることが望ましい．したがって，最も複雑で深刻な問題は，最も専門的な介入を受けることが望ましいことになる．逆に，比較的軽い問題は，心理学的介入法をそのまま適用するだけでよいこともある．

例えば，針が嫌いで注射に恐怖心をもっているといった単純で軽度の問題がみられる場合，あるいは単一の行動だけが問題である場合などでは，多少の臨床心理学の訓練を受けた経験のある保健師や一般開業医が心理学の介入法を利用して問題に対処することで問題が解決することもある．このように，単一の，あるいは軽度の問題のみを示す子どもについては，援助ニーズは比較的低いとみなされる．それに対して，親が精神病を患っている家庭で育ち，自身も睡眠障害，外出恐怖，パニック恐怖などで苦しんだ子どもの場合，あるいは，強迫障害のように単一の症状ではあるが，深刻な問題を抱える子どもの場合などは，重度とみなされ，援助ニーズは高く位置づけられる．このような場合，子どものメンタルヘル

スの専門家が複数で協力し、しっかりとした心理援助を長期にわたって継続していく必要がある．

南ロンドンのバーモンジィ（Bermondsey）の"子育て助言機構"（The Parent Adviser Scheme）（Davis et al. 1997）では，子どもの問題に対して効果的な心理援助を行っている．そこでは，地域コミュニティで生活する幼児に何らかのメンタルヘルスの問題が生じた場合，親に対する早期介入を行う．親への助言者（adviser）は，臨床心理士の資格をもっていないが，子どもを専門とする臨床心理士によって親カウンセリングや問題解決スキルの訓練，定期的なスーパーヴィジョンを受けている．このようなシステムを採用することで，子育て助言機構は，専門家による直接的介入がなくとも，リファーされてきた問題のうちかなりの割合で問題解決に効果を示している．

より深刻な障害を抱えた子どもとその親については，複数のスタッフによる心理援助を長期間提供できるように組織化されたサービス機関を利用すべきである．子どもや家族のニーズのレベルに応じたサービスを組織化するためには，整合性のある方法に基づくことが重要となる．整合性のある方法とは，子どもや家族にとって利用しやすい早期介入の窓口を備え，最も必要性の高い問題や障害に対応できる専門的なサービスを提供できるシステムとなっていることである．このような整合性のある方法を用いることで，より多くの子どもの心理的ニーズへの対応が可能となる．それが，サービスを組織化する際の原則である．

このように，子どもを専門とする臨床心理士は，子どものメンタルヘルスの活動において，それぞれのレベルや段階に応じたサービスを提供しなければならない．そして，その際には，小児医療や社会福祉など，関連するメンタルヘルスのサービスと連携して活動を展開することが求められる．

7. 子どもを専門とする臨床心理士の活動の特徴

臨床心理士は，問題が生じる状況を解釈し，援助や介入に関する考えを導くために，さまざまなモデルや理論を用いる．したがって，臨床心理士は，リファーされてきた子どもや家族を援助するにあたっては，さまざまなモデルや理論に基づく多様な活動を行う．本節では，このような多様な活動を具体的に示す．

臨床心理士は，子どもや家族の問題に取り組む際に，まずどのような人を含めてアセスメントや介入をするのかを決定しなければならない．例えば，子ども，

親，兄弟姉妹，それ以外の重要な関係者のうち，どのような人々を対象とするのかを決定しなければならない．対象となる変数に幅があり，多様な観点からの検討が必要となる場合には，誰を対象とするのかを決定する過程に，相当の時間を費やすことになる．そのような決定過程を経て，直接的な臨床活動が始まることになる．あるいは，決定の内容によっては，臨床心理士が直接に介入する臨床活動ではなく，その代わりに他のスタッフに任せる場合もある．そのような場合には，そのスタッフを訓練したり，コンサルテーションをしたりすることが，臨床心理士の仕事となる．

アセスメントの過程

かつて，臨床心理士の役割は，児童精神科医や小児科医が行う診断手続きの補助としてアセスメントを行うだけという時代があった．つまり，臨床心理士の位置づけは，医師が子どもの病気を問診し，治療するのに際して，その子の知的能力に関する情報が補助的に必要となった場合，臨床心理士にアセスメントが依頼されるといった程度であった．当時は，子どもの認知スキルのアセスメントに関しては，心理測定論に基づいて標準化された検査に頼るしかなかった．そのような検査は，一般的知能と学習成績に限定された，狭い範囲の認知スキルしか測定できなかった．

現在では，言うまでもないが，臨床心理士は，独立した地位を確立している．アセスメントに関しても，近年，一般的知能や学習成績以外の認知機能の側面，例えば注意集中と注意拡散などを評価測定できる新しい検査が開発されている．一般的知能は，認知機能の強弱や障害に関する特定パターンの有無を確かめるのに有効であり，ADHDのような発達障害の診断には役立つ面もある．しかし，心理測定論に基づくアセスメントは，一般的知能など限られた範囲しか査定できず，もはや臨床心理学のアセスメント活動の中心に位置するとみなすことはできない．現在，子どもの臨床心理サービスで用いられている心理学的アセスメントは，適用範囲を拡大してきている．具体的には，対象となる問題の特質，問題が子どもや家族に与える影響，家族関係の特徴，発達的要因，子どもや家族にとっての問題の意味などを詳細に測定評価することを含むようになっている．さらに，臨床心理学のアセスメントには，社会的コンテクストに基づく子どもの問題の評価も含まれる．具体的には，家族関係，学校要因，仲間集団との関係，および社会的要因が問題に及ぼす影響に関する評価測定が含まれる．

このようなアセスメントは，面接，観察，質問紙，報告記録を参照することなどを通して行われる．また，このようなアセスメントを行う目的は，対象となる問題および子どもの生活の他側面との関連性についての情報を収集することである．それによって臨床心理士は，問題の深刻さの程度を判断し，状況を改善するにはどのような種類の作業が必要となるのかを見極める．ほとんどの親は，問題を改善するために何をしたらよいかということだけでなく，なぜ問題が生じているのかを知りたがる．それと同様に臨床心理士も，何が問題の発生を助長したのか，あるいは何が問題発生の契機となったのかを特定化し，その上で，問題解決のためにどのような資源が存在するのかを明確化していかなければならない．つまり，臨床心理士は，問題をアセスメントした上で，その問題を解決するために，どのような資源が，子ども，家族，社会的ネットワークの中に存在するのかを探っていくことになる．

アセスメント過程の諸段階

アセスメントの過程には，複数の課題が含まれており，段階を踏んで進む．第1段階として，現在何が問題なのか，それは，いつ，どこで生じているのか，どのぐらい継続しているか，といった点に関しての詳細な情報をとることがなされる．親や教師は，通常，問題となっている事柄に対して何らかのラベル付けをするものである．例えば，"攻撃的で暴力的"とか，"姉とのコミュニケーションの問題"といったような具合である．しかし，アセスメントの過程の初期段階では，ラベルを聞くことで満足せずに，問題となっている一連の行動を具体的に述べてもらうことが有用である．そうすることで，実際に何が起きているのかを明らかにできる．その際，次のような点に考慮してアセスメントを行うことが重要となる．問題が子どもにどのような影響を与えているのかを，良い面と悪い面の両面を含めて慎重に検討する．その子の性格で，問題に関連する部分を，好き嫌いなども含めて明らかにする．問題となっている領域以外についても，その子の全般的な発達の程度を判定する．

次の第2段階では，問題があらゆる状況において生じているのか，あるいはある限定された状況でのみ起きているのかを明確化することが重要となる．なぜならば，それによって，問題の深刻さの程度を見積もることができるからである．それに加えて，その問題が，他者の行動や反応とどのように関連しており，またその他の環境要因からどのような影響を受けているのかを明らかにしなければな

らない．その際，次のような点を考慮してアセスメントを行うことが重要となる．親や兄弟姉妹の反応が問題の形成要因となっていないか．例えば，問題行動に注目することによって，問題を強化しているということはないか．子どもは，誰か周囲の者を模倣し，モデリングしているということはないか．問題は，何らかの出来事や刺激を契機として生じていることはないか．身体的，物理的環境は，援助を必要とする子どもに適した状態となっているか．

　第3段階は，関係者が，その子の問題をどのように認識しているのかを探ることである．ここでは，親，兄弟姉妹，そしてその子本人も含めて，問題の性質やその深刻さの程度をどのようにみているのかをアセスメントする．問題となっている行動の意味やその原因に関して，家族のメンバーで異なった見方をすることがある．例えば，家族の一人を責める者もいれば，問題の原因を過去に起こった出来事に押しつける者もいる．そこで，担当者は，問題をどのように考え，どのような改善を求めているのかに関して，母親と父親の両方からそれぞれ異なる意見を聞かされることもある．親は，子どもを，"たちの悪い子"，あるいは"天使のような子"といった一面的な見方をしてしまい，それによって，その子の適応的な面や役立つ面を見落としていることがある．そうなると，子ども自身も，自分を役立たずで価値のない人間であると思い込み，何をしても状況は変わらないと諦めるようになる．

　第4段階は，アセスメントの過程において，最も時間を要する段階である．ここでは，家族が，子どもおよびその子の問題をどのように感じているのかを把握しておくことが重要となる．例えば，家族が，その子の問題を強い不安や絶望を引き起こすものと感じているのかどうかを把握することなどが重要となる．それに加えて，家族関係の在り方を把握することも必要となる．具体的には，家族内における愛着の特徴，コミュニケーションスタイル，規律としつけの仕方，さらに，夫婦間の対立がないか，問題解決に向けて葛藤を起こさずに協力できるかといった点が家族関係をアセスメントする際のポイントとなる．これらの点は，基本的には，面接を通して明らかにする．しかし，場合によっては，同僚の協力を得て，ワンウェイミラーを通しての家族観察をしてもらい，そこからの情報を参照することもある．

　この段階において臨床心理士は，親は友人や家族からのサポートがあるか，子どもの問題以外に対処の難しいストレス状況を抱えていないかなどを確かめることも行う．例えば，親自身のメンタルヘルスの問題，経済的窮状，近隣からの嫌

がらせなど，その時点で親が抱えているストレス状況もアセスメントの重要なポイントとなる．この種の情報については，チェックリストや自己報告式質問紙によって得ることができる．この他に，過去の心的外傷体験や喪失経験，家族状況の変化，これまで親子がどのように問題に取り組んできたかなど，生活史に関連する情報も必要となる．これらの情報の収集には，2, 3回の面接が必要となる．その際，家族面接だけでなく，個人面接を設定することが必要となる場合もある．

アセスメント過程の最終段階において臨床心理士は，問題とそれに関連した主要な要因についての定式化（formulation），つまり見立てを構成する準備が整っていなければならない．定式化によって，問題がなぜ，どのように起きたのかという解釈，問題を改善するのに必要な事柄，介入の仕方が提示される．そこで，臨床心理士，親，子どもは，問題の改善に向けて取り組む目標，問題解決の方法，変化過程のモニターの仕方に関して，合意を形成する段階となる．

どのような介入が行われるのか

臨床心理学における実践活動，研究，訓練の発展にともなって，子どもに関わる臨床心理士は，多様な介入法を幅広く用いるようになってきている．対象となっている問題を臨床心理士がどのように理解するのかによって，そこで用いられるアセスメントや介入のアプローチは異なったものとなる．多くの臨床心理士は，訓練過程において，例えば家族療法，精神分析的心理療法といった，あるひとつのアプローチを中心に学ぶ．それに加えて資格取得後に専門的訓練を受ける場合もある．

どのような問題に対して，どのアプローチが最も効果的であるのかを決定するためには，すべてのアプローチの介入効果が評価されている必要がある．しかし，それは，今のところ十分になされていない．子どもの問題に関する介入効果については，TargetとFonagy（1996）が系統的なレビューを行っている．彼らは，行動療法や認知行動療法は，家族療法や精神分析的個人心理療法に比較して，系統的な介入効果研究を数多く行っていると指摘している．行動療法や認知行動療法は，症状に焦点をあてる傾向が強い．それに対して家族療法や精神分析的個人心理療法は，家族や子どもの問題に焦点をあてる傾向がある．このようなアプローチの違いはあるが，行動療法的アプローチと非行動療法的アプローチのいずれでも効果は得られるし，問題解決に何らかの貢献をするものであると，彼らは述べている．

理論的には，さまざまなアプローチがある．しかし，多くの臨床心理士は，実際の臨床実践においては，さまざまな理論的アプローチから考え方や技術を適宜援用し，それらを統合して事例に対応している．以下に示す3歳女児の事例においても，そのような統合的な方法が採用されている．例えば，母親と子どもについてアセスメントと介入を行う際には，行動療法的アプローチを採用している．しかし，その一方で，精神分析的アプローチや家族療法的アプローチを参照して，親の感情，態度，家族のやりとりについても検討している．

3歳女児のアセスメントと介入の例・バーバラは，二人姉妹の妹で，元気のよい3歳児である．しかし，彼女は，食卓に落ち着いて座っていることができず，食べる量も非常に少ないという問題をもっていた．母親のクリスティンは，産休が終わり，まもなく職場復帰の予定であった．そのため，娘の食事の問題を解決しようと躍起になっていた．食事の時間帯になると家族の雰囲気が悪くなった．バーバラを座らせて食事をとらせるにはどうすべきかに関して，夫婦の間で意見の対立があった．父親は，妻のクリスティンは寛大過ぎて，バーバラの言いなりになっていると感じていた．それに対してクリスティンは，自分自身が子どもの頃に親から厳しいしつけを受けていたので，子どもを罰するというのは間違っていると感じていた．彼女は，食べる量が少ないことを心配するあまり，バーバラが遊んでいる時に床の上で食事を与えるというパターンを変えることができなかった．なお，バーバラは，未熟児で産まれ，生後1年間は生育に関して医療的な配慮が必要だった．

アセスメントと介入アプローチの概略　臨床心理士は，面接室でバーバラとクリスティンに会い，クリスティンが問題を詳しく説明した．臨床心理士は，子どもと母親の双方を尊重し，両者との間に信頼関係を結ぶようにした．また，これまでのクリスティンの努力をねぎらうとともに，問題の解決にあたっては，母親が重要な役割をもつことを伝えた．臨床心理士は，アセスメントとして，家族の状況や最近の出来事に関して何かストレスになっていることはないかを尋ねた．その質問に対してクリスティンは，経済的な心配や仕事復帰への不安があることを語った．また，臨床心理士は，バーバラの現在の発達状態全般を詳しく調べ，検査した．その結果，医学的には問題がないことを確認できた．しかし，それでも，クリスティンは，バーバラから目が離せず，心配でたまらないと感じていることが明らかとなった．さらに，臨床心理士は，バーバラがほかの大人や子どもとどのような関係をもっており，通常はどのような気分でいるのかを尋ねた．具体的には，バーバラは日常生活場面では扱いやすい子どもかどうか，楽しそうかどうかなどの質問がなされた．

それとともに臨床心理士は，面接中，クリスティンと一緒にいるバーバラの様子を観察した．面接室内で母と子の間でみられたやりとりや遊び方は，とても親密で楽しそうであった．しかし，玩具をしまうように繰り返しいわれても，バーバラは，それに従わないことが観察された．そこで，臨床心理士は，親の承諾を得て，家庭での食事時間の様子を観察することにした．その場では，どのような状況で食事がなされ，どのような行動パターンがみられ，母親と2人の子どもとの間にどのようなやりとりが生じているのかが観察された．

臨床心理士は，幅広いコンテクストで問題をアセスメントするために，さらに情報収集を続けた．臨床心理士は，まずバーバラの実際の食事内容を具体的に調べることにした．1日ごとの摂食記録用紙を用いて，おやつも含めて7日の間にバーバラが食べたものをすべて記録することをクリスティンに提案し，同意を得た．また，クリスティンに，地域の小児科クリニックに行き，各家庭を訪問する保健師に会ってバーバラの身長，体重を測定し，同年齢の子どもとの比較を行うことを勧めた．さらに，親として感じるストレスや不安のレベルを測定するために，標準化された質問紙への回答をクリスティンに求めた．質問紙の得点は，クリスティンが親としての役割に非常に強いストレスと不安を感じていることを示していた．なお，クリスティンによって記載された摂取記録には，バーバラは日中お菓子を食べていたが，食事時間には母親が与えたものはほとんど食べていないことが示されていた．ただし，クリスティンの心配にもかかわらず，バーバラの身長と体重は年齢平均の範囲内に入っていた．

臨床心理士は，バーバラの食行動の問題についての仮説を立て，それをクリスティンに伝えた．臨床心理士が伝えた仮説は，"泣き叫べば，母親は遊びながらでも床の上で食事をさせてくれることを，バーバラは学習してしまっている"というものであった．それに対してクリスティンは，「自分の子ども時代の経験から厳しい親にならないことをまず第1に考えており，しかも未熟児で生まれたためにバーバラには特別な保護が必要だと思っていた」と語った．そして，そのために，バーバラが食事をとらないと，結局バーバラの言いなりになってしまっていたことを認めた．さらに，臨床心理士とクリスティンは，保健師によって報告されたバーバラの体重の検査結果についても話し合った．検査結果からは，バーバラは乳児期以来すくすくと健康的に育っており，現在では，以前に比べて丈夫になっていることが示されていた．そこで，臨床心理士は，クリスティンとしつけの仕方について話し合った．子どもに怒りをぶつけ，辛くあたるのではなく，

子どもに善悪をしっかりと教え，確固たる態度をとることについて話し合った．
　この時点で臨床心理士は，事態を改善するのに有効であると考えられるアプローチをクリスティンに提案した．それは，"報酬"を利用し，それによって食卓につくという行動を形成（shaping）する方法であった．まず臨床心理士は，クリスティンに対して，バーバラが遊ぶ前に食卓で食べるべきものを決めておくように求めた．そして，もしバーバラがそれを食べたならば，そのことを誉め，お気に入りの玩具で遊ぶことを認める．しかし，もしバーバラがいうことをきかずに叫ぶならば，なだめすかそうとせずに，彼女を無視して静かに自分の食事を続けることを提案した．その他，バーバラが食事時間に食欲が出るように，お菓子などの間食を減らすことも求めた．さらに，食卓の場所を変えて，玩具に手が届きにくくすることも提案した．クリスティンは，このアプローチを試してみることに同意した．クリスティンと臨床心理士は，バーバラのどのような行動を取りあげ，どのような報酬を与えるのかを話し合い，介入プログラムを作成した．2人は，父親も加えた面接を設定し，計画を説明し，プログラムに従って協力するように父親に依頼した．また，クリスティンには，介入の結果を記録する用紙が渡された．具体的には，バーバラは座って食事したか，席を離れて遊んだか，母親はバーバラが遊ぶ前に食事をとらせることができたか，食べずに叫んだときにバーバラを無視することができたかなどを記録することが求められた．
　その後の予定について臨床心理士とクリスティンは，次回までの期間には電話で連絡を取り合い，その後は介入の結果を確認するためのフォローアップ面接を続けることで合意した．クリスティンは，保健師に会いに行き，食習慣の改善によってバーバラの体重がどのように変化するのかをモニターすることを相談した．その後，事態の改善は進んだ．2週間後に，フォローアップの面接が行われた．そこでは，クリスティンがこのような変化に関してどのように感じているのかが話し合われた．子どもを愛する母親でありながら，家の中で子どもに好き勝手をさせず，一定の枠組みを当てはめてしつけをしていきたいと思うようになったことが語られた．バーバラの食事量が増えたことは，記録用紙に示されていた．また，育児ストレスについての質問紙の得点にも改善がみられた．介入の終了時に再度育児ストレスの得点を測定したところ，クリスティンのストレスは減少し，自分に自信をもてるようになっているとの結果が得られた．このことは，仕事への復帰，子どもたちへの影響，夫との関係を話し合う中でも確認できた．

8. 子どもと家族に用いる介入アプローチの種類

　上記事例では，面接内の"今，ここで"生じた行動パターンと娘に対する母親の反応をアセスメントし，それを改善した．また，母親の幼児期体験や夫婦関係など，間接的に絡み合っている関連要因も併せてアセスメントし，そこに介入した．このように子どもの臨床心理サービスでは，家族状況や家庭環境など，当面の問題以外の要素にも関与していくことが必要となる．関連要素と切り離して，子どもの問題だけをアセスメントし，そこに介入するだけで解決できるような事例は，ごく少数である．ほとんどの場合，関連要因に関与していくことが重要となる．子どもの問題との関連で，例えば劣悪な住環境や母親の産褥抑うつといった慢性的な問題が生じている事例では，特にその必要性が高くなる．もし，慢性的な問題が存在するなら，心理学的介入の焦点を変化が生じやすい関連要素に移し，そこでの変化を助けとして子どもの行動変化を促進することが必要となる．

　ほとんどの臨床心理士は，実際の臨床場面では，さまざまなアプローチを折衷的に組み合わせて問題の解決に取り組む．つまり，異なるアプローチを組み合わせ，子どもとその子の社会的状況のさまざまなレベルに働きかけていくのである．その場合，どのような介入アプローチが用いられるかは，臨床心理士が利用できる資源と臨床心理士の技能水準によって異なってくる．上記バーバラの事例でも，問題の状況をどのように理解するかによって，複数のアプローチの仕方が考えられる．例えば，行動療法，認知行動療法，家族システム療法，精神分析的心理療法などがある．また，保健師の中には，食行動に問題をもつ子どもと，その親に対して心理学的介入を行うことができる者もいる．そのような保健師は，その子の家，あるいはクリニックで行動療法やカウンセリングを行うことになる．臨床心理士は，このような保健師も資源として活用できる．

行動と認知への介入

　行動療法を用いた行動変容の方法は，社会学習理論の原理を子どもの問題に適用することで発展した．この形態の心理療法は，子どもの望ましくない行動を減少させることを目的としており，そのために親の教育を行う．その場合，親が子どもへの対応の仕方を変え，子どもが年齢や発達段階に相応しい，好ましい行動を確立するのを導くことができるように親の教育を行うのである．親は，子どもの行動に対して，これまでとは異なる対処の仕方と，子どもの適応的行動を新た

に形成するための方法を学ぶ．具体的には，親は，それまで用いていた強化のあり方を変え，それによって親子の間で生じていた問題を生み出す悪循環の相互作用パターンを変えることを学ぶのである．したがって，問題が生じているコンテクストを変化させることも，同時に介入の目的となっている．このように親を教育することで，親自身が，子どもへの対応の仕方を変える気持ちになり，子どもの行動変容に向けて報酬の与え方を系統的に行うようになれば，行動療法は，問題解決のための介入アプローチとしては，特に有効な方法となる．

　認知療法は，自己や他者に関して，どのような認知や信念をもっているのかを明らかにし，それを変化させることを集中的に行い，それによって感情や行動の変容をもたらす．個人の問題は認知的誤りが習慣化されているために生じるというのが，認知療法の前提となっている理論である．つまり，認知療法では，人がストレス状況において出来事の意味を考え，解釈する際に，何らかの習慣化された認知的誤りがあるために，それを起源として問題が発生するとみなす．認知療法の技法のひとつとして，現実の認識の仕方を明らかにし，それを検討し，見直していく方法がある．その技法モデルは，当初成人向けに開発されたものであるが，その後，若者にも適用できるように修正されている．特に不安や抑うつを抱えた青少年に適用できるモデルが開発されている．ただし，この技法モデルは，ある程度の認知能力の発達を必要としているために，幼児や児童にはあまり適していない．自己や他者について自分がどのように考えているのかを見直し，検討していくだけの認知能力が幼い子どもには備わっていないからである．

　子どもおよび家族に関わる場合，多くの臨床心理士は認知行動療法を用いる．認知行動療法は，認知療法と行動療法の技法を統合し，新たな問題対処方略を構成する問題解決型アプローチである（3章を参照）．認知行動療法では，子どもがどのようなものの考え方をしているのかが，問題行動や混乱した感情と結びついているとみなす．そして，問題解決にあたっては，親や仲間の役割を重視する．セラピストとしての臨床心理士は，"コーチ"として子どもに直接的に働きかける場合もあれば，親に働きかけ，子どもが課題を実行するのを援助するようにもっていく場合もある．

　Kendall（1991）は，認知行動療法のアプローチの基本を概説する中で，さまざまな子どもの問題に対応する臨床プログラムを解説している．例えば，多動や反抗行動（oppositional behaviour）を示す子ども，PTSDに苦しむ子どもなどへの介入において，認知行動療法が用いられることを指摘している．認知行動

療法は，来談した子どもに直接，個別に実施することもできるし，集団の形式で実施することもできる．例えば，怖がりの子どもを集めて，恐怖状況から逃避するのではなく，それに直面化することを教えたり，問題を解決し，適応するために考え方を変えてみるといった認知的方略を利用する方法を教えたりすることができる．

家族への介入

　1980年代半ば，家族療法に端を発した新たな考え方は，子どもの臨床心理サービスに関わる多職種チームに大きな影響を与えた．それは，家族を互いに影響を与え合う関係のシステムとして理解する考え方である．そこでは，個人の問題は家族の行動および認知と結びついており，システムは，その結びつきを維持するものとみなされていた．また，ひとつの関係が変化すれば，それは，他の関係にも影響を及ぼすと考えられていた．多くの臨床心理士は，このような考え方に基づくシステム論的家族療法を取り入れるようになった．家族療法は，家族の関係や相互作用パターンの構造を変え，個人に対する家族の認知を変える枠組みを臨床心理士に提供した．その結果，家族療法のアプローチは，子どもの問題についての新しい見方を親にもたらすことを可能にした．現在では，家族療法のアプローチは，新たな解決を準備することを目的として，さまざまな問題をもつ小児や少年の家族に適用されるようになっている．家族療法家が用いるシステム論的技法の中には，行動療法や認知療法の方略に類似したものもある．しかし，行動療法や認知療法に比較すると家族療法では，直接助言を与えることは重視されない．なお，システム論的な考え方は，子どもの問題で家族に関わる専門援助機関やリファーのネットワークについての理解を深めるためにも利用されてきている．

　子どもに個別に関わる場合，あるいはグループ形式で関わる場合に，精神分析的モデルを利用する臨床心理士もいる．そのような場合には，葛藤を起こし，混乱状態にある強い感情を探索できる安全な場を子どもに提供するために，遊戯療法や絵画療法の技法を組み込んでいくことになる．それとともに親も，子どもが問題に取り組むのに併せて，個人療法による援助を受ける場合もある．親に対する心理援助が必要なのは，過去あるいは現在において親のメンタルヘルスに影響を与えた個人的要因が存在していた場合である．例えば，うつ病や夫婦間暴力のような，親のメンタルヘルスに関わる個人的要因があったならば，当然のことながら親としての育児機能が損なわれている可能性が高くなるからである．

そこでは，親のメンタルヘルスを改善すれば，親の育児機能を改善できるという考え方が前提となっている．それとの関連で発展したのが，若い母親に対するコミュニティ・サービスである．都市部には，周囲から孤立し，抑うつ的になっている若い母親が数多く存在する．そのような若い母親のメンタルヘルスの改善を目的としたコミュニティ・サービスの先駆となったのが Newpin の集団的介入であり，それは，精神分析の原理に基づくものであった．その具体的方法は，心理療法を一通り修了した母親が，サービスに新たに参加する母親のよき友人となるように訓練を受け，それによって地域コミュニティにおけるソーシャル・サポートの増加を図るというものであった．このサービスの効果については，評価研究が行われた．その結果，母親の行動が子どもに与える影響については明らかにすることができなかった．しかし，サービスそのものは非常に効果的であったとの結果が示された．

　Webster, Stratton と Herbet (1993) は，深刻な行動の問題（破壊的で反抗的行動も含む）を示す子どもに対する統合的な介入アプローチを提案し，発展させてきている．彼らは，このアプローチを行動的家族療法と呼んでいる．行動的家族療法については，介入プログラムの効果が慎重に評価され，その結果，3歳から8歳の間の子どもに有効であることが明らかとなっている．これは，親のトレーニングを目的としたものではあるが，アプローチの仕方は，さまざまな要素を統合する協働的 (collaborative) なものとなっている．手順としては，慎重なアセスメントと面接がなされた後に，一連の介入がなされる．そこでは，現在生じている親子間の行動パターン，問題についての思い込み，家族の相互作用を明らかにし，子どもの発達的ニーズについてアドバイスすることが目指される．その際，スキル教育，協働的問題解決，夫婦関係の調整，家族関係の再構成などを組み込んだ統合的な介入が行われる．また，親に対してのサポートやアドバイスもなされる．このように行動的家族療法では，子どもよりも，むしろ親の方に焦点をあてた介入が行われる．しかも，それは，コミュニティの場において集団の形式で行う．このアプローチの訓練を受けてきた臨床心理士は，コ・セラピストと協力し，ある特定の話題に関して集団の話し合いを促進していく．例えば，どのようなときに子どもを誉め，どのようなときに叱るのかといった話題をめぐる集団の話し合いを促進させるように働きかける．そこに参加した親は，セラピストの行動や，特別に用意されたビデオで示された行動をモデルとして，新たな行動を見出し，身につけていくことになる．

9. コンサルテーション活動

　臨床心理士は，リファーされてきた子どもの心理援助を行う．しかし，臨床心理士は，通常，子どもに対する直接的な心理援助だけを行っているわけではない．若い臨床心理士の訓練や臨床心理学研究も行う．さらに，子どもの臨床現場で働く他の専門職へのコンサルテーションも行う．具体的には，子どもの世話や治療をしている専門職に対して子どもの経験している問題を説明し，彼らが子どもや親のニーズに応える対処の仕方を見出すのを支援する．

　このようなコンサルテーション活動の第1の目的は，心理援助を直接受けられない小児や少年に，心理的ケアを提供するのを支援することである．臨床心理士は，脆弱性を抱える子どもに関わるスタッフにコンサルテーション活動を行い，それを通して心理援助の考え方と技能を伝え，それを発展させるように指導する．したがって，スタッフが心理援助の技能を高め，自らの心理援助活動に自信をもち，外部からの支援を必要としなくなることが，コンサルテーションの具体的な目標となっている．コンサルテーション活動で実際に行われるのは，困難事例についての話し合い，コミュニケーションなどの特定技能の訓練，子どもとその家族への心理援助をする際の目標の設定，心理援助活動のスーパーヴィジョンといった作業である．コンサルテーションのセッションでは，子どもの臨床心理サービスの中でも，特にスタッフにストレスや不安を引き起こす側面に焦点があてられる．混乱を示す子どもと関わる際には必然的に生じてくる感情的な緊張や葛藤に気づき，それに対処できるように援助する．

　子どもの臨床心理サービスには，シフト制の仕事や機関の方針決定など，組織的要素の強い活動が含まれている．調査研究では，そのような組織的要因が，施設内でのスタッフと子どもとのやりとりに影響を与えるとの結果が示されている．特に組織的要因によって，スタッフが主導するコミュニケーションや遊びの量が異なってくることが明らかとなっている．したがって，組織への関わりが，子どもの心理援助を充実させるために重要な意味をもつ．そこで，臨床心理士は，スタッフの仕事を管理するマネージャーとの話し合いを慎重に行う必要がある．その場合，組織が心理援助の活動を台無しにすることがないように，また臨床活動によって生じるストレスに積極的な対応をとるように，しっかりと話し合うことが重要となる．

　臨床心理士は，コンサルテーションの活動を，主に2つの方向に拡げていく．

ひとつの方向は，心理的問題を生じる危険性のある子どもと関わるスタッフに向けてである．ここでは，家族環境，社会的要因，特定の発達的問題，およびそれらの組み合わせが原因となって生じる心理的問題がテーマとなる．したがって，職場としては，保育所，病棟，入所ケア施設などがある．もうひとつの方向は，問題を示す子どもを臨床心理士に紹介してきた特定の機関やスタッフ・グループに向けてである．このような機関やグループは，紹介した子どもを介して臨床心理士と関連をもつようになり，コンサルテーションや心理援助技法の訓練を取り入れるようになる．その結果として，問題への介入から問題の発生を予防する方向に活動を発展させていく機関やグループも出てくる．

理学療法士に対するコンサルテーションの例　市街管轄区にある地域児童ヘルスサービスに，理学療法士のグループが勤務していた．彼らの主な仕事は，家族に関わる他の専門職と連絡をとりつつ，障害をもつ子どもの家庭に赴き，そこで治療を実施することであった．彼らは，臨床心理士，言語療法士，2名の地域小児科医，作業療法士とともに，地域における身体障害と知的障害の子どもの発達を支援するチームを構成していた．

　そのチームにおいて臨床心理士は，障害をもつ子どもの中に，感情や行動の問題を示す子がいた場合，その子およびその子の家族のアセスメントと心理援助を担当することになっていた．したがって，感情や行動に問題のある子がいた場合，他のチームメンバーは，その子と家族を臨床心理士にリファーするシステムとなっていた．ある時期，筋ジストロフィーの子どもを担当する理学療法士から，4回続けて同様の問題を示す事例が紹介されてきた．いずれの事例でも，筋肉の変質劣化が生活の質に与える影響に対応できないという問題を示していた．そこで，臨床心理士は，理学療法士との打ち合わせ会議をもち，子どもと家族に関わるスタッフの支援のあり方を見直すために話し合いたいと提案した．それに対して理学療法士は，そのような場で病気に関わる情緒的側面を話し合ってよいのかの判断がつかず，結果として感情に関して話し合うのを避ける傾向がみられた．

　通常は，筋ジストロフィーの子をもつ親が悩んでいたり，子どもが無気力に陥っているようであれば，スタッフは，心理援助を受けるように勧め，家族を臨床心理士にリファーすることになっている．しかし，このチームの理学療法士の一人は，筋ジストロフィーを抱える子とその母親に対して，家庭で相談にのろうとした．ところが，母親は，理学療法士に自分の気持ちを語ることで，逆に苦悩を

深めることになった．そのため，理学療法士は，むしろ役に立つどころか，害を与えてしまったと感じていたのだった．そこで，臨床心理士は，話し合いの必要性を伝え，他の理学療法士も交えて調整のための会合をもった．慎重に話し合った結果，多くの理学療法士が，感情面も含めて母親や子どもとコミュニケーションをとりたいと考えていること，理学療法士の仕事と心理学的アプローチを統合できれば有効な介入ができると感じていることが明らかとなった．ただし，その一方で，彼らは，自らの理学療法士としての役割を変えることには懸念を示した．そして，理学療法士としては，カウンセリングの基本技能を学び，練習をしてみたいと希望してきた．それを受けて臨床心理士は，苦悩を抱える親や子どもとのコミュニケーションのとり方を教える講習会を開くことで合意した．そして，その後も臨床心理士は，理学療法士と定期的に会い，苦悩を抱えた家族に対して有効な関わりができるようにコンサルテーションを続けた．

　このように臨床心理士と理学療法士との間で調整が行われた3カ月後に，見直しの会議が開かれた．その場で，理学療法士を代表して上級理学療法士が，調整の効果を認め，今後も継続したいとの意見を表明した．その結果，臨床心理士と理学療法士グループは，継続して会合をもつこととなった．その中で，障害を抱えた子どもや死に至る子どもと関わることで自らの内に生じる苦しみや，そのような子どもに対して顕著な改善をもたらすことのできない無力感などが，理学療法のスタッフから語られ，それを皆で共有した．スタッフは，このような話し合いをもつことで，以前より現実的で，しかも有意義な活動目標を立てることができるようになり，感情面の適切なサポートを提供できるようになった．

　理学療法士のグループは，活動の時間配分を見直し，以前よりも多くの時間を身体的状態が悪化していく子どもやその親への対応にあてる計画をたてた．具体的には，患児の家庭に出向き，そこで家族が抱える感情と，それにまつわる問題を話し合い，必要に応じて追加的なサポートも提供することを骨子とした計画であった．それを受けて臨床心理士は，病気の子どもを抱え，直面するストレスや子どもをサポートする方法について親同士が話し合うグループの運営を支援することに合意した．

10. まとめ

　近年，臨床心理士は，小児と少年，および彼らを養育する家族の心理的健康の

改善と発展に寄与してきている．本章では，このように子どもの臨床心理サービスに貢献している臨床心理士の活動を解説した．子どもの臨床心理サービスにおける臨床心理学の活動は，3側面に大別される．それは，子どもの経験する問題，子どものニーズに合うようなサービスの組織化の方法，臨床心理士が引き受ける仕事の種類である．本章は，この3側面について概説した．

　子どもの問題は，重要な他者との関係というコンテクストにおいて生起し，維持される．重要な他者は第一に親であり，彼らもまた社会的・環境的要因の影響を受けている．このことは，心理援助を有効に行うためには，単に子どもだけを対象にするのではなく，親の要因を含めた広範囲を対象として心理学的アセスメントや介入を行わなければならないことを意味する．臨床心理士がアセスメントを通して問題を把握する仕方には，いくつかの方法がある．また，問題に介入するためのアプローチも，複数のタイプがある．本章では，その概略を述べた．このようなアプローチの効果や適切さを評価する作業は，今後も継続してなされる必要がある．

　小児や少年に関わる臨床心理士は，子どもとその家族に直接的に介入する．しかし，通常は，それだけでなく，親を介しての働きかけも併せて行う．その際に重要なのは，親に敬意を払い，子どもに責任をもって関わろうとする親の努力を支援するように働きかけることである．最後に，コンサルテーションやスタッフのサポートもまた，子どものケアを改善するためには重要な方法であることを確認しておく必要がある．なお，新たな活動を開発したり，利用者のニーズに合わせてさまざまな方法を発展させるためには，グループ・コンサルテーションが役立つ．本章では，その点について事例をあげて解説した．

引用文献

Costello, E. J. (1989). Developments in child psychiatric epidemiology. *Journal of the American Academy of Child and Adolescent Psychiatry*, **28**, 836–41.

Davis, H., Spurr, P., Cox, A., Lynch, M., Von Roenne, A., and Hahn, K. (1997). *A description and evaluation of a community child mental health service. Clinical child psychology and psychiatry*. Vol. 2 no. 2 pp. 221–38, Sage Publications, London.

Eiser, C. (1990). *Chronic childhood disease. An introduction to psychological theory and research*. Cambridge University Press.

Kendall, P. C. (ed.) (1991). *Child and adolescent therapy cognitive-behavioral procedures*. Guilford Press, New York.

Offord, D., Boyle, M., Szatmari, P., Rae-Grant, N., Links, P., Cadman, D., Byles, J., Crawford, J., Blum, H., Byrne, C., Thomas, H., and Woodward, C. (1987). Ontario Child Health Study. II : Six month prevalence of disorder and rates of service utilisation. *Archives of General Psychiatry*, **44**, 832-36.

Reder, P. and Lucey, C. (eds.) (1995). *Assessment of parenting : psychiatric and psychological contributions*. Routledge Press, London.

Target, M. and Fonagy, P. (1996). The psychological treatment of child and adolescent disorders. In *What works for whom? A critical review of psychotherapy research* (Roth, A. and Fonagy, P. eds.) Guilford Press, London.

Webster Stratton, C. and Herbert, M. (1993). *Troubled families : problem children*. Wiley Press, Chichester.

Williams, R. and Richardson, G. (1995). *Together we stand. The commissioning, role and management of child and adolescent mental health services*. HMSO Publications, London.

参考文献

Copley, B. and Farryman, B. (1987). *Therapeutic work with children and young people*. Robert Royce, London.

Dowling, E. and Osborne, E. (1994). *The family and the school. A joint systems approach to problems with children* (2nd ed.). Routledge, London.

Edwards, M. and Davis, H. (1997). *Counselling children with chronic medical conditions*. BPS Books, Leicester.

Frude, N. (1990). *Understanding family problems. A psychological approach*, Wiley Press, Chichester.

Happé, F. (1994). *Autism : an introduction to psychological theory*. UCL Press, University College, London.

Herbert, M. (1991). *Clinical child psychology social learning, development and behaviour*, Wiley Press, Chichester.

Jones, E. (1993). *Family systems therapy. Developments in the milan-systemic therapies*. Wiley Press, Chichester.

Meadows, S. (1993). *The child as thinker. The development and acquisition of cognition in childhood*. Routledge Press, London.

Trowell, J. and Bower, M. (1995). *The emotional needs of children and their families. Using psychoanalytic ideas in the community*. Routledge, London.

5——成人のための臨床心理サービス

John Marzillier

臨床心理士であれば，誰でも何らかのかたちで成人と関わりをもつことになる．本章では，まず臨床心理士が取り組む成人の心理的問題について概説する．そして，そのような問題に介入する際の基本的な手続きと原則を説明する．近年，臨床心理士は，心理学的介入の専門的技能として，短期間で実効性を発揮する認知行動的方法を発展させてきた．そこで，認知行動的方法について，不安障害や抑うつの事例を通して具体的に解説する．訓練課程において臨床心理士は，まず認知行動療法を学び，その後に他のタイプの心理療法を学ぶ．本章では，他のタイプの心理療法として，心理力動的アプローチ，認知療法，認知分析療法，夫婦療法，家族療法，集団療法を解説する．また，最近では，さまざまなアプローチの統合が進んでいる．多くの臨床心理士は，さまざまな方法を組み合わせて個別のケースに適した対応をしており，自らを「折衷的」と称する．本章では，摂食障害の事例をもとに，折衷的アプローチについて具体的に説明する．最後に心理学的介入の有効性に関する研究法を概観する．さまざまな形式の心理療法がある中で，現在の時点では，特に認知行動療法の有効性を支持する証拠が得られている．そこで今後は，心理療法の過程研究や臨床心理士‐患者間の相互作用に関する研究の発展が期待されていることも指摘する．

1. はじめに

　臨床心理士であれば誰であっても，仕事をしていく上で成人と何らかの関わりをもつことになる．心理的なアセスメントや介入といった活動を通して，成人の患者に対して援助サービスを直接提供する臨床心理士がいる．また，間接的に成人と関わる臨床心理士もいる．例えば，子どもと関わる臨床心理士は，親や教師，あるいは他の専門スタッフとも密接な関わりをもつことになる．この章では，メンタルヘルスの場面で成人に提供する援助サービスに的を絞り，臨床心理士の活動を解説する．

　特定の障害を示す人々に対する心理的介入，および特定の専門サービスにおける心理的介入については，他の章で扱われる．例えば，学習機能の障害をもつ人々に対する専門的な心理学的介入については7章で，重い精神病に対する援助的介入における臨床心理士の役割は9章で，そして一般的な医療場面で働いてい

る臨床心理士の役割は12章で解説される．

　心理学的介入には多くの形態があり，それらには，それぞれを特徴づける名称がつけられている（例えば，心理療法，行動療法，精神分析，認知療法など）．このような形態は，心理療法の"学派"と結びついている．心理療法には多くの学派があるため，心理療法の実践家にあっては，異なる学派の理論を信奉することによって，それぞれ介入の方法が違ってくるということがある．心理療法の実践家のなかでも臨床心理士は，概して，認知行動療法のような短期的で実用的な介入法を採用してきた．実際，すべての臨床心理学の訓練コースでは，認知行動療法のアプローチを基礎訓練に取り入れている（1章参照）．それに加えて，多くの臨床心理士は，基礎訓練に引き続く専門的訓練として，心理力動的心理療法，家族療法，精神分析，認知分析療法，人間性心理学などの方法に基づく訓練を受ける．したがって，たとえ認知行動療法の学派が優位を占める傾向があるにしても，臨床心理学を心理療法の1つの学派と同等に扱うとしたら，それは誤った認識である．実態調査によると，たいていの臨床心理士は，自らを"折衷主義"とみなし，いろいろな学派から介入技法を援用する傾向があることが明らかとなっている．そこで，本章では，さまざまな心理療法の解説を行うことにする．

　このように臨床心理士も，心理療法家と同様にさまざまな心理療法を行う．では，臨床心理士には，心理療法家とは区別される何らかの特質があるのだろうか．その点に関しては，臨床心理士には2つのはっきりとした特質があるというのが，その答えである．まず第1は，臨床心理士は心理学の理論を実践の基盤として位置づけることに関心があるということである．そのため，心理学理論の変化発展にともなう新たな展開が開けており，新しい方法を積極的に取り入れることが，臨床心理士の第1の特質である．第2は，科学者 – 実践者（scientist-practitioner）モデルに基づき，効果のある介入法を重視するということである．つまり，臨床心理士は，実験的研究によって効果があると認められた技法を用いるということである．心理療法の有効性については，本章の末尾で論議される．

2. 臨床心理士が活動する場

　臨床心理士が患者に出会う最も一般的な場所は，クリニックやセンターである．クリニックという場は，そこで提供しているサービス全体の特徴によって，その在り方がさまざまに異なってくる．例えば，イギリスの臨床心理学は，歴史的に

精神医学と密接な関係にあったため，多くのクリニックは精神科の病院附属となっている．しかし，クリニックは，病院附属に限られるものではない．ほかのところに，例えば，大学の心理学部，総合病院，コミュニティのメンタルヘルス・センター，あるいは市街地の商店街にさえ，設置されていてもよいわけである．アメリカのように個人開業が盛んな国では，臨床心理士は，他の専門職と軒を並べてクリニックを開業し，クライエントを得るために競い合うということも行われる．

　"クリニック"（clinic）という語は，援助サービスを意味する語として用いられる．ただし，クリニックには医学的な意味合いが含まれているため，好んで用いられる語というわけではない．そのようなことはあるが，クリニックで働く臨床心理士の活動は，実際には医療職の活動に似た側面がある．患者は，家庭医（一般開業医）や精神科医などの他の専門職からリファー（紹介）され，予約をし，クリニックやセンターを訪れ，受付を済ませ，待合室で待つ．そして，通常は，"介入"が完了するまで，ある一定の回数の予約面接が行われる．このようなクリニック・アプローチは，臨床心理士の最も一般的な方法ではある．しかし，それは，コミュニティのニーズに対して有効な対応ができず，また対応したとしても，十分な対応はできないと批判されてきた．クリニック・アプローチに基づく臨床心理士は，長い予約待ちリストにしたがって順にクライエントに会っていく．そのため，クリニックの臨床心理士は危機状況に素早く対処することができず，結局，患者も紹介者もほかのところに援助を求めることになる．したがって，病院や専門センター附属のクリニックとして位置づけられ，クリニック・アプローチに基づいて活動した場合，心理学的介入サービスが他の形態の援助やケアから孤立してしまう危険性がある．

　このような事態に対して，コミュニティに基づくサービスを行うために，ボランティアの機関や他の専門職と密接な連携をとって活動することが推奨されてきた．そうすることによって，ひとつの方法に固執するのではなく，患者のニーズに合わせてよりよい対応を提供することが可能となるからである．さまざまな立場の専門家が協力するチームによってコミュニティのメンタルヘルスに取り組む活動は，1960年代にアメリカで最初に形成された．このようなコミュニティ活動は，イギリスにおいても確実に増加してきている．その結果，現在，すでに臨床心理士は，コミュニティ活動を行うチームの一員になっている．臨床心理士は，チームの一員として，ある特定の地域や区域にあって，コミュニティにとってア

クセスしやすく，またニーズに合わせて柔軟に対応できる援助サービスを提供できるように活動することになる．このような臨床心理士の活動の展開の意義については，12章で詳しく論じられる．

3. よくみられる心理的問題

成人のメンタルヘルスに関わる臨床心理士にリファー（紹介）されてくる問題のなかでも，最もよくみられる問題のリストを表5.1に示した．ただし，これは，心理学的な分類法として確立した体系に基づくものではない．現在のところ，そのような心理学の分類体系はないので，上記リストは，よくみられる心理的問題を取り上げ，便宜上，それに名称をつけただけのものである．したがって，カテゴリー間に重複が生じることも，十分ありえる．例えば，性に関する心理的問題をもつ人が，同時に抑うつ状態となっており，夫婦関係の問題でも苦しんでいるということもありえる．また，アルコール中毒の患者が家族や友人に対して攻撃的に振る舞うこともありえる．したがって，表5.1で使われた名称は，患者や，患者をリファー（紹介）する専門家が援助の対象となる主要な問題は何かということを同定するために，便宜上用いる手段といったものである．このような便宜的な分類を超えて，事例のアセスメントを行い，問題の性質をより深く詳細に明らかにし，どのような介入をすべきかを判断することが，臨床心理士の仕事の主要な要素となる．

精神医学の分野には，2つの正式な診断の分類体系が存在する．それは，アメリカの分類体系であるDSM-IVと，ヨーロッパの分類体系であるICD-11である．臨床心理士は，心理的な問題を分類するために，これらの分類体系を用いることがある．しかし，このような精神医学の診断体系を用いることには，長所と短所がある．長所は，国際的において使用され，理解されている科学的体系にしたがって活動することによって得られる利点である．これは，科学的研究を行う際に最も顕著に示される．

その一方で，この体系は，明らかに医学のものであり，多くの臨床心理士は，分類体系の前提となっている仮説に違和感をもつ．例えば，人生における重大な出来事に対する反応として生じたのではない，普通にみられる抑うつや不安であっても，それを，診断体系にしたがって病気（illness）と呼んでよいものかという疑問が生じる．それは，本質的に正常な反応を病理としてしまう危険に関する

表 5.1　臨床心理士による介入の対象となることの多い心理的問題

I. 感情的問題
1. 恐怖と恐怖症
2. 全般性不安
3. 強迫観念と強迫行為
4. 抑うつ
5. その他の感情的混乱　例：怒り，罪悪感

II. 中毒と習癖問題
1. アルコール中毒と飲酒
2. 薬物乱用
3. 食行動の問題　例：拒食症，過食症，肥満
4. その他　例：喫煙，吃音，賭け事，依存的人間関係

心理・性的問題
1. 性的機能不全　例：インポテンツ，膣痙攣
2. 性的嗜好の問題
3. 性的虐待

IV. 社会的および対人的な問題
1. 孤独，シャイネス，社会的孤立
2. 攻撃的で反社会的行動
3. 夫婦間の葛藤
4. 対人関係の問題

V. 心身症的および医学的問題
1. 心身症系の障害　例：ぜんそく，頭痛
2. 心臓血管系の障害　例：高血圧，冠状動脈疾患
3. 痛み
4. 慢性の身体疾患

疑問であり，違和感である．精神医学的診断体系のなかには，社会で受容できる行動と受容できない行動についての価値判断が埋め込まれているのである．この点に関して，精神医学の診断体系には，人々を「病気」と診断し，それゆえ異常であるとレッテルを貼ってしまう側面がある．そして，メンタルヘルスの専門家は，そのような診断体系を認めてきたと批判されてきた．このような点が，精神医学の診断体系を用いる場合の短所である．

　ただし，実践場面においては，何らかの仕方で心理的問題を分類し，関係者間で情報を共有できるようにする必要がある．実証的研究の結果を導き出すためにはデータを分類する共通の枠組みが必要となるが，それと同様に，実践場面においても関係者が共有する分類枠組みが必要となるのである．臨床心理士も，心理的問題の分類について議論を重ねてきた．しかし，共通の分類枠組みの必要性という点で，精神医学の分類が，心理的問題の分類に関する議論にも強い影響を及

ぼすようになってきている．例えば，最近，2名の臨床心理士が種々の心理的介入の効果研究をレビューした本を出版しているが，そこでは，心理的問題を分類する枠組みとして，はっきりとDSM-IVが引用されている（Roth & Fonagy 1996）．

臨床心理士は，さまざまな問題を対象とし，さまざまなタイプの心理援助を提供する．このような多様性は，ある部分，臨床心理士の理論的オリエンテーションと経験が異なっていることに起因する．また，ある部分では，臨床心理士が活動する場がそれぞれ異なっており，しかも，そこで臨床心理士に求められる事柄がさまざまに異なっているということにも起因する．さらにもうひとつ，臨床心理士の提供する心理援助の形態を決定する要因として，経済的効率（cost effectiveness）がある．どのような援助サービスであっても，そこで用いられる介入法は，実践的有効性が証明されており，かつ経済的効率がよいものであることを示さなければならない．特に，援助サービスが公的資金に基づくものである場合には，そこで提供するサービスは実践的な意義が証明されており，しかも経済的効率が高いことを明確に示す必要がある．

4. 心理学的なアセスメントと介入の基本原則

臨床心理士が行う心理学的介入の実際をジェシカとデイビッドの事例を通してみていくことにする．本章で最初の提示例となる本事例においては，アセスメントと介入の基本的な手続きと原則に焦点をあてる．そのため，事例の具体的プロセスについては，意図的に単純化してある．

事例・性的な問題をもつ夫婦への介入　ジェシカとデイビッドは，学齢期の2人の子どもをもつ30代はじめの夫婦である．デイビッドは，地元の一般開業医（GP）を訪れ，性的不能と性的満足の欠如について相談した．一般開業医は，彼に性的問題の専門家に会うのがよいだろうと提案し，その地域の臨床心理部門が運営する心理・性的問題の専門のクリニックに紹介することにし，彼らをそこにリファーした．クリニックに来談したジェシカとデイビッドは，心理援助を受けるにあたって，クリニックの通常の業務手続きにしたがい，まずアセスメントのための初回面接を受けるように指示された．

初回面接では，まず2人合同の面接が行われた．夫婦の問題は，デイビッドの性的不能の結果，性的関係がうまくいかなくなっているということであった．面接の初期は，性的問題に関して，その原因や特徴についての解説がなされた．また，その性的問題が彼らの夫婦関係にどのような影響を与えるのかについての説明も行われた．その際，問題の背景

にある情報，具体的には，彼らの仕事，生活様式，子ども，社会活動といった事柄に関する情報も，同時に収集された．

その後に，ジェシカとデイビッドは，分かれて個人面接を受けた．そこでは，それぞれの性に関するヒストリーの詳細な聞き取りが行われた．また，結婚生活において，どのように振る舞い，どのような気持ちをもっていたのかについての詳しい調査がなされた．そして，夫婦別々に，彼ら自身の結婚生活や性的関係についての質問紙に答えることが求められた．

最後に，再び夫婦の合同面接が設定された．そこでは，夫婦が，今後面接を続けるとしたら，何を期待するのかを中心に話し合いが行われた．その結果，夫婦の間で面接を続けることで合意し，その後の予定を決めた．2人には，性の問題およびその心理学的介入に関する簡単なプリントが手渡され，読んでおくようにと告げられた．取りあえずは，性関係を控えるようにとの助言が与えられ，次回の面接予約が1週間後に設定された．そこで，介入が行われるかどうかの最終的な判断が下されることになった．

次回の面接では，前回の面接，プリントの情報，今回の面接までの2人の会話に関してどのように考えるかということから話が始まった．ジェシカとデイビッドは，面接を続けることを強く望んだ．そこで，臨床心理士は，性の問題に特有な介入手続き，および心理療法で一般的に必要とされる事柄について説明した．さらに，介入はアメリカの研究者であるマスターズとジョンストン（Masters & Johnston）の研究に基づき，特別な心理学的手法を利用して性的関係の再学習を行うものであるとの解説が加えられた（Hawton 1985 を参照）．次に，デイビッドの性的不能が遂行不安によって起こされている可能性が取り上げられた．そこで，性行動を再開するのに際しては，不安を克服し，性的能力を回復する手続きとして，容易な課題から徐々に取りかかるプログラムが提案された．一連の実行課題における最初の課題が彼らに示され，それを家で実行してくるように指示された．週単位で面接の予約が組まれ，必要な場合には，電話による連絡も可能であることが告げられた．

当初は，介入はプログラムにしたがって順調に進行し，ジェシカとデイビッドは，次第に性的交渉における親密さを増していった．しかしながら，デイビッドは，依然として勃起を維持することが困難であった．そこで，話し合いがもたれ，リラクゼーションの訓練が行われることになった．そして，性的興奮や勃起のことを気にせず，性的交渉における親密さを楽しむことに集中するようにとの助言がなされた．その結果，ジェシカとデイビッドは，この数カ月間できていなかった性交をはじめてすることができた．ジェシカとデイビッドは，次第にセックスに関して自信をつけ，楽観的な見方ができるようになった．その後の数回の面接においても順調な進歩がみられ，介入は，12回の面接を経て正式に終了となった．ジェシカとデイビッドは，その3カ月後に最終的なアセスメントとフォローアップの面接を受けている．

ジェシカとデイビッドの事例は，心理学的介入の方法を簡潔に例示するために創作したものである．このような単純明快な事例というものは，実際にはほとんどありえない．しかし，基本原則については，実際の事例においても共通してい

る．介入は，常にアセスメントを行い，それに基づいて進められる．それが，基本原則となる．その場合，アセスメントの主目的は，問題の在り方に関する情報を収集することにある．臨床心理士は，そこで得られた情報に基づき，介入の方針を定める．また，初回のアセスメントでは，患者と臨床心理士が互いに知り合い，信頼関係を確立することも同時に目的となる．この相互の信頼関係は，介入が成功するための前提条件である．また，介入に関する決定は，患者と臨床心理士相互の同意の下になされるべきものである．したがって，患者は，介入においてどのようなことが行われ，どれほど成功する可能性があるのかについて知らされなければならない．介入は，臨床心理士と患者が協力して変化を成し遂げる作業である．そのため，セラピーに患者が積極的に関わることも重要な要素となる．

　介入は，通常，週に1度の外来面接の形態で行われる．もちろん，扱われる問題の種類によって，形態は変わってくる．事例によっては，最初に集中的に面接が行う必要のある場合もある．入院を必要とする場合もある．また，患者がグループ面接を受ける場合もある．あるいは，例えば医師，看護師，保健師，ソーシャルワーカーといった専門職と緊密な連携をとって協働する場合もある．

　介入の効果は，継続面接の経過のなかでその都度行われるアセスメント，および介入の終結後に行われる効果評価によってモニターされる．さらに，介入による改善点が，その後も維持されているかどうかをアセスメントするために，フォローアップ面接が1回以上行われる．

　心理学的介入は，常にジェシカとデイビッドの事例のようにわかりやすく進むとは限らない．例えば，心理的問題を簡単に定義することが常にできるわけではない．また，確立している介入法を常に利用できるわけでもない．心理学的介入においては，患者と協働して問題が何であるのかをしっかりと確定した上で，問題に介入することが重要な部分となる．しかも，介入にあたっては，問題状況に合わせて個別に介入法を調整して対処することが求められる．上記例におけるデイビッドの性的不能は結果であって，実はその根本にはより複雑な夫婦関係の問題が横たわっていた可能性もある．つまり，彼の性的不能は，より根本的な夫婦の問題が表現されたものであったとみることもできる．もしそうであるなら，臨床心理士は，彼や彼女の注意を根本的な問題に向けるとともに，彼や彼女がその問題を解決する準備ができているかどうかを探らなければならなかった．このように心理的問題をどのようにとらえるか，そして，それにどのように介入するかは，簡単に割り切れるものではない．

心理的問題を概念化する仕方は，臨床心理士によって大きく異なる．このことは，どのような介入が提供されるかにも影響を与える．例えば，性的不能は，患者自身のセクシュアリティに関する無意識的葛藤を示すものだと考える臨床心理士もいる．そのように性的不能の問題を概念化する臨床心理士の場合，葛藤を意識化させることによって問題の解決を図ることが介入の方針となる．

5. 認知行動療法

　ジェシカとデイビッドの事例は，行動療法の例としてみることができる．行動療法は，1960年代に心理学的原理に関する実験的研究，特に学習理論に基づいて発展した心理療法の一学派である．行動療法の基本的見解は，感情などの問題は学習の結果であるので，学習理論を適用することによって患者は問題を解決できるようになるというものである．現在，このようなアプローチは，行動だけでなく，思考，イメージ，信念などの認知過程の重要性を強調するために，認知行動療法（Cognitive-Behaviour Therapy：CBT）と記載されるようになってきている．

　認知行動療法は，短期で終結する傾向がある．数週間，長くてせいぜい数カ月であり，時には4～6回のセッションという短期間で終わることもある．認知行動療法の目的は，患者が直接，自身の問題行動を変化させるのを援助することである．患者と臨床心理士との間の信頼関係は認知行動療法においても重要ではあるが，しかし，それが変化の主な手段とみなされてはいない．むしろ，このアプローチの特徴は，教育的傾向および問題解決指向性が強いことにある．それは，臨床心理士が問題解決に向けて患者を導くために専門的知識を用いることが，認知行動療法において重視されるからである．さらに認知行動療法のもうひとつの特徴として，科学的研究によって作成された尺度を利用して変化を体系的にアセスメントすること，および介入効果があると認められた技法を用いることの重視がある（Hawton et al. 1989）．

不安とパニックのための認知行動療法

　認知行動療法は，特に不安が主要な問題となっている人々に対する心理援助に有効な方法であることが明らかとなっている．不安は，持続的で強い苦悩をともなう主観的な感情として定義される．その際，何らかの不快な出来事が将来起き

るのではないかとの恐怖や懸念がみられることが，不安の特徴である．不安それ自体は，正常な経験であって，誰でも時折感じることはある．難しい試験を受けること，歯医者に行くこと，厄介な人間関係に関わること，きちっとした会合でスピーチをすること，これらはすべて不安が経験される場合の例である．不安の感情が非常に激しく，しかも長く続くために日常生活に支障を来たしている場合，あるいは不安がどのような時に，どのような理由で生じるのかわからないまま不安の感覚を持ち続けなければならない場合に，人は，心理援助を求めて患者として臨床心理士のところを訪れることになる．

パニック発作をともなう広場恐怖の女性の認知行動療法　ジーンは，7歳の息子をもつ33歳の既婚女性である．彼女は，きちんとした服装をし，礼儀正しく，しっかりとしている．態度はかなり控えめで，静かな話し方をする．彼女の主訴は，ひとりで外出し，特にスーパーのような混雑した場所に行くことに対する恐怖感である．ひとりで家にいる時でさえ，彼女はパニック発作を起こし，夫に電話をして支えてもらわなければならないことが頻発している．彼女の人間関係は非常に狭い範囲に限られており，母親以外の人とはほとんどつきあっていない．逆に，母親とは，ほとんど毎日会っている．彼女の記憶によれば，彼女は，この数年間恐怖とパニックを経験していた．今回彼女が心理援助を求めて来談した理由は，息子が自分と同じような不安を経験しているかもしれないということであった．彼女の息子は，学校で不安になるので学校に行きたくないと，母親である彼女に訴えてきたということがあったのである．

　ジーンの問題は，一般に"広場恐怖"（agoraphobia）と呼ばれる障害である．広場恐怖の原語ギリシャ語の意味するところは，文字通り"市場での恐怖"である．広場恐怖の主な特徴は，以下の4点である．(1) ひとりで家あるいは安全な場所を離れることについての恐れ，(2) 混雑した場所に対する恐れ，(3) "恐怖"それ自身に対する恐れ，そして(4) 逃げ出すことが難しい閉じた場所の回避．

　このような広場恐怖の事例の場合，認知行動療法では，(a) 恐怖と不安を引き起こさせる状態に徐々に曝していく系統的なプログラムの作成と実施，および (b) 困難な事態に自ら対処できる能力に少しでも自信がもてるように患者を教育することが目指される．それは，患者が自信そのものを取り戻すことを目指したものである．

　ジーンと臨床心理士は，最初の2回のセッションで，最も不安を引き起こす状況を数え上げ，それをリストにした．そして，不安の強さにしたがって25のステップに分かれる段階的プログラムを作成した．それは，第1ステップである"30秒間玄関にひとりで立ちドアを開けること"から始まって，第25ステップとなる"土曜日の午後にバスで中心街に行き，スーパーマーケットに入ること"までの段階を踏んだプログラムとなっていた．ジーンは，漸近的筋弛緩リラクゼーションも教えられた．そして，彼女の外出恐怖は，最初に経験したパニックの結果として学習されたものであることが伝えられた．また，その外出恐怖は，主として，パニックが再発するのではという"恐怖それ自身に対する恐れ"によって維持されているということも伝えられた．それは，恐怖行動の学習と維持に関し

て，効果の原理に基づく考え方の教育がなされたということである．その結果，彼女は，不安とパニックの兆候にうまく対処できる自信を取り戻し，ひとりで外出できるようになった．彼女の問題への介入は，成功したのである．

　この時点で臨床心理士とジーンが採用しようと思えば，採用することができた2つの介入方法がある．ひとつは，漸進的なアプローチである．それは，ジーンが不相応な不安を感じずに不安段階リストの最も容易な状況に取り組めるようになるまで，そこに留まるというやり方である．このアプローチでは，最初に場面をイメージして状況に取り組み，次に現実場面で実際に行動として課題に取り組むという手続きをとる．ジーンがその状況で自信をもてるようになると，次のステップに進む．そして，不安の感情が起きた時点で，それに対抗するためにリラクゼーションを用いる．不安の段階リストのそれぞれの状況にうまく取り組めるようになるまで，これが繰り返される．この方法は，"系統的脱感作法"（systematic desensitization）として知られているものである．

　もうひとつのアプローチは，"フラディング"（flooding），あるいは"曝露法"（prolonged exposure）として知られているものである．それは，最初から最も強い不安を喚起させる事態に直面させ，長い時間をかけて不安が減少するまでその状況に耐え抜くことを求める方法である．上記ジーンの事例では，土曜日の午後の，混雑したスーパーマーケットに行くことが不安を喚起する事態に直面する課題となる．そこで，ジーンと臨床心理士は，スーパーマーケットに一緒に行き，たとえ不安が高まり，逃げ出したくなっても，それに耐えてスーパーマーケットで午後ずっと過ごすことを試みる．この方法は，苦痛を生じさせることの多い方法ではある．しかし，急激に，しかも劇的に問題を改善するといった効果を期待できる方法ではある．ジーンの場合，彼女は，不安が喚起される事態に直面しても，恐れていた由々しき出来事が実際には起きなかったことを理解した．その結果，彼女の不安感情は一気に減じて，毎日の買い物をすることもできるようになった．臨床心理士とジーンは，数回この介入法を繰り返した．その度ごとに彼女は，不安な場面に楽に直面できるようになっていった．そこで次に，そのような不安な事態に彼女ひとりで取り組むことが課題となった．このようにして，ジーンは，広場恐怖を打ち消すプロセスを開始したのである．

　行動療法に基づく計画的な介入が功を奏し，何か大惨事が起きるのではないかという，ジーンの心配は次第に薄らいでいった．ジーンは，不安によってパニッ

ク症状が引き起こされる経緯を認識し，それをどのように対処したらよいのかを理解できるようになった．その後，臨床心理士のアドバイスによって彼女は，自己表現（assertiveness）のトレーニング・グループに参加した．そこでは，より積極的に自己表現するとはどういうことなのかを患者同士で話し合い，それをグループ内で実際に試すということが行われた．積極的な自己表現とは，自己自身の立場を明確にし，自立した行動をとることである．このグループに参加することでジーンはさらに自信を深め，家族，特に母親の要求に対して適切な対応ができるようになった．介入プログラムが終了する頃には，彼女は，単に一人で外出できる自信をつけただけでなく，自信をもって自己表現できる人間になっていた．彼女のことばを借りるならば，単に「そこにいるだけの人間」ではなくなったのである．

　行動理論に基づき，不安を軽減し，自信を取り戻すために有効な実践的方法が開発されてきたが，ジーンの事例は，その一例である．多くの広場恐怖の患者は，認知行動療法によって心理援助を受けてきた．このアプローチの効果は，実証研究によって確認されている（Mathews et al. 1981）．広場恐怖は，さまざまな要因が絡み合って生じた複雑な事態である．したがって，外出不安以外の，さまざまな要因が関与していることも見逃してはならない．ジーンの事例では，依存心と自己表現の欠如が，そのような要因として関わっていた．夫婦関係や家族関係の混乱も要因として関与していた．もちろん，さまざまな要因がさらに複雑に絡み合って慢性化しているような事例では，介入の効果がみられない場合もある．しかし，認知行動的アプローチは，実用的な方法であり，多くの患者にとって有効な介入法であることは，すでに確認されている．

　パニック発作の認知行動療法　アメリカとヨーロッパでは，近年，認知行動療法の介入効果に関する研究が数多く行われてきている．それによれば，広場恐怖をともなうか否かにかかわらず，認知行動療法はパニック発作に対して有効な介入法であることが示されている．パニック発作の特徴は，突然，激しい恐怖感に襲われることである．呼吸困難，めまい，心拍数の増加をともない，胸苦しくなり，息が詰まって死ぬのではという感情に襲われる．このような体験は，身体的に害はないが，心理的にはたいへん恐ろしいものとなる．パニックをともなう広場恐怖症の患者は，発作が起こりやすい場所や時間を，ある程度，特定することができるので，そのような場所や時間を避けようとする．

しかし，患者のなかには，まったく予期できない突発的な発作に苦しむ者もいる．このような場合には，パニック発作が介入の主要な焦点となる．認知行動療法の観点からするならば，パニック発作における主要な要因は，患者の認知的歪みということになる．例えば，患者は，不安にともなって生じる身体感覚と発作を心臓発作の兆候，あるいは発狂の兆候と誤って解釈しているのである．このような誤った解釈は，ちょっとした感覚の変化を大変な苦痛として感じさせるだけでなく，次々とパニック状態を創り出す役割も果たす．その点で，誤った解釈は，破壊的な性質をもっているのである．患者は，恐怖と不安の悪循環に巻き込まれ，パニックの連鎖的悪化から逃れられなくなる．

認知行動療法による介入においては，他の障害と同様にパニック発作の患者に対しても，破壊的性質を帯びた，誤った解釈を認識し，それに対抗することを学習するように患者を援助する．そうすることで，恐怖と不安の連鎖を断ち切るのである．実証研究では，認知行動療法の介入によって，74～94％の患者のパニックが解消されたと報告されている（Clark 1997）．

強迫性障害の認知行動療法

強迫性障害は，強迫観念（obsession）と強迫行為（compulsion）の2つの構成要素によって特徴づけられる．強迫観念は，繰り返し反復して生じてくる考え，イメージ，衝動である．それらは，望まないのにもかかわらず，意識に侵入してくるものであり，多くの場合，患者にとっては忌まわしく，無意味なものとして経験される．そのような考えやイメージの内容は，しばしば，他人に危害を加えたり，他人に危害が及ぶといったものである．例えば，ある女性は，ナイフで娘の心臓を突き刺すというイメージに繰り返し襲われていた．さらに，「その上にジャムを置け」といった無意味な語句が反復して生じてきて，それに苦しめられていた．このように，強迫観念の侵入的で不快な内容は，耐えがたい苦痛と不安を引き起こすのである．

強迫行為は，反復的に繰り返される型どおりの行動である．それは，患者の主観的な衝動によって引き起こされるものであり，患者にとっては抗しがたく，多くの場合は儀式的な行為となっている．このような行為は，ほとんどの場合，将来被る可能性のある危険に備えて，先手を打つことを意図したものである．例えば，汚染を避けるために繰り返し徹底的に手を洗うといった行為が，それにあたる．そして，そのような行為をやり終えることで，緊張が軽減し，患者は安堵感

を得ることになる．なお，すべて当てはまるというわけではないが，通常は強迫観念が強迫行為を誘発する傾向がある．典型的な強迫観念としては，暴力，汚染，疑惑に関して繰り返される考え（thought）がある．例えば，家にしっかりと鍵がかかっているのかという考えが疑念として繰り返されるのは，疑惑の強迫観念である．また典型的な強迫行為には，手を洗う，数を数える，確認するといった行為を繰り返し反復することが含まれる．

　強迫性障害は，3つの側面から介入が行われる．第1の側面は，感情の問題である．これに対しては，直接，不安を軽減する技法を用いて介入する．例えば，土による汚染についての強迫的不安をもつ患者を土で汚れた場に連れていく．そして，患者を強迫的な刺激にさらし，不安に慣れるようにもっていく．第2の側面は，行動の要素である．それは，しばしば，不安を避け，また不安の侵入を防ぐために行われる儀式的行動となっている．そのような行動の側面に対しては，"反応防止"（response prevention）という技法によって直接的な介入を行う．その技法では，名称が示す通り，患者が防衛反応として儀式的行動を起こすのを未然に防止し，それによって患者が不安を喚起する事態に直面するようにもっていく．最後の第3の側面は，認知の問題である．患者は，最終的には，強迫的な思考や心配から気を逸らすように指導される．さらに，もし可能であるならば，そのような考えを非合理的で，望ましくないものとして捨て去ることも教えられる．

　このような技法を用いて行われる強迫性障害の患者への介入は，実際にやり遂げることは容易ではない．そのため，多くの場合，患者を入院させ，より重篤な障害に対するように，他の専門スタッフの助けを借りて集中的な介入援助を行う．あるいは，入院という形をとらない場合には，自宅を入院と同様な集中的援助ができる環境にして，その上で介入を行う．特に強い抑うつ傾向をもつ患者の場合には，セロトニン作動性抗うつ剤を用いた薬物療法が助けになる．その点で薬物療法を併用した集中的な介入援助が必要となる．実証研究は，この種の包括的な行動的アプローチの有効性を強く支持する結果を示している．RachmanとHodgson（1980）は，この種の介入法の成功率は，強迫性障害の患者に関しては70～80％であると報告している．さらに，介入の終了後，最高2年間のフォローアップも行われている（Roth & Fonagy 1996 も参照）．

　認知行動療法は，多くのタイプの心理的問題に対して有効な介入法となっている．例えば，過度の喫煙や飲酒のような依存性の行動，性・心理的問題，対人関

係の困難，摂食障害，不眠症，極端な怒りなどは，認知行動療法の適用である．このように，研究に基づくアプローチであるとともに，わかりやすく，しかも問題に直接介入するという点が，認知行動療法の利点となっている．

6. 認知療法

　認知療法は，患者の認知，つまり思考プロセスに直接介入する技法から構成されている．そこでは，患者が経験する感情的問題は，患者の思考過程の歪みに直接的な原因があるとみなされる．そのような思考過程の歪みは，悲観的思考，思考の誤り，非合理あるいは不適切な発想や信念といったかたちで顕われる．例えば，思考の誤りとしては，過度の一般化や偏向的推論といったものがある．認知療法では，患者が自己の認知的歪みを認識し，それに対処することができるような指導が行われる．それを通して患者は，自らの感情的な苦痛を軽減し，処理できるようになる．

　このように認知療法は，認知行動療法と同様に実用的な問題解決型の介入法であり，特に抑うつと不安に対して適用的であることが特徴である．認知療法においても，患者との信頼関係の形成は重視される．認知療法では，それに加えて，教育的方法が用いられる．実際には，認知行動療法と認知療法が互いに融合してきており，両アプローチの区別は意味はなくなってきている．

抑うつの認知療法

　抑うつは，絶望感と落ち込んだ気分がこころの全体を占め，それが長期間持続する状態として特徴づけられる．しばしば睡眠障害，エネルギー低下，食欲低下，精神運動性の興奮あるいは抑制といった多彩な身体症状をともなう．抑うつ状態の患者は，あらゆる事柄に興味を失い，集中困難となり，判断不能となる．また，強い罪悪感と自責の念に苛まれ，自殺念慮が強くなる場合もある．軽いレベルの抑うつ感については，誰もが経験するものである．それに対して重い病理的なレベルの抑うつは，実質的には，おそらく人口の8分の1ほどの人が経験する．

　最近まで，抑うつ患者に対しては，抗うつ剤を用いた薬物療法を行うことが当たり前になっていた．三環系の抗うつ剤や，近年開発されたプロザック（prozac）のようなSSRIは，多くの抑うつ患者の気分を引き上げ，症状面での改善をもたらしてきた．たいていの医師にとっては，このような薬物療法が未だに最

重要な介入法になっている．しかし，薬物療法にはいくつかの限界がある．それは，単に薬物が有害な副作用をともなう危険性があるというだけでなく，抑うつ患者の自ら回復する能力を阻害する危険性があるからである．何らかの改善がみられた場合，それがどのようなものであろうと，改善したのは，患者自身の力によるのではなく，薬物療法のおかげであるということになる．このようにして薬物療法は，自分は無力であるという患者の信念を強化してしまい，結局，抑うつに対処しようとする患者の試みを抑制する危険性がある．

認知療法は，抑うつ患者が自らの資源を確認し，それを適切に配分し直すことを援助する．つまり，認知療法は，患者が自らの資源の再配分することを通して，気分を改善し，抑うつ的思考を取り消し，行動と環境をよい方向に変化させるように援助することを目標としているのである．それは，抑うつに特有な思考の歪みを識別し，それを修正することによって，問題解決を図る実用的な方法なのである．

以下に例をあげる．ハリス夫人は，心理援助が必要であるということで臨床心理士にリファー（紹介）されてきた．そのとき，彼女は，重いうつ状態であった．一日のほとんどをベッドで過ごし，単純な家事をすることもできなくなっていた．彼女は，母親，主婦，子，そして妻として何も役に立っていないと自分自身を責め，しばしば涙ぐんだ．このようなハリス夫人の心理援助を行うのにあたって最初にしたことは，健康な時にできていた行動について詳細な記録を作成してもらうことであった．そして，そのなかで最も実行しやすい行動を選択してもらった．当初は，週に2回の面接が行われた．次第に，構造化された介入計画に基づき，彼女が行動を起こすのを直接サポートする活動が加えられていった．その結果，彼女が実行できる行動は拡大していった．それと並行して彼女は，自己の否定的な考え方に気づき，それを観察し，最終的には違う考え方ができるような指導を受けた．彼女は，「自分はもうだめだ．きちんとしたことが何もできない」といった悲観的な考え方をしていたが，次第にそれとは異なる考え方に挑戦することを学んでいった．面接では，まず，このような悲観的な考えの正確さが問題にされた．臨床心理士は，彼女に，自分の行動を見直して，実際にはできていることをリストにするように求めた．それを通して，彼女の悲観的思考が，現実的な自己評価ではなく，実は抑うつを生み出す要因となっていたことが明らかとなってきた．そこで，彼女は，まず，臨床心理士の助けを得て，気晴らし（distraction）をすることで，抑うつ的思考から抜け出すことを試みた．そして，次第に

抑うつ的思考そのものと向き合い，それをほかの思考に変換することに取り組みはじめた．

この時期，ハリス夫人は，与えられた課題がささやかなものであれば，実際にそれを自分がやり遂げていることに気づくことがあった．ところが，彼女が，「このようなことは誰でもできる．大したことではない」と，自らがやり遂げたことの価値を認めなかった．それに対して臨床心理士は，彼女の基本的な思い込み（assumption）と信念（belief）をテーマとして取り上げ，それについて話し合った．その話し合いを通して，彼女が，幼少期に教え込まれた厳格な完璧主義を物事の判断基準としていることが明らかとなった．今回の心理援助を受けるまで，ハリス夫人は，このような自己の判断基準を意識したことはなかったので，それがいかに極端で厳格なものであったのかを知って非常に驚いた．そして，彼女は，この厳格な判断基準が自分の抑うつの原因になっていることに気づいていった．基準があまりに極端に完璧主義によるものであったために，何をしても成功したという感覚をもてなかったのである．心理援助の過程が進むにつれて彼女は，完璧主義の判断基準に替わるものとして，自己自身と世界を判断する新たな見方を試すことを始めた．そして，彼女の抑うつ気分は急速に回復し始めた．

認知療法が抑うつに対する有効な介入法であることを示す実証研究が次々に発表されている．例えば，Teasdaleら（1984）は，一般開業医からリファーされてきた抑うつ患者の認知療法に関して統制群を用いた介入効果の評価研究を行った．その結果は，一般開業医によって従来の治療法がなされた場合と比較して，認知療法による介入を行った場合には，臨床的にも，また統計的にも有意に高い回復率が得られることが明らかとなった．近年，抑うつに対する認知療法およびその他の介入法の効果研究が数多く発表されてきている．RothとFonagy（1996）は，それらの研究成果をまとめ，抑うつへの介入法の有効性を検討している．そこでは，認知療法が"激しい抑うつ症状に有効な介入法"であることが示された．それとともに，簡潔に構造化された方法は，認知行動療法と併用することで有効な介入法になることも示された．

しかし，重度のうつ病の患者については，一般に予後が悪く，薬物療法は別にして，ほとんどの介入法の長期的な効果は不明である．現在では，介入に対する反応が診断別にどのように異なるのかについての検討とともに，再発の防止要因に焦点があてられるようになってきている．

7. 心理力動的心理療法

　行動療法や認知療法も含めてあらゆる心理療法において，臨床心理士－患者の間の良好な関係，つまり信頼と敬意に基づく臨床心理士－患者関係は必要不可欠である．そのような信頼関係がない場合には，意味ある変化は生じない．変化のための基礎が欠如しているからである．心理力動的心理療法では，この臨床心理士－患者関係を心理援助の中核に置くとともに，変化を起こすための主要な手段とする．"心理力動"（psychodynamic）という用語は，特に精神分析学派の思想と実践の理論的起源に由来する．心理力動的心理療法は，直接，症状や行動の変化を引き起こすことに焦点をあてることはしない．直接焦点をあてるのは，患者が十分安心感をもてる臨床心理士－患者関係を確立することである．安心できる関係があってこそ患者は，感情的な凝りとなって心理的混乱を引き起こしている事柄を明らかにし，その意味を見直すことができるようになると想定されているのである．これは，患者が無意識に対する抑圧を解除し，自己の内的世界を"徹底操作"（working through）する過程である．臨床心理士は，その過程において，患者が自らの内的世界を効果的に探索し，自己理解を深めることができるような分析技能を用いる．

　心理力動的心理療法には，さまざまな"学派"がある．それは，精神分析が歴史的に展開する過程において生じた理論的相違と分裂を反映するものである．ただし，心理力動的心理療法においては，学派間の相違を超えて共通する要因があるとみなされている．このような心理力動的アプローチの在り方を例示するために，心理療法事例を以下に提示する．

事例・心理力動的心理療法による介入　ジャックは，既婚の38歳の教師で，3人の子どもの父親である．彼は，抑うつが繰り返し生じるということで，一般開業医（家庭医）から心理力動的心理療法の専門家である臨床心理士にリファーされてきた．臨床心理士のところに来談したジャックは，落ち着きがなく，最初は口数が少なく，防御的であった．彼は，面接を次のようなことばで切り出した．「私は，ここで相談したいなんて思ったことはありません．これは，妻のシャリアの考えなのです．私としては，こんなことで，あなたに貴重な時間をとっていただく必要はないと思っています．」ジャックは，自分が抑うつといった"問題"をもっているとは思っていなかった．ただ単に，時折気分がすぐれないことがあるだけだと思っていた．しかも彼は，自分自身が何故そのような不幸せな気持ちになることがあるのかはわかっていなかった．彼は，幸せな結婚をし，立派な仕事をもち，"3人のかわいい子どもたち"と一緒に過ごす幸福な家庭生活を送っていたのである．

面接が進むにつれてジャックは防衛を緩め，次第に自己自身について語りはじめた．彼は，幼い頃の体験を詳しく語った．それは，辛い経験を含んでいた．家庭は貧しく，父親は病気がちで仕事ができないことが多かった．そのため，お金のやりくりがとても苦しかった．彼と兄のジムは，学校の成績はよかった．ジムは，大学に進学し，工学の分野で活躍するようになった．それに対してジャックは，親の反対を押し切って16歳で学校を辞め，就職した．しかし，仕事は長続きせず，さまざまな職を転々とした．その後，紆余曲折を経て彼は，教師の道に進むことを決心し，教員養成学校に入学した．そこでジャックは，シャリアと知り合った．彼が資格を取得したすぐ後に，2人は結婚した．ある学校に数年勤務した後，現在の学校に移った．その学校は，彼が生徒として14年間通っていた学校であった．

　ジャックによれば，子どもの頃，自分を不幸だと感じていたとのことである．ところが，一旦教師の仕事に就いた後，彼は素晴らしく幸せだと感じるようになった．そのような状態が数年続いたが，昨年くらいからとても気分が沈み込むようになった．彼には，その理由がまったくわからなかった．彼は，家族と仕事に本当にとても満足していると繰り返し述べた．しかし，その声は，どこか沈んでいた．臨床心理士は，その時，ジャックの心の奥深くに沈み込んでいる惨めで陰鬱な感情を感じ取った．臨床心理士は，アセスメントのための面接を続けた．彼自身について，家族について，現在の生活について，さまざまな質問がなされた．それを通してジャックの陰鬱な感情がより明らかになってきた．面接の終わりに臨床心理士は，心理力動的な心理療法を受けることを希望するかどうかをジャックに尋ねた．同時に臨床心理士は，その心理療法は，週1回50分の面接を1年間続けることが前提となると説明した．さらに，女性であるその臨床心理士は，ジャックは本当は不幸であり，心理療法はその不幸について考える方法であることと，心理療法には苦しく，辛い過程が含まれる可能性があること，しかし最終的には有益な結果をもたらすであろうことを付け加えた．一瞬ためらった後で，ジャックは，「試してみます」と応えた．

　このようなアセスメントのための面接において，臨床心理士は，心理療法における関係の基盤となる心理的つながりを形成することに努める．まず臨床心理士は，何が患者を苦しめているのかを，患者とともに理解しようと努める．そして，心理療法の進め方について，ある程度の見通しをもつ．ジャックは，利発な少年であった．利発な少年であったからこそ，彼は，恵まれない家庭環境のなかで期待をもってしつけられた．臨床心理士は，ジャックの憂鬱感は，このような恵まれない生い立ちと関連しているとの見通しをもつことができる．もちろん，これは，仮説のひとつに過ぎない．心理療法が進むにしたがって，さらに多くの見通しや仮説が出てくるものである．このような過程のなかでジャックも，臨床心理士についての印象を形作り，心理療法とはどのようなことをするものなのかについて理解するようになる．時には，心理療法に対する非現実的な期待と希望を抱く場合もある．そのような非現実的な期待や希望に対しては，心理療法の過程で

修正が加えられる．他の人間関係と同様に心理療法の関係においても，臨床心理士と患者は，相互に調整し，お互いを理解していく過程が前提となっている．

　ここで，ジャックの心理療法の経過を詳細に記述することはできないので，要約して示す．最初の"蜜月の時期"には，ジャックは，時間通りきっちりと来談した．しかし，その後，ジャックは気難しく，引きこもり気味になった．彼は，面接をすっぽかしたり，遅れてくるようになった．臨床心理士は，ジャックと臨床心理士との間でどのようなことが起きているのかを探っていった．臨床心理士のそのような動きは，ジャックの，強い怒りと敵意の感情を引き起こした．ジャックは，心理療法を中断しかねない状態となった．まさに危機的事態に至ったのである．しかし，臨床心理士は，そこで，ねばり強くジャックの気持ちにつきあった．拒絶や反論することなく，ジャックの怒りを受け止めた．そして，彼がこのように怒りを感じた理由をともに考えるようにもっていった．

　ここから，彼の弟としての在り方がみえてきた．彼は，家族によって無視されていると感じていた．また，親は，兄に大きな期待をかけていた反面，弟である彼には無関心であった．そのような親の無関心な態度に，ジャックは深い怒りを抱いていた．彼は，反抗して，学校を辞めた．結局，彼は，教師になって，人の世話をし，人を指導する仕事に就くことになった．世話をし，指導するということは，まさに彼自身がしてもらっていなかったことであった．つまり，彼には欠如していたことであった．彼は，やさしく，愛情溢れる女性と結婚した．彼女は，彼が必要と感じていた心の支えと救いを提供したのだった．彼は，自分自身の家庭を育むことに没頭した．

　ところが，抑うつ状態がぶり返した時に，彼は，自分が人生において本当に価値があることを何も成していないと強く感じるようになった．また，自分は偽善者であって，他人に目をかけられるような人間ではないと強く思い込むようになっていた．そのような時，女性の臨床心理士は，心理療法において彼に絶えず気を配っていた．それに対して彼は，腹を立て，引き気味な態度を示した．特に彼が，彼女に好意的な感情をもつようになってからは，その傾向が強まった．好意的な感情をもつことに対する防衛が引き気味な態度となっていたのである．しかし，臨床心理士は，彼に気を配ることを緩めずに彼に接し続けた．それに対して彼は，激しい怒りと敵意の感情を覚えるようになった．

　ここで患者に生じてきた臨床心理士に対する強い感情体験は，心理力動学派の用語としてよく知られている"転移"（transference）に相当する．このセラピ

ストに対する強い感情体験は，心理療法過程の重要な側面を占めるものとみなされている．臨床心理士に向けられるジャックの感情は，過去の他者，おそらく両親に対する感情の反映とみることができる．心理療法において，これらの感情を認識し，それについて患者と一緒に"徹底操作"することが臨床心理士の役割である．その作業を通して患者も，自己自身の重要な側面について学び始める．具体的には，患者は，自己自身がその時抱いている感情は，実は自らの無意識に潜む思考や経験が表出されたものであるということを学ぶのである．

ジャックの場合，臨床心理士が彼の怒りを受け入れ，そこで起きている関係について率直に話し合ったことが，大きな転換点となった．彼は，これまでとは異なった観点から自らの過去の経験，特に子ども時代の経験を見直し始めた．その過程で彼は，自分は意味のある存在なのだということを感じた．それは，彼にとっては，ほとんど初めての経験だった．彼は，自分がどれだけ両親の希望を満たすために，あるいはそれを拒絶するために一生懸命努力してきたのかということを理解した．次第に彼は，意欲と自信を取り戻していった．そして，仕事でも家庭でもやっていけると確信するようになった．その結果，心理療法を終了することになった．

心理療法における関係は，非常に複雑なものである．したがって，このような短い記述では，そのほんの一端を示すだけである．心理療法でテーマとなる問題や心理療法に対する患者の反応は，それぞれ異なる．それと同様に患者も一人ひとり異なる在り方を示す．また，心理療法のやり方や理論的志向性も，それぞれの臨床心理士で異なっている．その結果，心理療法における臨床心理士と患者の関係は，複雑なものとなる．ただし，心理力動的アプローチには，先述した認知行動療法から区別する基本的な特徴はある．それは，臨床心理士－患者関係に焦点をあてること，および患者の感情と問題を理解し，解釈する際に精神分析的技能を用いることである．

このような心理力動的心理療法を実践するためには，臨床心理士の個人的技能，および患者とのよい関係を維持する能力が必要となる．しかも，患者とよい関係を維持する能力は，非常に厳しい困難な状況において試されるのである．すべての臨床心理士が，このような形態の心理療法を実施する用意があるというわけではない．むしろ，このような心理療法の在り方に対して異議を表明する人もいる．また，心理力動的アプローチをとる人々のなかには，心理療法の実践家の訓練過程においては訓練生自身が心理療法を受けることが必要不可欠であると主張する

学派もある．このような主張については，すべての人が賛成というわけではない．ただし，臨床心理士が経験豊かな上級臨床心理士から定期的なスーパーヴィジョンを受けることが望ましいことは，すべての人々の共通理解となっている．

8. 折衷主義のアプローチ

　上記の事例では，心理力動的心理療法の特徴を説明するため，認知行動療法との違いが強調されている．しかし，実際には，心理力動的心理療法と認知行動療法の違いは，それほど決定的なものではない．確かに理論上の相違はあるが，それは，必ずしも実践と厳密に結びついているというわけではない．むしろ，実践的場面では，両者は重なるところが多い．実践の本質においては，あらゆる学派の臨床心理士が類似のやり方に収斂していく．それにしたがって，理論的には明らかに異なっている学派間の相違も，実践活動においては，その境界が消えていく．例えば，短期（brief）の心理力動的心理療法に向かう動きがある．これは，場合によっては，認知行動療法よりも短期間で終わる方法である．この心理力動的な短期療法においても，やはり心理力動学派として解釈を行うことが本質となり，臨床心理士－患者関係が重視されている．しかし，介入は，時間制限を設けた問題解決に焦点をあてる方法を採用する．短期の心理力動的心理療法を受ける患者は，認知行動療法を受ける場合と同様に，取り組むべき特定の問題を選択することを求められる．もうひとつ，心理療法における学派の融合の例をあげる．それは，臨床心理士－患者関係の意味を取り上げる方法である．この方法は，特に人格障害のような深刻な問題への介入を行う場合に用いられる．そのような場合，患者の逸脱した行動によって臨床心理士と患者の関係は脅威にさらされる．人格障害の認知行動療法は，1〜2年と長期にわたることが多くなる．臨床心理士は，心理力動的臨床心理士が"行動化"（acting out）と呼ぶものに対処しなければならない．認知枠組みに焦点をあてる認知療法では，患者の基本にありながらも無意識に留まっている信念を扱う．そのような認知療法の過程は，多くの局面で心理力動的心理療法と類似している（Young 1994）．

　多くの臨床心理士は，自らのアプローチを"折衷的"（eclectic）であると述べている．折衷的という用語が意味するところは，1つの介入モデルに頑なに固執することはせず，患者の援助のために，さまざまなモデルと技法を適宜用いる用意があるということである．つまり，既成の理論を事例に当てはめるのではな

く，個々の患者のニーズに合わせて方法を調整し，問題に適した介入法を仕立て上げていくアプローチである．以下に示すスーザンへの介入法は，この"折衷的方法"の例となっている．

事例・摂食障害の学生の心理援助 スーザンは，歴史学専攻の最終学年に在籍する21歳の女子学生であった．彼女は，食べることに強迫的になっており，ほかのことには何も手がつかない状態であった．勉強は何もできず，友人に会うこともしなくなっていた．家庭医である一般開業医は，彼女の問題を過食症（bulimia nervosa）と診断し，臨床心理士のところにリファーしてきた．過食症とは，むちゃ食い，自己誘発の嘔吐，下剤の乱用，食物と食事への没頭，太ることへの病的恐怖などを特徴とする摂食障害である．スーザンは，ひどく痩せているというわけでなかったが，顔色が悪く，やつれていた．彼女は，週に2, 3回はむちゃ食いをすることを認めていた．信じられないくらい多量の食物を食べた後に，それを意図的に吐いていた．それ以外の時は，ほんの少ししか食べなかった．しかも，彼女が太らないと信じている"よい"食べ物を慎重に選んで食べていた．彼女の気分は沈んでおり，彼女自身，自分の食生活をコントロールできないと感じていた．

　過食症のための認知行動療法については，すでに効果が認められた方法が示されている（Fairburn 1985）．それは，3つの段階に分かれる．まず最初は，心理的に彼女を支えることを集中的に行い，習慣となっている過食と嘔吐のパターンを改善することを目指す段階である．スーザンには，食事の詳細な記録をとり，上手にコントロールできたと思われた食事と，そうではない食事を分けるようにとの指示が与えられた．また，空腹であっても，食べるのは，1日3回の，決まった食事のみにするようにとの助言が与えられた．この段階では，嘔吐をしているかどうかを調べたり，食べているものの種類を修正するということは行われなかった．当初，臨床心理士は，週2, 3回は面接し，可能な限り彼女を心理的に支えた．それとともに，食事，体重，ダイエットに関しての正しい情報を彼女に伝えた．その結果，スーザンは，次第に食べることをコントロールできるようになり，過食嘔吐のエピソードは随分と減じた．気分は持ち直し，彼女は，大学の勉強を再開した．

　次の段階では，面接は週1回となり，摂食障害の要因となっている問題とストレスに焦点を移した介入が行われる．スーザンの場合は，自分が食べる品物を厳しく限定していた．臨床心理士は，そのような厳しい限定を緩め，"禁止された食べ物"を試しに食べてみることを勧めた．臨床心理士は，禁止された食べ物を食べても，食べることをコントロールできなくなったり，すぐに体重が増えたりしないことを実際に確認するために，そういった実験的試みを提案したわけである．

　それまで食べることに拘っていたスーザンは，この時点で話題を拡げ，自分自身のこと，特に親のことについて語りはじめた．臨床心理士は，彼女が家族に対して矛盾する感情を抱いていることに気づいた．彼女は，父親を非常に理想化して語った．しかし，実際には，父親はめったに家にいることがなく，家にいても，仕事をしていて家族と話すこともない様子であった．母親については，"料理や家事"などの家庭の仕事をしっかりしていないといって軽蔑していた．しかし，スーザンは，感情的には母親に同情し

ているところがあった．また，スーザンは，学生生活を通して非常に親密であった，以前の恋人についても，気軽に話題にするようになった．臨床心理士は，このような話を聞き，彼女の混乱した人間関係が摂食障害を引き起こす要因となっていたことに気づいた．この時点ではすでに，摂食障害のなかでも最も害のある症状は合理的にコントロールできるようになっていたので，彼女の人間関係に焦点を移した介入が行われた．具体的には，家族関係，および以前の恋人との関係における彼女の感情を探る介入が行われた．

　最後の第3段階では，改善した部分を維持し，再発を防止することに焦点があてられる．スーザンの場合，その後数カ月間，臨床心理士との面接が規則的に続けられた．そこでは，食べ物のことが話題になることは少なくなっていった．臨床心理士についての信頼が増すにつれ，彼女は，親，特に父親に対して自分がどれぐらい憤慨し，腹を立てているかを認めることができるようになった．臨床心理士は，そのような感情が異常ではないことを伝えた．そして，スーザンに，彼女の人間としての価値は，親などに認められなくても，下がるものではないことを理解させた．彼女の自己イメージは，自己の容姿に狭く限定されていた．そのため，彼女は，食べ物や食べることに極端な関心を抱くことになっていた．心理援助を通して彼女は，容姿以外の側面にも価値があり，重要な意味があることを理解するようになったのだった．

　スーザンの心理援助の過程を記述することで，実用的な認知行動療法を心理力動的心理療法に結びつけ，両者を統合する方法を例示した．介入の早い時期から，臨床心理士による実際的な援助と感情的なサポートを求めるニーズが明確に示されていた．一般的には，この時点で，そのニーズにどのように対応するかについて，さまざまな可能性が生じる．ひとつの可能性として，ある特定化した認知に介入する方法を採用する方法がある．より具体的には，食べ物や食べることに関わる，患者の信念と態度に焦点をあて，その部分に直接介入していく方法である．これは，上記Fairburn（1985）の方法における第1段階に相当する部分である．このように認知に直接介入する方法が役立つ事例は，少なからず存在する．また，そのようなアプローチをとらずに，家族療法という形態で，患者の家族を含めて介入を行うということも可能である．それぞれの臨床心理士は，ある特定の訓練経験や専門知識をもっている．しかし，介入にあたって，どのような方略を採用するかについては，臨床心理士の経験と専門的知識だけでなく，対象となる患者のタイプや問題の質に基づいて決定されることになる．

　過食症に関しては，認知行動療法による介入が患者の3分の2に有効であることが実証研究によって示されている（Roth & Fonagy 1996）．認知行動療法に比較した場合，ほかの心理療法については，あまり効果研究が行われていない．

ただ，研究されている範囲内では，類似の結果が見いだされている．また，ある介入効果研究では，介入終了時には，認知行動療法が対人関係療法（Interpersonal Therapy：IPT）や心理力動的アプローチに比較して効果がみられたとの結果が示されている．しかし，12カ月後のフォローアップにおいては，IPTを受けた人の状態は好転し続けており，認知行動療法を受けた人たちよりも高い回復率を示したとの結果となっている（Fairburn et al. 1991）．摂食障害は，さまざまな要因が複雑に絡み合った障害である．したがって，問題のすべての側面に対処するのであれば，当然，折衷的なアプローチが必要となる．

9. 認知分析療法

いくつかの心理療法のアプローチでは，異なった学派の要素を慎重に統合し，新しい形態の心理療法を創造している．認知分析療法（Cognitive-Analytic Therapy：CAT）は，そのようなアプローチのひとつである．それは，認知行動療法の実用性を心理力動的学派の洞察と解釈を結びつけた短期心理療法のひとつの形態である．認知分析療法では，患者は日記をつけ，評価尺度によって進歩をモニタリングするように求められる．このアプローチは，（通常16回という）回数制限があり，問題解決に焦点をあてる型の介入を行う．回数制限をし，問題解決に焦点をあてるという実用的な認知行動療法の手続きに，心理力動的な事例の定式化（formulation）と臨床心理士－患者関係で生じてきた転移問題の解釈が組み合わされる．認知分析療法は，費用効率がよく，しかも介入効果のある方法であることを示す実証研究が出てきている（Ryle 1997）．

10. 夫婦（カップル）療法

これまで例示してきた事例のほとんどは，2人の個人，つまり患者と臨床心理士が心理療法の関係を構成する個人療法の例であった．しかし，ジェシカとデイビッドの事例で示されたように，時には患者がカップルで面接を受けることができる．性・心理的問題の心理援助では，問題が性的関係を通して表現される．そのため，両者をパートナーとして面接することが，一般には望ましいとされる．さらに，セックス療法の一部には，明らかに個人に対してではなく，カップルを対象として適用する手続きがある．

パートナーが一緒に面接を受けるもうひとつの例として，夫婦療法あるいはカップル療法がある．夫婦療法あるいはカップル療法でパートナーを一緒に面接する理由は，セックス療法の場合と同じ理由である．つまり，両者の関係が重要な要因となっており，パートナーのうちの1人だけ来た場合には，その関係に対して有効な影響を与えることが非常に難しくなるからである．夫婦療法では，臨床心理士は，ファシリテーターと教師の役割をとる．臨床心理士は，客観的な第三者としての立場に基づき，カップルが明確に自らの問題の性質を認知し，理解するように援助する．そして，的確な助言をすることで，カップルが自らの問題に取り組み，互いに実りある関係を結べるように関係の在り方を再構成するのを援助する．

夫婦やカップルの問題に関しては，すべての臨床心理士が夫婦療法を実践するというわけではない．"イギリスリレイト協会（RELATE）"のような専門機関に患者をリファーする臨床心理士もいる．とはいえ，最近は，行動的・社会的学習理論を夫婦療法に適用することに関心が高まっており，いくつかの実践的な心理学の介入法が考案されている．例えば，互いに意志疎通することができないといった問題をもつ夫婦であれば，臨床心理士は，直接コミュニケーション技能を教えることができる．これは，夫婦間の，ある特定の実際的な問題に関連して行われるものである．しかし，それを，問題解決技能を含む一般的状況に拡大して適用することも可能である．もうひとつの方法は，カップルのそれぞれが相手の行動に影響を与えようとしている仕方を調べて明らかにするといった介入法である．例えば，相手に何かやってもらいたい行動がある場合，それをしたらどのような出来事が起こるのかということも含めて，物事を依頼する過程を明確化し，それを取り決めとして文章に書いて夫と妻が互いに確認することをさせるといった方法がある（出来事契約法：contingency contracting）．夫婦間のルールを特定化し，明示させることによって，両者は，相互関係を構成していくための重要な技能と，それを用いて成功した場合にさらにそれを強化していくということを学習するのである．

11. 家族療法

個人心理療法とは異なる，もうひとつのアプローチが家族療法である．このアプローチでは，家族という語が用いられていることからわかるように心理的問題

は，個人内の欠陥や病理というよりも，家族と家族関係の産物とみなされる．したがって，家族療法は，家族全員（あるいは可能な限り多くの家族）が来談し，家族が協力して家族の構造と関係に変化をもたらすことによって成立する．これは，システム・アプローチとして総称される方法論に基づくものである．システム・アプローチでは，問題をそれだけで孤立したものとみるのではなく，システム全体との関連でみていくことが強調される．

このアプローチは，当初は子どもや思春期の若者の心理的問題に対処する方法として始まった．子どもの問題は，明らかに家族との関係というコンテクストでみていくことが重要となる．例えば，ある子どもが夜尿症（おねしょ）という問題を示したとする．その場合，それは，両親の夫婦関係の問題から焦点を逸らすためのものである可能性がある．つまり，家族が直接扱うにはあまりにも難しい問題を夜尿症という問題として間接的に示しているとみなすことができる．また，何をおいてもまず学業でよい成績をとるようにという家族の暗黙の期待が背景にあるといった，思春期の拒食症の事例を考えることもできる．そのような場合には拒食症は，家族の期待への反応とみなすことができる．つまり，家族関係のコンテクストからは，病気のために思うように勉強ができないことは暗に家族の期待に応えられないことを示していると，考えることができるのである．

成人の患者に対しても家族療法のアプローチを用いる臨床心理士が増えている．その場合，まず家族の来談が求められる．そして，来談した家族の協力を得て家族構造を探る作業が行われる．これは，通常，ジェノグラム（genogram）を通して行われる．ジェノグラムでは，まず家系図を作成する．その過程で家族のコミュニケーションや行動のパターン，あるいは家族神話が現われ，家族の構造が明らかとなる．そして，当初，患者の問題とみなされていた事柄が，実は家族の問題であったことがみえてくる．家族療法家は，個人療法家とは異なる仕方で問題に介入する傾向がある．例えば，家族療法では，チームを組んで介入を行う．通常，チームは3, 4人で構成されており，そのうちの1人がセラピストとなり，残りの者はアドバイザーとなる．アドバイザーは，一方向からしかみえない窓を通して，セラピストと家族の関わり合いを観察しており，途中でその関わり合いを中断させ，セラピストにアドバイスを与えたり，適切に介入するための方略を示したりする役割をとる．セラピストは，介入が適切に進んでいるか（あるいは進んでいないか）をアドバイザーと検討するために，時々"休み時間"をとる．

家族療法は，一般には長期にわたるということはない．3〜4回ほどのセッシ

ョンで終わることが多い．ただし，3週間に1度の面接を行うという場合には，比較的長期にわたるということもある．家族療法のようなシステム・アプローチにおいて最も重要なこととして強調されるのは，変化の可能性を見いだし，その変化を実際に起こしている家族システムの能力である．家族療法家としての臨床心理士の役割は，家族の強さに焦点をあて，家族が新たな見方で問題をとらえることができるようにもっていき，それによって変化を可能にすることである．成人のための家族療法は，まだ発展の初期段階にある．しかし，システム・アプローチの適用範囲を広く，個人療法，カップル療法，集団療法においても用いることが可能である．

12. 集団療法

ある種の心理的問題を抱えている人々に対しては，集団で対処するのが最も効果的な場合がある．これに相当するのが，共通の介入方法を必要とする問題を共有する人々の場合である．例えば，自宅以外を危険な場所と考えて外出を恐れる広場恐怖の場合を考えてみる．徐々に外出行動の範囲を広げていく介入計画を実行する際に，患者は，同様の問題を抱えた5～8人の小集団でともに計画を遂行することが助けとなる．このような方法を行う場合，臨床心理士は，最初の1週間に集中的な介入を行う．臨床心理士は，クリニックにおいて患者が集まる会合を毎日設定する．最初の段階で患者は，臨床心理士の指導の下で行動計画を実行し，次の段階では患者だけの集団で行動計画を実行していく．その他，患者たちが，6週間ほどの期間，1週間に1度の割合で互いに宿題として設定した課題を持ち寄って話し合うための会合を開くといった方法もある．特に集団が結束し，相互に支え合うことができている場合，このような行動療法的な集団活動は非常に効果的となる．患者によっては，ほかの人が一緒であれば，危険を冒しても新しい行動を試すことが容易にできるようになるのである．

自己の問題に対処する場として集団に参加する患者もいる．内気で自己表現ができず，対人不安が強い患者やソーシャルスキルに欠ける患者にとっては，集団療法は大いに役立つ．というのは，そのような患者は，集団のなかで自己の問題に取り組み，困難を克服して他者と上手につき合う仕方を学習することができるからである．例えば，集団で行われるソーシャルスキル・トレーニングでは，人とつき合うために必要な対人スキルの教育が，その場で直接行われる．具体的に

は，会話を続けるスキル，他者に依頼をするための技法，友達をつくるスキル，権威のある人とつき合うスキルなどの教育が行われる．それと関連したもうひとつの方法として，自己表現（アサーション）トレーニングがある．不安が強く，自分を抑えてしまう患者は，自己表現（アサーション）トレーニングにおいて，他者に対して心を開き，自らの感情を伝えるためのスキルを学び，より効果的に自己表現ができるような教育を受ける．

　ソーシャルスキル・トレーニングと自己表現（アサーション）トレーニングの集団の人数には幅がある．4人くらいの集団の場合もあれば，10～12人の場合もある．ただし，いずれの場合も，2人のトレーナーがつく．また，たいていの場合，トレーニングの期間は前もって慎重に決められてあり，その枠内でしっかりと構造化されたプログラムが行われる．トレーニングの内容は，多岐にわたる．人付き合いをする際の具体的な注意点から，対人関係一般のなかでもかなり複雑な部類に入る側面を扱うものまで幅広い内容となっている．例えば，人付き合いの具体的な注意点としては，ほかの人と話をしている時に視線を合わせることや，会話では身振り手振りを用いることといったことがある．また，対人関係の複雑な側面としては，他者の批判に対処するスキルやパーティで話の輪のなかに加わるスキルといったものがある．トレーニングは，通常，観察学習（modeling）や，トレーナーなどによる適切な社会行動の例示から構成される．集団のメンバー同士で，あるいはトレーナーである臨床心理士との間でロールプレイを繰り返し行い，行動の練習を行う．練習の成果がフィードバックされ，さらに練習が繰り返される．さらに，それに加えて，持ち帰って練習する宿題も出される．

　上記の集団療法は，どちらかといえば教育的側面が強い方法である．それに比較して教育的側面が弱い集団療法もある．例えば，長ければ18カ月ほどの間，毎週2人の臨床心理士と8人程度の患者が会合をもつ集団心理療法がある．そのような集団心理療法では，対人関係の在り方についての学習に焦点があてられる．ただし，その学習は，特定の対人関係のスキルを教育するという仕方ではなく，集団のメンバーが対人関係の経験を共有することを通して行われる．したがって，典型的な集団心理療法では臨床心理士は，集団を"リードする"ことはしない．むしろ，臨床心理士は，集団そのものの在り方を発展させる働きかけをしようとする．つまり，臨床心理上は，集団が互いに助け合う建設的な場に発展するのを促進する働きかけをする．集団が，そのような援助的建設的な雰囲気になることで，メンバーは，自由に個人的問題を語り合えるようになる．まさに集団そのも

のが，意味ある重要な場となり，変化を引き起こす媒体となるのである．

　このように集団療法には，スキル・トレーニングのための集団療法と対人関係の在り方の学習に焦点をあてた集団心理療法の2種類がある．おそらく，両方の要素を組み合わせることで有効な効果をもたらすことができるといえよう．例えば，スキル・トレーニングの方法であるロールプレイ実習も，上記両要素を組み合わせることで集団心理療法の一環として行うこともできる．両要素の組み合わせとしては，スキル・トレーニングとしてロールプレイをした後，それについて自由に話し合う集団心理療法を行うということが考えられる．ただし，このような用い方をした場合には，ロールプレイ実習は，技法の習得よりも個人的なフィードバックを与えるという意味合いが強いものとなる．

13. 心理学的介入は，どれほど効果的か

　"心理学的介入は，どれほど効果的か"という問いに答えるのは，容易ではない．第一に，心理学的介入には多くの形態がある．そのため，心理学的介入全般に関して有効性を一律に論じることはできない．実は，どのような心理療法も"そこそこ効率的"であり，どの介入法を選んでも優劣つけがたいといったことを広く信じる向きもある．しかし，このような楽天的ともいえる考え方は，それぞれの心理学的介入の差異を無視しており，あまり有用な判断とはいえない．もし，すべての介入法が等しく妥当なものであるとするならば，対象となる問題の解決に最も適した介入法を選択する基準がなくなってしまう．では，どのような形態の介入法も役に立つというのは，単なる口先からのでまかせということになる．本当にそうなのであろうか．

　この点に関しては，介入法に優劣があるのは確かである．イギリスでは，保健省がさまざまな心理療法の効果についての実証的データをまとめるための特別委員会を設置した（Department of Health 1996）．この委員会は，心理援助サービスの提供者と利用者がそれぞれの心理療法の効果を広く知るために設けられたものである．介入効果についての詳細な研究が委託され，その結果は，本として出版された（Roth & Fonagy 1996）．そこで示された研究の展望からは，多くの臨床心理士が，特に短期あるいは中程度の期間で顕著な効果をあげてきていることが明らかとなった．認知行動療法のように，指示的手続きを用いて短期間で介入する方法を支持する有力な証拠が示されたわけである．

しかし，実証データが欠けている領域も多くみられる．その原因としては，適切な効果研究がなされていないためということもある．例えば，最も古い形態の心理学的介入法である精神分析については，有効性に関する実証的研究がほとんどなされていない．その理由としては，精神分析の作業があまりに複雑であるということがある．高度に抽象化された精神分析の理論用語を，科学的に測定研究できる実証データに翻訳することは，ほとんど不可能である．精神分析と比較するならば，認知行動療法は，非常に具体的な手続きから構成されている．そのため，認知行動療法は，研究者が実験計画を立てて研究を遂行するためには，確かに有利な方法である．要するに，精神分析による介入後に無意識の葛藤が適切に解消されたことを示すよりも，認知行動療法によって広場恐怖症の患者がひとりで外出できるようになったことを示すことの方が簡単なのである．

　心理療法の有効性を示すことがいかに複雑で難しい作業であるかについては，過小評価すべきではない．例えば，人々が心理学的介入を受けている期間に相当の改善を示すことがある．しかし，多くの場合，その改善を説明する多数の要因を区別することは難しい．臨床心理士のパーソナリティ，クライアントのパーソナリティ，特定の背景，臨床心理士を喜ばせようとする患者の願望，使用された尺度への反応性，無関係な変数の影響，時間の経過等々は，すべて変化を引き起こす可能性がある要因である．そこで，さまざまな要因を統制するために，研究デザインがいっそう精巧で複雑になる．ところが，そうなると今度は，複雑な効果研究を適切に遂行するのが困難となる．したがって，さまざまな心理学的介入の形態があるなかで，その方法の意義や価値については不確かなままのものも数多く存在する．ただし，ここで意義や価値が不確かだからといって，そのような心理学的介入が有効でないということを意味しているわけではない．単に結論づけるのには十分な証拠がないというだけである．こういったことは，他の臨床実践の領域でもよくみられることである．

　臨床心理学は，これまで介入の効果研究に格別の関心をもち，効果評価の研究法を開発するとともに研究成果をあげてきた．最近の効果研究は，より丁寧に変化の過程を観察する方向に発展してきている．私たちは，単に心理学的介入が有効であるかどうかというだけでなく，どのようにして介入が有効になるのかをも含めて知る必要がある．例えば，どのような患者に有効なのか，あるいは有効ではないのか，患者を援助する際に臨床心理士が実際に行っているのはどのようなことかなど，さまざまな論点について具体的に知っていく必要がある．このよう

な論点は，過程研究によって検討されるものである．この過程研究は，効果研究とは異なった方法を用いる．ある特定の心理療法過程を詳しく観察記述する．その際，用いられることが多いのが，質的研究の分析方法である．例えば，面接場面で生じた重要な変化が生じる在り方に関する理論を生成し，それを検証するために，臨床心理士-患者間の相互作用を録音したオーディオテープを丹念に分析する作業を行うことがある．このアプローチの利点は，臨床実践の現実に非常に近いということである．欠点は，得られた結果を一般化することが難しいということである．

14. まとめ

臨床心理士は，心理学的介入の専門家である．特に短期間で実効性を発揮する認知行動的方法における専門技能を発展させてきた．本章では，これらの方法について不安障害や抑うつの事例を用いて解説した．臨床心理学士のなかには，さらなる専門的訓練を受ける者もいる．それは，特定のタイプの心理療法（例えば，セックス療法，夫婦療法など）や，特定の理論的オリエンテーションや実践技能に関する専門的訓練である．例えば，理論的オリエンテーションのひとつとして心理力動的アプローチがある．本章では，事例を呈示し，心理力動的アプローチの解説を行った．

最近では，心理療法の異なる学派の統合が進んでいる．多くの臨床心理士は，さまざまな方法を組み合わせて，個別の事例に適した対応をしている．このような臨床心理士は，自らを"折衷的"と称している．

本章では，最後に心理学的介入の有効性に関するさまざまな研究法を概観した．現在，さまざまな形態の心理療法があるが，現在の時点では，そのなかでも特に認知行動療法の有効性を支持する有力な証拠が示されてきている．今後は，心理療法の過程研究，および臨床心理士-患者間の相互作用についての研究の進展が特に期待されている．

引用文献

Clark, D. M. (1997). Panic and social phobia. In *Science and practice of cognitive behaviour therapy* (eds. D. M. Clark and C. G. Fairburn). Oxford University Press, Oxford.

Department of Health (1996). *NHS psychotherapy services in England. Review of strat-*

egic policy. Department of Health, London.

Fairburn, C. G. (1985). Cognitive behavioural treatment for bulimia. In *Handbook of psychotherapy for anorexia nervosa and bulimia* (eds. D. M. Garner and P. E. Garfinkel). Guilford Press, New York.

Fairburn, C. G., Jones, R., Peveler, R., and Carr, S. (1991). Three psychological treatments for bulimia nervosa: A comparative trial. *Archiv. Gen. Psychiat.*, **48**, 463–69.

Hawton, K. (1985). *Sex therapy. A practical guide.* Oxford University Press, Oxford.

Hawton, K., Salkovskis, P., Kirk, J., and Clark, D. (1989). *Cognitive behaviour therapy for psychiatric problems.* Oxford University Press, Oxford.

Mathews, A., Gelder, M. G., and Johnston, D. W. (1981). *Agoraphobia. Nature and treatment.* Tavistock, London.

Rachman, S. and Hodgson, R. J. (1980). *Obsessions and compulsions.* Prentice-Hall, Englewood Cliffs, NJ.

Roth, A. and Fonagy, P. (1996). *What works for whom? A critical review of psychotherapy research.* Guilford Press, New York.

Ryle, A. (ed.) (1997). *Cognitive-analytic therapy. Developments in theory and practice.* Wiley, Chichester.

Teasdale, J. D., Fennell, M. J. V., Hibbert, G. A., and Amies, P. L. (1984). Cognitive therapy for major depressive disorder in primary care. *Brit. J. Psychiat.*, **144**, 400–06.

Young, J. E. (1994). *Cognitive therapy for personality disorders : a schemafocussed approach.* Professional Resource Press, Sarasota, Florida.

参考文献

Bloch, S. (ed.) (1996). *An introduction to the psychotherapies.* Oxford University Press, Oxford.

Butler, G. and Hope, T. (1997). *Managing your mind. The mental fitness guide.* Oxford University Press, Oxford.

Gurman, A. S. and Messer, S. B. (eds.) (1995). *Essential psychotherapies: theory and practice.* Guilford Press, New York.

Hammen, C. (1997). *Depression.* Psychology Press, Hove.

Yalom, I. D. (1995). *The theory and practice of group psychotherapy* (4th ed.). Basic Books, New York.

6 ── 高齢者のための臨床心理サービス

Jeff Garland

近年，高齢者への援助は，地域に根ざした小規模のサービスを発展させ，早期支援を重視する方向へと転換しつつある．本章では，このような変革期にある高齢者臨床における臨床心理士の役割と機能について解説する．臨床心理士は，老年科医，看護師，作業療法士，理学療法士，ソーシャルワーカーなど他職種のスタッフとともに援助システムの一翼を担い，専門職が協働する統合的アプローチに貢献する．高齢者においては，身体的要因，社会的要因，心理的要因が相互作用を起こすことで問題は多様なものとなる．したがって，臨床心理士は，高齢者の援助においては心理的要因だけに注目していることはできない．問題の多様性を前提とした上で，日常生活を遂行する能力をアセスメントするための検査を構成し，施行する．また，心理療法や行動マネジメントなどの方法を用いて個人や集団に介入するとともに，コンサルテーションを通じて心理学の知識を他職種のスタッフと共有し，有効に機能するネットワークを構築する．さらに，他職種のスタッフや行政機関と連絡を取り合ってサービスの向上に努めることも臨床心理士の重要な仕事である．

1. はじめに

高齢者と関わる専門分野に携わること．それは，高齢者の我慢強さに対して一層の敬意を払い，それまでに彼（女）らが歩んできた人生の機微を感じ取ることである（人生は，未来に向かって生きていくべきものである．しかし，過去を振り返ることによって，はじめてその意味を理解できるものである）．しばしば臨床心理士の胸中をよぎるのは，"メメント・モリ（死を想え）"という格言である．この格言は，人生後半に予想される苦難に，生涯を通して常に準備しておかなければならないということに注意を促す．臨床心理士とクライエントの双方が，気を引き締めて，人生を脅かす次なる危機が間近まで迫っていることを意識する．このような意識をもつことによって，専門家が高齢者に一方的にケアを押しつける在り方の問題点がみえてくる．最近では押しつけ的ケアに異議を唱え，クライエントの自己主張を支持し，代弁しようとする動きが，いたるところで始まっている．

2. 高齢者臨床の現状

　実際問題として，高齢者に関わる臨床心理サービスは簡単ではない．そのことをまず認識しなければならない．特に，"押し着せ"の介護者（carer）によるケアを受け，心理面への介入を受けてきた高齢者に対する心理援助的関わりは難しい．その種の介護者に世話をされてきた高齢者は，数としては多くない．しかし，そのような高齢者は心理学的介入についての知識がなく，また関心もないことを公言する．このことがとりわけ当てはまるのは，自称セラピストたちの独りよがりなケアを長期にわたって受けてきた患者たちである．彼（女）らは，"分厚いカルテ"の"お荷物"患者ということで，臨床心理士のところに紹介されてくる．このような患者は，意外と多くいる．

　心理学的介入を拒否する患者たちに有効な心理援助を行う可能性を探るため，私は，最近ある調査を行った．私にリファーされてきた患者で，心理学的介入に否定的な22名の患者に，「自分が回復することはないと思う理由」について質問をした．頻度が多かったのは，以下の10通りの内容であった．歳をとり過ぎている（19）．回復に失敗し続けてきている（17）．問題が深刻，あるいは多岐にわたる（13）．時間が残されていない（13）．克服困難な身体的問題（12）．真の問題はほかのところ——通常は家庭の介助者——にあり，彼らが変化しない（10）．問題が込み入っている——「どこから手をつけていいのか分からない」（8）．回復の目標が定まらない（6）．回復に向けての変化を起こす誘因がない（5）．変化することへの恐れ，あるいは変化を望ましく思えない（5）．回答した22人のうち19人のクライアントについては，それぞれの回答を手がかりとすることで，逆に心理学的介入を始めてみるという合意に至った．心理学的介入に対する否定的態度を逆説的に利用することで，合意に持ち込むことができたのである．

　高齢者の心理援助は，臨床心理学の主流にあるとはいえない．その理由として，高齢者は専門的なテーマには適さないとの指摘がなされることがある．高齢者に関して臨床心理士は，一方では年齢による差別を批判し，高齢者が社会的役割を安定して維持できるような政策転換を求める．しかし，他方で臨床心理士は，年齢によって区分される専門領域のなかで仕事をせざるを得ない．年齢区分による専門領域では65歳を超えた者は，自動的に"老年精神医学"に位置づけられる．クライアントからするならば，65歳になることで，まるでリア王のように"老年精神医学"という名の不毛の荒野へと追放されてしまうかのごとくである．こ

のように臨床心理学では，高齢者に対して矛盾した対応をせざるを得ない．そのため，臨床心理士は，専門家として高齢者を認識する際に自己不一致が生じてしまうのである．

理想的なのは，成人期ヘルスケアの心理学が65歳以降にまで拡張されることであろう．そのような拡張が何の懸念もなくできれば，それに越したことはない．しかし，少なくとも，高齢者をほかと区別して専門的に対象とするサービスがあるからこそ，高齢者やその介助者に関わる事柄が無視されずに保証されているのも事実である．臨床家は，そのような事実を考慮に入れた上で，高齢期と成人期の区別をしないことに取り組むべきである．理屈の上では年齢による高齢者の区別をしない方がよいかもしれないが，将来の実践を考える際には，現実に生じる問題も考慮した取り組みが必要となる．高齢者と介助者に関わる臨床心理学の専門家グループ（PSIEG）は，1980年にオックスフォードで初の会合をもって以来，このような点も考慮に入れて専門性の強化に努めている．［訳注：家族の一員が高齢者をケアする場合には「介助者」，家族以外の者（ボランティアを含む）が仕事として高齢者のケアをする場合には「介護者」という語を用いる．］

高齢者に関連する分野で，専門家がクライエント不足に陥ることは決してない．イギリス人口の15％以上が65歳以上である．65歳という年齢は，通常，ライフサイクル後半の局面への入り口であるとみなされる（Victor 1991）．現在，強く求められているのは，重篤な機能障害を患う高齢者たち，そのなかでも特に増加している85歳以上の高齢者への経済的支援である．まず専門的および準専門的ヘルスケア・ワーカーを確保し，さらに幅広い年齢層からなるボランティア，隣人，友人，家族等を補充して高齢者の支援体制を構成するための経済的支援が必要なのである．

高齢者の臨床心理サービスにおいては，予防的ケアを軽視してはならない．退職者の権利，高齢者教育，年長者（50歳以上）の健康増進などを盛り込んだ"老人力"キャンペーンが，現在継続中である．こうした予防活動は，心理学の知見を活用できる領域である．

3. 高齢者へのケアが提供される領域

老年医療

老年医学（geriatrics）は，正しくは65歳以上の患者を対象とする医学的な専

門領域を定義するための用語である．時に患者のレッテル貼りに利用されることがあるが，それは誤った用い方である．老年医療の入院設備としては，通常，一般病院における緊急入院のための急患用ベッド，短期型あるいは滞在型のリハビリテーション用のベッド，継続的ケアを提供する病棟などがある．休日用の，あるいは短期のケアを提供するベッドは，地域でのケアを支援するために広く利用されている．昼間の通所者用のデイ・ホスピタルが用意されている地域も数多くある．また，アウトリーチ活動としては，退院患者のための診療所や在宅訪問，さらに老年科医，老年科リエゾン看護師，作業療法士，理学療法士，ソーシャルワーカー，臨床心理士などによる在宅支援がある．

　援助の対象となる患者の問題が，主に身体的要因によるのか，社会的要因によるのか，あるいは心理的要因によるのかを判断するのは難しい．実際には，それらの要因が重なり合っている場合が多い．ところが，イギリスにおいては，プライマリヘルスケア，社会サービス，老年科医，そしてメンタルヘルスの専門家が協力する統合的アプローチを日常業務として提供する区域は未だに少ない．そこで，多くの地域では，アセスメントの手続きを共有し，また回覧板を利用して判断過程を共同して行えるようにするなど，改善に向けての努力がなされている．多くの場合，老年科医が，コンサルテーションのためにメンタルヘルスの専門家として臨床心理士の協力を求めるという形で連携が行われる．そこでは，問題が生じた際に場当たり的に協力を求められる場合と，危機予防のために組織化された連携活動の一環として協力を求められる場合がある．

老年精神医療

　老年精神医学（psychogeriatrics）は，65歳以上の老年期患者を専門とする精神医学を意味する用語である．この用語も，老年医学と同様，誤って患者自身を記述するために用いられることがあるので要注意である．老年精神医療の入院サービスとしては，下記に示すようなさまざまな形態がある．地域の活動では，伝統的に下記のサービスのすべて，または一部を提供してきている．

　まず長期入院患者を引き受ける施設として，継続的ケアを提供する病棟がある．ほとんどの長期入院患者は，歳をとって医療システムを"卒業した"慢性精神病患者と，加齢に関連する障害によって年老いてから入院した患者から構成されている．次に短期入院患者のための施設として，急性入院／検査入院用の病棟がある．もっとも，理屈の上ではそうなっているが，実際には必ずしもそうなってい

ない．しばしば，介助中に生じた危機状態の一時避難所として利用される．管理上の理由から，一般的に病棟では機能性障害の患者と器質性障害の患者とを分けていない．しかし，不安や抑うつを主たる問題とする機能性患者が，脳損傷による器質性患者と一緒にされることで状態が悪化すると訴える場合もある．実際，器質性障害の患者の認知的，行動的機能が損なわれているのを目にして，機能性障害の患者が自分もそうなってしまうのだと勘違いすることは十分にありうる．そこで，オックスフォードのように，身体的な攻撃，徘徊，騒音など処遇の難しい行動に対しては，専門のチームが対応する地域もある．なお，長期継続的ケア，中期的ケア，検査入院をひとつの病棟のなかで行っている場合もある．

また，定期休息介護システムの期間利用ベッド（floating bed）を提供している病棟がある．期間利用ベッドは登録制になっており，計画的で周期的な入院を受け入れることで，多くの患者と介助者に安心感を与えている．休日用ベッド（holiday bed）は，必要に応じて短期入院を受け入れるためのものである．期間利用ベッドや休日用ベッドを提供する病棟の多くは，外来患者のデイケアを行っている．さらに，数は少ないものの，夜間宿泊用ベッド（hostel bed）を設置している病棟もある．これは，夜間に問題が生じやすい患者のためのサービスである．

以上，老年精神医療に関連するサービスの形態をみてきたが，現在，多くの地域でサービスの在り方に変化が生じてきている．経済的負担が重すぎるとの理由から大病院の閉鎖が起きてきている．その結果，継続的ケアの提供サービスを見直し，地域に根ざした小規模のサービスを発展させる方向に進んでいる．コミュニティに基づく早期支援を重視する方向への転換が生じているのである．例えば，オックスフォードでは，中年の初期痴呆症患者の介助者を支援するサービスが開始された．また，慈善事業団体と協力して教育研修機能を備えた老人ホームの開設を進めている．これは，国民健康サービス（NHS）の経済的支援を受けた継続的ケアを維持するとともに，アウトリーチ・サービスによって民間の老人ホームを援助することを目的としたものである．

老年精神医療サービスの多くは，デイ・ホスピタルを運営し，週に1～5日間通院する人たちのニーズに応えている．また，老年精神医療サービスは，国の高齢者関連団体の地域支部が運営するデイ・センターにも協力している．その他のサービスとしては，外来診療所，訪問医療，在宅支援などがある．在宅支援では，患者本人や家族だけでなく，友人，ボランティア，専門スタッフなども含めた支

援が提供される．こうしたサービスの第一線で活動するのは，地域の精神科看護師であることが多い．それに，ソーシャルワーカー，精神科医，作業療法士，そして臨床心理士が連携して活動が構成される．

社会福祉サービス（Social services）

政府の保健局とは別に，地域の行政機関は，高齢者へのサービスを行っている．しかし，現在の資金不足が解消されないかぎり，サービスの削減は続くものと予想される．クライエントは，在宅ケア事業によって多様な支援を受けることで在宅生活を続けることができている．しかし，これも，多くの区域で予算が削減されている．管理人付きの擁護住宅（sheltered housing）は，身体の老化が進んでも，まだ介助なしで行動できる人たちが必要とするサービスを提供している．老人ホーム（Old People's Home）は，24時間体制のケアが必要な人たちのためのサービスを提供している．

地域の行政機関によっては，精神障害を生じやすい高齢者が生活できる老人ホームをいくつか指定しているところがある．また，老人ホームの一部を精神的に混乱している入居者のために割り当てることで，事実上の隔離が行われているところもある．逆に，入居者をほとんど区別せずに運営しているところも数多く存在する．

一般開業医の診療

地域のヘルスケアに対する責任を担うイギリスの一般開業医は，高齢者の診療を行った場合，報酬が上乗せされるシステムとなっている．報酬が上乗せされるのは，高齢者の診療では想定外の時間が余計に必要となるからである．患者を高齢者だけに絞った診療をしても，経済的効率はよいとは思えない．しかし，高齢者のための専門的なクリニックを開く一般開業医が増加してきている．そのような開業医は，カウンセラーを雇って，生活上の重大事（life event）に直面している患者への援助を行っている．あるいは，高齢者の患者を臨床心理士に直接リファーしてくる一般開業医もいる．いずれにしろ，高齢者は，生活上の出来事によって大きな影響を受けるので，適切な心理援助が必要となるのである．

地域病院

地域病院（community hospital）とは，地域コミュニティのために作られた

比較的小さな病院を指す．地域病院には，その地域の一般開業医たちが管理し，サービスを提供するベッドが備えられている．通常，利用者については高齢者の比率が高く，デイケア，入院リハビリテーション，長期ケアなどのサービスが行われている．このような地域病院は，大病院による老年精神医療を補完する役割をとっている．しかし，他の地域と同様にオックスフォードでも地域病院は，費用対効果がよくないと批判される傾向にある．そして，行政区内の総合病院の周辺にサービス機関を集め，社会資源の合理化を進めるべきであるとの圧力を受け入れつつある．

ボランティア協会

高齢者に関わるボランティア協会（voluntary society）に関しては，全国規模の組織が数多く存在している．そうした組織には，地域ごとに高齢者のニーズに対応して活動する団体や世話人が所属している．例としては，高齢者関連団体（Age Concern），高齢者援助団体（Help the Aged），アルツハイマー病協会（the Alzheimer's Disease Society），パーキンソン病協会（the Parkinson's Disease Society）などがある．そういった組織で，臨床心理士や他職種のスタッフが仕事をしている場合もある．そのような場合，臨床心理士は，行政機関からリファーされてきた事例や自発的来談による事例に対してコンサルテーションを行ったり，個人心理療法を行ったりしている．

民間のケア事業

民間の介護施設や老人ホームにおける高齢者ケアは，イギリス国内で急速に拡がっている．そうした民間のケア事業（private practice）に対する国民健康サービス（NHS）からの人材支援も増加傾向にあるように思われる．高齢者医療にあっては，集中的な治療の終結後の患者を受け入れ，健康管理と生活支援のサービスを行う機関が見つからずに問題が生じる場合がある．このような事態については，国庫から民間の事業者に補助金が支給されることで，対応が可能となる．国民健康サービス（NHS）からの財政援助があれば，患者は自己負担による民間のケア・サービスを受けられるようになり，ひいては病院のベッドの稼働率をあげることも可能となるのである．

民間の老人ホームでは，職員の訓練，難しい入居者の管理，QOL向上など全般的な問題について，臨床心理士などの専門職のコンサルテーションを受けるこ

とがある．また，将来における民間老人ホームの活動の広がりを見越して，臨床心理士を雇い入れることも生じてくるであろう．そのような場合，臨床心理士は，家族メンバーの老人ホーム入所に備えて予め意思決定をしておこうという家族の相談に応じるなど，潜在的な利用者に対応する役割を担うことになる．

4. 高齢者の示す心理的問題の分類

　高齢者においては，身体的要因，社会的要因，心理的要因が相互作用を起こすことで行動は多様なものとなり，加齢にともなう諸々の反応も多岐にわたる．そこで，理屈の上では，まず治療可能な身体的要因には早期に対処し，社会的要因に関わるニーズにはできるかぎり迅速に対応し，そして，それ以外の残余要因については，臨床心理士が専門である心理学の観点から介入すべきということになる．しかし，実際には，そのような役割分担に基づく対応が生じることはない．したがって，臨床心理士は，高齢者の援助にあたっては，心理的要因だけを個別に掬い取って対応することなどできないとの意識を持ち続けることが必要となる．

　高齢者が経験する心理的問題の一覧を作成してみると，そのなかの多くの問題が，実は他の年齢層のクライエントにも生じ得る問題であることがわかる．私たちは，このことを改めて確認する必要がある．確かに，高齢者に特有な心配事はある．しかし，基本的に高齢者とは，ほかの人よりも単にたまたま長く生きてきた人であるにすぎないのである．実際，人生後半に生じる心理的苦難を判別するための分類体系が世の中に広く認められているというわけではない．

　通常，行動を分類する場合，まず"欠陥"（deficit）と"過剰"（excess）に大別し，さらに下位分類に分けていくことになる．高齢者の行動の分類にあたっても，このやり方が出発点となる．これまで，高齢者の問題に関して，構造化面接，行動評価尺度，心理検査などを用いたサーベイ調査が行われてきている．しかし，実践的に利用できる分類は，未だ出来上がっていない．そこで，ここでは，この6カ月間に来談した新規クライエント100名の臨床記録に基づいて作成した分類によって論を進めることにする．

　以下において私は，3つの小見出しを設けて問題を検討する．第1は身体的要因を主とするカテゴリで，そこでは身体的な活動やニーズに関わる問題がテーマとなる．第2は社会的要因を主とするカテゴリで，そこでは社会的機能に関する問題がテーマとなる．最後の第3は心理的要因を主とするカテゴリで，そこでは

思考や感情に関わる問題がテーマとなる．当然のことながら，明らかに2つ以上のカテゴリにまたがる問題も存在する．

身体的要因が主となる問題

本項で述べる問題は，身体的なニーズや行為に関する事柄ではある．しかし，クライエントの行動，思考，感情は密接に関わり合い，さらにクライエントは他者と密接に関わり合っている．したがって，身体的要因に関わる問題には，同時に社会的要素と心理的要素も含まれることになる．

- 日常生活を行うための活動を維持すること．老年期には，衣服の着脱や家事の遂行などに混乱をきたすことがある．そのため，再訓練や介助者が必要になることがある．
- 医学的治療など，必要な措置を受けながら健康を維持すること．老年期になると機能や意欲が低下し，健康を維持するための行動がとれなくなる．例えば，衣服と暖房を適切に調節して体温を保つことができなくなる．
- 人生の後半期になると，満足のいく睡眠をとれなくなる場合がある．睡眠への不満は50歳以降に増加する傾向がある．時として，睡眠不足を心配し過ぎて眠れなくなり，ますます睡眠不足に陥るという悪循環が生じる．
- 直接的な身体的問題が存在しないにもかかわらず，明らかな失禁が認められることがある．これは，尿意に気づかなかったり，動作が緩慢なためトイレに間に合わなかった等々，さまざまな理由によって生じる．

社会的要因が主となる問題

老年期には，Stuart-Hamilton（1994）の指摘するような重大な人格変化が生じることがある．障害を抱える高齢者が，そのような人格変化に対処する場合，その人がそれまでに形成してきた社会的なネットワークを維持することが非常に難しくなる．そのため，必要な情報，励まし，各種サービスへのアクセスの仕方などを提供し，高齢者が自らの行動を理解し，適切な対処ができるためのカウンセリングやアドバイスを提供することが求められる．高齢者の心理援助においては，このような社会的支援活動を展開していくことが重要な課題となっている．

- 孤独．高齢者は，自らが孤独であることを認めたがらず，自らの孤独感をそのまま語ることはしない．なぜならば，孤独は社会関係の維持の失敗とみなされることがあるからである．また，孤独は，行動範囲の狭まり，人間的魅力の喪失，経済力の低下と関連しているとみなされることがあり，それも高齢者が自らの孤独を語りたがらない要因となっている．
- 過剰に注意を引こうとすること．手当たり次第にしつこく何かを聞いてくる場合などが，その一例にあたる．高齢者は，こうした行為によって，周囲との社会的交流を無

高齢者がデイケアの場として利用する，エルダースタッブズと呼ばれる農場の看板．この農場は，オックスフォードの市街から車で10分ほどのところにあり，周囲には野菜を栽培している広々とした畑と作業所の建物がある．

理にもとうとすることがある．このような高齢者が静かに黙っていると，周囲の者は，"寝た子は起こすな" とばかりに，高齢者の相手をせずに放っておくことになる．
・住居の移動や老人施設での生活から生じるストレス（高齢者の5％が施設で生活している）．高齢者にとって，住居の移動や老人施設での生活は社会的環境の激変を意味している．住環境の移動が急に生じ，移動に納得できずにアンビバレントな気持ちで危機的状況になっている高齢者の場合，社会的環境の変化は特に重大で深刻な意味をもつことになる．

心理的要因が主となる問題

　物忘れや記憶の障害についての関心が，多方面で高まっている．クライエントは，日常生活で生じる物忘れを "アルツハイマー病" や "もうろく" と結びつけて考えがちである．そのような場合，高齢者にとって物忘れは，単に物事を思い出せないという事実以上の重荷となる．物忘れを隠すために思いもかけない手段や込み入った方法を使ったり，何とかして物忘れに対処しようとすることが生じる．その結果，単なる物忘れで終わらずに，心理的に混乱したり，分別を失ったり，あるいは物事をしっかり考えることができなくなる．

　このような経過には，一定したパターンがあるというわけではない．高齢者は，さまざまな仕方で物忘れに対応している．当然のことながら，この種の問題は，順を追って生じてくるのではなく，バラバラと起きてくる．特に初期段階は，その傾向が強い．物忘れが起きてきた当初は，比較的納得のいく仕方でひとつひとつの出来事に対処していたのが，次第に間違いをおかすようになっていく．そうなってくるとクライエントは，起きていることを修正できないまま，何かが "おかしい" と意識するようになる．

　本章で取りあげる高齢者の問題の多くが不安を伴う．高齢者にあっては，何ら

かの問題が生じた場合，漠然とした不安であれ，特定の対象に向けられた不安であれ，何らかの不安に襲われることが多い．しかも，その不安は，さまざまな形をとって顕われてくる．さらに，高齢者にあって最も多く生じ，かつ最も深刻な影響を及ぼす心理的問題として，抑うつがある．抑うつも，不安と同様にさまざまな形をとって現われてくるものであり，その深刻度にはさまざまなレベルがある．なお，無気力（demoralization）は，抑うつと関連している場合も多いが，それ自体取りあげて考察する価値のある問題である．また，高齢者には，自尊心や意欲の低下，自己の人生に対する諦めの感情が生じることがある．これは，老いることや老人であることに対する社会の価値観を反映している面があるといえる．

　高齢者の場合，身体の不調が生じた場合，その身体機能の維持にとらわれがちである．とりわけ腸と膀胱の機能の維持にとらわれる傾向が強い．このような身体機能の維持へのとらわれが特に強いのが，抑うつ状態の高齢者である．また，慢性的な痛みも，数多くの高齢者が経験するものである．ただし，クライエントが痛みを頻繁に強く訴えるようになる場合，ただ単に身体状態に対する反応だけでなく，励ましを得るために他者に働きかける手段として利用されている可能性もある．さらに，現実に生じた喪失経験や，今後予期される喪失は，高齢者に強い影響を与える．例えば，高齢者は，社会的地位の喪失，経済的・身体的自立の喪失，居住環境の変化や死別による家族や友人の喪失，自分の人生そのものが失われることなどに対して強く反応する．それは，年老いてからの生活への心配が募っていることと関連している．そうした心配の深まりは，抑うつや無気力に結びつくことが多い．

5. 高齢者の臨床心理サービスの基本的枠組み

　"確かに難しい仕事だ"．これは，高齢者の臨床心理サービスに携わる臨床心理士の誰もが呟くことばである．前節で高齢者の問題を提示したが，それは，実際に高齢者が直面する問題の半分にも満たない，不充分なものである．高齢者臨床に実際に関わり始めた臨床心理士は，そのことに気づき，畏怖の念から思わず"確かに難しい仕事だ"と口にしてしまうのである．

　とはいえ，以下に述べるように，高齢者への臨床心理サービスという難しい仕事に対して，それを支える社会的資源が増えつつあるのも事実である．高齢者臨

床という特定領域を専門とする臨床心理士，あるいは高齢者臨床に何らかの形で関わる臨床心理士の数が，需要に比して少ないという実状は変わってはいない．しかし，高齢者臨床において臨床心理士が有効な貢献をしていることは，次第に認められてきている．そして，それにつれて高齢者臨床における臨床心理士の不足は，改善されつつある．

　高齢者に関わる臨床心理士の課題は，主に日常生活を遂行する能力を測定するための検査を構成し，施行すること，およびカウンセリングや心理療法を実施することである．また，高齢者の行動調整を援助するための行動マネジメントのプログラムを作成し，援助的環境を設定していくことも臨床心理士の課題である．このような課題の企画，実施，運営の作業において臨床心理士は，多様な職種から成るチームのなかで指導的な役割を担う必要がある．さらに，臨床心理士は，地域における高齢者関連の活動と協働してサービスの発展を図ることもしなければならない．具体的な作業としては，協力関係を築き，新しい方針を積極的に推し進めること，サービスの費用対効果を査定し，調整すること，地域のケア・サービスの改善を促すために行政機関と連絡を取り合うことなどがある．なお，行政機関と連絡を取る場合，臨床心理士は，研究で得られた知見を分かりやすく伝達したり，個々のクライエントのニーズを代弁して伝えるなどして，地域サービスの改善を推進するための媒介者（agent）の役割を果たすことが必要となる．

アセスメント

　アセスメントを行うにあたっては，系統立てて厳密に実施することが特に重要となる．この点については心理職以外の専門職にも伝え，アセスメントの厳密な使用に協力してもらうことが重要となる．というのは，高齢者臨床においてアセスメントは，状況をごまかすための，取りあえずの手段として，苦し紛れに使用されることがあまりに多いからである．そのような場合，対処に窮した地域の施設や途方に暮れた介護担当者からの，たっての依頼で急遽アセスメントを実施するといったことが正当化されてしまう．そのような状況では，"アセスメント"が系統的に施行されることも，その後の援助計画との関連で実施されることもない．せいぜい，多職種で構成される援助チームが，次の手を思いつくか，別の作業に移るまでの間に，一息つくための，その場しのぎでしかない．

　日常生活における高齢者の行動や経験を査定できる，生態学的妥当性のあるアセスメント用具が不足している．認知アセスメントの領域では簡便な方法の開発

が進んでおり，今後の発展が大いに期待される．しかし，アセスメントのサービスを受ける利用者の，「アセスメントの結果は，援助方針を立てる上で，どのように役立つのか」という声に応えるために，アセスメントに関する説明や案内をさらに充実させていく必要がある．高齢者用のテストや検査のデータは，相反する要素を含む複雑なものであり，解釈は容易でない．そのため，高齢者を専門とする臨床心理士は，アセスメント・サービスに関する，利用者向けの解説書を作成する計画をもっている．

神経心理学的アセスメントは，さまざまな点で高齢者臨床に貢献できる．神経心理学アセスメントは，記憶クリニックなどで実施されるもので，その結果は，診断や予後に関する判断，個々の障害に対する介入計画の立案を行う際に役立つ．さらには，クライエントやその介助者の意欲を高めることにも貢献する．例えば，神経心理学的アセスメントの結果から，認知機能に特定の障害が見られても，それは"ボケ"や老衰の兆候ではないこと，その認知機能の障害の原因は理解可能で，はっきりとした説明がつくこと，その他の知的能力は比較的正常に機能していることなどが明らかになったとする．そのような結果を知ることで，クライエントやその介助者は気持ちが楽になり，回復に向けての意欲も高まるといえる．なお，高齢者においては，痴呆とうつ病の鑑別が難しい場合がある．改訂版のケンドリック・テストバッテリ（Kendrick Battery）のような検査は，難しいとされていた痴呆とうつ病の鑑別診断の確立に貢献している．

臨床心理士の多くは，基準照合形式で検査を使用する．基準照合形式とは，検査において特定化されている基準に適合する能力がどれほどクライエントにあるのかを評価するやり方である．例えば，遺言の能力，つまり有効な遺言書を作成する能力をアセスメントする場合を考えてみる．その場合，当事者である高齢者の，物事の管理・処理能力，資産売却に関する意思決定能力などを評価することが求められる．その際，評価を最も適切に行うためには，上記能力を直接例示する内容を選択し，それに関する知識や見当識を基準として判定する多肢選択型のアセスメントを構成することである．この他，精神的な脆弱性を抱えたまま地域で生活している高齢者の家族の苦労や介助者の負担などを客観的に評価するアセスメントも開発されている．

事例のマネジメントを行う際の優先順位を決めるのに役立つのが，行動観察によるアセスメントである．施設のなかでの行動を直接観察し，行事への参加や建設的な活動がどの程度できているのかをアセスメントすることで，マネジメント

の優先順位は自ずと決まってくる．例えば，"暴力"と"失禁"のために老人ホームから病院へと送られた男性がいた．看護師は，彼をトイレに連れていく際の行動観察をし，何らかの暴力や失禁があった場合には，即座に記録するようにした．25回の行動観察において，彼は1度しか小便を漏らさず，攻撃的になることは1度もなかった．そこで，排便を促す仕方について，老人ホームと病院との比較観察を行った．老人ホームの介護スタッフは，排便をためらいがちに促したかと思えば過度に強要するといった具合で，対応に一貫性がなかった．そのため，老人ホームの入居者は，スタッフの排尿介護を拒否することが多かった．それが失禁につながり，さらにスタッフが失禁を指摘することで，入居者の暴力が生じていた．ところが，病院では，スタッフが一貫性のある安定した態度で患者に対応し，患者は，それに従っていた．したがって，介入を成功させるポイントは，"攻撃性"や"意図的"な失禁といった入居者の在り方に注目するのではなく，老人ホームのスタッフが安定した行動ができるようにもっていくことであった．つまり，この事例のマネジメントにおいては，看護師の指導によって老人ホームのスタッフの対応を改善していくことが，優先順位の最初に位置づけられることになる．

　問題行動の頻度，持続時間，タイミング，激しさを観察して，行動変化を評価する際の基準にすることができる．例えば，病棟内を"徘徊する"ある女性について，スタッフは，"いつも"徘徊していると報告していた．そこで，3日間にわたり，時間見本法（time-sampling）を用いた構造化観察を行った．毎時間ごとに5秒間の観察を行ったところ，スタッフの報告とは異なる事実が明らかになった．その女性が歩いていた時間は，観察したうちの47％であった．しかも，彼女が落ち着いていたのは，偶然にも食事，手洗い，会話といった，スタッフ主導によって行われた活動をしているときであった．そこで再度，周囲の者がどのように彼女の行動に影響を与えることができるのかに焦点があてられることになった．

　臨床心理士は，観察者評定，自己評価尺度，さまざまな種類の自然観察技法などを好んで用いる．しかし，介護スタッフがそういったアセスメントを行うのは，容易なことではない．介護スタッフは，介護活動こそが自ら本来の仕事であると考えている．したがって，スタッフの多くにとっては，介護活動のなかに構造化観察を組み入れることは不自然であり，実行するのは難しいと感じられる．しかも，介護スタッフにとっては，同僚たちが目の前で積極的に高齢者の介護をして

いる場面で，自分だけ高齢者に関わることなく観察するのは，消極的な役割をとっていることになり，居心地の悪い立場に立たされることになる．

介入の原則

まず，心理学的介入のための指針となる10の原則を述べる．この原則は，どのようなクライエント集団を対象とする場合でも重要な内容を含んでいる．しかし，これまで比較的軽視されて不利益を被ってきた高齢者にとっては，とりわけ重要な意義がある．

①初期の働きかけを重視し，個人に生じる混乱を最小限にとどめる
②クライエントの自立を可能なかぎり維持する
③クライエントとその主たる介護者，さらに介助者と十分に話し合う
④クライエントのニーズは何か，どのような刺激がそのニーズを満たす上で役立つのかを明らかにする
⑤ある働きかけを開始する前に，その働きかけの性質と，働きかけることが好ましいのかどうかを熟考する．
⑥一般的に，介護者や介助者を介して働きかける
⑦介入期間を通して，客観的なアセスメントを行うことを重視する
⑧働きかけは，はっきりとわかっていることから，明確な段階を踏んで徐々に始める
⑨同様の働きかけを周期的に繰り返し，参加者の進歩を確認する
⑩結果を評価し，必要な場合にはフォローアップを検討する

この指針は，臨機応変に活用すべきものである．例えば，6番目の項目に関しては，臨床心理士がコンサルタントとして直接関与しなければならない場合もある．介護者や介助者を介するのではなく，臨床心理士自身が介入技法を用いた援助を行い，介入効果を維持しなければならないクライエントもいる．誰との交流もないような"気難しいお客さん"には，臨床心理士が直接介入する以外の方法がないのである．

6. 介入の方法

リアリティ・オリエンテーション

リアリティ・オリエンテーション（reality orientation）は，"混乱した"高齢者を対象として行われる，最も広く知られているトレーニング・アプローチである．リアリティ・オリエンテーションには，主に2つの形態がある．"クラス

ルーム"リアリティ・オリエンテーションは,基本的には小グループで行われるものであるが,時には1対1で行われることもある.トレーナーは,よりよい見当識を得るために,手がかりを与え,反応を促し,適切な見当識に近似する反応を選択的に強化していく.また,トレーナーは,クライエントと情報を共有することも行う.個人的情報や一般的情報を再確認したり,暗唱したりするように促し,感覚を刺激する.場所には,明確かつ魅力的な名前がつけられる.トレーナーは,クライエントの反応を引き出し,それを積極的に修正するとともに,賞賛を与える.もうひとつの形態である"24時間"リアリティ・オリエンテーションは,"クラスルーム"リアリティ・オリエンテーションをさらに拡張し,昼夜を通して一貫して実践する方法である.

リアリティ・オリエンテーションは,ある明確な処遇方法というよりもケアの哲学であるので,効果を評価するのは難しい.しかし,スタッフが入居者の注意を引き,一貫した指示を与えるといったリアリティ・オリエンテーション特有の方法は,徘徊を減じる効果があるという研究結果が出されている.臨床心理士は,リアリティ・オリエンテーションを個人に適用できるように発展させるのに積極的な貢献を果たしてきている.

ヴァリデーション・セラピー

リアリティ・オリエンテーションは,必ずしも"混乱した"クライエントに最優先で行われるアプローチではない.それに対して,ヴァリデーション・セラピー (validation therapy) は,"混乱した"クライエントの見当識を取り戻すために,その人の体験を共有し,理解することに焦点をあてるアプローチである.以下に,例として,脳卒中を数回起こして車椅子での生活を余儀なくされている68歳のマージョリーについてみていくことにする.マージョリーは,「私,子どもが生まれるの」と繰り返し叫び,老年科病棟でほかの患者やスタッフを困らせていた.産婦人科に関する説明をするなど,いろいろとリアリティ・オリエンテーションを試みたが,効果はなく,叫び声は止まらなかった.生活史をたどると,マージョリーは,流産を数回経験しており,子どもがいなかった.マージョリーは,過去の苦悩と苦痛に満ちた体験を再体験しているように感じられた.臨床心理士は,マージョリーと面接し,この見方が当てはまることを確認した.臨床心理士とマージョリーは,話し合いを重ね,徐々に彼女の置かれた辛い状況について理解を深めていった.そして,亡くなった子どもの埋め合わせをするには,病

棟チームがどのように彼女の世話をするのがよいのかが議論された．彼女が入院，流産の恐れ，そして流産による子どもの喪失という過去の体験に戻ってしまうのは当然のことであるという話となった．マージョリーは，自分のことを頭のおかしなお荷物と感じていた．しかし，マージョリーとの面接のなかで，そのような辛い体験をしていることを考えるならば，頭がおかしいというのではないことが話し合われ，マージョリーもそれで納得した．看護師は，このような洞察を維持できるようにマージョリーの支援をした．それが効を奏し，以降，マージョリーは，適切な助けを求めるようになった．次第に助けを求める頻度も少なくなっていき，最終的には，「私，子どもが生まれるの」と叫ぶこともなくなった．

心理療法とカウンセリング

人は，老齢になるにしたがってさまざまな喪失を経験することで，意欲の低下を感じるようになる．通常，人は，そのような意欲低下に対して何らかの能力や技能を発展させることによって乗り越えていく．そこで，臨床心理士は，能力や技能の発展を援助する統合的モデルに基づき，高齢者の意欲低下を改善するための介入を行う（Knight 1996）．介入は，以下に示す段階を踏んで進む．まず，現在の状況において必要とされている物質的な要求を満たすための援助を行う．次に，自尊心と意欲を回復しようとする努力を支援する．そして，クライエントが，以前と比べて自分の人生の状況をコントロールできると感じられるように手助けをする．最終的には，肯定的な自己概念と自尊心を確立し，それを長期間にわたって維持できるように援助する．肉親の死別に直面しているクライエントやターミナル・ケアを受けているクライエントには，専門的なカウンセリングが追加される場合がある．

回想法とライフレビュー

回想法（reminiscence）では，小グループで記憶を共有することが行われる．新聞記事の切り抜き，音声の入ったテープ，写真，映画などの材料を用いて回想を活性化させ，記憶の共有が促進される．社会的な出来事についての思い出だけでなく，徐々に私的な思い出が語られるようになる．そして，グループのメンバーは，現在に立ち返るように促される．"あの頃のこと"と"いまのこと"を比較し，それを通して多くの困難に立ち向かってきたことの価値を認め合う．

ライフレビューは，回想法に比較するならば，より個人的な記憶に関わる活動

である．高齢者は，セラピストである臨床心理士との個人面接において，互いに協働して心理療法的な作業を行う．そこでは，その高齢者に固有の人生経験を見直すなかから生き方や意味を浮かび上がらせるとともに，過去の出来事を現在の状態に関係づけ，それらを全体としてまとめることで統合的感覚のなかに収めていく．なお，ライフレビューを行う臨床心理士は，認知行動療法に基づく統合的アプローチを広く採用するようになっている．例えば，認知行動療法の一種であるスキーマ焦点型心理療法（schema-focused therapy）によって，その人の問題点を明確化し，それを心理力動的に分析し，徹底操作するといった統合的なアプローチを用いることがある．

7. 介入における留意点

知的機能を改善する

　私たちは，老年期における加齢の影響を誇張して考えがちである．しかし，実際のところ，加齢の影響は，私たちが考えるほど深刻ではない．加齢の影響が及ぶ領域は意外と特定化されており，対処可能性も高い．例えば，記憶訓練プログラムは，さまざまな種類の技法を組み合わせて有効な対処法となっている．そこで用いられる技法としては，想起に必要な時間を徐々に増加させて長くしていく技法がある．またこの他にも，道標，ドアの色調，日記，ノート，目覚まし時計などを外的な手がかりとして記憶再生を促す技法，視覚イメージなどを内的な手がかりとして顔と名前を結びつける技法，記憶にある事柄と関連する場所を想起する技法などがある．比較的早期のクライエントや軽度のクライエントに関しては，このようなプログラムを外来のクリニックで実施することで有効な介入ができる．しかし，効果の持続性についてはまだはっきりしていない．

不安や抑うつに対処する

　高齢者が不安を抱くのは，珍しいことではない．むしろ，日常的に不安に直面しているといえる．したがって，高齢者にとっては，不安対処トレーニングが有効である．ただし，若い人に比較するならば，トレーニングの反応が現われるのはゆっくりであり，また効果を持続させるのも難しい．トレーニングの効果が持続しにくいのは，実生活において，脆弱な老齢者の不安を喚起するような刺激が多いからだけではない．それに加えて，高齢者は，不安対処トレーニングの手続

きに適切に対応できないということがある．不安対処トレーニングにおいて臨床心理士は，高齢者に自己モニタリングするように求める．しかし，高齢者の多くは，そのような作業に慣れておらず，自己モニタリングを習得できないのである．例えば，現在私が関わっているクライエントは，不安対処トレーニングにおける自己モニタリングの課題に対して，当初，「ああ，何てこった．また仕事が増えた」ともらした．このように正直に気持ちを表現して臨床心理士に意見がいえる高齢者は，むしろ稀である．多くの高齢者は，臨床心理士の指示にかたちの上だけで従って，結局はトレーニングを終えた後にはその作業を続けないのである．

　老年期の抑うつは，重大な問題である．抗うつ剤は，高齢者に深刻な副作用をもたらす．電気ショック療法（ECT）は，実施後の再発率が高い．そこで，現在，特に期待されているのは，認知療法である．認知療法では，クライエントの抑うつ的思考パターンを把握し，それを変化させるように援助する．それを通してクライエントは，自分の抑うつ的な考え方が気分に強い影響を与えていることに気づくようになる．

ライフレビューを導入して心理療法を始める・74歳の元大学教員であるビルは，過度の飲酒によって自失状態に陥り，保護施設への入居となった．ビルは，自分のことを季節性の気分障害に罹っていると自己診断していた．しかし，主治医は，家庭医とともに問診を重ねてビルの自己診断を保留とした．そして，ビルを説得して認知行動療法を受けさせるために私のところに紹介してきた．

　当初，ビルは，心理療法に協力的でなく，介入は進展しなかった．そこで，私は，「どうして，変化を起こすことができないのだろう」と呟いて，ビルの反応を誘うようにしてみた．ビルは喜んで反応した．「私は，研究者ですよ．研究者というのは，議論の誤りは分かるのです．でも，改善すべき正しい方向というのは，どうもね……」と話し始めた．さらに続けて，臨床心理士である私の態度に対して，徹底的かつ教訓的な批評を加えた．彼は，「私に比べたら臨床心理士のあなたは，まだまだ若いですね．何も分からない大学の官僚によって，ゴミのように大学から追い出された私の気持ちなど理解できないだろうね」と諭すように語った．

　そこで，私は，ビルに助けてもらわないと理解するのは難しいことを正直に認めた．そして，「あなたの人生の底に流れ，かつ現在の事態につながっている"思い"のようなものを知りたいのですが，それを手伝ってほしい」と依頼した．「もちろん！」とビルは答えた．「私の人生の底を流れている思いというのは，"充分ではない"ということです．このことは，あなたのように若い人でも理解できるでしょう．私は，修士の学位は取得した．でもね，博士号をとるべきだったんですよ．1948年にそのことが問題になって，私は痛い目にあった．今でもそのことが，心の傷になっている．そして，それが事の始まりだったわけですよ．"充分ではない"っていうのがどんな気持ちなのか，理解できますか？」

とビルは私に語りかけてきた.
　私は,「理解しつつあると思います. ただ, まだ私は, あなたの思いを真に理解できていないかもしれません. でも, このように教えていただけるならば, 理解できるようになると思います」と伝えた.

　これまでの経験から高齢者に心理療法が有効であることが明らかとなっている. (そのことを上記ビルの事例は示している.) 否定的な思考パターンに陥っている高齢者でも, 心理療法によって肯定的な方向に思考パターンを改善していくことは可能である. また, 高齢者は, 介護付き施設 (residential care home) への入居などの住居移動の際にはストレスが高まる. 心理療法的介入によって, そのようなストレスが生じる出来事に対処する能力を強化することも可能である. そのような場合, まずライフレビューを行い, 自己の人生を語ることを通して自己モニタリングの状態を導入することが重要となる. このような自己モニタリングが前提条件となって,「今は, ここが私の家だ. ここで精一杯生活していこう」といった気持ちの整理が可能となる. その点でライフレビューを通しての自己モニタリングが心理療法の鍵概念である. なお, コミュニティ・ヘルスケアの研究では, 60歳から80歳のクライエントには, "抑うつにどのように対処するか" といった心理教育をすることの有効性が示されている.

身体へのとらわれを緩和する

　高齢者にとって, 健康が損なわれた際にそれに気づくことは, 治療に向けて適切な行動を起こす上でとても重要である. 多くの高齢者は, 身体の不調や痛みが増していると訴える. そのなかで, 少数ではあるが, 意識が過度に身体にとらわれてしまう高齢者も存在する. この少数の高齢者たちは, 極端に多弁で, 好訴的となり, 周囲を困らせる. そのため, このような高齢者は集中的な検査と治療の対象となる. しかし, 一時的に訴えを止めることがあっても, それで満足して, 最終的におとなしくなることは稀である.

　好訴的な高齢者に対しては, 系統的な心理学的介入をすることになる. 訴えから意識を引き離し, より "良い" 行動や他の関心事に目を向けさせ, そして気晴らしの活動を勧める. この気晴らしをもたせることが, 何にもまして重要となる. また, 不快感や苦痛をコントロール可能なものとして見つめ直すために, リラクゼーションやメンタル・イメージを利用することも, 介入に含まれる.

生活スキルを再形成する

　臨床心理士は，数十年にわたる入院を経て地域に戻る慢性精神病患者のための社会復帰プログラムを立案し，実行することをしばしば依頼される．このようなプログラムは，日常生活の活動スキルやソーシャルスキルのトレーニングが含まれている．また，脳卒中の後遺症で，"意欲に欠ける"と記載される高齢者のための動機づけプログラムの立案に際しても，臨床心理士がアドバイスを求められることが多くなっている．

　移行過程にある集団を支援するスタッフというのは，必然的に学際的なものとならざるを得ない．高齢者のリハビリテーションは，このような学際的スタッフによって運営される．そのなかで臨床心理士には，活動を統合的に進めるための特別な役割が与えられることが多くなっている．リハビリテーションにおいては，さまざまな活動を統合して進めることが重要となる．臨床心理士が行う作業としては，クライエントに進歩していることを伝える，リハビリテーションを成し遂げた"卒業者"をモデルとして示す，移行後に暮らす地域環境のなかで必要となる情報を共有するなどがある．臨床心理士は，このような作業を統合することを通してのリハビリテーションの活動を進める重要な役割を担うことが多くなっている．

　介護付き施設で暮らす高齢者への介入では，多くの場合，通常の活動が支障をきたすのを防ぐことが目的となる (Fleming & Barrowclough 1996)．行動マネジメント法を用いて，例えば，自分で食事をする，身の回りを清潔に保つなどの行動を再構成し，通常の活動を充実させていくことが可能になる．これは，とても意義深いことである．行動マネジメント法では，望ましい特定の行動を生活環境の特徴に合致したやり方でできるように援助し，それを選択的に強化していくことが基本的アプローチとなる．このようなアプローチは，高齢者に限らず，介護付きの施設での生活が必要な人々に広く用いられている方法である．

　また，行動マネジメント法によって，過剰行動や多動を減じることもできる．過度に症状を訴える行動については既述した．この他，例えば，不適切な排尿や好ましくない性的誘いなどに対しても，行動マネジメント法によって行動を減じることができるようになっている．これは，とても意義のあることである．

　このように臨床心理士は，高齢者の行動面に介入することができる．ただし臨床心理士が，高齢者に関わる場合，本質的に研究者，指導者，コンサルタントとしての役割をとることが多くなる．もちろん，クライエントやその直接的介助者

などへの家族療法を行う際などには，社会的および心理的要請に応えるために，臨床心理士が直接介入する場合もある．しかし，多くの場合は，数少ない資源である臨床心理士は，研究者，指導者，コンサルタントの立場で関わる方が生産的な活動ができるのである．

8. コンサルテーションとチームワーク

　一般的に，臨床心理士は，あらゆるクライエント集団に対して数が不足している．そのため，臨床心理士以外の人たちに心理学的知識と技能を伝えることが必要となってきている．このような必要性を認識することは，高齢者への臨床心理サービスにあっては，とりわけ重要となる．というのは，高齢者の臨床心理サービスの現場では，比較的スタッフに恵まれた地域でさえ，臨床心理士が働いているところは非常に少ないからである．

　ところが，これまで，クライエント（家族療法では主な介助者）の知識を増し，技術を高める心理療法過程は，伝統的に臨床心理士自身による直接的な介入によって行われてきた．臨床心理士の間では，介入に直接携わることが臨床実践における"真の作業"であり，仕事から得られる満足感の基盤であるという発想が強かった．コンサルテーションや指導に携わることは，ほかの専門職，準専門職，ボランティア，介助者などに，単に知識や技術を伝えることでしかなく，満足できる仕事ではないとみなされていたのである．コンサルテーションや指導は，臨床心理士が不足しているためにやむを得ず行われているものという考え方に基づくのが伝統的な立場であった．また，他職種にコンサルテーションや指導をすることによって，臨床心理士の専門家としての職域が減少してしまうのではないかという見方も，伝統的立場には根強くあった．

　ところが，近年，臨床心理士の間で，コンサルタント業務には独自の意義があり，それを専門的な作業モデルとして積極的に評価していく動きが強くなっている．コンサルタントをする側とされる側がともに努力して変化を成し遂げようとするなかで，人間の潜在的な可能性を引き出すことが可能になるのであり，コンサルタントとしての臨床心理士は，そこに専門的な充実感を見出すことができるというのが，コンサルタントとしての専門性を評価する，新たな立場の考え方である．

チームワークとネットワーク

　一般的には，高齢者への援助においても，ほかのクライエント集団と同様に，さまざまな専門職によって構成された学際的チームが臨床実践の単位であると認識されている．理論的には，学際的チームにおいて問題の解決過程が分かち合われ，協働的な (collaborative) 努力を重ねられていくのであり，そのような学際的チームがコンサルテーションや指導を促進するということになる．

　しかし，実際には，"チーム"での作業は，コンサルテーションを難しくする．というのは，チームのメンバーは，学問横断的に専門的知識を共有するのではなく，自分のために知識を独占しようとする傾向がある．チーム内の準専門職は，周辺的なメンバーとしてしか見なされないということも生じる．さらに深刻な問題は，チーム内の各専門職の利益が優先され，クライエントやその介助者の利益が二の次にされる場合があるということである．

　臨床実践においては，高齢者のアセスメント，マネジメント，継続的ケアに責任をもって関わる人々とクライエントによってネットワークを構成することが重要な意味をもつ．というのは，そのような特別なネットワークがコンサルテーションや指導を発展させる場となるからである．また，コンサルテーションの効果を測定する上で最も重要な基準となるのが，ネットワークの状態である．もしネットワークが適切に調和し，クライエントが置かれている状況の変化にすばやく対応できるのであれば，ネットワークにおけるコンサルテーションは効果的に作動していることになる．近年，臨床心理士以外の人々の間に，心理学への関心が高まっている．そのような状況のなかで，より良いケアを目指したネットワークを構成し，さまざまな関係者が互いに助け合い，努力することで心理学的な知識や技術のトレーニングを有効に実施できることになる．このようなネットワークを通して獲得される知識や技術は，統合されて有効に機能する．それに比べて，個々の専門職がバラバラに行う伝統的な行動マネジメントのトレーニングのなかで"一方的にあてがわれた"知識と技術は，ネットワークを通して行われたトレーニングに比べて，統合的に機能することも，また効果的に機能することもないであろう．

9. 老年学に基づく臨床心理サービスの発展

　老年学は，加齢とともに生じる標準的変化および病理的変化についての科学的

研究である．高齢者臨床においては，この老年学に沿ってクライエントを理解しなければならない．臨床心理士は，知的情報源として，老年学の社会的および行動的側面を身につけておかなければならない．「記憶力が低下してきたが，どうしたらいいのでしょうか」と尋ねるクライエントがいる．「おばあちゃん用の家を建てようかと思うが，それは，おばあちゃんのためになるでしょうか」と尋ねる家族介助者がいる．「いつまでも患者がリハビリテーションの課題を達成できずに残ってしまっているが，それは，どうしてなのでしょうか」と尋ねるセラピストがいる．そのような場合，しっかりと答えなければならないときもあれば，情報源を教えるに止め，その人なりの結論を導くようにもっていくのが望ましいときもある．老年学において臨床的に特に注目されるテーマを以下に示す．

家族介助者への支援

障害を抱える高齢者の家族に必要なのは，専門家が家族の代わりをすることではなく，家族を支援することだとよくいわれる．多くの組織が家族と直接関わり，そうした支援を提供している．組織は，小さな集団からアルツハイマー病協会のような大きなものまで幅がある．関連する支援組織の数が多く，しかも「どのようなケアが必要とされるのか」についての理念がそれぞれで異なっているために，優れた地域ケア事業が数多く見られる一方で，重複や混乱も存在する．

痴呆症の高齢者を介助する者が，地域で提供される支援は果たして利用する価値があるのかと疑念を抱くのはめずらしいことではない．ケアを提供する者がすべて，意欲的で，十分な情報をもっていて，信頼できる専門家というわけではないからである．ケアの利用者が介護の提供者に抱く懸念は，「せっかくお時間を割いていただいたのですが，……」という（趣旨の）ことばで表現される．例えば，提供されるケアに疑念を抱いた利用者は，婦長に挨拶をするときに，そのような表現をする．そのような挨拶をされたときには，反射的にごまかして済ますのでなく，ことばの背後にあるその人の考え方や気持ちを引き出すことが重要となる．臨床心理士は，それを参考として，ケア担当者の時間の使い方を見直し，利用者と担当者の双方が満足できるようにケアの在り方を計画し，指導していくことが大切なのである．

ケア担当者は，3種類の支援に関するニーズを意識し，活動する．第1は，情緒的支援である．情緒的支援には，"話しを聞いてもらって"元気づけられるレベルから，定期的に行われる本格的なカウンセリングのレベルまで幅広いケア活

動が含まれる．カウンセリングは，罪悪感，怒り，肉体的消耗など過度のストレス下にあるクライエントに対して，ネットワークを組んでケアをする場合に，用いる支援活動である．第2は，情報支援である．これは，介護費用，交通手段，介護用品，デイケア，休日の交代要員などの社会資源に関する情報および情報へのアクセスの方法についての支援である．第3は，アドバイスである．これは，その時に起きていることに気づき，混乱した感情と行動に対処するやり方を発展させるためのアドバイスである．この第3の支援に関するニーズに対応する場合，臨床心理士にとって最も重要なのが，コミュニケーションを促進することである．この点については，以下のデスの事例で解説する．

事例・デスは，妻とともに，痴呆症の父親の家から800メートルほど離れた場所で暮らしていた．デスと妻は，父親の家に通い，積極的に生活の介助をしており，父親は在宅のまま生活していた．デスは，父親が自分のことを「お父さん」と呼ぶことをやめないので怒っていた．彼は，父親が自分のことを「お父さん」と呼ぶのは，自分に"喝を入れるために"していると確信していたのである．

臨床心理士は，介助ということで息子が父親の世話をする状況となっている家族の在り方に注目した．そして，デスに対する父親の呼び方は，家族内の立場の変化に関する父親の理解を反映しているのではないかとアドバイスをしてみた．しかし，デスは，軽蔑まじりにアドバイスを棄却した．そこで，「最近，父親にしたことは何か」と尋ねてみたところ，昨晩，父親のところへ行き，しばらく一緒に過ごした後，部屋を出る際に「ベッドに入って寝るように」と念を押したと，デスは答えた．デスによれば，何とか寝るように説得したが，父親は頑なに寝ることを拒み，「疲れていない」と言い張ったとのことである．それでデスが何をしたかというと，新聞を見つけ，父親が寝られるようにと新聞を読んであげたのだった．

「なるほど……」，臨床心理士は呟いた．
「なるほどか……，それは，どういう意味ですか？」とデスは言い返した．
そこで，妻が身を乗り出してやさしくいった．「家に帰ってから，私が説明するわ，あなた．」

妻の説明は，うまくデスに伝わったに違いなかった．というのも，デスは，次回セッションでは，リラックスして父親について語ったからである．彼は，父親と自分の立場が逆転し，自分の成長過程が混乱してしまうという恐怖心があったことに気がついた．そして，セッションのなかで，その恐怖心に率直に向き合うことができた．

もうひとつ事例をみることにする．このジョージの事例においても，当初，状況を理解できないということがみられた．ジョージは，恥じ入るような面持ちで日曜日の夕方の出来事を臨床心理士に報告した．彼と妻は，体が弱く，心理的にも混乱していた義母と同居していた．その義母に対して，「怒りを爆発させてしまった」とジョージは語った．その時，ジョージは，家の"事務室"で所得申告の作業を苦労しながらやっていた．そこに，義母が入ってきて，「寒い，お腹が空いた！」と繰り返しながら歩き回った．それで，ジョージは，気を逸らされて，集中力を失ってしまった．

ジョージは，義母に「まもなく妻が教会から戻って，居間の暖炉に火を入れ，夕食の準備をするからそれまで待ってほしい」と説得しようとした．義母は，見た目には，それを理解して肯いた．しかし，戻ってきて再び不満を繰り返すのだった．結局，ジョージは，腹を立てながらも，厄介ごとを先に片付けることにし，暖炉に火を入れて義母のお気に入りの夕食を用意した．暖炉のそばに夕食を置き，義母をそこに座らせ，食事をとるように促した．そして，ジョージは，所得申告の作業に戻った．

　10分後，所得計算の込み入った部分になったので，一時手を休め，居間を覗いてみることにした．ジョージは，先ほどの義母への対応がうまくいったことを確かめるつもりだった．しかし，そこには義母はおらず，手付かずのままの夕食が残されていた．ジョージは，それを見て驚き，そしてがっかりした．探しまわったところ，義母は，自室にいた．座って前後に体を揺らしながら「寒い，お腹が空いた……」とぶつぶついっていたのだった．この時点でジョージは，耐えられなくなり，義母に対して怒りを爆発させた．愚かな行動に付き合わされたために自分がいかに時間を無駄にさせられたかと言って，ジョージは彼女をこっぴどく叱った．そして，自分と妻が世話をしても，それに感謝することもなかったと，過去の出来事を数え上げて非難した．

　その後に，ジョージは，妻とともに臨床心理士のところに相談にやって来たのだった．臨床心理士との面接においてジョージは，妻の助けを得て，義母の奇妙な行動のもつ意味を読み取ろうとした．確かに義母の行動は，わかりづらかった．そのため，行動によって示された義母のメッセージを理解するためには，情緒的レベルでの気持ちの動きを察することが必要だった．面接では，気持ちの動きを察するためには，どのように頭を働かせばよかったのかが話し合われた．それを通して，義母の行動には，メッセージとして人の温かさに触れたいという要求が含まれていることが明らかとなった．そして，そのような要求に適切に応えるためにはどのようにしたらよいのかということが話し合われた．臨床心理士は，具体的対応の仕方を提示した．それを受けてジョージは，その場で対応の仕方を試してみた．

　ジョージの例で示唆されているように，介助者があからさまに不満を表現するのは，その人が対処できる範囲を超えた介助を分担していることの表われである．無理な介助分担は，高齢者の虐待に結びつくこともある．一般に考えられている以上に，介助者による高齢者への虐待は多い．それだけ，家族による介助には困難がともなうということである．そこで臨床心理士が中途半端な介入をするならば，高齢者に対する家族の関わりは，ますます混乱する危険性もある．その点で臨床心理士は，責任をもって対応しなければならない．臨床心理士が責任をもって関わる業務としては，介助者の介助技能を高めるための直接的なコンサルテーション，提供されるサービスと介助者のニーズを調整する方法についての間接的アドバイス，虐待が疑われる場合にどのように対処すべきかに関しての勧告などがある．

アセスメントに関するコンサルテーション

　高齢者臨床に携わる他職種が，心理学的アセスメントを利用，あるいは適用することに関心をもつことがある．そのような場合，臨床心理士は，心理学的アセスメントに関するコンサルテーションを提供する．例えば，臨床心理士は，介助者の負担の程度を調べたいと考える地域の精神科看護師や"精神状態"を測定するために伝統的に用いられてきた簡易検査に満足できない医師などからアドバイスの要請を受けることがある．心理学的アセスメントのなかには，神経心理学的評価のように，臨床心理士自身が施行すべきものもある．しかし，心理学的アセスメントを，単純に臨床心理士の独占的業務とみなすのではなく，それぞれの事例において，臨床心理士自身が行うべきアセスメントかどうかを吟味，検討することも必要である．

行動マネジメントに関するコンサルテーション

　高齢者臨床の行動マネジメントにおいては，ケアスタッフが，クライエントの好ましくない行動を知らず知らずのうちに肯定し，それを後押ししていることがある．特にそのような場合には，臨床心理士は，コンサルテーションによって繰り返し介入することが必要となる．コンサルテーションでは，さまざまな方法を記した"メニュー"を利用する．ケアスタッフの状況に応じて，メニューの中から適した方法が選択される．以下において，メニューを利用したコンサルテーションの事例を示す．そこでは，一人暮らしの未亡人メイの執拗な電話をどのように理解し，それにどのように対処するのかという行動マネジメントがテーマとなっている．

　メイは，長期にわたる躁うつ病既往歴があり，夫や子どもたちとの間で葛藤を抱えていた．夫の死後，息子の一人が，メイを自分の家に引き取った．しかし，それは2週間ほどで行き詰まり，メイは，自宅に帰された．その結果，メイのなかには，裏切られたという気持ちが残ってしまった．

　メイは，子どもたちに順番に文句を言い始めた．そして，長時間の電話をかけ，頻繁に不満を述べてるようになった．体調が悪く，気分が悪いと訴え，一日の出来事を詳細に話し，家族の悪口を繰り返した．ある週末に娘の一人は，128回の電話を受けた．そこで，メイのケアマネージャーに加えてコンサルタントの臨床心理士も参加して家族会議が開かれた．その場で，家族が採りうる行動としてどのようなものがあるのかが検討された．そして，以下に示す対処行動のメニュ

ーが作成された．

1. 家族が自分自身の感情に気づき，それに対処する．怒りや罪悪感（それは，自分に向けられた怒りである）は，虐待を受けた際によくみられる反応である．メイの度を超した電話は，一種の，家族への虐待である．そのような虐待を受けている家族には，それに対処する権利がある．メイには，自らのしていることが家族にどのような影響を与えているのかを知る権利がある．家族が自分自身の感情を心のなかに押さえ込んでおくよりも，それをメイと共有できるならば，家族にとってもメイにとっても有用である．歯ぎしりしながら「愛してるよ」とメイに言い続けることだけはしないように！
2. 普通に対応する．もしメイがあなたたちに電話するか，あなたがメイに電話したときに，普通の対応ができたなら，そのまま進める．――普通の対応とは，比較的短時間で，あまり頻繁でもなく，彼女の独り言でなく，相互の対話となっていることである――．そして，さらに一歩進んで，このように話すのがいいという考えを彼女に伝え，明確化する．
3. 正常な話し方に戻す．もしメイが速くしゃべりすぎたなら，ゆっくりと話すように語りかける．もし過度に興奮し始めたなら，落ち着くように語りかける．2回声をかけ，それでもメイが反応しない場合には，次の4の対処行動をとる．
4. 話をさえぎる．もし話し方が正常でなく，しかも正常な話し方に戻すことができないならば，メイに対して，話をしても意味がないことを明確に伝える．メイが話しを続けるのをじっと聞き続けることはしない．以下に，話をさえぎるための方法を整理する．家族のなかには，すでに以下に示す方法を使っている人もいる．一番うまくいく方法を見つけ，それを使い続けることが重要となる．
   (a) 家族の方が自分のことや自分の気持ちを話し続けることで立場を逆転させ，主導権を握る．
   (b) もし家族に何か新しいニュースがあれば，メイの話をすばやくさえぎって，最近家族に起きた出来事を詳細に話し始める．
   (c) メイが守るべき法律ともいうべきルールを設定する．それによって，彼女がどのような生活を送るべきかを規定する．彼女がいかに家族に迷惑をかけているのかをはっきりと伝え，彼女が家族の忠告に従うことを断固として要求する．
   (d) 誰もがさまざまな問題を抱えて生きている．彼女が苦労話を始めたら，世界には同じような苦労をしている人がいることを指摘し，その人たちが問題にどのように対処しているのかを考えてみるようにいう．
   (e) 電話をつないだままにして受話器を手の届く範囲内に置いておき，ときどき手にとってひとこと口にし，そうでない場合には耳を休めてほかのことを考える．

ケアの在り方を調整する

　日常生活をする上で支障をきたす高齢者には，環境に適応できるように介助してあげることが必要である．しかし，その一方で可能なかぎり自力で生活できるように環境そのものを調整していくことも必要である（Kitwood 1997）．例えば，

人工器官は，患者が自力で生命を維持するのを補助する役割を果たす．それと同様に，環境の方を調整し，患者が自立して生活できるようにもっていくことも重要なのである．このような視点に立ちケアの在り方を再構成するための心理学的アプローチには，少なくとも5つの形態がある．その5つの形態とは，関与サンプリング（engagement sampling）（「痴呆症ケアマッピング」として再開発されている），刺激と活動のプログラム，身体的環境の計画的改善，リアリティ・オリエンテーション（グループタイプと24時間タイプ），行動マネジメント（一貫した報酬を与えることで好ましい建設的行動を形成，維持するとともに，破壊的行動や不必要に依存的な行動をしないように制限を与えるマネジメントを行う）である．介入にあたっては，これらを相互に関連させて，全体としてケアの在り方をバランスよくするように調整することが大切である．

　機能障害をもつ高齢者にとっては，障害者に"やさしい環境"がとても重要となる．このことは，多くの心理学研究で報告されている．これまでの研究では，機能が低下するにつれて，外的環境が行動を決定する際の重要な要因となることが示されている．そのため，臨床心理士が新たな高齢者用施設の建設計画に直接関与することもある．しかし，一般的には，高齢者に身体的制約をもたらすような施設であっても，環境改善は容易でない．改善に向けての努力がなされているが，簡単には実現しないのが現状である．したがって，改善努力をする一方で，環境に左右されないように，入居者の自立性を高めるための行動マネジメントをしていくことが必要となる．例えば，そのような場合，24時間リアリティ・オリエンテーションの必要性を過小評価すべきではない．リアリティ・オリエンテーションによって機能障害のある入居者に施設環境の現実（reality）を意識させ，現状に前向きに対処する態度を維持するように行動をマネジメントしていくことが効果的である．

　一貫してこのような介入をするためには，相当の労力が必要となる．例をひとつあげる．介護助手のハゼルは，臨床心理士の指導を受けながら，高齢者施設の入居者の一人と人間的なつながりを形成しようとした．彼女は，自分の名前を覚えてもらうことによって，その入居者と関係を築こうと試みた．数日間，ハゼルは，ねばり強く語りかけた．26通りのやり方を試みたが，いずれもうまくいかなかった．しかし，26通り目で成功した．「ナッツに関係があるんだね．ブラジル？……いや，ハゼルだ！」という，その入居者の反応を聞いてハゼルは，椅子から転げ落ちた．どういうわけか，その時のハゼルは，もはや名前を覚えてもら

うことをそれほど重要とは感じてはいなかった．臨床心理士は，ハゼルと入居者の間につながりができたことに安堵し，気持ちをこめて2人を祝福した．そして，茫然自失となっているハゼルに対して，次の作業に向けて気持ちを切り替えるように指導した．

　一般的には，高齢者のケアにおいて，ベッドメイキングや薬を渡すといった日々の作業については，スタッフの指導をする必要はない．しかし，生活行動プログラムやリアリティ・オリエンテーションなどの活動では，スタッフが気を抜くと，はっきりと効果は減少するので，その点には注意が必要である．ベッドメイキングなどの日々の作業は，行動として目に見えるものなので，怠慢があってもすぐに気づかれる．そのため，作業の質は，一定に保たれる．また，そういった日々の作業は，"介護本来の仕事"であると見なされているので，ほとんどの場合，問題は生じない．このような日々の作業には，先述の事例で示したような，重度の機能障害をもつ入居者と人間的つながりをつくるといった課題は含まれていない．スタッフの働きかけに対する入居者の側の反応は，せいぜい躊躇を示すか，多少偏屈であるかというだけである．したがって，スタッフが人間的なつながりを大切にしなくても，目に見えるものとして気づかれることはない．ところが，生活行動プログラムやリアリティ・オリエンテーションなどの活動では，その人間的つながりといった目に見えない部分が重要な役割を果たしているのである．そのため，活動を適切に運営するためには，臨床心理士の注意深い指導が必要となる．

スタッフへの支援

　高齢者臨床におけるクライエントの援助には，高度な技能が必要とされる．しかも，それを柔軟に適用することが求められる．サービスに対する社会的要請は，非常に高い．しかし，専門職をはじめとする社会資源は，不足しており，適切な配置がなされていない．ヘルスケアのネットワークは，基盤が脆弱で，構造も込み入っている．そのため，すんなりと問題解決をもたらすということは稀である．いわゆる"燃えつき症候群"は無断欠勤や士気の低下と結びついているとされるが，高齢者援助に携わるチームにおいても，燃え尽き症候群がみられることは知られている．臨床心理士は，他の専門職と相談し，このような問題をもつスタッフの支援を行う．

10. 研　究

　臨床心理士は，他の職種のスタッフにアドバイスをし，全般的な支援を提供し，必要に応じて他の職種と協働して活動を発展させる．しかし，それだけではなく，臨床老年学の基礎的な研究やサービス評価のためのアクションリサーチに関わることもある．現在，高齢者に関する研究は，数多く行われるようになっている．例えば，記憶の障害が問題解決に及ぼす影響についての研究が進んでおり，その研究成果に基づき，記憶障害を補うためのプログラムが開発されている．高齢者と介助者に関わる臨床心理学の専門家グループは，国立の記憶力クリニックの設置に関する研究班を発足させている．記憶障害のある人たちへのサービスの向上を目指すという幅広い展望の下に記憶専門のクリニックを設置し，諸々の見解やデータと照らし合わせて検討し，より良い臨床実践を推進するということが，研究班の最終目標となっている．この領域では，すでにこれまでに多くの知見が集積されている．それらを評価，発展させることが現在の課題となっており，そのための研究努力がなされつつある．

　既存の知見を評価し，発展させることの重要性について，作業療法の効果研究を例として解説する．これまでの知見では，継続的ケアにおいて作業療法による介入を増加させた場合，それにしたがって，普段は低い水準に留まっていた入居者の活動水準の上昇がみられることが繰り返し示されてきた．しかし，介入を止めると，活動水準も元の低い段階に戻ってしまうのである．ここで重要な疑問が生じる．表面上，活動水準が上昇したのはよいことのように見える．しかし，果たして真の意味で入居者に恩恵を与えているといえるだろうか．もし，本当に恩恵があるとするならば，指導者である作業療法士が不在の場合でも，入居者やケアスタッフが作業療法をやってみようと思えるようにすることが重要となる．そのためには，入居者やケアスタッフにとっても関心がもてるような簡易型の作業療法を考案することが必要になるといえよう．その場合，簡易型の作業療法の開発研究が課題となる．

　高齢者への心理学的介入に関する研究は多くなされているが，そのなかには明確な結論が出ていないテーマもある．例えば，リアリティ・オリエンテーションはよく知られている活動であり，その効果に関する研究も幅広く行われている．いくつかの研究は，リアリティ・オリエンテーションの効果を支持する結果を示している．そのような研究では，リアリティ・オリエンテーションには，僅かで

はあるが，高齢者の知的機能を上昇させるとともに，ケア担当者の動機づけを高める効果があるとする．ケア担当者は，リアリティ・オリエンテーションを行うことによって，より自信をもって高齢者と関わり，自らの活動に満足できるようになるのである．この点でリアリティ・オリエンテーションには相当の効果があるといった結論が出されている．しかし，リアリティ・オリエンテーションの理論的根拠には検討すべき点も多い．また，リアリティ・オリエンテーションの手続きは非常に複雑であるので，現在の時点で活動の全体を十分に把握できる研究を行うことはできないとの意見も出されている．実際のところ，活動の全体を包括的に，一貫性を保って評価することは不可能といえよう．

　この他にも明確な結論が得られていないテーマがある．身体的原因がみられない失禁に対する心理学的マネジメントの有効性に関する研究も，そのひとつである．このような失禁に対する心理学的マネジメントの効果研究の結果は，研究によって異なったものとなっている．その理由としては，ケアを受けていない高齢者を被験者として選択したことの問題が考えられる．そのような被験者は，心理学的トレーニングに馴染みがないため，そもそも研究場面での再トレーニングへの反応が期待できないのである．このような問題点もみられるが，近年，高齢者の行動面への介入効果の研究基準については，改善が進みつつあるのも事実である．多くの研究で改善が進み，"どのようなクライエントには，どのような介入法が有効か"といった問いに答える研究成果も出始めている．

　臨床老年学の科学的基礎研究としては，"現代の流行病"ともいわれる慢性的な脳機能不全に関連する心理学的要因の研究がある．特に脳機能不全の初期段階に関与する心理学的要因について，オックスフォード大学や多くの国立研究センターで研究されている．さらに，科学研究だけでなく，それを補うものとして実践研究も行われている．例えば，慢性的な脳機能不全に苦しむ高齢者のケア担当者への支援をどのように提供し，配分するのがよいのかという点に関する実践研究が現在進行中である．なお，慢性的な脳機能不全のケア研究については，痴呆症患者サービスセンター，アルツハイマー病協会，痴呆ケア雑誌などの影響力も忘れてはならない．

　最後に，高齢者臨床に携わる臨床心理士にとって，比較的健康な人々を対象とした研究への関心を維持しておくことの重要性を指摘しておきたい．例えば，私は，以前，オックスフォード地域在住の65歳以上の健康な高齢者を対象とした調査研究を行ったことがある．それは，同じ高齢者仲間のために，経済的，健康

的，社会的によりよい社会環境を目指そうというキャンペーンの一環として行ったものである．その研究を通して，私は，地域での実践において役立つ社会的資源を見出しただけでなく，高齢者層全般に関する，バランスのよい展望を得ることができた．というのは，その研究によって，問題を抱えた者だけでなく，健康な者を含んだ幅広い高齢者層の意識を知ることができ，その結果，問題を抱えた高齢者に限定されない，バランスのよい視点をも身につけることができたからである．

11. 行政と政策立案

高齢者の臨床機関において臨床心理士は，心理学的介入を実施するとともに，さまざまな専門職をまとめて機関を運営する役割を担っている．しかし，そのような機関内の活動だけでなく，行政面での政策立案といった幅広い社会的活動も臨床心理士には期待されている．そのような幅広い社会的活動を展開するにあたっては，以下の4つの目標を意識しておくことが重要となる．

(1) 健康的側面と社会的側面を統合したケアを提供する方向への発展を目指すこと．そのためには，さまざまな職種が協働して目標を達成していく統合的在り方が前提となる．
(2) クライエントの機能に関する客観的なアセスメントに基づき，提供すべきサービスのデータベースを確立すること．それが，活動の発展に向けて必要なサービスの種類を特定化する際の基礎資料となる．
(3) クライエントとその介助者のニーズに応えるサービスを発展させること．サービス組織においては，クライエントが何を求めているのかではなく，組織が何を提供できるかによってサービスの内容を決定することが，あまりに頻繁に行われている．このように組織の都合に合わせて偏ったサービス内容を決定する在り方は，ニスカネン効果 (The Niskanen Effect) と呼ばれている．
(4) 各組織で行われているケアの手続きは，ある時点で暫定的に決定されたものでしかないので，組織ごとに定期的な見直しをするように支援すること．高齢者臨床においては，目的が不明確で，問題の解決にも結びついていないにもかかわらず，既存の活動がそのまま行われている場合が，あまりにも多い．そのような場合，"アセスメント"や"介助"という用語は，問題の所在を明らかにするのではなく，むしろ問題を隠すために使われることになる．したがって，"アセスメント"や"介助"を実施しているとなっていても，それを単純に信じないで，常に手続きの見直しをしていくことが必要となる．この点に関してイギリスで最近開発された HONOS-65 尺度は，国の行政レベルにおいて臨床的介入の効果を測定する簡易尺度を導入する可能性を示唆するものであり，その有効性が認められている．

12. まとめ

　高齢者への臨床心理サービスは，ひとつの独立した専門領域とはみなされていない．それには，以下にあげるような多くの理由がある．まず，加齢が普遍的な現象であるために，私たちが，クライエントを通して自分自身の将来に向き合うことになるということがある．高齢者臨床を独立した客観的対象として切り離せずに，そこに関わる者の人生の過程を重ねて境界をあやふやにしてしまうのである．加齢が私たちの多くにとって，目を背けたいものであるということも関わってくる．クライエントが亡くなるために，機が熟さないまま作業を終える事態がしばしば生じることも理由となる．高齢者の対人関係や行動を知るために必要とされる老年学の知識ベースの特殊性も高齢者臨床が独立するための障害となる．特殊化されたアセスメントと介入法を習得しなければならないことも障害である．年齢区分によって別扱いされる枠組みのなかでの活動である点も，高齢者臨床の独立が難しい要因となっている．社会的問題や心理的問題との相互作用のなかで身体的症状が発生する率が比較的高いことも要因である．高齢者への臨床心理サービスでは，多元的介入がなされ，それに対して個人特異的な反応が生じる．それと関連して医原性の訴えが頻発しやすくなっており，それも高齢者臨床の独立を妨げる原因となっている．

　私たちは，臨床心理士として高齢者臨床に携わるにあたって，次のことも考慮しなければならない．まず，クライエントへの直接的な働きかけよりも，ケア担当者を通じた間接的な働きかけを広めることを重視しなければならない．家庭においては，親－子役割が逆転することで家族力動が複雑化し，それへの対処として父性的ケアが期待されてしまうことに注意しなければならない．高齢になるまで長期にわたって馴染んできた対処方略を変えることに強く抵抗するクライエントがいることも，当然考慮に入れなければならない．心理学的な考え方に対して高齢者が疑ってかかっても，それは健全な懐疑主義であるということも意識しておく必要がある．「自分の頭はどこもおかしくなってはいない」という気持ちを抱くのは自然なことなのである．高齢者には，認知障害，疲労感，感覚障害など，コミュニケーションの妨げとなることが比較的数多く存在している事実も忘れてはならない点である．

　このような特別な条件のなかで実践されてきたのが高齢者への臨床心理サービスである．臨床心理士は，そのなかでさまざまな専門的活動を展開してきた．ま

ず，個人の心理的欲求に注目し，それを尊重する活動を展開してきている．また，アセスメントの技法を開発するとともに，説明可能な変化を起こすのに有効な介入技法を工夫してきた．さらに，臨床老年学の発展に寄与する重要な研究を発表してきている．現在，臨床心理士に必要とされているのは，高齢者臨床において得た知見を，成人発達と加齢の心理学のなかにしっかりと位置づけていくことである．そして，人生後半のプロセスと，高齢者を取り巻く複雑で葛藤に満ちたシステムを理解していくために，たゆまぬ貢献をしていくことである．

老齢恐怖（gerontophobia）は，ヘルスケアの専門家の間で比較的よくみられる症状である．この老齢恐怖は，介入によって改善可能な症状である．しかし，ヘルスケアの専門家が抱く老齢恐怖に対して効果的な介入をするためには，臨床の場において幅広く高齢者に接するようにさせるだけでは十分でない．適切な理論を実践的に適用することで，その専門家の抱いている，サービスを提供する側と利用する側に関しての歪んだ思い込みを突き止め，それを改善していくことが必要となる．

老年期においては，異常な変化だけでなく，正常な変化も含めてさまざまな変化が生じ，ヘルスケアが必要となる．臨床老年学は，このように加齢にともなって生じる変化に関する科学的研究である．そして，多くの健康関連の学問を統合する核となるのが，この臨床老年学である．高齢者臨床において臨床心理学が有効な学問であるか否かという適切性についても考えてみる必要がある．それは，臨床心理士が臨床老年学の知識体系を実践場面で有効に適用するとともに，その学問的発展に寄与できるかどうかによって判断される．しかも，それは，他の学問との間で協働関係を形成し，高齢者とその介助者のニーズに応えるものとしてなされねばならないのである．

引用文献

Fleming, I. and Barrowclough, C. (1996). *Positive approaches to assisting older people*. Psychological Corporation, London.

Kitwood, T. (1997). *Dementia reconsidered. The person comes first*. Open University Press, Buckingham.

Knight, B. G. (1996). *Psychotherapy with the older adult*. Sage, London.

Stuart-Hamilton, I. (1994). *The psychology of ageing. An introduction*. Jeaaica Kingsley, London.

Victor, C. R. (1991). *Health and health care in later life*. Open University Press, Milton Keynes.

参考文献

Biggs, S. (1993). *Understanding ageing. Images, attitudes and professional practice.* Open University Press, Buckingham.

Bond, J., Coleman, P. and Peace, S. (eds.) (1993). *Ageing in society. An introduction to social gerontology.* Sage, London.

Holden, U. P. and Woods, R. T. (1995). *Positive approaches to dementia care.* Churchill Livingstone, Edinburgh.

Jacoby, R. and Oppenheimer, C. (eds.) (1997). *Psychiatry in the eldely.* Oxford University Press, Oxford.

Woods, R. T. (ed.) (1996). *Handbook of the clinical psychology of ageing.* Wiley, Chichester.

III

障害と臨床心理学

オックスフォードの市街から車で15分ほどのところにあるユニット形式のリトルモア・メンタルヘルスセンター (Littlemore Mental Health Centre). 広い敷地内には，上掲の標識に示されているように，さまざまな種類の患者用のユニットが配置されている．各ユニットは，低層建築で明るい雰囲気となっている．下の写真は，精神病の患者の入院用ユニットである．

7——知的障害への臨床心理サービス

Chris Cullen, J. Fredric Brown, Helen Coombes, and Steve Hendy

　知的障害，つまり学習機能障害をもつ人は，基本的なスキルの獲得が困難であり，特別な援助がなければ多くの社会的不利を被る．本章では，そのような援助を提供する専門職としての臨床心理士の活動を解説する．まず学習機能障害について定義し，彼（女）らが他者を挑発する問題行動をとりやすいことを指摘する．次に，援助サービスとして教育支援や家族援助など多様な選択肢があることを示す．そして，そのような援助サービスにおける臨床心理士の役割をまとめる．臨床心理士が担う役割は，アセスメント・解釈・介入・評価からなる臨床心理サービスを行うこと，および援助サービスに関する研究を行うことである．臨床心理サービスについては，機能分析に基づく介入法を詳しく解説する．また，人間行動の解釈モデルとして，個人の適性能力を向上させ，望ましい行動の構成を目指す構成モデルを取り上げ，学習機能障害の援助におけるモデルの有効性について論じる．さらに，近年のケア・システムの変化について触れるとともに，学習機能障害をもつ成人が抱える低い自尊心といった心理的問題に対して臨床心理士がどのように対応しうるのかという今後の方向性についても論じる．

1. はじめに

　はじめに用語について確認しておきたい．ここでは，"精神遅滞"（mental retardation）や"学習困難"（learning difficulties）といった用語の代わりに，"学習機能障害"（learning disability）や"知的器質障害"（intellectual impairment）という用語を使う．［訳注：ここで用いられる 'learning disability' は，学習障害（LD）のことではない．日常生活で必要なさまざまな知識・技能を身につけるための一般的な学習機能の障害を指している．］用語使用のあり方についてはさまざまな議論があるが，ここで用語にこだわるのは，名称それ自体が大きな影響力をもつと考えるからではない．そうではなくて，障害の3つのレベル，すなわち器質障害（impairment），機能障害（disability），ハンディキャップ（handicap）という3つのレベルの障害間の相違，およびそれらの関係を知ってほしいからである［訳注：訳語については28ページの訳注を参照］．世界保健機関は，器質障害が機能障害をもたらすと述べている．例えば，妊娠中にサリドマイド薬を服用すると，

腕の形成不全といった身体上の器質障害をもつ子どもが生まれる．そのような器質障害は，しばしば機能障害をもたらす．機能障害は，時に深刻な場合もある．例えば，腕がまったくなければ自力で何かをするのは困難である．機能障害がどれほどのハンディキャップ（社会的不利）につながるかは，社会の側がどのような反応をするのかによっても決まる．もし，特別な補助——義手——が与えられるならば，器質障害をもつ人は自力で多くの活動ができるようになり，ハンディキャップは少なくてすむ．しかし，周囲の人々が，機能障害に反応してその人を避けるように対するならば，ハンディキャップは深刻なものとなる．同様のことが，学習機能障害についてもいえる．学習機能障害は，発達初期における脳内の損傷などを原因とするさまざまな器質障害によって生じるものである．そのため，特別な援助がなければ，多くのハンディキャップを被ることになる．そこで，学習機能障害については，さまざまな職種や立場の人々の援助が必要となる．本章では，そのような援助を提供する専門職としての臨床心理士の活動を解説する．

2. 学習機能障害とは何か

知的器質障害をもつ人は，人生の早い時期から学習が困難であるという問題を抱えている．知的器質障害をもつ人が直面している学習困難とはどのような事態であるのかについては，簡単には理解しにくいものである．そこで，まずは，この点についての詳しい説明が必要となる．学習の難しさということに関しては，私たち誰にでもいくぶん学習しにくい事柄はあるものである．しかし，知的器質障害をもつ人は，基本的で重要なスキルを身につけることが難しいのである．時には，基本的スキルを身につけることが不可能な場合さえある．例えば，日常生活をしていく上で基本的に必要となる，顔や身体を洗う，服を着る，自分で食事をするといったセルフケアのスキルが身につかないこともある．そのような場合，重く深刻な学習機能障害を抱えているとみなされる．さらに，周囲の人々とまったくコミュニケーションを取れない場合や，自らが置かれている状況についての自覚が乏しい場合には，特に重い学習機能障害があるとみなされる．それに比較して知的器質障害がそれほど深刻でない場合には，日常生活を営む上で最低限必要となるセルフケアのスキルは身につけることができる．しかし，より高度なスキル，例えば，お金の使用，公共交通機関や地域の娯楽施設の利用，読み書き，人付き合いのスキルなどについては問題が生じる．

ここで,学習することが困難となる理由について考えておくことが重要となる.幼い子どもは,お金を適切に使うことができない.お金の使用を可能にする他のスキルを身につけるまでは,お金の使い方の学習が困難となっているのである.しかし,そのような子どもを学習機能障害とはいわない.そこでは,その子が同年齢の他児にできることを学習できずにいるという点を考慮しなければならない.

では,器質損傷(injury)が原因で通常の行動ができなくなった人の場合はどうであろうか.そのような場合には,明確な判断が難しくなり,議論の余地が生じる.学習に関してまったく問題のなかった普通の人が交通事故に遭ったとする.その結果,話すことができず,失禁をし,動けなくなったとしたら,その人は知的器質障害をもつ者とみなされることになるであろうか.おそらく,答えは否である.もちろん,事故に遭った人を援助する方法には,知的器質障害をもつ人への援助と共通する面はある.しかし,だからといって,知的器質障害と同一の分類にはならないであろう.さて,次に議論となるのは,脳性麻痺や中央神経システムの異常をもって生まれた子どもの場合である.そのような器質損傷の結果,歩行や自分で食事をするといった基本的なスキルを身につけることが非常に難しくなる.その場合,その子を知的器質障害の分類に加えるべきであろうか.ここでも,答えは否である.なぜなら,そのような場合,身体的要因である器質障害が原因となって,スキルを身につけられなくなっているだけだからである.つまり,知的器質障害が原因となってスキルの学習が困難になっているわけではないのである.この点は,注意を要するところである.実際,過去において,ただ単に身体的な器質障害が原因で正常な行動ができなくなっていただけであるにもかかわらず,学習機能障害という分類名を付けられてしまった人々が数多くいた.このことは,現在になってようやく認識されるようになってきている.このような誤りのよい例が,聾(deafness)である.聾や難聴といった身体的な器質障害が原因となって正常な発達ができなかったのにもかかわらず,学習機能障害のための援助活動を受けていたという事例が相当数に上ると推定されている.

知能,行動,認知

このように学習機能障害を分類する際には,知的な障害が重要な基準となる.しかし,ここまでの説明では,学習機能障害が知能の低さと関連があるのにもかかわらず,知能についてあまり触れてこなかった.それは,知能に関しては注意深い扱いが必要となるからである.知能は,個人の学習機能が全体としてどの程

度かをまとめて表現する用語としてしばしば利用されている．しかし，実際には，知能というのは複雑な概念なのである．知能を考える上で何にも増して重要なのは，その人が，実際にどのような行動ができるかということである．例えば，知能テストの得点は低いが，あらゆる面で自立しており，専門的な援助サービスを必要としない人もいる．逆に，知能テストの得点が標準的な範囲内であるのにもかかわらず，学習機能障害のための援助サービスの利用が欠かせないほどに，低い機能レベルの行動しかできない人もいる．ただし，"経験則"としては，IQテストで得点が低いほど，日常生活に必要な行動をうまく遂行するのが難しいということはある．

最後に，"行動"（behaviour）という語の意味するところを明確にしておきたい．その理由は，本章では，これから"行動"という語を多用することになるからである．科学としての心理学における基本単位は，個人とその人が生活している世界との関係である．この関係が，"行動"の意味するところである．私たち一人ひとりは，それぞれ自らの内的世界をもっている．そのような内的世界は，世界全体と比べるならば小さなものではあるが，独自なものとして世界の一部を成している．そこで，世界と個人の関係である"行動"を分析する際には，個人内の出来事（情動や生理的な過程）が重要な役割を果たすことになる．"行動"を個人－環境関係と定義したからといって，それは，単に物理的環境における骨格の動きだけを意味しているのではない．"行動"とは，内的出来事と外的出来事の両者との関係の中で個人が行うすべてのことを意味しているのである．

思考（thinking）は，内的世界と外的世界との関係の中で個人が行うことである．したがって，思考は，専門的な意味において"行動"なのである．思考は，個人個人で異なる内的行動である．そのため，思考をしている当人だけが，自らの思考を観察することになる．しかし，思考が外部から観察できない内的行動だからといって，科学的な分析の対象外とすることはない．外的出来事を観察するのとは異なる方法論を用いれば，思考を分析の対象にすることはできる．このことと関連して，近年行動分析が発展する中で，"認知"（cognition）の役割が強調されるようになっている．学習機能障害の援助サービスを行うにあたって臨床心理士は，思考を分析する必要が生じる．その際，"認知"の役割を考慮する必要が生じてきたのである．こうした研究については，本章で後述する．

3. 対人行動としての挑発

　重い知的器質障害をもつ人々は，しばしば他者を挑発する問題行動を示す．そこで，重い知的器質障害をもつ人々と関わる専門職は，彼（女）らの挑発的行動（challenging behaviours）に対処し，それを統御（manage）することが活動の重要な部分を占めることになる．私たちが担当する学習機能障害の援助部門には，多くの知的器質障害をもつ人々がリファー（紹介）されてくる．その多くは，問題行動のアセスメントとマネジメントに関する支援を期待してのことである．その結果，残念なことに，事態改善のための活動に膨大な時間が割かれてしまい，予防のための活動に時間をかけることができなくなっている．

　本章では主として，重い知的器質障害をもち，しかも挑発的行動を示す人々に関わる臨床心理士が直面する問題に焦点を当てることにする．まずは，この問題に焦点を絞ることの意味についての説明から始める．"挑発的行動"は，学習機能障害の臨床心理サービスが行われている場では，至るところで一般的に使われている用語である．挑発的行動を定義する際には，通常は，行動の強度，頻度，継続時間がどれくらいであり，危害を及ぼす可能性や援助活動で対処できない危険性がどれほどみられるかということが基準となる．ここで留意すべきことは，他の行動と同様に挑発的行動は，しばしばその人の環境との関数だということである．行動は，本来的に決定されているものではなく，環境との間で生じた関係の中で決定されるものである．挑発的行動も，このような行動の一種である．この意味において，挑発的行動は，知的器質障害をもつ人々に本来的に属しているものではなく，環境との関係の中で選択されて生じてくるものである．知的器質障害に関わる臨床心理士は，まずこの点に留意し，その行動の意味を考察すべきである．

　例えば，知的器質障害をもつ人が挑発的行動を起こしたとする．そのような挑発的行動は親や援助スタッフの注意を引き，結果として，その人に対する親や援助スタッフの関わりが増すということがある．親や援助スタッフからの関わりが増すということは，その人にとっては望ましい反応である．したがって，そのような場合，挑発的行動は，それ自身を強化する結果を引き出したことになる．しかし，親やスタッフからの関わりを引き出すための行動としては，挑発的行動以外の行動もあり得る．挑発的行動のみが親やスタッフの関わりを引き出す行動ではないのである．したがって，多くのあり得る行動の中から，何故挑発的行動が

選ばれたのかが重要となる．挑発的行動は，より強く，より長く継続したり，あるいはより頻繁に生じることがある．というのは，挑発的行動は，他の行動に比べて効率良く，望ましい結果を引き出せるということがあるからである．それが，親やスタッフという環境との関係の中で挑発的行動が選択された理由である．

したがって，本章では，"挑発的行動"という語よりも，"対人行動としての挑発"（interactional challenges）という語を用いることにする．というのは，"挑発的行動"という語には，問題は個人に内在するものという誤解を生じさせる危険があるからである．それに対して"対人行動としての挑発"という語は，問題行動はその人と環境との相互作用の結果として生じるということを強調する．ここでは，社会的過程が重視されている．社会的過程では，社会的な価値や態度が私たちの行動理解に影響を与える．つまり，社会的価値や態度は，私たちが対象となる行動をどのような名称で呼び，どのような意味をもつものとして分類するかということに影響を与えるのである．本章では，知的器質障害をもつ人の行動を理解する際に，このような社会的過程を重視する．ある行動を"挑発的"と呼び，それを単なる威嚇行動として分類してしまうと，その行動の在り方を改善する可能性を考慮する機会を奪うことになる．一度，"挑発的"というラベルが貼られてしまうと，その人が周囲の環境に適応するにはどのように行動の在り方を調整すればよいのかということを考慮しなくなるのである．それに対して，行動を"対人行動としての挑発"として理解するならば，行動を起こした個人を超えて，個人と環境との関係を視野に入れる必要性に気づくことができる．その場合，環境といっても，多くの場合は社会的環境である他者との関係が重要となる．したがって，行動を"対人行動としての挑発"として理解することで，他者との関係の中で行動の意味を捉え，それとの関連で行動の在り方の改善可能性に目を向けることが可能となる．

4．サービスの多様性

知的な面での器質障害を抱える人々は，一般的なメンタルケアを含め，臨床心理士が関わる他の領域と同じ範囲のサービスを必要としている．中にはこの範囲を超えた特別な専門的援助を必要とする者もいる．心理学的観点からみて特に必要とされる事柄は，主に次の2点である．

・行動の改善に向けての援助．

・利用者が自らの生活をできる限り価値あるものにしたいと思えるように,入所や通所などのさまざまな形式の施設サービスを提供すること.

　人が施設サービスや教育サービスに求めるものは,対象となる人の人生の段階に応じて異なる.知的な面での重い器質障害については,多くの場合,誕生時あるいは生後数カ月に気づかれる.子宮の中で胎児が成長しているときに発見できる障害もある.しかし,そうしたケースは,知的器質障害のごく一部を占めるに過ぎない.学習機能障害をもたらす器質障害が特定化されず,原因不明のままである場合のほうが多い.このように器質障害が特定化されるか否かということはあるが,いずれにしろ,知的な機能障害が見出されたときこそ,まず最初に必要とされるのが臨床心理サービスである.その際,知的な機能障害をもつ当人への援助だけでなく,親やその他の家族メンバーへの援助も併せて必要とされていることを忘れてはならない.家族は,子どもの機能障害が見出されたという現実を受け入れようとする中で情緒的な混乱を起こす.そこで家族は,情緒的な混乱に対処するために,まずカウンセリングや心理的援助を必要とするのである.その後,現実の受容が進み,情緒的反応も収まってきた時点で家族は,学習機能障害を示す子どもへの対応の仕方についての助言や指導を求めるようになる.したがって,そのためのサポートや専門的助言は,子どもが就学するまでは継続する必要がある.

教育サービス

　特別な援助を必要とする子どもを対象とした教育施設は,完全とはいえないまでも,近年著しい進歩を遂げてきている.特殊教育学校(special schools)の多くは,幼児期の子どもも受け入れ可能となっている.また,良質の教育を行っている学校では,子どもの家族との連絡を密にとっている.そのような場合,学校とコミュニティで協力してケア活動を実施することになる.そこでは,セルフケア,コミュニケーション,学業以前の生活スキル(preacademic skills)を社会的に教育することが中心課題となり,そのために子どもと家族の両者を援助するために有効な専門的教育方法が用いられる.

　イギリスでは,1981年の教育法が施行されて以来,それぞれの地域や学校で程度の差はあるものの,知的器質障害をもつ子どもを普通学級に入れる統合教育(integration)を目標として掲げ,それを追求してきた(アメリカでは,この統合教育を"メインストリーミング"(mainstreaming)と呼ぶ).このように統

合教育を目標とすることの前提となっているのが,人道的および教育的な観点である.統合を目指すのは,人道的観点からするならば人間の責務であると考えられている.それとともに教育的観点から導き出される仮説的結論でもあると見なされる.次に示す文章は,Warnockによってまとめられた報告書の一節である.この報告書が1981年の教育法につながったのであるが,そこには統合教育の前提となっている人道的観点の特徴が最もよく示されている."ハンディキャップをもつ人々においても,他の人々が享受している自己実現の機会を同じく与えられなければならない."

　教育的観点からは,統合教育は以下に示す事柄をもたらすと仮定される.それは,知的器質障害にまつわる蔑称の消滅,学習機能障害を示す子どもが受けられる社会的恩恵の増大,親と学校との連携の改善,より効果的な教育,学習機能障害をもたない生徒にとっての有益な経験である.教育的観点では,このような事柄が統合教育に付随すると想定されているが,残念ながら,現在のところ,その正しさを証明するのに十分な実証データは得られていない(Danby & Cullen 1988).したがって,これらの論点については,今後さらに研究を重ねていく必要がある.そうした検討がなされて初めて,人道的観点から人間の責務とみなされる目標を満たすべく教育実践を整えていくことが可能となるのである.確かに人道的観点からは,知的器質障害をもつ子どもは,他の子どもと一緒に教育を受ける権利,そして効果的で有益な教育を受ける権利をもっているといえる.しかし,そのような人道的立場に基づいて教育体制を整えるためには,その主張の正しさが実証的に示されることが必要となるのである.

　イギリスでは,その子にとって学校への在籍が有益であることがはっきりしているならば,19歳まで教育を延長することができる.さらにそれ以後の特別な教育訓練を受けようとするならば,地域の公共機関によって運営されている通所施設で学ぶことになる.また,知的な面での器質障害をもちながらも,カレッジの課程に進学し,引き続いて教育を受ける人もいる.とはいえ,イギリスにおける通所サービスの質については,地域間の差が著しいことは確かである.この点は,1985年のコミュニティ・ケアに関する下院社会サービス委員会(House of Commons Social Services Committee)の報告の中で強調されている.さらに,その数年後にも,健康・社会サービス部門調査団(Department of Health Social Services Inspectorate)によって同じ主張が繰り返されている.地域によっては,通所施設として当然求められる社会的ネットワークを備えているところ

もある．そのようなネットワークには，深刻な機能障害をもつ人々を対象とした特別なケア・ユニット，擁護的作業所，レクリエーション施設などが含まれており，それらは，いずれも学習機能障害を援助するコミュニティ・チームによって支えられている．また，就労機会が増えている地域もある．そのような地域では，例えば，市場価格で販売するための野菜を生産する場が提供されている．しかし，不幸なことに，知的器質障害をもつ人々を援助するサービスがほとんどなされていない地域や，不十分なサービスしか提供されていない地域もみられる．

家族援助のためのサービス

通所施設以外に，知的な面で器質障害をもつ人やその家族にとって必要となるのは，入所ケアのための施設である．子どもが幼いうちは，情緒的な面でも，生活上の関わりの面でも実際に家族に求められることは多大である．親には，機能障害をもつ子どものために，莫大な時間や労力を費やすことが求められる．しかし，親は，実際にはそのような時間や労力をまかないきれない．家族にとっては，たまにはリラックスしてゆっくり過ごす時間や，他の家族メンバーに関わるための時間も重要となる．そこで，子どもを預かってくれるような短期ケア（respite-care）のサービスが必要となる．この種のサポートとしては，里親家族，ホステル，小さなグループホームなど，数多くの手段がある．多くの専門家は，子どもが成長するにつれて家族にこうしたサービスの利用を勧めることが特に重要であると感じている．それには，2つの理由がある．第1に，そうしたサービスを利用することによって，直接的に家族が解放されるからである．そして第2に，サービスを利用することで，親は成長しつつあるわが子を普通の目でみることができるようになるからである．障害のない子どもは，たいてい一人で留守番をしたり，親から離れて生活したりすることを通して将来の自立に向けての準備をする．それと同様に，短期ケアの利用は，いつかは自然になされるであろう親子の分離への準備となる．その点で，この種のサービスは，単に家族を解放するだけではないのである．このような親子分離に向けての準備ということを目標としたサービスを充実させるためには，グループホームや生活支援所のような適切な施設が必要となる．こうした領域においては，コミュニティの資源を迅速に増やしていくべきである．

要するに，学習機能障害を示す人の発達課題は，学習機能に障害をもたない人の発達課題と同様なのである．学習機能障害を示す人が発達過程で必要とする事

オックスフォードの郊外にある精神科ユニットであるリトルモア・メンタルヘルスセンターの広々とした敷地の一角にあるグループホーム．学習機能障害を抱えた人たちの生活支援の施設として利用されている．

柄は，正常な人が必要とする事柄と変わらない．ただし，時間の進み具合と自立の程度の両面で違いがある．つまり，学習機能障害を示す人は，より緩やかに変化するし，平均的な人よりも精緻なサポート環境を必要とする．サポートに関して臨床心理士の観点からするならば，学習機能障害を示す人とその家族は，単なる一般的な家族援助だけでなく，それに加えて特別な援助，カウンセリング，指導を求めているといえる．それらは，知的な面での器質障害をもつ人が経験している学習上の困難や，器質障害が直接的あるいは間接的な原因となって生じる情緒的混乱との関連で必要となるものである．その際，臨床心理士が実践的な面で関わる範囲は，知的器質障害をもつ人の直接的指導からサービスの計画立案や運営までの幅広い役割を担うことになる．なお，臨床心理士がどのような時点で介入するのかについては，その地域で行われているサービスの特質によって異なる．

5. 臨床心理士の役割

　重い知的器質障害をもつ人々に関わる臨床心理士は，さまざまな活動をしている．臨床心理士は，リファーされてきたクライエント本人に直接，臨床的な関わりをする場合も多い．しかし，それだけでなく，そのクライエントのニーズに即した支援をするためにスタッフ組織に働きかけるといった活動も行う．こういった臨床心理士の活動は，さまざまな環境でさまざまな人々を対象にして展開している．例えば，環境としては，個人の家庭，入所施設，通所センター，学校などがある．対象としては，家族や専門家を含めたさまざまな人々の集団がある．時には，直接的な関わりをするスタッフやサービス全体の構造開発に携わるスタッフを対象として訓練やサポートをすることがどうしても必要となる場合もある．例えば，サービスに不足な点が見出されたならば，臨床心理士は，追加サービスを実施するための資金計画に関する提案をまとめることも必要となる．

臨床心理士は，経験を積むにつれて，知的器質障害をもつ人々への心理援助を専門活動（profession）として発展させるための活動に関わることになる．例えば，特定の関連団体と連携をしたり，そのような団体を組織する活動，あるいは専門的ガイドラインを作成する活動などは，臨床心理士の専門活動の発展と関わっている．また，臨床心理士は，知的器質障害をもつ人々に関する国の政策や法律の制定に関連する情報を提供する役割も担う．例えば，学習機能障害を示す人々への支援政策として，大規模な入所施設を閉鎖し，それに替わるものとしてコミュニティ・ケアを導入するという提案についての討論会に参加するといったことは，そのような活動に相当する．

　学習機能障害を示す人々を援助する領域では，多様な職種の積極的な協力関係によって活動が構成されている．したがって，学習機能障害に関わる臨床心理士は，通常，多職種が関与する環境の中で活動することになる．臨床心理士が協力して仕事をする専門職には，次のような職種が含まれる．教師・ソーシャルワーカー・介護スタッフ，医師・看護師・保健師・行政職（administrator）・企画官（planner），言語療法士・理学療法士・作業療法士，そして親．親も，広い意味で学習機能障害を援助する役割を担うメンバーとなる．これらの各職種は，それぞれ自らの職分の範囲内で活動に関与している．ただし，ソーシャルワーカー，看護師，臨床心理士といった人間的つながりを重視する職種では，互いの活動範囲に適度な重複がある．特に，一般的なカウンセリング活動では上記職種間の重複がみられる．また，最近では，行動変容のための技法の指導に関しても，職種間の重複がみられるようになっている．このような重複もみられるが，厳密にはそれぞれの専門職で担当する仕事の範囲は決まっている．分担範囲は，その職種が受けてきた専門的訓練とその職種が負う法的責任に地域のニーズを兼ね合わせて決定される場合が多い．

　臨床心理士の役割には，相互に関わりあいながらも分離した2つの側面がある．第1の側面は，研究に関わる役割である．具体的には，機能的コミュニケーション・トレーニング（後述）といった特定の技法の遂行に関する研究，あるいはサービスの普及に関する調査研究などがある．例えば，大規模収容施設は知的器質障害をもつ人に明らかに不利益をもたらすということを示した調査研究がなされ，それを契機として大規模収容施設からコミュニティ・ケアに基づくサービスへの活動方針の転換がなされたということがあった．この政策変更において，活動の計画立案を担当する企画官に調査研究の結果を伝え，企画官の注意を促すという

重要な役割を果たしてきたのは臨床心理士である（Cullenら1995参照）．

臨床心理士が担う役割の第2の側面は，体系的な科学的方法を日常的な臨床心理サービスに適用することである（Dallos & Cullen 1990）．つまり，臨床心理士は，問題を見立て，それを定式化（formulate）して，そこに介入するという枠組みを用いることによって，臨床実践を科学的過程としていく役割を担うのである．このように問題を見立て，それを定式化して介入していく実践は，心理学的分析の過程となる．それは，次のような特徴を備えている．

1. アセスメント——個人についての情報収集の過程
2. 解釈——観察事実をより広範な理論的枠組みと関連づけること
3. 介入——解釈から導かれる処遇計画を実行に移すこと
4. 評価——変化をモニターし，必要があれば初期の解釈を見直し，新たな見立てを再構成すること．

6. アセスメントと解釈

アセスメントを計画するにあたっては，対象となる人にアセスメントをすることが本当に必要なのかを十分に考慮しなければならない．アセスメントは，次に続く介入に向けての作業があって初めて意味をもつものである．つまり，アセスメントそれ自体を目的として行うべきではない．そのことが，ここで本質的に重要となる．適切な理由なしにアセスメントの過程に着手するのは，まったく無意味なことなのである（Cullen & Dickens 1990）．対象となる人が知的器質障害をもっているか否かを単純に判別することが，アセスメントの目的となる場合もあることはある．このような場合，アセスメントは本質的にスクリーニングの機能を果たすものである．そのためには，対象者を同年齢の他者と比較するテストを用いるのがよいことになる．そのようなテストは，標準準拠（norm-referenced）テストと呼ばれるもので，お馴染みの知能テストや性格テストがこれに含まれる．こうしたテストは，社会の中で広く受け入れられてはいる．しかし，学習機能障害の臨床心理サービスの領域で活動する臨床心理士は，過去20年間において，この種のテストを徐々に使用しなくなってきている．その主な理由（他にも理由はあるが）は，テスト結果がその後に続く介入の方針を決定するのにあまり役立っていないからである．ある人がIQ57であるとか，発達年齢が2歳半であるといった情報は，実践の場ではほとんど役に立たない．年配の判事

の中には，法廷に知的器質障害をもつ人が出廷すると，その精神年齢を尋ねる習慣をもつ人もいる．これは，不幸にしてよくある誤解に基づいている．精神年齢を尋ねる際に前提となっているのは，精神年齢が7歳の女性は，7歳の女の子と"現実的に"同等であるという論理である（実際は非論理といえる）．しかし，そうした捉え方は，その女性の歴年齢が30歳であるという事実や，彼女もまた他の大人の女性と同様の情緒的ニーズや願望をもっていることを考慮していないのである．

標準準拠的テストに代わるものとして，その人がどれだけ多くのスキルをもっているかという機能を測定するアセスメントがある．そのようなアセスメントを使用する場合，測定対象となるスキルの機能を特定化できるので，そのスキルに関連するトレーニング技法を開発することも可能となる．現在，学習機能障害の援助活動において利用されているアセスメントは，たいていこの種のものである．機能を測定するアセスメントの種類は幅広く，中には標準準拠的テストと関連するものもある．このような関連をもつアセスメントでは，発達年齢を算定できるようになっている．その結果，学習機能に障害をもたない人も含めての比較が可能となるのである．機能を測定するアセスメントとして現在最もよく用いられているのは，次のようなものである：漸進的アセスメント・チャート（Progressive Assessment Charts），PIP発達チャート（PIP Development Charts），適応行動尺度（Adaptive Behaviour Scale），行動アセスメント・バッテリー（Behaviour Assessment Battery），ヴァインランド適応行動尺度（Vineland Adaptive Behaviour Scale），日常生活スキル目録（Everyday Living Skills Inventory）．

これらのアセスメントは，すべて重要なスキルを対象としている．通常，項目は徐々に難しくなるように配列してある．例えば，セルフケア，コミュニケーション，学業，集団参加といった幅広いスキル領域が，それぞれのアセスメント技法の中で検討されている．項目どうしをつなぎ合わせ，各機能の連鎖を構成することで，測定の最終目標となっているスキルの状況を明らかにする場合もある．例えば，行動アセスメント・バッテリーでは，まず"視点の固定"を測定し，次に"視覚の後追い"を測定するようになっている．アセスメントの中には，対象者がすべての課題への回答を終了していなくても，その人にはどれほどの援助やどのような促しが必要とされているのかを測定できるものもある．この種の情報は，介入の方針を考える際に非常に役立つ．というのは，そうした情報を参考に

することで，その人がその課題を達成するために最小限どのような援助を必要としているのかがわかるからである（これらや他のアセスメント技法の詳細については，CullenとDickens (1990) を参照してほしい）．

7. 機能分析による介入と評価

以上で論じたように，行動は，人が環境の中でどのように機能（function）するかを示すものである．したがって，行動を理解するためには，機能分析（functional analysis）を実施すべきである．現代の心理学には，異なる2つの理論的パラダイムがある．それは，構造論と機能論である．あらゆる行動は何らかの有効な機能を果たしており，だからこそすべての行動には意義があるというのが，機能論的な立場の基本的前提である．もちろん出来事がどのような在り方（topography）として生じるのかということ，つまりその構造を知ることは重要である．しかし，何らかの変化を引き起こそうとしている臨床家にとっては，出来事が何のために起きるのか，つまりその機能を知ることの方が有益である．

このように，行動を理解する枠組みとして構造と機能がある．ただし，両者の関係は，常にわかりやすいというわけではない．例えば，人間は嬉しいとき，怒ったとき，驚いたときに叫び声をあげる．しかし，叫び声をあげるという行動の構造を単に記述するだけでは，どうしてそのような行動をとるのか，つまり機能については理解できないのである．

機能分析とは

行動の意味を特定するためには，機能分析が行われる．例えば，知的器質障害をもつ人がいたとする．その人は，スタッフの一人と関わるために叫び声をあげる．ところが，スタッフの行動に影響を与える要因は叫び声以外にもたくさんあるので，その人が叫び声をあげても，平均して10回のうち1回程度しかスタッフからの反応は得られない．このような程度では，その叫び声は，スタッフとの関わりを開始するためには，特に効果的とは思えない．ここで，コミュニケーションの手段がほかにないならば，その人は叫び続けるであろう．しかし，このような状況の中で叫ぶこと以外にスタッフの注意を喚起する効果的な行動（例えば，攻撃や自傷）があるならば，その人は，叫び声の代わりに新たな行動をとるようになるであろう．このように行動の機能分析をすれば，時間や状況の推移の中で

行動がどのように変化するのかが理解できる.

行動の機能をアセスメントする方法としては,さまざまな技法がある.通常の方法としては,介護担当スタッフを対象とした面接法や質問紙調査法(例:動機づけアセスメント尺度(Motivational Assessment Scale)),ターゲット行動に先行する状況や結果の直接観察法や類似実験法(experimental analogue)がある.類似実験法は,行動の機能をアセスメントする技法としてますます広まりつつある.自然観察法では,観察場面を人工的に構成することはない.それとは対照的に類似実験法では,ターゲットとなる特定の行動に先行する状況とその後に起こる結果を組織的に組み込んだ類似場面を実験的に構成する.例えば,特定の行動に続いて対人的関わりが生じるように構成された類似場面を考えてみる.そこでは,特定の行動の後に,対人的関わりが生じ,しかもそれ以外には報酬となるような強化が与えられていないといった場面が構成される.そのような類似場面で,特定の行動が増加するならば,その行動は対人的機能をもつと仮定できる.このような類似実験法を用いたアセスメントは,実施が比較的複雑ではある.しかし,行動の機能を明らかにし,そこに介入しようとする臨床心理士にとっては強力な道具となる.

機能分析による介入の実際

しっかりとしたアセスメントを行うためには,対象者はどのようなことができるのかという(対象者の利点となるような)ことだけでなく,一見無意味にみえる余計な行動も含めて対象者の行動の全体像を把握することが重要となる.次のような状況を考えてほしい.学習機能に障害をもつ女の子がいるとしよう.その子は,何か質問されるといつも同じようにクスクス笑いをして走り去ってしまう.このような行動は,通常用いられているアセスメント尺度の記述には見当たらない.しかし,それは,その子を理解したり,後で援助したりするときに大切なことかもしれない.そこで,普段その子と接触している誰か,おそらく母親に,次のことを注意深く記録してもらう.

1. 先行状況——どのような状況下でその子は走り去るのか.どのような人々から,どのような場所で,どのような種類の質問のときに走り去るのか.
2. 行動——その行動は,厳密にはどのような形式のものなのか.その子は遠くへ走り去ってしまうのか,それとも少し離れた程度のところに逃げるだけなのか.その子は,走った後で自分の行動がどのような反応を引き起こしたのかを気にするのか.
3. 結果——その子が走り去るときに何が起こるのか.誰かがその子を追いかけたり叱

ったりするのか．結果として，走り去る前になされた質問が再度繰り返されるということが生じるのか．
4. 代替行動——そのような状況において，社会的にみて，より適切で高く評価される行動はどのようなものだっただろうか？

　数日間の観察によって得られた情報をまとめてみると，次のような像が浮かび上がってくる．その子は，質問者が見慣れない人であるときに，あるいは質問の答えを自分が知っていそうにないときに走り去るのである．事実，その子は質問に答えることができないことがよくある．その結果，通常，その子は追いかけられることで相手から注目される．実際，その子は遠くへは行かないで，追いかけられるのを待っているようにみえる．その子はまた，質問に答えるのをうまく避けている．というのは，通常，繰り返し質問されることはないからである．この種の作業には，状況のアセスメントや，その子の行動の原因や機能としてどのようなことが考えられるかという解釈が含まれている．

　このケースでは，走り去ることは回避反応としての一面をもつという仮説が最も妥当といえる．つまり，失敗する可能性がある状況を避ける機能を果たしているのである．それとともに彼女の行動は，人の注目を引くという機能ももっていた．したがって，行動は，結果としてその子と他者との間でのやりとりが生じるよい機会を提供することになっている．このような分析は，その子の欠点に焦点を当てる介入方針に結びつく．ここでの欠点とは，その子ができないこと，あるいはしないことである．そこで，介入方針として，例えば，質問に答えられないときには「私は知らない」と答えなさいと教育するということが計画される．また，馴染みのない人と知り合う方法を学ぶことも必要となる．さらに，逃げるという行動に替わるものとして，質問に対して自分で考えてみるという行動を教わることも必要となる．以上要約するならば，アセスメントは，次の点について把握する必要があることになる．

1. 利点——その人が自らの行動として是認する強固な行動のスキルやパターン，あるいは何らかの有効な役割を果たしている強固な行動のスキルやパターン．
2. 欠点——現在，行動としては欠如している，または弱体ではあるが，今後は身につけることが望ましい行動のスキルやパターン，あるいは身につけることが必要な行動スキルやパターン．
3. 余計な点——強固であるが，許容されない行動パターン，あるいはその人にとって不利な行動パターン．

　以上の点に関するアセスメントには，わかりづらい微妙な難しさが含まれる．

具体的には，行動を記述する仕方は，文化によって異なるという難しさがある．また，ある状況では，本人も利点として是認する行動が，ほかの状況では余計な点として許容されない行動になるといった場合もある．例として，私たちの事例検討会で取り上げられた，ある若い女性について考えてみよう．その女性は，公衆の面前で服を脱ぐという問題行動を示していた．女性には，家を飛び出して道路で服を脱ぐという習癖があった．彼女は，それ以前の何カ月もの間，自助スキル指導プログラムに参加していた．実は，私たちは，そのプログラムで彼女に就寝前は服を脱ぐのだと教えていたのである．指導プログラムでは，場面が違うと行動の意味も変わるということまで考慮していなかったのである．

ほかにも微妙な難しさがある．それは，はじめは余計な点とみなされていたことが利点に変わり得るということである．Fleming (1984) は，衣服を病棟の窓から投げ捨てたり，ロッカーに隠したりする学習機能障害の男性の事例を報告している．ちなみに，それらの衣服は彼のものではなく，他の入居者が周囲に置きっぱなしにしていたものであった．Fleming は，このことを単に取り除くべき問題として扱うことをしなかった．彼は，その状況を，異なる見方で理解した．それは，次のような解釈に基づくものであった．Fleming は，その男性は役に立つ行動スキルをもっていると解釈した．つまり，その男性は，乱雑に散らかっている物として衣類を認識し，それらを収集し，それらを移動するという行動スキルをもっており，その結果，その場の整理整頓がなされたと解釈したのである．このように想像力に富んだアセスメントと解釈によって状況を理解し，それに基づいて介入が行われた．そこで行われた介入は，彼に衣類というだらしない物を集めて大きな戸棚へもっていくように頼むというものであった．この介入は毎日6回行われ，彼はその課題をやり遂げることでスタッフから誉めてもらった．窓から投げ捨てられる衣類の数は減少した．その介入が終了してから6週間が経過し，スタッフは，もはや彼に衣類を戸棚にもっていくよう頼まなくなっていた．報告によれば，彼は自主的に衣類を集め，それらを戸棚へもっていくようになっていたとのことである．なお，このような介入法は，次節で解説する構成的アプローチの良い例となっている．

8. 構成モデル

Goldiamond (1974) は，上述した機能的パラダイムの臨床的および社会的な

問題への適用を概説した論文を著わしている．この論文は，とても影響力が大きく，その後の機能的パラダイムの発展に大きく貢献するものであった．論文の中でGoldiamondは，人間行動の解釈モデルとして病理（pathological）モデルと構成（constructional）モデルという2つの異なるモデルがあることを指摘している．Goldiamondは，病理モデルは負の強化と罰に基づくモデルであり，問題となっている病理を負の強化と罰によって除去するという考え方を前提としたものであると論じている．このモデルでは，私たちの社会の中で広く受け入れられているものであり，そこでは，嫌悪状況の回避と特定行動の除去に焦点が当てられる．そのような病理モデルとは対照的に，個人の適性能力（competence）を向上させ，他の望ましい行動を形成し，構成することを目指すのが構成モデルである．構成モデルでは，あらゆる行動は機能的であると概念化される．そして，挑発的行動がみられる場合には，それに取って代わる社会的に望ましい他の行動を育成することを目標とする．Goldiamondは，構成モデルを病理モデルと同格に併置されるものであるとみなす．構成的アプローチは，病理モデルのように望ましくない行動の除去に特に焦点を当てるのではないが，それが成功すれば，望ましくない行動も減少することになるのである．

病理モデルから構成モデルへ

　対人行動としての挑発が生じた場合，望ましくない行動を取り除き，あるいは減少させることが強く求められる．ケア担当者は，その種の行動には嫌悪を感じるものである．結局のところ，そのような行動は，本人のためにならないということで，除去の対象となる．ところがそのような行動を減じるために除去的介入を実施する場合には，倫理的問題および実践的問題が生じる．

　機能的なアプローチでは，行動には常に対人関係上の目的があると考える．そこで，ある行動に対して除去的介入をする場合，対人相互作用も併せて除去してよいのかということが問題となる．例えば，ある若者が唾を吐き，その行動が機能することで周囲の人との対人的関わりを始めることができる（つまり，人が彼の行動をやめさせようとして駆け寄る）場合を考えてみよう．彼の行動は，自分が対人的関わりを求めていることを示している（対人的関わりは，実際のところ，たいていの人間にとって重要なことである）．したがって，その行動を無視することは，彼のニーズを否定することになる．このような例では，特に病理モデルは役立たない．何故ならば，彼の唾を吐くという行動を除去したところで，彼は，

対人的関わりを始めるために，それに代わる別の方法を見つける可能性がかなり高いからである．これは，"症状置換"（symptom substitution）と呼べるものである．結局，新しい行動がみられたとしても，それは，以前の唾を吐くという行動によって成し遂げていた目的を異なる仕方で達成するために別の問題行動を始めたというだけのことである．唾を吐くという行動を無視することによって，それを除去することができるかもしれない．しかし，それは，彼のニーズを満たしていることになるだろうか．構成モデルであれば，クライエントのニーズを認め，それを満たすような別の行動様式を教育すべきであると主張するであろう．

したがって，アセスメントと解釈は，機械的な作業ではない．そこでは臨床的な判断と経験が必要とされる．したがって，臨床心理サービスにおいては，何を目的とするのかを検討し，その内容を熟慮することが重要となる．その過程には，次の作業が含まれる．

・援助活動を計画する際に，その目的を明確にし，明文化すること．
・活動の進捗状況を評価できるデータを収集すること．
・問題行動と環境の間にあって，非常に重要な役割を果たしている機能的関係，つまり行動の原因を発見すること．

以上の作業を行うためには，さまざまな方法が必要となる．上述したような定式化された評定尺度は，臨床心理士がクライエントの現在のスキルを記述するときに役立つであろう．また，そのような評定尺度によるスキルの把握は，次に何を調べればよいのかという，次段階の計画を立てる上で有用な情報を提供することにもなる．ただし，クライエントに対して新たな行動の教育訓練を始めるにあたっては，評定尺度による情報だけでは不十分である．クライエントの行動に関する，より詳細な観察や記録が必要になる．詳細な観察や記録は，教育すべきスキルの特質を明らかにし，また援助活動の進捗状況を評価する基準となるベースラインを確定するために必要となる．知的器質障害をもつ人々の変化は非常にゆっくりしたものである．したがって，知的器質障害をもつ人々への臨床心理サービスにあたっては，その進捗状況を把握するためのベースラインをしっかりと確定しておくことが特に重要となる．

機能的コミュニケーションのトレーニング

機能的コミュニケーションのトレーニング（Functional Communication Training, FCT）は，構成モデルに基づくアプローチであり，知的器質障害をも

つ人々への有効な介入方法を提示するものとなっている．このFCTの開発者は，次のように述べている．

「コミュニケーション・トレーニングの有効性を支える要となっているのが，機能的等価（functional equivalence）の概念である．例えば，攻撃的な振る舞いと「こんなことしていいの」という問いかけは，行動様式としては異なっている．しかし，両者は，ともに相手の注意を引く行動である．その点で攻撃的振る舞いと「こんなことしていいの」という問いかけは，機能的に等価とみなすことができる．コミュニケーション・トレーニングの方略は，この等価性を利用する．つまり，社会的に望ましくない行動様式（ここでは攻撃的振る舞い）と等価と考えられる社会的に望ましい行動様式（ここでは言語による問いかけ）を強化し，それによって，社会的に望ましくない行動様式を弱体化し，除去する．」(Carr & Durand 1985: p. 125)

FCTは，知的器質障害をもつ人々を援助する活動に役立つ有効な方法であることが明らかになってきている．知的器質障害をもつ人々の援助においては，上述したように対人行動としての挑発への対処がしばしばテーマとなる．この対人行動としての挑発については，コミュニケーションのメタファーを利用すると理解しやすい．コミュニケーションの観点からは，そうした挑発は，その人の生活について何らかのことを私たちに伝えているのだと理解できる．例えば，KempとCarr（1995）は，深刻な知的器質障害をもつ男性が，温室で働いているときにしばしば攻撃的振る舞いをするのに気がついた．機能アセスメントを行った結果，次のことが示唆された．つまり，彼は，攻撃的振る舞いによって仕事を中止し，温室を出ることができるということが明らかとなった．彼の攻撃的振る舞いは，仕事を中止するという機能をもった行動であったわけである．コミュニケーションのメタファーを用いれば，彼の行動は，次のように概念化できる——「僕は，この仕事を中断し，どこかほかのところへいきたい」．たいていの人は，このようなことを難なくことばで表現できる．しかし，あなた自身が，知的器質障害をもつ人々と同じ状況に置かれた場合を想像してみてほしい．あなたは，今していることを止めたいが，それをことばで表現することができない．そのような場合，あなたはどうするだろうか．攻撃的振る舞いをするのではなく，社会的に受け入れられる行動ができればよいのである．上記男性の場合は，構成的モデルに基づいて，攻撃的行動に替わる新たな行動が形成された．それは，仕事を中断して休憩をとりたいときには，壊れた壁掛け時計の文字盤が描かれた絵を指し示

して休息をとりたいことを表現するという行動であった．

　Hornerら（1990）は，14歳の少年の事例を報告している．その少年は，何かをするように求められると困ってしまい，その状況から逃れるために攻撃的になるという問題行動を示していた．最初にHornerらは，その少年に，攻撃的になる替わりに，「手伝ってください」という文字をタイプで打って援助を求めるようにトレーニングした．しかし，結果として，攻撃的行動のレベルが低下することはなかった．そこで，困ったときには，文字を書くのではなく，単にキーボードのキーを押すだけでよいと教えたところ，攻撃的行動が減少した．つまり，このとき，彼は，より効果的に機能する等価な代替行動を教わったのである．また，HornerとDay（1991）は，仕事を頼まれたときに攻撃的になる少年の事例を報告している．その少年は，仕事の依頼を断るために，当初は「僕は外出したいのです．お願いします」といったことを表現するように求められた．しかしそのときには，攻撃的行動は減少しなかった．しかし，「休み」という単語を示すだけでよいときには攻撃的な行動が減少したと報告している．

　相手に意図を伝えるコミュニケーション行動については，それが生じる対人的コンテクストも結果を左右する重要な変数となる．特に介入がうまくいくためには，まずケア担当者が新たな対応を受け入れることができなければならない．そして，クライエントの行動の意味を理解できることも必要となる．例えば，抱きしめたり，キスしたりすることを考えてみよう．そのような対応は，社会的な行動ではある．しかし，スタッフとの対人関係におけるやりとりとして，最初からそのような対応をすることは，社会通念上，受け入れられないものである．また，クライエントが新たな代替行動をした場合，それにケア担当者が反応することになる．その際にケア担当者は，そのクライエントの代替行動の意味を理解できなければならない．理想をいえば，代替行動が日常的な音声言語を用いた行動であることが望ましい．しかし，重い器質障害を抱える人たちに，話すことを教えるのは不可能なことが多い．そこで，手話（sign language）が用いられることになる．その場合，手話が適切な代替行動になるためには，ケア担当者が手話を理解できる環境が必要となる．ただし，ケア担当者が手話を理解できたとしても，社会に出たときには，必ずしも手話が一般的に通用するものではないという問題は残る．なお，自分の要求を伝えるために，その人独特の身振りや発声を用いることもできる．しかし，そのような方法は，表現された意味がその介入に直接関わっている人でない限りほとんど通じないという点で限界がある．

その他のアプローチ

　学習機能に障害をもつ人々は，ほかの人々と同様に情緒的問題を経験する．むしろ，実際には学習機能に障害をもつ人々のほうが情緒的問題をより多く経験しがちである．というのは，社会においては彼（女）らは，不当な扱いを受けているからである．近年に至ってようやく，そのような事態が改善されつつある．また，学習機能に障害をもつ人々自身も，一般の人々が活用するサービスや環境を自分たちも利用できるように要求するようになっている．実際に，彼（女）らが利用できるサービスや環境は増加している．

　心理療法の利用は，それがどのような種類のものであれ，まさにこうしたサービスや環境の利用を求める動きの中の，新たな選択肢のひとつなのである．Cullen は，"知的器質障害と心理療法"と題する会議の席上で，適切な心理療法を実践できる臨床心理士を探すことの難しさを報告している（Waitman & Conboy-Hill, 1992）．その報告書は，知的器質障害をもつ人々に役立つ心理療法を実践できる臨床心理士の不足は過去数十年間以上続いてきた問題であることを明らかにしている．私たちは，個人的なセルフケアのスキル，対人スキル，対人行動としての挑発への対応などに焦点を当てた活動を展開してきた．しかし，その一方で，クライエントの情緒的な面での要求への対応をほとんど考えてこなかったのである．

　心理療法には，さまざまな立場がある．そこで，どのような心理療法を実践している臨床心理士なのかを明らかにするためには，専門的な経歴を示すのではなく，その臨床心理士が実際にクライエントにどのような対応をしているのかを示すことが必要である．知的器質障害をもつ人の心理療法において，対応方法としては個人療法から集団療法までさまざまなアプローチがある．また，テーマとしてはセクシュアリティの問題から死別の問題まで，あるいは自己のアイデンティティ形成から障害の兄弟家族への影響まで，さまざまなものがある．

　知的器質障害に関わる臨床心理士は，一般の人々に知的器質障害についての見方を再検討するように求める"政治的な"活動の最前線に立ってきた．私たちは，知的器質障害をもつ人を一人の人間として理解する必要がある．しかし，それだけでなく，彼（女）らを友人，家族，そして臨床心理士自身と同じ欲求や要求をもつ同じ人間として理解することが求められているのである．これは，多くの人にとって気楽に受けとめることのできるメッセージではない．しかし，差し迫ったメッセージなのである．

9. ケア・システムの変化

　前節までは，クライエントと一対一で関わる臨床心理士の諸側面について述べてきた．しかし，臨床心理士の活動は，それに尽きるものではない．さまざまな理由から臨床心理サービスは，幅広く展開してきている．そこで，臨床心理士の活動の在り方に影響を与えてきた事柄について，ここで改めて考えておきたい．臨床心理士の活動に影響を与えた事柄のひとつとして，臨床心理士の数の少なさということがある．臨床心理士の人数が非常に少ないので，必要とされる一対一の指導をすべて臨床心理士が担当できないという事態が生じた．ただし，そのような活動の多くは，適切な訓練を受けた者であれば実施可能であった．そこで，日常生活において直接クライエントに関わる機会の多い介護スタッフや親を訓練し，臨床心理士に代わって指導をさせるということが生じた．こうした事情から，近年では，スタッフ訓練のワークショップや家庭指導のシステムが急速に広まってきている．必然的に，臨床心理士は，他者を介して活動を展開するということになった．この場合の他者とは，知的器質障害をもつ人と直接に関わる機会が最も多い人々である．

スタッフ訓練の実際

　スタッフ訓練の効果については，これまで評価研究が行われてきている．しかし，残念なことに，常によい結果ばかりが得られているわけではない．スタッフ訓練に関する評価研究を専門とする研究者の多くは，訓練によってスタッフのスキルや態度に短期間の変化を起こすことはできるが，その変化が持続することはめったにないと報告している．結局スタッフは，訓練を受けても，職場に戻ったときには実践の仕方も逆戻りさせてしまっているということになる．したがって，クライエントは，スタッフが学んできた新しい手法の恩恵を受けないということになる．ZiarnikとBernsteinは，介護スタッフを対象とした訓練（通常，これは臨床心理士が担当する）について，次のように書いている．

　「スタッフ訓練は，適切に実施されていないことが多い．したがって，この種の訓練の有効性はまだ確認されていないというのが私たちの主張である．スタッフ訓練の有効性を疑う理由として，必要とされているスキルをスタッフが遂行できないということが当初想定された．しかし，その前提は，常に正しいとは限らない．スキルの遂行がうまくいかないことには，さまざまな要因が絡んでいると

表7.1　異なる種類の相互作用のパーセンテージ

相互作用の種類	観察全体に占めるパーセンテージ
他者との関わりなし	63.4
問題行動でスタッフの注意を引く	33.3
許容可能な行動でスタッフの注意を引く	3.3

いえる．スキルが身につかないということは，その要因のひとつに過ぎないのである．」(Ziarnik & Bernstein 1982: p. 111)

　上記見解では，スタッフの訓練をしてもスタッフの行動の変化が持続しないのは，訓練以外の要因によるものであることが示唆されている（Cullen 1992を参照のこと）．これは，興味深い意見である．そこでは，クライエントが生活している状況そのものが，スタッフの行動変化が持続しないことの主な要因とみなされているのである．そのような状況要因を考慮して，一対一のクライエントの指導やスタッフ訓練をやめる臨床心理士も出てきている．

　この点に関して，参考として次の事例を考えてみよう．ある中年の女性が，臨床心理部門にリファーされてきた．彼女は，人生の大半を施設で過ごしてきていたが，活動的であり，セルフケアも比較的しっかりしていた．しかし，対人行動としての挑発がしつこく続いていたので，介護スタッフは臨床心理士の援助を求めてきたのである．彼女の挑発行動として際立っていたのは，服を脱ぐという習癖であった．そこで，その状況をアセスメントするために，彼女と介護スタッフの相互作用の観察を行った．この観察は，1日の中から複数の時間帯を選び，その時間帯に彼女を観察するという時間見本法によって行われた．時間見本法による観察を行うことで，1日の概要を把握できるのである．表7.1に，3種類の対人相互作用のあり方について，観察時間帯にみられた行動の割合を示した．

　アセスメントの結果を受けて，以下の2つの主要な構成要素を含む介入が計画された．

1. クライエントに対して短時間の個人指導を行い，適応的な行動が増すようにする．短時間の個人指導は継続して行うものとし，その際，クライエントの介護スタッフができる限り指導担当者として関与するようにする．
2. クライエントが不適切な脱衣をした場合，必ず自室の寝室に移動させる．それによって，服を脱ぐという問題行動に直接対処し，行動の改善を図る指導管理体制を整える．

　上記の介入プログラムの実施経過は，臨床心理士の協力を得てモニターされた．服を脱ぐ行動の頻度は，初期の平均が1日に14回だったのが45日後には1日に

およそ1回に減少した．しかし，指導セッション数のほうは初期に増加したものの，25日から45日の間に徐々に減少した．指導セッションの頻度は，問題行動が減少するのに応じて減じていった．そして，45日経過した後，問題行動の頻度と指導セッションの頻度は，ともに再び増加したのである．

　スタッフの側にかかっていたプレッシャーが，このような問題行動と指導セッションの変動に影響していたようである．当初，その女性は，スタッフにとってひどく厄介な手間のかかる人物とみなされていた．ところが，介入の結果，問題行動が減少した．そこで，スタッフが手をかける必要性も減少した．ほかの入居者に比べて，彼女は問題が少なくなった．介護スタッフと管理部長が，彼女のことを話題とすることも少なくなり，ほかの入居者のほうが優先されるようになった．このことは，彼女にとっては，問題の頻度が少なくなるにつれてスタッフとの関わりが全体的に少なくなるということを意味していた．そこで，彼女は，かつてスタッフの注目を首尾よく引いていた行動様式に逆戻りし，以来，問題行動の頻度が増加することになったのである．

　一般的に，施設管理者は，他者を傷つけること，他者の気分を害すること，物を壊すことなどに結びつく侵害的行動に強い関心を払うものである．そのため，スタッフは，これらの行動を減らすために懸命に働くことになる．機能的アプローチによる介入計画であっても，問題行動の減少に集中することは，病理モデルに結びつく．スタッフは，必然的に病理モデルに基づく対応に突き進まざるを得なくなる．そして，このような病理モデルに基づく対応が問題行動を引き出すことになり，結局は問題行動を再生産する悪循環を形成してしまうのである．そこで，臨床心理士がしなければならない課題は，問題行動に強く影響を受け，それを減じることに集中しがちなスタッフの傾向を正し，むしろクライエントの成長を促し，新たな行動を構成するのを援助する方向に視点を転じるようにもっていくことである．上記事例では，スタッフとクライエントの女性の関わりは，ほとんどいつも問題行動を引き金として始まっていた．介入の方法は，この点に効果的に対処できるように計画されていた．しかし，入所システムという，クライエントが生活している状況そのものが，その効果を長期間維持することを妨げる要因として働いてしまったのである．

社会に要請されること

　システムそのものに問題があるのならば，システムを変えることが解決策とな

る．現在，臨床心理士は，さまざまな方法でこの課題に取り組んでいる．

　Wolfensberger とその同僚らの考え方が 1970 年代，1980 年代にアメリカから世界に広まった．この考え方に多大な影響を受けた多くの臨床心理士は，学習機能障害をもつ人々の問題を解決する手段としてノーマライゼーション（normalization）の原理を主張してきた．このアプローチの基本には，次のような主張がある．それは，知的器質障害をもつ人々への，社会全体の対し方にこそ，問題の核心があるという主張である．コミュニティは，知的器質障害をもつ人々を基本的な権利を備えた平等なメンバーとして受け入れることを拒否してきた．また，彼（女）らを隔離したり，彼（女）らが普通の機関やサービスを利用するのを拒否したりすることによって，彼（女）らの人権を踏みにじってきた．それらすべてを変えよう，そうすれば問題の多くは消え去るだろうというのが，ノーマライゼーションの考え方であった．

　しかし，ノーマライゼーションは，スローガンと声明の寄せ集めだとみなす人々もいる．寄せ集められた見解の中には互いに矛盾するものもあり，しかも知的器質障害をもつ人々に恩恵をもたらすとの証拠に基づいた見解はほとんどないという批判もある (Mesibov 1990)．これらの批判を受けて，Wolfensberger は，自分の理論を洗練させ，その名称を変更した．1981 年に彼は，"ノーマライゼーション"を"社会的役割の安定化"（social role valorization）（SRV）という名称に変更することを提案した［訳注：valorization とは「価値の安定化」の意］．これは，"社会的な差別という危機に瀕している人々の社会的役割を価値あるものとして支援し，擁護する"（Wolfensberger 1981: p. 234）ことを求めることを意味している．SRV の支持者たちは，知的器質障害をもつ人々が社会の中で有用な価値ある役割をもつべきだと信じている．また，社会が知的器質障害をもつ人々を差別し，彼（女）らから社会的スキルを奪ってきたと論じている．その議論は，知的器質障害をもつ人々が（突然新しい行動レパートリーを身につけるという意味で）ノーマルになるべきだといっているのではない．そうではなくて，差別を受けるのではなく，むしろ支援を受けられる好ましい環境に置かれたならば，知的器質障害をもつ人々は，社会の価値あるメンバーとなり，新しい行動レパートリーを身につけるであろうと主張しているのである．

　SRV は，2 つの主要な構成要素から成り立っている．それは，知的器質障害をもつ人々のイメージの改善発展と，彼（女）らの適性能力の改善発展である．この両者は，SRV には不可欠な要素であり，相互に関連している．本章では，

適性能力を改善発展させる上での臨床心理士の役割を強調してきた．しかし，両者はともに重要である．知的器質障害をもつ人々に対する社会のケアの在り方をより良いものにしていこうとするならば，知的器質障害をもつ人々に関する肯定的なイメージを構成し，それに基づく生活環境を彼（女）らに提供するようにしなければならない．臨床心理士が用いる方法は，知的器質障害をもつ人々の適性能力の改善発展を目指すものではある．しかし，それが，知的器質障害をもつ人々に関する否定的なイメージをもたらすものであってはならない．つまり，知的器質障害をもつ人々は社会にとって好ましいものではないので，その適性能力の改善発展を図るという発想であってはならないのである．

10. 今後の方向性

　行動療法の立場に基づく臨床心理士は，これまで認知と感情の分析を蔑ろにする傾向があった．しかし，近年，等価性（equivalence）の領域における研究が急展開しており，行動を重視する立場であっても，認知や感情が重要な意味をもつことが明らかとなってきている．この領域は，知的器質障害をもつ人々と関わる臨床心理士にとって直接関連するものである．Sidman（1995）は，言語の特質を20年以上にわたって研究してきており，その成果をまとめている．Sidmanは，当初，知的器質障害をもつ男性に読みを教えるために，見本合わせ（match-to-sample）の実験手法の考え方に基づく方法を用いた．最初にその男性は，単語（A）が発話されたら，それに合わせて印刷された単語（B）を選択する訓練を受けた．次に，印刷された単語（B）が提示されたら，それに相当する事物の絵（C）を選択する訓練を受けた．この訓練手続きがなされた後に，直接に訓練を受けなくても，この男性は別の反応を示した．つまり，男性は，絵が提示されたときに印刷された単語を対応づけることができ，また絵と印刷された単語を提示されたときに単語の名前をいうことができたのである（図7.1を参照）．知的器質障害をもつ男性は，新たな訓練手続きによって，理解しながら読むことを教わっていたのである．また，彼は，直接的な訓練を受けることなく新たな課題を学習してしまってもいたのである．

認知，感情，そして象徴的理解へ

　このように，訓練されることがなくても新たな関係が生じた．これは，刺激は

```
          A
         ╱ ╲
        ╱   ╲
       B ←── C
```

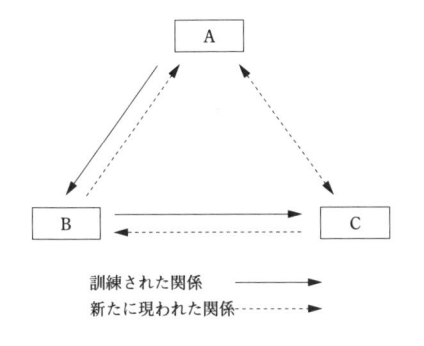

```
訓練された関係  ───→
新たに現われた関係 ┄┄→
```

AはBと等価である　かつ　BはCと等価である　ならば：
　　　　　CはBと等価である
　　　　　BはAと等価である　かつ
　　　　　CはAと等価である
　　　　　AはCと等価である

図7.1　等価性の関係．参加者には，A—BとB—C（実線）を対応づけることを教える．その後，別の新奇な刺激関係が現われる（破線）．

等価として交換可能であり，この過程を通して人間は象徴的な理解を身につけるということを示している．これらの知見からいえることは，人間は環境に接触する経験がなくても，言語を通して環境の中で適応することができるということである．このような結果に基づいてSidmanは，等価性は能力として"備わっているもの"と信じている．彼は，文脈や刺激を適切に制御した状況で訓練手続きが反応をもたらすといった場合にのみ，等価性の存在を明らかにすることができると述べている．現在のところ，この種の研究は認知能力に関して行われている．しかし，等価性は，他の領域にも関連するものといえる．

　軽度から中程度の学習機能障害をもつ成人は，低い自尊心といった心理的問題を抱えている場合が多い．自尊心の低さは，攻撃的な行動，抑うつ，不安につながる可能性がある．学習機能障害をもつ成人には，"のろま"と言われ続けた歴史がみられるものである．ここで，学習機能障害をもつ人が難しい課題を達成するように依頼された場面を考えてみよう．そのような場合には，"のろま"という単語が嫌悪的出来事と結びつく．そしてその嫌悪的出来事は，否定的な感情や情動と結びつくことになる．それによって，自分は"のろま"であると信じ込んでいる，学習機能障害をもつ成人が生み出される．その結果，Wolfensberger（上記参照）が決定的な影響力をもつとした惨めなイメージがもたらされることになる．"のろま"という語が，自分は無価値であるといった感情と結びつくこ

とによって，嫌悪的な思考や感情のネットワークが形成されることになるのである．このようにして，学習機能障害をもつ成人は，自分は無価値だと信じ込むようになる．そして，彼（女）らは，新しいスキルを学習することを避けるようになる．

そこで，学習機能障害をもつ人の心理援助において臨床心理士に求められる役割は，否定的な感情と結びついた行動に代わる新たな行動のスキルのレパートリーを構成し，嫌悪的なネットワークとは異なる，等価な関係を増強していくことである．クライエントに出来事，単語，感情の関係の見直しを求めるとするならば，適切な訓練方法を見出すことが必要不可欠である．そのためには，環境を厳密に操作することによって，それまでに築いてきた関係を刷新するような介入実践をすることが必要となる．この操作は，学習機能障害をもつ人々が自分に達成できる状況と達成できない状況を理解することの助けになるであろう．

臨床心理士は，このような考え方に基づくことによって，象徴的理解を研究する枠組みを得ることができる．この枠組みによって，人々がどのようにして自己の感覚（sense of self）を発達させるのかを分析することができる．また，この枠組みは，学習機能障害への臨床心理サービスにおける心理療法的アプローチの活用に光を当てるものといえる．つまり，この枠組みは，環境を操作することによって，人々が自己の世界を理解するあり方を変化させることができるのだという点を強調しているのである．

11. まとめ

学習機能障害の臨床心理サービスにおいて臨床心理士は，クライエントへの直接的な援助活動からシステムの変更やサービスの政策立案まで実に多様な活動を行っている．このようにさまざまな活動を遂行するにあたって何にも増して重要となるのは，知的器質障害をもつ人々は一般の人々と変わらないという事実をしっかり認識しておくことである．知的器質障害をもつ人々は，時として特別なニーズをもつことはある．しかし，基本的に一般の人と何ら変わらないという事実に基づいて実践を展開していくことが，何にも増して重要となる．知的器質障害をもつ人々のニーズについては，さまざまな仕方で対応することができる．その際，彼（女）らの年齢や，彼（女）らが生活している地域コミュニティの特質に応じた対応が必要となる．

臨床心理学は，学習機能障害の援助サービスの発展において，さまざまな面で貢献してきた．臨床心理学がなしてきた貢献の第1の特徴は，全体状況の分析である．状況分析は，何らかの介入に結びつくものである．しかも，介入は，一種の実験として行われる．というのは，介入によって機能障害をもつ者に変化が生じる．そのため，その後の介入にあたっては，そこで生じる変化を考慮して介入の在り方を繰り返し修正しながら援助活動を進めなければならない．つまり，ある時点での介入は，実験的な試みでしかなく，常にその結果を分析し，介入計画を修正していく必要があるのである．その点で実験的な態度が重要となるのである．単純な介入もあれば複雑な介入もある．しかし，介入は柔軟でなければならない．臨床心理学は，そのような柔軟な介入に向けて，さまざまな手段を用いて状況分析を行ってきている．

　より広範囲のクライエント集団を援助の対象とする場合，臨床心理士の多くはマクロ・レベルの活動に携わることになる．マクロ・レベルの活動とは，援助サービスのシステムに影響を与えるような政策立案に関わることである．新たなサービス・システムを立案し，それに基づいて新たな活動を構成していく場合，知識の基盤が不安定なために，活動が期待はずれの結果をもたらすこともある．前述した介護スタッフを訓練し，活動を発展させる試みがうまくいかなかったといった例が，それにあたる．確かに，そのような失敗もある．しかし，臨床心理士にあっては，マクロ・レベルで活動する場合においても，個々の事例の介入計画を立てるミクロ・レベルの場合と同様に実験的な態度が重要となる．そのような実験的態度を備えているならば，道は開けるものである．

　学習機能障害をもつ人々の援助のために行われたことは，それが何であれ，それなりの理由がある．臨床心理士は，そのことにこそ最も関心を払わなければならない．学習機能障害への援助サービスの歴史が示すように，これまで悪意の下に行われた活動はない．少なくとも，さまざまな援助活動は，学習機能障害をもつ人々のためを思ってなされたものである．したがって，臨床心理士がとるべき役割のひとつは，さまざまな活動があるなかで利用可能な選択肢を探し出すことである．しかも，その際，どの選択肢がクライエントにとって最も有益であるかという証拠を提示することが求められる．このことは，個人への援助活動を行うミクロ・レベルの場合と同様に，サービスのシステムを構成していくマクロ・レベルの活動においても当てはまる事柄である．

引用文献

Carr, E. G. and Durand, V. M. (1985). Reducing behavior problems through functional communication training. *Journal of Applied Behavior Analysis*, **18**, 111-127.

Cullen, C. (1992). Staff training and management for intellectual disability services. In *International Review of Research in Mental Retardation* (Vol. 18), (ed. N. W. Bray). Academic Press, New York.

Cullen, C. and Dickens, P. (1990). People with mental handicaps. In *Measuring human problems* (ed. D. F. Peck and C. M. Shapiro), pp. 303-16. Wiley, London.

Cullen, C., Whoriskey, M., Mackenzie, K., Mitchell, W., Ralston, K., Shreeve, S., and Stanley, A. (1995). The effects of deinstitutionalization on adults with learning disabilities. *Journal of Intellectual Disability Research*, **39**, 484-94.

Dallos, R. and Cullen, C. (1990). Clinical Psychology. In *Introduction to psychology* (Vol. 2), (ed. I. Roth), pp. 724-70. Lawrence Erlbaum Associates (in association with the Open University), Hove.

Danby, J. and Cullen, C. (1988). Integration and mainstreaming: A review of the efficacy of mainstreaming and integration for mentally handicapped people. *Educational Psychology*, **8**, 177-95.

Fleming, I. (1984). The constructional approach to 'problem behaviour' in an institutionalised setting. *Behavioral Psychotherapy*, **12**, 249-355.

Goldiamond, I. (1974). Toward a constructional approach to social problems. *Behaviorism*, **2**, 1-84.

Horner, R. H. and Day, H. M. (1991). The effects of response efficiency on functionally equivalent competing behaviors. *Journal of Applied Behavior Analysis*, **24**, 605-804.

Horner, R. H., Sprague, J. R., O'Brien, M., and Heathfield, L. T. (1990). The role of response efficiency in the reduction of problem behaviors through functional equivalence training: A case study. *Journal for the Association for Persons with Severe Handicaps*, **15**, 91-97.

Kemp, D. C. and Carr, E. G. (1995). Reduction of severe problem behavior in community employment using a hypothesis driven multicomponent intervention approach. *Journal for the Association for Persons with Severe Handicaps*, **20**, 229-47.

Mesibov, G. R. (1990). Normalisation and its relevance today. *Journal of Autism and Developmental Disorders*, **20**, 79-90.

Sidman, M. (1995). *Equivalence relations and behavior: a research story*. Authors Cooperative, MA.

Waitman, A. and Conboy-Hill, S. (1992). *Psychotherapy and mental handicap*. Sage Publications, London.

Wolfensberger, W. (1981). Social role valorization: A proposed new term for the principle of normalisation. *Mental Retardation*, **21**, 234-39.

Ziarnik, J. P. and Bernstein, G. S. (1982). A critical examination of the effects of in-service training of staff performance. *Mental Retardation*, **20**, 109-44.

参考文献

Brown, H. and Smith, H. (1992). *Normalisation a reader for the nineties.* Routledge, London.

Jacobson, J. W. and Mulick, J. A. (1996). *Manual of diagnosis and professional practice in mental retardation.* American Psychological Association, Washington.

8——犯罪と反社会的問題への臨床心理サービス

Ronald Blackburn and James McGuire

精神障害を抱える犯罪者は，特殊病院に収容される場合もあれば，警備付きユニットに措置される場合もある．いずれにしろ，犯罪者は，それぞれの場で臨床心理サービスを受ける．臨床心理士が犯罪者に関わり，その更生を援助することについては，理念的にも現実的な効果の面からもさまざまな議論があった．しかし，現在では臨床心理サービスが，犯罪者を理解することや更生させることに役立っていることが認められてきている．本章では，このような臨床心理士の活動について解説する．臨床心理士は，他の専門職と協働するチームの一員として活動することもあれば，心理学的知見に基づいて法廷で証言することもある．また，犯罪者の暴力的行動や性犯罪の再犯予測や危機アセスメントを行うこともある．その一方で，犯罪者の権利擁護者としての立場から対象者を理解し，支えていく．この他，チームのスタッフへのサポートやコンサルテーションを行うことも臨床心理士の役割となっている．さらに，犯罪者には対人関係スキルなどの社会的スキルの欠如が共通してみられることから，その改善のために介入を行うことが臨床心理士の重要な活動となっている．この点については，暴力的犯罪者の攻撃行為の除去と性的逸脱行動への介入の方法について具体的に解説する．

1. はじめに

本章では，他者に迷惑となる行動をする者への臨床心理サービスに焦点をあてる．反社会的行動のなかには，心理的障害や機能障害との関連で生じたとされるものがある．そのような反社会的行動は，医療システムで扱われることになる．反社会的問題と関わる臨床心理学の分野において伝統的に中心テーマとなってきたのが，このような医療システムの対象となる種類の犯罪者であった．しかし，この分野の臨床心理サービスには，それに加えて，刑事法制の枠内で犯罪者を更生させるための活動や，医療システムや地域社会において破壊的で暴力的な行動が問題になるような患者への介入を行うことも含まれている．このような課題に関わっている臨床心理士は，実にさまざまな形態で活動している．そこで，この分野を理解するために，まず医療と刑事法制と社会福祉とが重なり合う領域でのサービスの提供条件についての解説から始めることにする．

2. 犯罪者への介入と刑事法制

 刑事政策は，刑法を破る者から社会を守るために刑罰を利用する．つまり，刑罰として，懲罰を強制し，犯罪を繰り返す危険性の高い者を隔離し，あるいは危険人物の行動を制限する．刑事法制は，19世紀後半に犯罪者の側の福祉をも視野に入れるようになり，それによって犯罪に対する見方が変化した．そして，それらの変化が，この領域における今日の臨床心理サービスの基礎となっている．最も重要な変化は，精神障害のある犯罪者に対して特別な配慮をするようになったことと，犯罪者の更生を刑事政策の目標としたことである．

精神障害のある犯罪者とは

 精神障害であることを理由として法律的な責任（刑罰）を免れた犯罪者の身柄拘束をする法制の始まりは，1800年に遡る．この法制は，"犯罪者のための収容施設"（criminal lunatic asylum）の創設につながった．また，裁判所が，犯罪者の精神状態について医師に助言を求めるようになり，その結果，司法精神医学が医学の特殊専門部門として発展することになった．司法精神医学は，精神病や精神的な機能障害を抱える犯罪者の身柄拘束，処遇，釈放に関する監督責任を引き受けるようになっていった．したがって，精神障害のある犯罪者を，法律的な刑罰の枠組みからはずして医療の分野へ移すという手続きは，国民健康サービス（NHS）の制度が創設されたときにすでに出来上がっていたわけである．そして，これらの手続きは，1959年におけるイングランドとウェールズでの精神保健法（Mental Health Act）の成立によって，また1983年の改正によって，適切に整理統合された（なお，スコットランドと北アイルランドでも，若干異なるが，ほとんど同等の法制になっている）．

 精神保健法は，精神障害を「精神病．精神発達遅滞または精神発達不全．精神病質的障害．その他の精神的な障害または機能障害」と定義している．そして，有罪とされた犯罪者がこれらの障害に罹患しているという医学的な証拠があると認められた場合，裁判所は，収容処分，罰金，措置入院あるいは通院での治療を遵守事項とした保護観察，刑務所あるいは病院内での禁錮を条件とした入院命令などの選択肢の中から，判決を下すことが可能になる．刑事法院（the Crown Court）では，さらに内務大臣の同意なしに病院から退院することを禁じた"保護命令"を出すこともある．もっとも，1983年の改正法は，一定の条件下で入

院命令を受けた患者の退院を決定する権限を，独立した審判機関である"精神保健再審理委員会"（Mental Health Review Tribunals）に与えるようになっている．

精神障害のある犯罪者の処遇

　精神保健法で措置される精神障害の犯罪者のほとんどが，国民健康サービス（NHS）に回されている．医療施設への強制入院の10％以上が，入院命令（hospital order）で措置されている．もっとも，それは，検挙された犯罪者の（交通事件を除く）1％にすぎない．その他，精神保健保護観察命令の下で通院患者として扱われている犯罪者もある．また，通常の国民健康サービス（NHS）の実践過程において，臨床心理学部門にリファーされてくる犯罪者もいる．

　重大な犯罪を犯した者のうち，年に150人程度が"特殊病院"（Special Hospitals）に措置される．この特殊病院とは，"暴力や犯罪を起こしやすい危険な性癖のために特別な警備体制下での治療を必要とする"患者に対処できるように最大限の警備体制を備えている病院である．イギリスにはこの種の病院が4つある．それらは，ブロードムア（Broadmoor），ランプトン（Rampton），アシュワース（Ashworth）（1990年に，かつてのモスサイド病院（Moss Side Hospital）とパークレーン病院（Park Lane Hospital）の合併により創設された），スコットランドの公立病院である．4つの病院は合計して約2000人を収容しており，その5分の4が男性である．特殊病院の患者の約70％が，殺人，放火，性犯罪などの重大な犯罪を犯した者である．しかし，それ以外にも，刑務所に収容されている期間に精神障害を呈するようになった者や，他の病院で重大な暴力事件を起こした精神病の患者なども受け入れている．特殊病院には，1950年代に臨床心理部門が創設されており，それらは国民健康サービス（NHS）と並行して発展してきた．1989年までは，イギリスの特殊病院は，保健省（the Department of Health）の直轄下にあったが，1996年に特別健康機関（Special Health Authorities）となった．その結果，現在では，国民健康サービス（NHS）とは以前よりも緊密な連携を保つようになっている．

　精神障害のある犯罪者に対する処遇は，1970年代に厳密な見直しがなされることになった．あまり強固な警備体制を必要としない患者に適した精神科施設が減ってきたことに加えて，危険人物を見極める治療者の力量を疑問視する研究結果が出されたということも，見直しがなされた理由にはなっていた．見直しの結

バッキンガム管区の警備付きユニット．総合病院の敷地の一角にある．マルボロハウス（Marlborough House）との名称で呼ばれており，塀で囲まれているということはなく，許可なしでの駐車が禁止されていること以外は開放的な造りとなっている．

果として，1980年代にイングランドとウェールズで，"管区警備付きユニット"（regional secure units）が設立された［訳注：ユニットについては9章291頁の訳注を参照］．この管区警備付きユニットは，国民健康サービス（NHS）の対象患者の中で，暴力的な患者および精神障害のある犯罪者のなかでも，特殊病院ほど強固な警備を要しない患者を収容するための，"中等度"の警備体制を備えた施設である．

　管区警備付きユニットは，国民健康サービス（NHS）や特殊病院のみならず，裁判所，刑事法制，地域の機関などと連携することで，コミュニティへの専門的サービスが発展する基礎を提供した．すべての警備付きユニットには，臨床心理士が正式に配置されている．その結果，犯罪者への臨床心理サービスは，飛躍的に増加した．施設は，司法精神医学の精神科医が責任者となり，精神保健法の下で患者を受け入れているが，それとともに保護観察局などの機関と連携した活動も行っている．他機関と連携する活動において臨床心理士は，性犯罪などの犯罪者への外来サービスを行うことが可能となっている．性犯罪者は，精神保健法では精神障害とはされないが，裁判所では心理学的介入が必要な者と判断される場合がある．このような場合には，外来サービスの対象となる．また，外来サービスは，まだ犯罪を起こしてはいないが，行動上の問題があり，反社会的な行動の危険性が示唆されるような者に対しても提供されることがある．

　管区警備付きユニットが発展するにつれて，さまざまなレベルの警備が必要であることが明らかとなった．その結果，現在では，警備付き施設は，保護サービスとコミュニティ・サービスの幅広いネットワークの一部を構成するようになっている．精神障害の患者で刑法に抵触する者のほとんどは，比較的軽い犯罪を犯した者である．そのような犯罪者に関して必要なことは，非犯罪者ではあるが，破壊的な患者，または"社会性欠如"の患者に関して必要なことと重なってくる．ここで必要となることは，伝統的な精神病院の閉鎖病棟でも，ある程度は満たす

ことができる．しかし，そのような精神病院は，コミュニティには閉じている．その点で閉鎖病棟での介入とコミュニティの中での介入とでは提供できる活動に関してギャップが生ぜざるを得ない．したがって，社会に迷惑をかけることはあるにしろ，コミュニティにとって危険ではない人々に対する介入活動を閉鎖病棟で行うことには，限界があるということになる．

　最近の保健省の政策では，精神障害のある犯罪者をコミュニティでの介入プログラムに移すことで，このギャップを埋めることの必要性が認められるようになっている．現在では，いくつかの地域で，裁判所が中心となって精神障害のある犯罪者への介入活動をコミュニティ・プログラムに転換する計画が実行され，そのシステムが確立しつつある．その結果，精神障害のある犯罪者がコミュニティのメンタルヘルス・チームにリファーされるようになってきている．臨床心理士は，ほとんどの場合，このようなチームのメンバーになっている．そこで，臨床心理士が，さまざまな機関の調整を行い，介入活動を構成していく際の中心的な役割を務めるという場合も出てきている．

3. 犯罪者の更生

　刑務所からメンタルヘルス施設に回されてくる犯罪者は，少数に留まっている．しかし，治療や介入の精神（ethos）は，刑罰を受けている者に対しても及ぶようになっている．犯罪者の更生を支援する努力は，18世紀のクエーカー教徒に始まった．それが契機となって法的刑罰は，犯罪者を矯正する機会でもあるとみなされるようになっている．また，心理学や社会学の発展によって，犯罪者の更生を目指す動きが刺激され，維持されたということもあった．犯罪者の多くは精神障害をもつ者ではないにしても，犯罪者を人間的な適応の問題を抱えている者とみることはできる．このような見解を広めるのに貢献したのは，初期の精神分析理論である．ただし，現在の心理学理論は，精神分析理論とは異なり，反社会的行動を個人の内的な葛藤とみることはしない．むしろ，適切な社会学習の失敗として理解するようになっている．このような違いはあるにしろ，現代心理学理論も，精神分析と同様に，更生を個人の欠点や問題を矯正する過程として理解することに強調点を置いていることには変わりない．

　1970年代には，更生を刑罰の目標とすることに批判が加えられるようになった．危険な行動を予測する臨床家の能力に疑問が呈されただけでなく，更生プロ

グラムの効果についても批判の矛先が向けられた．犯罪者に対してさまざまな更生プログラムが行われているのにもかかわらず，再犯を減らすという点では"何ひとつ役に立っていない"ことを示唆する研究結果が発表されたのである．しかし，最近では，再び更生の可能性を信じ続けることに意味があるとの研究成果がみられるようになっている（McGuire 1995 および以下の議論を参照）．

　刑事法制における更生の位置づけに関しては，前述のような議論がある．しかし，いずれにしろ更生を刑罰の目標と重ね合わせることには，常にしっくりいかない感じが付きまとっていた．そこで，実際に刑罰を受けている者に対する専門的な心理援助活動は，ある限定された範囲内で行われてきている．イギリスでは，複数の刑務施設が，心理療法を行う専門家を非常勤という範囲内ではあるが，継続して雇用してきている．また，1962年には，心理援助的なコミュニティの体制で運営される医療刑務所（treatment prison）がグレンドンアンダーウッド（Grendon Underwood）に設立されている．

　なお，イギリスの刑務所には，1946年以来，独自の心理学的な活動を行う制度が設置されている．現在，そのような制度の下で働いている心理士が約150名ほどいる．数は刑務所の収容人数に比較すれば非常に少ない．しかも，そのような心理士の中で臨床心理士の資格をもつ者は，ほんのわずかである．したがって，このような心理士の具体的な活動は，社会組織としての刑務所のニーズに向けられていた．例えば，刑務所で働く職員の研修やサポート，運営や企画へのコンサルテーション，犯罪者の問題だけでなく，刑務所の機能についての研究などを含むものであった（McGurk et al. 1987）．

　しかし，ここ数年，そのような心理士が特に力を入れて取り組んできたのは，怒り，性犯罪，暴力などの問題に対処する集団形式の心理学的介入プログラムを開発することであった．このような集団形式のプログラムを実行できるように刑務所の職員を訓練する活動が展開されてきている．そして，それによって国内の多くの刑務所でこのプログラムが実施できるようになってきている．

4. 心理的問題と反社会的行動

　罪を犯した者のなかで，心理的問題がみられる割合はどの程度であるのか．それに関する具体的な数字はない．しかし，かなりの数の者が心理的な問題を抱えている．障害の内容は，重い精神障害から，ある側面に限定された軽度な障害ま

で多岐にわたる．さまざまな障害がかなりの割合でみられるからこそ，更生の機会を少しでも多くしていくことに，社会の注目が集まるのである．研究結果によると，不安，自尊心の低さ，衝動統制の悪さ，問題解決能力の低さなどが刑務所に収容されている者に共通してみられるとのことである．イギリスの推定では，刑務所に収容されている者の約3分の1が，アルコールや薬物の濫用，または人格障害に関連した障害をもっているという．特に人格障害については，程度の差はあれ，いずれの場合でも対人関係の問題を引き起こすことになる．

精神保健法の下で扱われる犯罪者の問題は，法医学の障害分類に基づいて整理される．"精神病（mental illness）"は，それとしては定義されていない．しかし，精神病は，一般的には，統合失調症（精神分裂病），感情精神病（affective psychosis），器質性脳障害（organic brain disorders）といった最も重い精神障害を指している．特殊病院や警備付きユニットの患者のほとんどは，この部類に入る．"精神病質障害（psychopathic disorder）"は，"持続的に心理的な混乱あるいは機能障害を示し，周囲の人に対して常軌を逸する攻撃性や極めて無責任な行動をする者．ただし，知的器質障害の有無は問わない．"と定義される．"知的器質障害（mental impairment）"は，"精神的発達に遅滞と未熟さがみられ，しかも知的能力と社会機能に関してはっきりとした器質障害があり，周囲の人に対して常軌を逸する攻撃性や極めて無責任な行動を示す者"とされる．したがって，精神病質障害であり，かつ学習機能障害を示す者は，この分類に入ることになる．

精神障害のある犯罪者が示す心理的問題は，メンタルヘルスの組織で一般的にみられる問題と重複している．例えば，精神病の犯罪者は，動機づけと社会性に関して欠陥をもつ．これは，長期入院の患者の典型的特徴でもある．もっとも，犯罪者の方は，しばしば攻撃行為などの社会的に受け入れ難い行動を示すため，刑務所から出て普通の生活環境に戻ることができないだけである．その点が両者の違いといえば違いである．したがって，精神病を抱える犯罪者への介入目標は，社会生活に必要な問題対処スキルと対人関係スキルを提供するということになる．そうすることで，そのような犯罪者が最適の環境で生活していくことが可能となる．この場合，最適の環境とは，病院の開放病棟，ホステル，自分自身の家などを指すことになろう．

知的な器質障害をもつ患者については，必ずしも完全な警備体制で対処する必要がないことが次第に明らかになってきている．なぜならば，知的障害をもつ者

の問題は，ことばや態度などで他者を脅かすだけの"挑発的行動"（challenging behavior）であることがほとんどだからである．それは，学習機能障害をもつ者に共通している行動特徴である．したがって，必ずしも犯罪者でなくても，学習機能障害をもつ者であるならば，共通して示す行動特徴である．この挑発的行動は，自身や他者の安全性を脅かす行動となる場合もある．そのため，公共の施設の利用が制限されるといったことが生じるなど，生活を楽しむことができなくなることが多い．要するに，これらの行動は，コミュニケーションの障害などの学習機能障害に関連する諸要因の結果として生じてきた問題行動なのである．そこで，メンタルヘルス・サービスにおいては，そのような行動にどのように対処し，指導していくのかが基本的課題のひとつとなる．その際，本人の機能障害の程度，家族やその他の地域の人々，さらにスタッフ集団やその他協力してケアを提供する人々のニーズを考慮して，適切な方法を構成していくことが重要となる．

精神病質障害と人格障害

特殊病院の患者の約4分の1，警備付きユニットでは4分の1よりやや少ない割合の患者が，"精神病質障害"に分類される．精神病質障害は，常に議論の余地のある分類とされてきた．それは，単に精神病質障害という語の定義が曖昧であるという理由だけからではない．むしろ，ヘルスケアの組織において，果たして"精神病質"への対処が可能なのかという疑問が多く提出されているからである．特に，"精神病質"という語は，イギリスではあらゆる種類の社会的問題行動をひとまとめにして押し込む"ガラクタ箱"として濫用されてきたきらいがある．これに対して心理学の研究では，精神病質人格（psychopathic personality）をより厳密に定義することを強調してきた．具体的には，"自己中心性""非情さ""情緒的冷たさ""直情的傾向""反社会的生活傾向"といった性格特性で精神病質人格を定義することが行われている（Hare 1996）．このパターンを示す犯罪者は，非常に少ない．特に暴力傾向の強い犯罪者では，ごくわずかなのである．したがって，精神病質人格は，精神保健法の分類における精神病質障害とは同義ではない．実務上，精神保健法における精神病質障害は，より深刻な暴力犯や性犯罪者を含んでいる．そして，その中の一部の者が，精神病質人格の特徴を示す．むしろ，精神病質人格とは異なる種類の人格障害の中に，精神病質障害とされる人々が示すのと同質の問題を共通して示す場合がある．

人格障害は，自分自身または他者に対して社会的問題を生じさせるあり方で，それが一定期間持続し，継続的に逸脱特性のパターンを示すことが特徴である．例えば，対人関係において他者を利用するという傾向は，自己愛的人格障害を規定する特性のひとつであるが，それは，怒りや他者との摩擦を起しやすい．もとより人格障害は，犯罪者に限ったものではない．むしろ，心理的問題を抱えた人に，より一般的にみられる．しかし，人格障害のある部分は，反社会的行動をともないがちである．特に，反社会的人格障害と境界性人格障害は，そうである．反社会的人格障害は，他者の権利を一貫して軽視し，侵害するパターンを示すものであり，その点で精神病質人格と重なる．それは，詐欺，喧嘩，傷害の繰り返し，経済的な面での無責任，他者を傷つけ虐待することに対する自責の念の欠如など，逸脱行動の反復となって現われる．境界性人格障害は，対人関係，自己像，情動の不安定さが恒常的パターンとなっていることが特徴である．例えば，そのような不安定性は，極端な理想化と価値下げとの間を行ったり来たりする激しい人間関係，不安定な自己感覚，易刺激性の気分，頻繁な怒りの表出，繰り返される自殺企図や自傷行為，自己破滅的衝動（浪費，薬物濫用，乱暴運転など）に示される．

　境界性人格障害の患者は，援助を拒否することが多い．また，患者の行動は，対応するスタッフに否定的感情を生じさせる．そのため境界性人格障害患者は，介入や対処指導に対して独特の問題を引き起こす．例えば，施設の中で自分の身体を傷つけたり，異物を飲み込んだりという自傷傾向がしばしば生じる．それは，特に刑務所や警備付き病院に収容されている女性によくみられる．しかし，これらの問題は，それ以外のヘルスケアの現場でも生じる．このような境界性人格障害の患者の行動が生じるメカニズムについては，まだ十分に解明されていない．ただ，最近では，境界性人格障害患者には子ども時代に何らかの被虐待経験があり，それが成人してから親しくなった人との間でアンビバレントな関係を生じさせる要因になっているとの見解が出されている．

　これらの障害に介入するということは，それまで長い期間にわたって作り上げられてきた自己破壊的な生活習慣を変えるということである．この種の患者は，一般的に医学的治療に素直に従うということはない．そして，心理学的介入は，そのような治療の選択肢のひとつにすぎないとみられている．しかし，実際には，心理学的介入は，医学的治療とは基本的に次元の異なるものである．臨床心理士は，心理学的介入において，対人スキルの欠損，認知スタイルの機能不全，自己

や他者に関する信念体系という観点からこれらの人格障害を検討し直していく．この点で医学的治療と心理学的介入では，観点が異なっているのである

反社会的行動のケース・ヒストリー

　さて，次に精神病質障害に分類される犯罪者のケース・ヒストリーを紹介する．この事例は，犯罪行為に及ぶ精神病質障害の患者の問題をよく表わしている．

事例・ゲイリーは，猥褻物露出（露出症）と軽微窃盗で，数回有罪となった若者である．しかし，最近の露出の事件は，女性の被害者に対する傷害と，ナイフを使っての脅しをともなう重大なものであった．面接の結果，ゲイリーが，女性を強姦し殺害する暴力的な幻想をもっていることがわかった．また，気分は抑うつ状態であり，過去に引きこもりの歴史があることがわかった．彼はまた，かなりの性的問題をもっていることがわかった．具体的には，女性との交際や性関係についての不安があり，性交を試みる際に勃起不能がみられた．また，過剰な自慰行為があり，露出したいという衝動に頻繁にかられるということもあった．彼の暴力的幻想の始まりは，思春期の頃，短期間の付き合いをしたガールフレンドにふられたことであった．彼は，自分がふられたのは彼女が売春婦になったからだと考えていた．当時，その女性は，濃い化粧や挑発的な服装をすることに興味をもち始めていたのだが，彼は，それを売春婦になったと解釈したのだった．彼は"売春婦風"に見える女性に対し強い嫌悪を感じるようになった．それが，最近の事件を誘発したのである．彼は，抑うつ感だけでなく，緊張や不安を感じることもよくあり，人生のあらゆる場面で挫折感を感じていた．彼はまた，長く無職であった．それは，職業スキルが不足しているためだけでなく，彼自身が衝動的に退職してしまうことも原因となっていた．また彼は，賭け事や酒に溺れ，経済的にも破綻状態になることがしばしば生じていた．

　このようにゲイリーの反社会的行動は，人間関係に関する歪んだ信念，気分障害，不適切な社会行動といった一般的問題と関連して生じてきていた．また，彼は，境界性人格障害に関連する性格特性も部分的に示していた．さらに，彼は資質面でも劣っており，対人スキルが欠損していた．そして，彼の問題は，性的問題と対人不安に集中しており，それには女性に関する特異な見方がともなっていた．心理学的介入は，これらの複合的な問題に対処する必要があった．

　しかし，反社会的行動は，一般的には，重い精神病をともなうというものではない．反社会的行動に関連しているのは，ほとんどの場合，何らかのテーマに焦点化された心理的問題である．以下に例示するアランは，一般開業医から臨床心理士にリファーされてきた30代後半の男性である．

事例・"怒りを抑えられない". アランは, 自分の状態をそのように表現した. そして, 彼は, その怒りを抑えられない状態がどんどんひどくなってきていることを心配していた. この数カ月間, 彼にとっては, そのことが問題であった. そのようなとき, 最悪の出来事が起きた. アランは, 何人かの若者が家の外で彼の車にいたずらしているのを見つけた. 彼は, 激怒し, すごい勢いで若者を怒鳴り散らした. 若者が走り去ると, 今度は車で彼らを追い回した. 激昂した状態で20分以上も若者を轢かんばかりに追い続けた. 後になって彼は, 自分が傷害事件を起こしたかもしれないと語り, そのことでひどく思い悩むようになった. 臨床的アセスメントの結果, アランはこれまでの人生において数多くの問題を起こし, たびたび不安状態を経験していることが明らかとなった. 彼はまた, 経済的にも窮地にあった. 彼は, 現在再婚しているが, 最初の妻との間で生じた数々の問題が解決されていなかった. 彼は警備員として働いていた. しかし, 度重なる遅刻のために, 再び遅刻をした場合には解雇となるとの警告を受けていた. さらに, 酒に溺れた過去があり, 家でも職場でもよく争いごとを起こしていた. 刑事事件の前歴はなかったが, アラン自身, しばしば喧嘩に関わってきたことを認めている. 彼の抱える問題の全体像が調べられた. そして, それらの問題および怒りの統制の欠如との間の関連性についての"臨床的定式化"がなされ, 臨床心理士は, それを彼に説明した.

5. 臨床心理士の実践的役割

　臨床心理士が犯罪者に提供するサービスの種類は, その臨床心理士が活動する場により異なる. また, どのような法的手続きを通じて患者を受理したかによっても異なる. 例えば, 警備付きユニットに所属する臨床心理士は, コミュニティの中でクライエントと関わることがほとんどであろう. それに対して強固な警備体制の内に収容されているクライエントに関わる臨床心理士は, 閉鎖的環境の枠内での関わりとなる. 後者の場合, その閉鎖的環境そのものが, 収容者にもスタッフにも問題を生じさせる要因となることがある.

　この領域における活動モデルは, ヘルスケアの領域で一般的に採用されているモデルと同様のものである. 施設に所属する多職種のスタッフがチームを組み, チーム単位で複数の患者のケアに責任をもって対処するというのが, 通常みられる活動モデルである. 臨床心理士は, チームの一員として活動することになる. 例えば, 特殊病院の場合, 専門職チームは, 顧問精神科医, ソーシャルワーカー, 臨床心理士, 病棟責任者の看護師で構成されている. さらに, 必要に応じて, 法務教官や作業療法士などのスタッフもチームの会議に参加する. また, このような警備付きの臨床現場で活動する臨床心理士は, 自らの属するチーム以外の専門職にコンサルテーションを提供する役割も兼ねる. ただし, このようなコンサル

タントの役割も含めて活動するためには，臨床心理士自身が幅広くアセスメントと介入に関与していくことが求められる．以下，その詳細について解説する．

　まずチームに事例がリファー，あるいは送致されてくる．その事例の受付を担当するのは，臨床心理士の役割ではない．むしろ，臨床心理士の役割は，チームの話し合いの中で，その事例に対して最も効果のある関わり方を提案することである．つまり，臨床心理士は，リファーされてきた事例の最も差し迫った心理的問題とは何かを明らかにし，それを特定化していく役割を担っているのである．ここで重要なのは，事例をリファーして来た側の機関が事例の問題をどのように理解していたかではなく，事例を受け付けたチームが問題をどのように特定化するかなのである．臨床心理士は，まさにこの"問題を特定化する"という点で重要な役割を担っているのである．

　多職種間の協働は，チームメンバーの役割分担のシステムとの関連で成立する．例えば，臨床心理士は，ある特定の患者のための更生プログラムを組み，それを実施するにあたり，看護師と協働することがある．また，グループ療法を運営するのにあたっては，ソーシャルワーカーや精神科医と協働する．それと同様に，臨床心理士は，自らが担当しているのではない患者に関しても，重要な決定をする場合には，事例検討会に参加し，自らの意見を述べることが求められる．例えば，仮釈放を与えるといった事柄について，ほかのメンバーとは異なる視点から意見を述べ，新たな方策を提案することもできる．

　以上は，施設内での臨床心理士の活動である．臨床心理士は，それとは別にコミュニティを対象としたサービスも行うことがある．その場合，臨床心理士は，さまざまな機関から直接事例のリファーや送致を受ける機会が多くなる．

6. 法心理学と臨床心理士の法律的役割

　現在，犯罪者と関わる心理学の臨床活動は，通常"法心理学サービス"という包括的な用語の下に位置付けられている．しかし，"法心理学"（forensic psychology）は，専門的には，ある特定の法律的役割を有するものである．すなわち，法的判断をする際に心理学の知見を参照することがあるが，そのような場合に，その参照の対象となるのが法心理学なのである．したがって，法心理学は，厳密な意味では，犯罪者と関わる臨床心理学と同義ではない．

　とはいえ，法心理学が担っている法律的役割を活動の一部として行っている臨

床心理士もいる．この分野における先駆者は，Lionel Haward 教授である．彼は，何年にもわたり裁判所で証言をし，専門的証人として地位を確立した人物である．Haward 教授は，心理学の研究法の訓練を受けた臨床心理士こそが，法心理学者としての地位を発展させるのに相応しいと信じていた．また，彼は，臨床心理士は，純粋に臨床的な活動だけでなく，裁判の場においても寄与できるものと信じていた．彼自身，商業的紛争事件の裁判だけでなく，猥褻事件の裁判においても証言活動をして，裁判に寄与してきている（Haward 1981）．

刑事事件において臨床心理士が担う法心理学的役割には，次のようなものが含まれる．それは，犯罪者の性格についての心理測定的所見の提示，介入した場合に予測される反応に関するアセスメント結果の提示，証拠の論点を検証するために実施した心理学実験の報告書の提示である．このような臨床心理士の役割については，"トットナムの3人"（Tottenham Three）として広く知られた事件を契機として大きく発展した．その事件を通じて，心理学の知見が法廷で証拠として採用されるようになったのである．罪を問われていた3人組は，殺人罪で起訴された被告であった．彼らは，1985年にロンドン北部で起きた"ブロードウォーター農場地権騒動"（Broadwater farm estate riots）において，警察官を殺したとして起訴されたのだった．全員が犯罪を自白したが，後になって自白を翻した．当初，3人のうち1人は臨床心理士の検査を受けていたが，そこで得られた証拠は裁判所に提出されていなかった．

事件が後に抗告審に回ったとき，抗告人は Gisli Gudjonsson 博士による面接を受けた．博士は"虚偽の自白"という現象について幅広く研究をしている臨床心理士であった．特に博士が専門的に研究していたのは，虚偽の自白の発生に影響を与える尋問誘導についてであった．結局，Gudjonsson 博士が抗告審で提示した報告によって，原審に先立って得られた自白の正確さに深刻な疑いが生じた．1991年に，この証拠は抗告審の裁判官に審議され，認められた．さらに裁判官は，原審において専門的な心理学的証拠があったならば，陪審員の助けになったであろうとの補足意見をつけ加えた．この事例は，法的先例となったとされており，法廷における心理学的証拠の地位と利用について数多くの影響を与えたと考えられている（Gudjonsson 1992）．

危険性の予測と危機アセスメント

危険性の予測は，法心理学のテーマのひとつである．法心理学の領域において

犯罪者と関わる者は，常にこの危険性の予測のテーマに取り組むことになる．つまり，措置入院命令を受けた患者の身柄を拘束するか，警備施設に拘束されていた患者の身柄を釈放するかといった法律的判断をする際，必ず必要とされるものである．しかし，前述したように，将来の危険性を予測する精神科医や臨床心理士の能力には限界がある．危険な行為の予測が難しいのは，危険な行為の原因についての知識が限られているためだけではない．人間の判断には，いずれの場合にも共通して偏りが生じるということもその要因になっている．判断形成の正確さには限界があるということは，すでに心理学的研究によって実証されていることである．

例えば，危険因子とは危害を及ぼす行動の前兆となる出来事や経験を指すのであるが，臨床家は，そのような危険因子がはっきりしていても，それを無視し，その代わりに心理的障害に焦点をあてがちである．しかも，専門家の間でも，危険についての正しい情報が，必ずしも適切に文章化されたり伝えられたりしているとは限らないということもある．そのような事情は，臨床サービスの現場で重大事件が起きたり，退院した精神病の患者がコミュニティで暴力事件を起したりしたときの状況を調べると，明らかになる．実際に，そのようなことが，これまでにも何度となく起きてきている．

将来の行動について精度の高い予測をすることは，確かに難しい．しかし，最近，さまざまな場面で体系的に行われる調査のプロセスとして危機アセスメント（risk assessment）が認知され，発展してきている．その結果，将来危害を及ぼす行動が生じる危険性についての臨床判断は，危機アセスメント課題を構造化していくことで改善されると考えられるようになっている．特に危険性の予測に関しては，対象者が危険か危険でないかの判断を主張しても，それだけでは情報としては意味がない．それよりも，関連する情報を体系的に収集し，まとめることで，臨床心理士が適切な判断ができるようになることが必要となる．具体的には，危害を及ぼす行動に対象者を走らせる特定の危険因子の有無に加えて，予測される危害の種類，危害を及ぼす行動が生じる可能性，その行動が生じやすい時間帯などを特定し，それに基づいて適切な判断ができるように，情報を体系的に収集し，整理することが必要となる．危機アセスメントの目標は，危機管理（risk management）である．つまり，危害の発生を防ぐことである．これは，継続的なプロセスでなければならない．単に一度予測をすればよいというものではないのである．

近年，暴力の危険をアセスメントする方法が開発されてきている．例えば，カナダの臨床心理士が考案した方法は，暴力についての研究に基づくものである．それは，以下の3領域に関して詳細にアセスメントをするものである（Webster et al. 1997）．最初に，本人の生活史を調べ，過去の暴力，酒や薬物の濫用，精神病質的な人格要因などの危険因子の有無を明らかにする．次に，現在の状況についての臨床的アセスメントを行い，介入に対する反応や暴力的幻想の有無などの特徴について判断する．最後に，今後の状況に影響を直接与える変数についての情報を収集する．具体的には，社会的支援の有無，介入や投薬の手順を遵守できる可能性などについての情報を収集することになる．このようなアセスメントの結果に基づくことで，将来，暴力が発生する危険性や発生する際の状況を質的な面からも量的な面からも判断することが可能となる．

7. 臨床心理士の社会的役割

　通常の臨床的介入は，クライエントとセラピストが介入の目標が達成されたと合意すれば，終結となる．しかし，管区警備付きユニットに収容されている患者の退院については，事情が異なる．入院命令に基づいて収容された患者の退院に関する法的判断の決定権は，上級精神科医（consultant psychiatrist）にある．また，拘束命令（restriction order）で収容された患者の退院に関する法的判断の決定権は，内務省のメンタルヘルス審判委員会にある．
　患者への臨床的介入の大部分を担当しているのは，臨床心理士である．臨床的介入が終結した後，患者と臨床心理士は，退院に関する上級精神科医やメンタルヘルス審判委員会の判断を受けることになる．そこで，臨床心理士は，介入終結後，患者を擁護（advocacy）する役割を担うことになる場合が多い．そのような場合，臨床心理士の主な課題は，介入チームのメンバー，行政官，審判委員会に対して，患者には十分な変化が生じており，退院，あるいは開放性の高い施設への転送が望ましいことを伝え，その必要性を理解してもらうこととなる．

犯罪者の擁護

　倫理に反する犯罪や，理解されにくい犯罪の犯人に対しては，一般の人々の同情が集まりにくい．公共の安全に責任のある役人だけでなく，ケア・スタッフにあっても，警戒心が先立つ場合が多い．したがって，たとえ客観的な変化の指標

があっても，そのような犯罪者が釈放できる状態になっているとの見解に対しては，強い抵抗が生じるものである．そこで，臨床心理士は，患者の擁護者として活動する際には，患者の行動に関する心理学的解釈を的確に論じるとともに，臨床観察と心理学的アセスメントに基づいて患者に改善がみられたことを実証的に説明しなければならない．さらに，これを書面の報告書の形で提出するとともに，チームでの検討会議や審判委員会の公聴会において口頭での説明ができなければならない．このような説明がいつも認められるとは限らない．しかし，次のような成功例は，混乱を防いだ適切な事例であり，参考となる．

事例・ピーターは，3人の若者をナイフで襲ったことにより，特殊病院に収容された．事件に先立つ数カ月間，彼は失業状態であった．孤独で，引きこもっており，身なりも整っていなかった．若者を襲った彼の行動には動機が見当たらず，統合失調症（精神分裂病）との診断が下された．その後，何人かの精神科医が精神病の症状には欠けることを指摘したが，診断が変わることはなかった．病院での彼のやや奇妙で引きこもった非協調的行動は，精神病の証拠であるとみなされていた．介入チームの臨床心理士は，ピーターの対人行動スキルに関するアセスメントを依頼された．当初臨床心理士も，不安が強く，対人距離をとることに注目した．しかし，犯行に先立つ時期に仕事仲間の死亡という出来事があり，ピーターは，その責任が自分にあると考えて抑うつ状態になり，仕事を辞めたということが次第に明らかとなってきた．ピーターは以前散歩していたときに，容姿を3人の若者に嘲り笑われただけでなく，その3人に襲われたこともあったと語った．それ以来，ピーターは自己防衛のためにナイフを保持するようになったとのことであった．その後，再び嘲り笑われたので，再び襲われるかもしれないとの不安が強くなり，ついに犯行に及んだのだった．病院における彼の非協調的な行動は，正当な自己防衛なのに罰せられたというピーターの思いが表現されたものであった．

心理テストでは，精神症状や認知障害があるという結果は何もみられなかった．むしろ，不安が強く，内向的で，やや敵対的な面はあるが，攻撃的ではなく，対人行動スキルに欠けた人物であることが示された．介入チームの中には，やはりピーターは精神病であり危険であるとの考えを変えない者もいた．しかし，臨床心理士は，ピーターは精神病ではないとの解釈を明確な形で提示した．彼の攻撃行動は抑うつ状態および協調的スキルの欠如に由来するものであり，病院での行動は不安や憤りに由来するものであると説明した．不安マネジメントの介入セッションを数回か受けた後，ピーターの表情は柔らかくなり，周囲に対しても協調的になった．その後，介入チームは臨床心理士の解釈を採用し，より開放的な施設への転送を勧めるに至った．

スタッフへのサポート

　精神障害のある犯罪者への心理学的介入に価値があるとしても，それは，ある限られた範囲内である．ほとんどの場合，犯罪者である患者にとって主に必要となる事柄は，薬物治療，看護，定期的話し合いである．犯罪者の多くは，施設の中で管理上の問題を呈することはほとんどない．しかし，それにもかかわらず，罪を犯したという犯罪行為そのものによって，スタッフは犯罪者に拒絶感を抱きがちである．確かに，なかには実際に破壊的であったり，非協調的であったりする犯罪者もいる．警備の強化された施設では，安全や抑制が強調される．このような収容者に対する不信感は，介入目標と対立する．患者に関わる際の目標に矛盾があったり，方針が不明確であったりすると，直接患者に接するスタッフがそのしわ寄せを受けることになり，仕事が非常に緊張を帯びたものとなる．特に境界性人格障害の患者の割合が多い収容施設では，その傾向が一層強まる．同様の問題は，警備が強化されている刑務所でも生じる．

　このような現場で働く臨床心理士の役割のひとつとして，スタッフのサポートということがある．スタッフは，患者と関わるなかでさまざまな問題を抱える．臨床心理士は，臨床心理学の観点からそのような問題を理解し，それに基づいてスタッフの心理的なサポートをすることができる．サポートは，グループセッションの形をとることが多い．セッションの中で臨床心理士は，特定の患者に対する拒絶感が何に基づいて生じているのかを見直す作業をスタッフとともに行う．また，犯罪者としてではなく，施設に収容されている者として見ていった場合，行動について違った解釈も可能となるのではないかとの観点から話し合いを進める．セッションではまた，収容者に適切に対応し，指導するための対処スキルが必要となる．そこで，臨床心理士は，スタッフに対して行動療法の基礎的技法の訓練を行う場合もある．

コンサルテーション

　臨床心理士は，組織運営の活動をサポートするコンサルテーションを行うことがある．例えば，人質をとられた状況に対処する特別なスキルを開発し，その種の事件が生じたときに助言を与えている臨床心理士もいる．人質事件が起きることは，メンタルヘルスの現場では稀である．しかし，刑務所では，最近10年間，以前よりも頻繁に人質事件が起きるようになってきている．人質を傷つけずに事件を解決しようとするならば，交渉の技術や，犯人の状況や犯人と人質との関係

を監視する技術が必要となる．

　また，他の機関にコンサルテーション活動を提供することもある．近年，保護観察所は，危険性の高い者を対象とする比率が高くなっている．そのため，臨床心理士は，さまざまな場面で保護観察所からの相談を受けることが多くなっている．コンサルテーションの活動では，性犯罪を起こす危険性の高い患者への介入について意見や助言などを与える場合がある．また，より広範なコンサルテーションを行うこともある．例えば，保護観察所には，グループ・プログラムに参加することを条件として，保護観察に付された犯罪者がいる．臨床心理士は，コンサルテーションの一環として，そのような犯罪者専用の特殊なマニュアルを作ることもある．このような場合，臨床心理士は，教材の準備，スタッフの訓練，評価，企画報告の準備，管理者への助言まで幅広く関わっていく．保護観察所では，現在，生活スキル，犯罪行動，攻撃や怒りのコントロール，問題解決訓練などを扱ったプログラムが活用されている．このようなプログラムは，臨床心理士のコンサルテーション活動によって開発されたものである．

8. 犯罪者に関する臨床的アセスメント

　ほかの分野と同様に犯罪者と関わる領域においても，臨床心理士の活動の重点は，アセスメント情報の提供から直接的介入に移行してきている．つまり，以前は臨床心理士の仕事として心理測定的アセスメントの結果に基づいて診断し，予後を判断する情報の提供が重視されていた．それが最近は，事例への直接的な介入に移行してきている．ただし，犯罪者と関わる臨床心理サービスでは，このような動向がみられる反面，アセスメントは依然として重要な役割を担っている．つまり，面接やテストなどの個別的な方法を組み合わせ，広い視野に立ったアセスメントを行い，その結果を報告することにも，依然として重点が置かれている．アセスメントは，心理学的介入において焦点をあてる問題を特定化し，それをモニターするために重要な役割を果たす．犯罪者と関わる領域では，それに加えて，アセスメントで得られた客観的な査定結果をほかのスタッフに提示するということがある．提示された査定結果は，そのスタッフが患者への対応の仕方を決定する際の参考資料となる．例えば，上記ピーターの事例で説明したように臨床心理士のアセスメントに基づく客観的な報告は，ほかのスタッフに犯罪者の行動についての解釈や理解を提供する役割を果たした．精神障害のある犯罪者の釈放を判

断する権限をもつ人は，危険な行動を引き起こす問題が，どの程度まで解決したかということについての客観的な証拠を求めている．そのようなこともあって，犯罪者と関わる臨床領域では，犯罪者に対する心理学的介入にはあまり重点が置かれてこなかったということがあった．その反面，アセスメントについては重視されてきており，現在でもその傾向が強いのである．

　犯罪者に関する心理学的アセスメントには，他のメンタルヘルスの領域と同様にさまざまな方法が用いられる．具体的には，標準化された知能検査，性格特性検査，社会的態度検査，神経心理機能検査などがある．また，測定対象を特定化した検査もある（この種の検査の中には標準化されていないものもある）．例えば，特定状況に対する情緒的な反応，自己および他者に関する思い込み，問題解決能力などをアセスメントする方法などである．なお，犯罪者の臨床心理サービスにおいてとりわけ重要な意味をもって使用されるアセスメントの方法は，攻撃性の問題および性的問題を評価測定するアプローチに集約される．そこで，以下，攻撃性および性の問題に関するアセスメントの方法をみていくことにする．

暴力的犯罪者のアセスメント

　人は，恐怖を感じる状況に置かれたとき，その状況をコントロールしようとする．攻撃行動は，攻撃する側が恐怖を感じた状況をコントロールしようとした結果生じた場合が多い．そこで，現在では，攻撃行動は，認知過程や対人スキルの観点から理解されるようになっている．例えば，暴力的な非行少年についての研究では，次のような認知過程が見出されている．つまり，非行少年は，他者の意図に関して十分な推測もせずに短絡的に結論に飛躍してしまい，自らの行動の結果については考えつかないという認知傾向があることが明らかとなっている．また，非行少年には，小さな揉め事を解決するスキルに欠けていることが多い．したがって，それらのスキルがあれば，他者に危害を及ぼすといった行動に走ることも少なくなっていたはずである．

　このように暴力が最も頻繁に生じるのは，身体的安全あるいは心理的安全が他者によって意図的に脅かされ妨げられていると感じたときである．その脅かされ妨げられているという感じが，誤解であろうとなかろうと，そのような脅威を感じたときに，人は攻撃行動に出るのである．したがって，暴力は，目的を達するために威圧的行動をとる習慣の人が結果として起こしやすいものである．そのような人には，非攻撃的な方法で紛争を解決するスキルが欠如していたり，一時的

な状況要因によって先のことを考える視点が欠如していたりする．例えば，家庭内ストレスやアルコールによる酩酊などの結果として，脅威を感じる状況に対して短絡的な攻撃行動に走るのである．そこで，暴力事件が起きたときには，直接の状況はどうであったか，犯罪者はそれをどう認識していたか，被害者との関係はどうだったか，また犯罪者の対人関係行動のパターンはどうか，などについて調べることが必要となる．これらの点に関して，まず初回面接で情報を集める．そして，そこで得られた情報をさらに詳しいアセスメントによって吟味していく．その際，全般的なアセスメントだけでなく，対象を特定したアセスメントも活用して暴力が起きた過程に関する情報をさらに詳しく収集し，検討していく．

人格特性に関する全般的アセスメントによって，暴力行為につながる性格要因がはじめにわかることがある．例えば，必ずしも攻撃的な人々がすべて犯罪行為に及ぶというわけではない．過剰に自己抑制をするタイプの人は，一般的には攻撃的ではなく，怒りの感情を表出するのが苦手である．そのようなタイプの人にとって暴力は，恐怖感に圧倒されたときの最後の手段である．先の事例で紹介したピーターは，そのようなタイプの例である．逆に抑制欠如の人であれば，容易に怒りの感情が喚起され，しかも他者への思いやりがなく，先のことを考えないということであれば，自己抑制が外れ，暴力に走ることになる．

本章の執筆者の一人は，暴力行為につながる特性の有無を判別する補助として，"性格と社会化に関する特殊病院用アセスメント"（SHAPS: Special Hospitals Assessment of Personality and Socialization）という標準化された質問紙を作成した．この質問紙は，"はい"か"いいえ"のいずれかを選択する213個の質問から構成されている．例えば，「他人に邪魔ばかりされていると思いますか」「人に対してすぐに苛立ちますか」「順番待ちの列に他人が割り込んできたら，腹を立てて文句を言いますか」などである．回答は，10種類の下位尺度ごとの得点に分類整理される．10種の下位尺度とは，虚偽尺度，不安尺度，外向性尺度，敵意尺度，羞恥尺度，抑うつ尺度，緊張尺度，精神病的逸脱尺度，衝動性尺度，攻撃性尺度である．これらの尺度得点は，例えば成人男性一般などとの比較ができるよう標準得点に変換できる．尺度の得点が平均から離れれば離れるほど，その尺度の特性が回答者の行動において支配的な傾向とみなされる．例えば，ピーターの性格を質問紙でアセスメントしたところ，敵意に満ちた懐疑的な態度をもち，抑うつと緊張の状態に陥りやすいことが見出された．彼はまた，羞恥心が強く，内向的であり，自己抑制的であり（衝動性が低く），攻撃性はみられなかっ

た．

　このように描き出された性格特性の全般的な特徴は，回答者の典型的な行動スタイルを明らかにする．そして，そこで明らかにされた行動スタイルは，介入の対象となる問題領域と一致している場合もある．しかし，これは，アセスメントの最初の段階にすぎない．それに引き続いて，測定対象を特定化したアセスメントを行うことになる．例えば，そこでは，怒りの喚起尺度のような，より問題を特定化したテストが用いられる．また，犯罪者自身の自己報告以外にも，ほかの人々による観察結果もデータとして収集される．さらに，人格障害のアセスメントでは，構造化面接または半構造化面接が活用される．これらの面接では，対象となっている問題に特定化した質問を用いて，対象者の状況を探り，問題の変数や特質に関連する重要情報を引き出していく．

　このような特定の問題をアセスメントする方法として，カナダの心理学者Robert Hare（Hare 1996）によって開発された精神病質チェックリスト（PCL: psychopathy checklist）がある．これは，現在，犯罪者の臨床心理サービスで広く使われるようになっている方法のひとつである．このチェックリストは，精神病質的人格を特徴付ける性格特性である"狡猾さ・操作性""同情や罪悪感の欠如""非衝動性""自己の行動への責任の欠如"に関連する20項目を含んでいる．面接者は，犯罪者に半構造化面接を行い，精神病質チェックリストに含まれる性格特性に当てはまる行動や生活様式がみられるかどうかを調査するとともに，犯罪者の個人記録から関連情報を収集する．チェックリストの項目は，0点（まったく当てはまらない），1点（当てはまる可能性がある），2点（よく当てはまる）のいずれかに評定され，20項目すべての合計点が算出される．30点以上は，精神病質の性格特性の存在を顕著に反映するものとみなされる．これまでの研究によって，精神病質チェックリストの高得点は，再犯，特に暴力的犯罪の危険性と強く関連していることが明らかになっている．そのため，精神病質チェックリストは，危機アセスメントの方法として広く用いられるようになっている．

　さらに個別の問題に特定化する検査としては，レパートリー・グリッド（Repertory Grid）のような構造化された方法もある．この種の検査では，重要な人物や出来事を評価する際の，共通性と差異性をどのように認識するかを比較し，それによって対象者の対人相互作用の解釈において支配的なテーマを探るものである．やや構造化の弱い検査としては，日記や日誌を活用する方法がある．この方法では，対象者は，怒りや攻撃性を感じるきっかけとなった出来事，その関連

で考えた内容，それに対処するために試みたことをノートに記載する．さらに，対象者の自己報告に頼らないアセスメント方法として，対象者の特定の行動がどのような頻度で出現するかをスタッフが評定する観察者評定尺度もある．そこで観察の対象となる特定の行動とは，例えば，"激しく口論する""自分のわがままを通そうとする"などである．そのような行動の観察結果に基づいて，対象者の日常場面における対人関係の在り方をアセスメントする．また，個別形式，あるいは集団形式のロールプレイを利用して，対象者が挑発にどのように対処するのか，挑発されたことをどのように解釈し，相手に何を求めるのかを調べることができる．

性犯罪者のアセスメント

　性犯罪者のアセスメントは，暴力的な犯罪者のアセスメントと同様に多面的であり，さまざまな側面に注目する必要がある．具体的には，全般的な対人関係の様式，対人関係への期待，性犯罪の被害者に関する思い込み，性についての知識（しばしば不足している），マスターベーションの際の空想，異性との性関係に特有のスキルなどに注目する必要がある．性犯罪者は，成人の女性と交際し，親密な関係を築くためのスキルに欠けている．そのため，子どもや言いなりになる被害者に偏った関心を抱くことが多い．このような偏った傾向は，日記，ロールプレイ，特別な自己報告によって，ある程度アセスメントできる．

　性犯罪者のアセスメントの中心的課題は，特定の種類の性対象や性行為への興味の強さである．この点に関して，男性の場合，最も有効となる指標は，性的描写に対するペニスの膨張の度合いである．ペニス容積計測法（penile plethysmography）では，水銀が入った薄いゴムの筒でペニスを包み込み，それによってペニスの微妙な変化を測定する．それは，軽量のカリパスのような装置であり，ペニスの変化に連動する一連の電気信号をグラフに書き換える．対象者には実験室の中で性的刺激を提示する．提示される刺激は，例えば，子どもの裸体といった特殊な興味対象の写真，さまざまな形態の性行動のビデオ，オーディオテープの音声などである．通常のアセスメントでは，さまざまな刺激に対するペニスの膨張の度合いを比較検討し，対象者の性の嗜好性を判断する．例えば，強姦犯は，お互いの合意の上での性交渉よりも，合意のない強制的な性交渉（通常，役者が演じた短いビデオテープを刺激として提示する）の描写の方に強い興奮を感じる場合が多い．

ペニス容積計測法は，特別な配慮が必要な方法である．しばしばポルノの作品が刺激材料として使われることに関して，倫理的問題が議論されている．したがって，この方法を活用する特殊病院の臨床心理士は，刺激材料の保管，対象となる患者への説明と同意，アセスメントを実施するスタッフの行動に関する規約を作成し，それを遵守してきている．なお，ペニス容積計測法については，多くの調査研究が行われてきており，その結果，臨床的問題と技術的問題が提起されている．例えば，患者の中には，気をそらすことで反応を抑えることができる者がいる．また，犯罪者自身が自分は特殊な異常嗜好をもたなくなったと報告しても，それを確かめることが困難な場合がある．そのような場合には，この方法を嘘発見器として利用するようにとの圧力が臨床心理士にかかることがある．これは倫理的に問題があるだけでなく，このような利用の仕方は，そもそもペニス容積計測法の禁忌である．この方法が最も有効なのは，患者の動機づけがきちんとしており，しかも介入の進捗状況を確認する際のアセスメントの手段として用いる場合である．

9. 臨床的介入

　犯罪行動は，通常，心理学的介入の直接的な目標にはならない．むしろ，間接的な目標でしかない．ただし，主にアメリカとカナダでは，飲酒運転，未成年の性犯罪，万引きなどを専門にした心理クリニックがあると報告されている．万引きの場合，背景には犯罪に関する偏った思い込みがあることが多い．例えば，"人を傷つけているわけではないから許されるだろう""店主も悪いのだから万引きしてもかまわない"などといった偏った思い込みをもって万引きが行われる．そこで，認知療法のグループでは，その思い込みを変化させる方法を考案している．
　一方，イギリスの臨床心理士がこのような問題を扱うのは，犯罪者がメンタルヘルスの場にリファーされてきたときに限られている．このような限定があるとはいえ，臨床心理士は，犯罪者がリファーされてきた場合には，犯罪行為に直接関連する心理的変数に働きかける介入が必要となる．心理的変数の中には，情緒的問題や対人関係の問題が含まれている．そのような問題は，犯罪者と関わる司法領域以外の臨床心理士も介入対象とする変数である．しかし，犯罪行為に直接関連する心理的変数として，犯罪者に特有な偏った認知とスキルの欠如も存在す

る．犯罪者の臨床心理サービスにおいては，この種の心理的変数に介入することが必要となる．

　犯罪者への心理学的介入は，行動主義，心理力動論，認知論など，臨床心理士の依拠するアプローチによって異なる．最近では認知行動主義のアプローチが主流となっており，本章でも認知行動主義を重視した記述をしている．しかし，いずれのアプローチをとるにしろ，犯罪を常習的に繰り返す累犯性を改善するためには，介入プログラムに相互関係的要素を多く取り入れる必要があることが，今日では広く認められるようになっている．犯罪には唯一の原因などというものはなく，ほとんどの事例において多数の要素が複合的に絡んでいる．したがって，常習的に違法行為を繰り返してきた者の行動を変えるということは，多くの領域への働きかけが必要となるということである．

　犯罪者には，対人関係スキルのトレーニングが必要である．しかし，犯罪者は，自己統制の低さ，反社会的態度や価値観を示す場合も多い．さらに，薬物濫用，劣悪な社会環境，生活習慣の乱れなどがみられる場合もある．これらの問題のパターンは，犯罪者一人ひとりで異なっている．したがって，それぞれの犯罪者における危険因子の特質を確定し，さらに犯罪行為の原因となっている個人的および社会的因子である"犯罪形成要因"を確定するためには，注意深いアセスメントが必要不可欠となる．臨床心理士は，このようなアセスメントを実施し，その結果に基づいて適切な介入の形態を構成する方法を開発し，発展させてきた．そのうちのいくつかについては，すでに本章でも紹介した．

　犯罪者に関わる領域で一般的に行われている介入の有効性については，後述するように効果研究によって実証されてきている．その結果，介入プログラムや介入活動を成功に導く関連要因が次第に明らかになってきている．ただし，これまでのところ，この種の研究は北アメリカで行われてきたものがほとんどである．イギリスの刑務所やコミュニティ・サービスでは，最近になってようやく，効果研究で得られた知見を活用するプログラムが開始されたという状況である．

　メンタルヘルスの現場においても反社会的問題行動を扱うときには，同様なアプローチが用いられるようになってきている．例えば，学習機能障害をもつ者のための施設では，ことばや態度による挑戦的行動を扱うのに，行動主義的アプローチ，あるいは認知行動主義的アプローチが広く用いられるようになってきている．このようなアプローチでは，問題行動の機能分析（7章参照）が，積極的な介入プログラムを構成するための基礎となる．まず機能分析によって，問題とな

っている当事者の個別スキルに関して得意なものと苦手なものを特定化するとともに，当事者および家族や介護者などの関係者の環境条件を明らかにする．このような機能分析ができていることが，有効な介入を行うための前提となる．介入に関しては，最近では介入の焦点が，問題行動を止めさせる"行動主義的"介入から好ましい行動を構成していく方向，つまり"構成主義的"介入の方向へと移行している．そのため，患者の利益に合致するようにコミュニティの資源を整理し，再構成する介入法が採用されるようになってきている．反社会的行動を示す患者においても，このような認知行動主義のアプローチを有効に適用できることが明らかとなっている．

　人格障害の犯罪者への介入は，伝統的に難しいと考えられてきた．つまり，人格障害の犯罪者への介入に関しては，悲観的な見解が一般的であった．例えば，精神病質あるいは反社会的人格の特性がある患者は，介入に抵抗する場合が多い．そのような患者は，自身の人格的欠陥を認めようとはしないからである．ただし，介入は難しいと考えられているものの，介入研究が十分になされていないのが実情である．したがって，"この種の患者には臨床心理学的介入は役立たない"と決めつける証拠はないともいえる．なお，犯罪者に対する介入治療全般については，調査研究に基づくガイドラインが示されるようになってきている (Lösel 1998)．境界例患者に関しては，認知行動主義および精神分析の原理に基づく介入が，一定の効果をともなって適用されている．現在，より多くの調査研究とそれに基づく発展が求められているのが，この領域である．

暴力的犯罪者への介入

　暴力的犯罪者は，一人ひとり異なっており，ひとまとめにすることはできない．したがって，どのような暴力的犯罪者に対しても万能な介入アプローチはない．同じように攻撃的になる者同士であっても，攻撃的になる理由は異なっている．攻撃性の種類については，"道具としての攻撃性"と"怒りによる攻撃性"に分けるのが一般的である．道具としての攻撃性は，何らかの目標を確保するために表出されるものである．例えば，強盗の攻撃性がそれにあたる．それに対して，怒りによる攻撃性は，怒りを発散するために表出されるものである．

　攻撃性を道具として用いる者は，攻撃的になることの結果として何らかの利益を得ている．だからこそ，"道具としての攻撃性"を利用し続けるのである．したがって，道具として攻撃性を利用する者については，攻撃的となることで利益

を得るといった行動様式を変化させることが課題となる．収容施設において繰り返される攻撃行動への介入法としては，随伴性マネジメントが用いられてきた．攻撃的な者は，介入以前は，攻撃行為に随伴した活動を通して利益や特権を得ることができていた．そこで，攻撃行為をした場合，随伴する利益や特権を得ることができないように介入するのである．攻撃行為をした者にとって利得となるような活動が始まる前に，その機会を摘んでしまう強化中断法によって介入する場合もある．そして，それと同時に，求めるものを獲得するための新たな方法の教育も併せて行う．つまり，攻撃的行動に替わる新たな目標達成行動を学習させるのである．少なくとも，攻撃的犯罪者には，攻撃性を用いないで自己主張するスキルが欠けている．しかも，対決的なスタイルをとるので，衝突が起きることになる．そこで，問題解決に焦点をあてた対人関係スキルの訓練を取り入れたプログラムもみられるようになっている．

　最近の介入アプローチでは，認知の過程および対人関係に関する思い込みの内容に重点を置くようになっている．暴力非行に走る少年など，社会的な逸脱行動を繰り返す人々には，対人関係の問題を解決する能力が欠けていることが明らかとなってきている．具体的には，対人関係の問題を認識し，これまでとは別の解決方法をいくつか工夫し，それらを試しに実行してみて，その中で最も適切なものを用いるようにするといった能力が欠けているのである．問題解決トレーニングでは，自分がしようとしたことが邪魔されるといった日常的問題をテーマとして，それにどのように対処していくのかを，問題を認識してから解決するまでの一連の段階として検討していく．例えば，ほかの人が自分とは違うチャンネルのテレビ番組をみることを要求するといった日常的問題場面を想定し，そこで対象者が問題をどのように認識し，それをどのように解決するのかを段階的過程として見直していくのである．トレーニングでは，教示とモデリング，ロールプレイ，フィードバックで構成されている．それに，自己教示が含まれる場合もある．トレーニングの目的は，対人関係の問題が生じても，対決姿勢を強くして攻撃的になるのではなく，建設的な解決を生み出すようなスキルを幅広く形成することである．暴力的犯罪者は，攻撃性や暴力について誤った思い込みをもっている場合が多い．例えば，"暴力は合法的なものだ""暴力は想像力を高める""被害者の苦しみなどたいしたことはない"などである．グループ療法で，メンバーである犯罪者がこれらの思い込みの誤りを指摘するように議論を展開し，それぞれが自らの意見を発表することで変化が起きてくる．

図 8.1　ノバコの怒りモデル

・外的出来事……欲求不満，迷惑，侮辱，不平等，非難
・認知過程……評価，期待，内言
・反応行動……ことばによる反論，身体的な抵抗，受動的攻撃性，回避，引きこもり
・怒り……怒りの喚起＋認知的ラベリング

　重大な暴力行為はほとんどが，"怒りによる攻撃性"と関連している．このような激しい怒りを体験する犯罪者には，暴力行為が習慣化している者と，日頃は過剰に抑制的な者との2タイプがある．怒りによる攻撃性への介入法としては，アメリカの臨床心理士レイモンド・ノバコ（Raymond Novaco）が臨床活動のなかで開発した"怒りのマネジメント"（anger management）がある．これは，犯罪者の臨床心理サービスでさかんに使われるようになっている方法である（Howells et al. 1997）．このプログラムは，個人形式で用いられることもあるが，一般的には集団形式で使用される．プログラムの目的は，怒りの体験を管理調整することで建設的な対人関係をもたらすことである．そこでは，相互に関連した4要素が怒りを引き起こすのに重要な役割を演じていると考えられている（図8.1を参照）．それらは，外的な引き金となる出来事，その出来事についての認知的評価（当事者の自己陳述つまり内言を含む），当初は緊張と感じられる怒りの喚起，そして，怒りの最中の行動である．なお，怒りの最中の行動には，暴力だけでなく，回避行動などが含まれる場合もある．

　プログラムは，3段階を経て進む構成となっている．第1段階は，"認知的準備"の段階である．患者は，プログラムの理論的根拠について説明を受け，指示マニュアルを受け取る．そして，患者自らが体験する怒りについての日誌記録をつけることを開始する．日記は，怒りと自己陳述との関係，つまり自らの怒りを自分自身でどのように考えているのかに関する自覚を促すとともに，その進捗状況をモニターする役割を果たす．日記に記載された出来事は，その後のセッションにおいて対象者の認知の在り方を詳しく検討する基礎になる．そこでは，怒りが引き出された状況の見直しを行い，正当な怒りと正当ではない怒りとを区別する．

　次に，第2の"スキル習得の段階"に進む．そこで患者は，怒りを引き出すきっかけとなった出来事を見直す方法についての教育を受ける．具体的には，怒りのきっかけとなった出来事には，患者が感じ取ったのとは異なる意図が含まれていた可能性を考慮することが教示される．そして，そのような別の意図の可能性

を考えながら，怒りを引き出すことになった出来事を再想起する方法が教えられる．その結果，患者は問題に直面したときに，個人的感情に着目するのではなく，問題解決という課題に着目するように変化していく．そして，次第に怒りを感じながらも，暴力に走らないように自己教示ができるようになる．ここで用いられる自己教示は，事態を適切に処理する方向に導く文言と，その方向に進むように自己強化する文言から構成される．事態処理のための文言としては，例えば「これなら何とかなる」「感情的になるな．要は問題を解決すればいいんだ」といったものが考えられる．自己強化の文言としては，例えば「いいぞ．いいぞ．事態を上手く扱っているぞ」といった言い方がある．その上で，自己コントロールのスキルとしてリラクゼーション・トレーニングがなされる．また，自己主張スキルや交渉スキルなどが，モデリングやロールプレイを通して訓練される．

そして，第3の段階は，"応用的実践の段階"となる．そこでは，訓練過程で身につけてきたスキルを，怒りを刺激する場面で実際に適用し，その習得程度を確認していく．そして，次第に難しい刺激状況でスキルを試していくようにする．

この方法は，攻撃的な犯罪者の問題を扱うのには効果がある．前述したアランの事例においても，この方法が介入の中心的要素となっていた．彼は，ほかの問題への介入と組み合わせるようにして怒りをマネジメントするためのプログラムに参加した．上述した一連の段階に従って訓練セッションを受けたことでアランは，争い事が起きそうな状況を認識するだけでなく，それでコントロールを失って怒りを爆発させるということを回避できるようにもなった．そして，最終的には，自身の怒りの爆発だけでなく，その他の関連した問題も含めて，自己自身をマネジメントする能力を格段に高めることができた．ただし，怒りのマネジメントだけでは，十分ではない場合が多い．というのは，深刻な犯罪を起こす者は，多数の要因が複雑に絡み合った問題をもっていることが多いからである．そのような事例については，個々の事例の問題状況を体系的に探っていくアセスメントが必要となるのである．

性的逸脱行動に介入する

異常な性行動は，すべて違法というわけではない．また，違法な性行動がすべて異常というわけでもない．しかし，性行動による被害者がいる場合，介入は，倫理的な意味において正当化される．特に加害者が累犯者の場合，介入は，正当な理由をもつ．したがって，介入のほとんどは，強姦犯，児童を対象とする性犯

罪者，露出犯に対するものとなる．現在では，心理学的介入は，幅広い視野に基づいて行われるようになっている．そのため，介入にあたっては，逸脱した性行動だけでなく，その背景にあって問題行動の要因となっている対人関係の問題や認知の歪みも対象とすることになる．

　犯罪者に個人レベルで介入する方法として，さまざまな手続きが開発されている．その中のひとつである行動療法的介入の中心目標は，性的志向性の修正にある．つまり，逸脱していない対象への反応性を高め，逸脱しているものを低下させることで，性的志向を修正するのである．逸脱的ではない方向に性的反応性を高める手続きとして，マスターベーションの再条件づけがある．具体的には，逸脱的でない性刺激とオーガズムとを組み合わせていく．患者は，マスターベーションの最中オーガズムに近づいたとき，性的空想を，逸脱した空想から社会的に許容される空想に切り替えるよう求められる．このマスターベーションの再条件づけの手続きは，当初は実験室状況で行う．そこでは，まず犯罪者は，自らが好む逸脱した性的場面の写真を刺激対象としてマスターベーションを開始する．スタッフは，ペニス容積計測法で患者の興奮度を測定しておき，興奮度が高まったときに，刺激対象を成人女性の写真に入れ替える．その後，患者は，一定期間，これを宿題として実行する．それにともなって，実験室状況での手続きは，徐々に減らしていく．

　この他，化学的に男性ホルモンを抑える方法によって逸脱した性的興奮を減じることができる．ただし，この方法には，正常な性的興奮を学習させることができないという限界がある．むしろ，この領域で比較的多く用いられているのが，嫌悪条件づけを利用した方法である．この嫌悪療法では，逸脱した性的行為の写真を見せた後に，あるいは逸脱した性的行為を空想させた後に，電気ショックや悪臭といった嫌悪刺激を提示する．それによって，逸脱した性的行為のイメージと嫌悪刺激を連合させる．しかし，施設に拘束されている犯罪者にこの方法を強制的に施行することは，倫理的に問題がある．そこで，強制的に施行するという問題を避けるためのアプローチとして，内的感作法（covert sensitization）がある．これは，罰と負の強化を用いたオペラント条件づけに基づく方法である．この方法では，嫌悪療法のように身体的に不快な刺激を用いて行動の消去をさせることはしない．性的逸脱行動には嫌悪すべき悪影響があることについて患者の想像力を利用する．患者に性的逸脱行動のもつ悪影響を想像させ，それを利用して逸脱行動を取り除くようにする．

事例・性的逸脱行動への介入について，先述した服役中の犯罪者であるゲイリーを例として解説する．ゲイリーへの介入プログラムは，彼の猥褻な露出行為に対処することが目的であった．というのは，自己自身を露出したいというゲイリーの衝動は，病院でも続いていた．実際，数回，女性スタッフの前で露出したのである．そこで，内的感作法を用いることにし，まず行動（機能）分析を行った．露出行為に先行する一連の出来事および露出行為に結びつく思考の流れ，そして露出の後に常に付随して起きる結末を調査した．その方法として，ゲイリー自身に露出行為が起きる前後の様子を詳しく語ってもらい，それをテープレコーダーに記録した．その中で彼は，露出行為をした後に嫌だと感じることがあると述べていた．それは，恥ずかしさ，身体的痛み，逮捕される恐怖といった感覚であった．そして，ゲイリーは，一連の行動の中で最も重要な時点，つまり露出行為の最中にそれを感じるとのことであった．

そこで，彼が実行すべき事柄を規定するシナリオが最終的に構成された．シナリオでは，一連の出来事が生じる初期段階の性的衝動の発現時に，衝動をコントロールするという筋書きとなっていた．そして，それが首尾よくできたなら，どのような報酬が得られるかも記載されていた．その後12週間，セッションにおいて，ゲイリーが露出行為の前後の経緯を自己陳述したテープが1時間ずつ流された．それとともにゲイリーには，セッションとセッションの間にも自らのテープを聞くことが課せられた．それと並行して自己の内に生じてくる衝動をモニターすることが彼の課題となった．彼自身の報告によると，露出衝動は，介入前には1日平均2～3回であったものが，介入開始半年後にはひと月に1回まで頻度が低下したとのことであった．そして，それ以後，実際に露出行為が起きることはなかった．ゲイリーの衝動は完全にはなくならなかった．しかし，彼は衝動をコントロールできるようになり，衝動も以前より強くはなくなったと説明した．

なお，上記プロセスは，ゲイリーの事例への介入全体の一部分にすぎないことに留意してほしい．ゲイリーに対しては，この他に，抑うつ状態に対する認知療法，異性と関わる対人スキル・トレーニング，頑固で自罰的な行動に対するカウンセリングなどの介入が行われた．一般的には，性的嗜好に変化がみられたとしても，単に性に関する思い込みや行動パターンが変化しただけならば，その変化は長続きしない．性に限定されない，より広範な思い込みや対人行動パターンが改善しない限り，性的嗜好の変化は長続きしない．

例えば，強姦は，通常，怒りや被害者に屈辱を与えることをともなう．そして，強姦犯が強姦に及ぶのは，性的満足を満たすためではなく，女性に対する敵意を表現し，暴力を振るうことが目的である場合が多い．しかも，強姦犯のうちかなりの割合の者が，勃起不全や早漏などの性的行為の問題をもっている．これらの問題は，強姦の時だけでなく，通常の性生活でも生じている．したがって，このような問題に対処するために，女性や性行動に対する自らの態度への直面化，不安軽減法，性的機能不全の治療などが併せて行われることが必要となる．

以上，性犯罪者に個別に介入する方法を概説した．刑務所やコミュニティで活動する臨床心理士は，個人プログラムに加えて，性犯罪者に対する集団プログラムも開発してきている．イギリスにおいて最も広範囲に行われた集団プログラムとしては，刑務所を基盤として1994年に始められた"性犯罪者への介入プログラム"がある．1997年には，年間600人もの受刑者がこのプログラムに参加するようになった．このプログラムは，構造化されたセッションから構成されており，犯罪の原因，被害者への態度，性犯罪のサイクル，認知の歪み，逸脱した性的興奮の自己統制などの問題に焦点をあてていく．プログラムに参加した多くの受刑者は，長期の刑に服しているため，プログラム全体としての評価はまだ得られていない．

　コミュニティにおいては，主として保護観察の領域で，刑務所と基本的に同種のプログラムが実施されている．ただし，期間は，短縮されている．それは，STEP計画として知られているものであり，すでに効果研究がなされている(Beckett et al. 1994)．効果研究については，予備的結果が得られている段階ではあるが，プログラムに参加した者は，参加しなかった統制群よりも再犯が少ないとの好ましい成果が示されている．

　性犯罪者に対する体系的なプログラムが実施されており，プログラム終了後のフォローアップもなされている．フォローアップの結果については，介入を受けた者は，受けなかった者に比較して再犯率が減少していることが明らかとなっている．もちろん，再犯率の低下は，劇的な現象といえるほどではない．強姦犯や露出犯などについては，特にそうである．その点では，確かに治癒率は低いといえるかもしれない．しかし，性犯罪者への心理学的介入，ひいては犯罪者一般への心理学的介入は，医学的治療ではなく，矯正教育に近いものである．したがって，"治癒"（cure）という概念は不適切である．犯罪者への介入における現実的な目標は，犯罪者が再犯に走らずに自己の問題に対処できるようにすることである．実際，性犯罪者への介入プログラムの多くは，"再発防止"に力を入れている．

　再発防止を目標とする介入プログラムには，自己管理スキルのトレーニングが含まれている．自己管理スキルとは，以前のような逸脱行動の再発を回避するために，自己をモニタリングし，危機状況に対処するスキルである．自己管理のスキルを習得するためには，数年にわたる定期的なサポートを必要とする．このような長期的な観点に立つならば，予測外のストレスの結果，一時の過失や堕落が

あったとしても，それは必ずしも介入の失敗を意味するわけではない．

10. 犯罪者への介入の効果

　すべての犯罪者の感情的問題あるいは社会的問題に対処できるということはない．しかし，一般の人々よりも，逮捕される犯罪者の方が心理的問題を抱えている割合が高いということは実証されている．したがって，心理的問題が犯罪の原因であるかないかにかかわらず，臨床心理サービスが必要とされていることは確かである．臨床心理サービスを受けるということに関しては，法的に処罰される者であっても，メンタルヘルスのシステムでサービスを受ける者と同様の対応が求められているのである．このような観点から，介入の効果も，苦悩や機能障害がどの程度軽減されたかという臨床的基準で判断されるべきである．単に犯罪行動にどのような効果を及ぼしたのかという基準で判断されるべきではない．

　とはいえ，犯罪者の福利厚生に人道的な関心を寄せるということは，将来の犯罪者と社会との葛藤を覚悟するということでもある．また，犯罪を予防し，減少させるということは，犯罪者への心理学的サービスの合法的な目標であるだけでなく，心理学的サービスならではのサービスとして期待されるものでもある．かつて，"犯罪者には何をしても役立たない"という実証的データが出たことがあった．そのため，犯罪者の更生を目標として臨床心理学などの専門的サービスを活用することに関しては，広く悲観主義が影を落としてきた．

　しかし，臨床心理学的介入によって，実際に犯罪者の累犯率が減じる可能性があるという証拠が，近年積み重ねられてきている（McGuire 1995）．1985 年以降，犯罪者への臨床心理学的介入の効果については，メタ分析が行われてきている．その結果，"犯罪者には何をしても役立たない"という見解は否定された．その後，そのような見方は，徐々に影響力を失ってきている．1990 年半ばまでに，犯罪者への介入効果の評価に焦点をあてた統制研究の数は 700 を超えた．これらの研究の結果については，おおよそ一貫した傾向がみられる．介入にはさまざまな方法があるが，それら全体として累犯率に及ぼす介入効果は，10% 程度の減少率となっている．ただし，介入の形態によっては，結果として将来再犯率が高まるものがある．"抑止"を原理とする介入，あるいは懲罰的制裁を段階的に強めていく介入は，結果として再犯率を高めてしまう危険性がある．逆に，再犯危険性が非常に高い犯罪者を対象として効果を上げている介入法もある．それ

は，"犯罪形成要因"に焦点をあて，多元的側面に対応できる統合的形態を備え，スキル・トレーニングに重点を置く認知行動療法を活用する介入法である．この介入法を用いた場合，平均して，25％も再犯率の減少がもたらされたとの報告がある．

11. まとめ

　本章では，犯罪者に関わる臨床心理士がテーマとする代表的な問題に絞って解説した．しかし，犯罪は，社会的コンテクストにおいて起こるものである．社会は，犯罪の温床となるストレスや誘惑を提供するだけではない．反社会的行動に対処し，行動の改善努力を支援する資源も提供する．したがって，臨床心理サービスも，個人を超えた社会の役割をみていく必要がある．犯罪者を取り巻く社会的環境の中で，犯罪者の更正に役立つ認知行動的スキルの適用が新たに発展していくことを支援する必要がある．コミュニティの中で反社会的行動の問題に対処する機会が増加すれば，介入の効果も広がると考えられる．

　ところで，臨床心理サービスは，犯罪者の問題に対処する機構ネットワークのひとつの要素にすぎない．しかも，この領域で活動している臨床心理士の数は少ない．そのような現状を考えるならば，現在行われている臨床心理サービスが犯罪の問題に大きな影響を与えることを期待するのは非現実的であろう．しかし，深刻な犯罪をひとつ防ぐことができれば，少なくとも1人の被害者は減る．このことは，臨床心理サービスの存在意義を示す十分な根拠となるであろう．

引用文献

Beckett, R., Beech, A., Fisher, D. and Fordham, A. S. (1994). *Communitybased treatment of sex offenders: an evaluation of seven treatment programmes*. Home Office, London.

Gudjonsson, G. (1992). *The psychology of interrogations, confessions and testimony*. Wiley, Chichester.

Hare, R. D. (1996). Psychopathy: A clinical construct whose time has come. *Criminal Justice and Behavior*, **23**, 25-54.

Haward, L. R. C. (1981). *Forensic psychology*. Batsford, London.

Howells, K., Watt, B., Hall, G., and Baldwin, S. (1997). Developing programmes for violent offenders. *Legal and Criminological Psychology*, **2**, 117-28.

Lösel, F. (1998). Treatment and management of psychopaths. In *Psychopathy: the-*

ory and research and implications for society (D. J. Cooke, A. E. Forth, and R. D. Hare eds.) Kluwer, Amsterdam.

McGuire, J. (ed.) (1995). *What works : reducing re-offending : guidelines from research and practice*. Wiley, Chichester.

McGurk, B. J., Thornton, D. M., and Williams, M. (eds.) (1987). *Applying psychology to imprisonment*. HMSO, London.

Webster, C. D., Douglas, K. S., Eaves, D., and Hart, S. D. (1997). *HCR-20 : Assessing risk for violence, version 2*. Mental Health, Law, and Policy Institute, Simon Fraser University, Vancouver.

参考文献

Blackburn, R. (1995). *The psychology of criminal conduct : theory, research and practice*. Wiley, Chichester.

Hollin, C. R. (ed.) (1996). *Working with offenders : a psychological sourcebook for rehabilitation*. Wiley, Chichester.

Howells, K. and Hollin, C. R. (eds.) (1993). *Clinical approaches to the mentally disordered offender*. Wiley, Chichester.

9——精神病への臨床心理サービス

John Hall

　本章では，重い精神病を抱える人々が直面する状況を明らかにし，臨床心理士がどのような援助を提供できるのかについて解説する．精神病を抱える人々への援助にあたっては，ニーズのアセスメントによって何が求められているのかを心理学的に分析することが必要となる．そこで本章では，まず患者のニーズという点から，旧来の大規模精神病院の問題点を明らかにし，収容施設や環境の問題を検討する．現在では，患者の機能障害のレベルやニーズに適合する個別プログラムを提供する場として病院ホステルという新しいタイプのユニットを用意するアプローチが主流になっている．そのような新しいアプローチを紹介するとともに，具体的な介入の方法も説明する．介入にあたっては，個々の患者をアセスメントする具体的な方法，個人援助のためのプログラム，さらにその評価システムについて考えなければならない．個人援助のためのプログラムには，心理教育的プログラム，精神病の残遺症状への直接的な心理学的介入，目標設定アプローチ，認知‐行動的アプローチなどが含まれる．また，集団に基づく援助プログラムとしては，環境アプローチ，行動アプローチ，ソーシャルスキル・アプローチといった方法が行われている．

1. はじめに

　心理的問題には，さまざまなレベルがある．例えば，5章で扱ったような成人期の心理的問題は，一生ハンディキャップを背負うといったレベルの障害ではない．そのような問題を抱えていても，ある程度は正常な生活を送り続けることができるし，日常生活に関わるたいていの決断を自分自身で行うこともできる．しかし，メンタルヘルス・サービスを利用する人々の中には，心理学的かつ精神医学的問題のために深刻なハンディキャップを抱えている者がいる．なかには自宅で生活しつづけることができなくなる者もいる．そのようなハンディキャップを背負う人々は，数は少ないが，メンタルヘルス・サービスにとっては重要なテーマとなっている．この他，精神病のために深刻なハンディキャップを抱えているのにもかかわらず，専門的なメンタルヘルス・サービスを受けることなく，ホームレスとなったり，簡易宿泊所を転々としたり，断続的に保護観察や警察の世話になったりしている人々もいる．

本章では，メンタルヘルス・サービスを利用していない人々も含めて，精神病を患うことで深刻なハンディキャップを抱えている人々を臨床心理士がどのように援助するのかを扱う．このような人々は，さまざまな状況において，甚大でしかも深刻な心理的障害を抱えている．本章では，そのような心理的障害を総称して重い精神病と呼ぶことにする．

　専門的にメンタルケアに携わるスタッフは，慢性化している患者のケアよりも，急性期にある患者をケアする方が，専門的介入の効果があると考えがちである．確かに，それほど重くない精神病については，特定の介入法とその効果との関連性を明らかにすることは容易である．また，一般的に急性期の患者は，その発音や発言がはっきりとしている傾向にあるので，しばしば彼（女）らの方が援助に値すると考えられがちである．しかし，多くの臨床心理士は，慢性化している患者への心理援助に意義を見いだしている．それは，以下のような理由からである．

　第1の理由は，単純である．それは，重い精神病を患う人々は，最も深刻な障害とハンディキャップを抱えているので，当然専門的ケアを受けてしかるべきという理由である．重い精神病の人々やその家族への心理援助は，何年にも及ぶ．そのような長期にわたるつきあいの中で，通常とは異なる意味深い仕方で患者一人ひとりの気持ちを理解する機会が臨床心理士に与えられる．それが，第2の理由である．重い精神病の場合，さまざまな要因が相互に複雑に絡み合っているため，心理援助にあたっては，それらを幅広く考慮していかなければならない．そのために，心理援助は，本質的に興味深いものとなる．それが，第3の理由である．重い精神病への臨床心理サービスでは，緊密なチームワークが必要となる．そのようなチームワークに臨床的な意義を見いだす臨床心理士がいる．それが，考えられる第4の理由である．そして，最後の理由は，この数年の臨床心理学の発展と関わっている．最近，個々の症状への心理学的介入法が幅広い範囲で新たに開発されてきている．このような介入法の発展が確実なものとなってきていることが，臨床心理士が精神病への臨床心理サービスに意義を見いだす理由となっている．

2. 重い精神病の概念

　1970年代半ばまでは，慢性の精神病を患う人々を収容する施設のほとんどが，大規模精神病院であった．しかも，そのほとんどは，19世紀後半に建てられた

ものであった．19世紀の初めには保護施設（asylum）でのケアが熱心に行われていたが，それは，純粋に人道主義的理由によるものであった．保護施設という名称そのものが，障害を抱えた人を守るための安全な場所が必要であるとの，当時の社会的認識を文字通り表わしている．これらの病院のほとんどが，慢性患者用の長期収容病棟を多く備えていた．そこには100人に至る患者たちが過ごしていることもあった．その患者たちのほとんどが，統合失調症（精神分裂病）の診断を受けているという場合もみられた．"慢性の統合失調症（精神分裂病）"というのが，当時の典型的な長期入院患者であった．

このような"慢性の統合失調症（精神分裂病）"については，実態調査がなされている．もちろん現代の診断基準を過去に遡って適用すること自体に理論的問題があるとはいえる．しかし，ここで当時の状況を推測するために，あえて現代の診断基準をその調査にあてはめてみると，慢性の統合失調症（精神分裂病）患者は，慢性患者の中では実質的には少数であり，障害に特有な精神医学的特徴が不明確な場合が多いとの結果が示唆されている．

1950年代になると，ヨーロッパ諸国や北アメリカの大規模病院の縮小が始まった．それにともなって，まず機能障害（disable）の程度が比較的軽い患者から病院を離れることが促された．次第に重い患者も病院を離れることが促されるようになり，最後に"古い"慢性的な患者が病院を離れた．それに替わって，正式に統合失調症（精神分裂病）の診断を受けた患者が新たに入院してきた．そして，少数ではあるが，その一部は，やはり重い精神医学的な機能障害を呈する病態となっていった．その結果，どのような対処をしても重い精神障害へと病態が進行する場合があるという認識が広まった．近年，極めて強力な薬物療法やソーシャルワークによる介入がなされるようになったにもかかわらず，"新たに慢性になった患者"，もしくは"新たに長期入院となった患者"が以前と同様にみられている．このことは，少数ではあるが，どのような介入がなされても，結局十分な支援を得られないでいる患者が存在することを示唆している（Murphy 1991）．

今日，地域メンタルヘルス・サービスは，よりコミュニティに根ざした介入法によって地域に関わるとともに，患者の中には入院を好まない者もいるとの認識に基づいて活動している．したがって，現在の地域メンタルヘルス・サービスは，慢性的障害を抱えている多くの人々を地域の生活の中で支援するようになっている．サービスの対象となる患者のほとんどは，過去に複数の精神病的エピソード

を示してはいる．しかし，ある種の精神病として単一の診断分類にまとめられるものとはみなされていない．むしろ，さまざまな病態の集合体として慢性患者という一群の人々が形成されていると考えられている．慢性患者の概念は，診断分類よりもむしろ，被っているハンディキャップの程度とサービスを利用する頻度を基準として特徴づけられるものである．なお，入院患者については，1983年に施行された精神保健法によって強制的に病院に抑留されている場合があるので，特にその点については注意しなければならない．

　重い精神病を抱える人へのサービスにはしばしば，正式に精神病との精神科診断を受けた人に加えて，重篤な頭部外傷を受けた若者や，中程度の知的障害や行動障害をもつ人々，舞踏病のような進行性の身体病をもつ成人なども含まれる．これらの慢性的な障害を抱える人々は，どの地域においても数としては少数である．しかし，彼（女）らは，家族に対してさまざまな現実的な要求を出してくる．コミュニティがそのような状態にある人々を許容する程度は，極めて限られている．そのため，慢性患者を抱える家族は，常にコミュニティに迷惑がかからないように注意をしていなければならず，かなりの緊張を強いられる．したがって，厳密には精神医学的疾患とはいえない人々についても，重い精神病患者用の施設で行われている長期的なケアを受けることが許される．このように長期的ケアを受けることが認められる慢性患者を総称する表現として，"脆弱な人々"（vulnerable adults）という用語が用いられることがある．

　このような人々には，ある共通した特徴がある．ほとんどの患者は，過去あるいは現在において，重い精神医学的障害をもつと診断される根拠となるような，独特の思考や行動のパターンを示している．患者の中には収容施設の中で暮らしている者もいるが，一般的には一人で生活している．簡易宿泊所に寝泊まりしていたり，ホームレスで暮らしていたりしている．明らかに私たちが生活する場として選ばないような所で暮らしているのである．患者は，仕事につかず，ひどく限られた人間関係しかもっていない．通常は，専門的なメンタルヘルス・サービスと密接な関わりをもっている．そのような人々が，本章でテーマとする"重い精神病"に相当する．

3. 何が問題で，何が求められているのか

　本章のテーマは，心理的な機能障害を抱える人々が日常生活の場で日々どのよ

うに過ごしているのかをみていくことである．したがって，そのような人々にはどのような問題があり，何が求められているのかを心理学的に分析するにあたっては，患者自身の問題とニーズだけでなく，生活環境に起因する問題も考慮していくことが重要となる．

　臨床心理学は，何が求められているのかを明らかにするニーズのアセスメントを開発し，その方法を重い精神病を抱えた成人のケアに提供してきた．それは，臨床心理学がなした重要な貢献である．何が"問題"なのかを考えるということは，問題があると認識しているのは誰で，その人は何を求めているのかというニーズに関する問いを提起する．Häfner (1985) は，ドイツでの臨床経験から，昔の保護施設（asylum）は多くのニーズを満たしていたと述べている．つまり，宿泊設備，人間関係，休養，作業療法，治療といったニーズを満たしていたのである．

　今日では，さらに保護施設の欠点を補う新たなアプローチが展開している．それは，さまざまな機能の領域ごとにニーズを見立てていく方法である．例えば，機能の領域としては，症状や問題行動といった領域，あるいは身だしなみやお金の管理といった生活スキルの領域などがある．このように機能の領域を分けることで，それぞれの機能ごとに介入の適切性をアセスメントすることが可能となる．その結果，領域ごとに，患者のニーズの状態を確かめることもできる．ニーズがないのか，ニーズは満たされているのか，ニーズは満たされていないのかといったことの確認ができるのである．また，このような方法は，サービスの供給過多やニーズの満たし過ぎといった，興味深い考え方にもつながる．患者が十分に機能しているのにもかかわらず，介入を続けているといった場合があるのである．

　最近，機能領域を分けてニーズをアセスメントする技法として，基本ニーズ査定法（Marshall, et al. 1995）が開発された．これは，簡潔な技法であるので，臨床現場で利用しやすく，患者や介助者の視点を取り入れるのに役立つ．重い精神病を抱える人の多くには，自らの欲求を十分表現する能力があることが広く認識されるようになっている．患者のニーズを適切にアセスメントしていく方法は，このような認識の反映である．また，このような認識が広まった結果として，今日の臨床心理士は，サービスの計画立案と個々の患者への臨床活動のいずれにおいても，利用者の視点を理解し，それを考慮に入れることに労力をかけるようになっている．

重い精神病を抱える人々の問題とニーズ

　重い精神病を抱える人たちの問題は，心理学的観点からするならば，精神医学的診断によって一義的に確定されるというわけではない．もちろん，実際にはこのような患者の大半は，すでに統合失調症（精神分裂病）のいずれかのタイプとして診断されている場合がほとんどである．入院期間が長くなればなるほど，統合失調症（精神分裂病）との診断を受けている患者は50％をゆうに越える．このことは，とても重要である．精神科領域にはさまざまな深刻な状況がみられるが，その中でも最も深刻な精神科状況を形成しているのが，慢性化した統合失調症（精神分裂病）の患者である．このような状況は，過去のものではなく，現在も変わらずに続いている．

　しかし，その一方で，重い精神病とされる人々の中には，重い気分障害（慢性うつ病と躁うつ病）を抱える者や人格障害と診断された者も，確実に存在する．（なお，人格障害は，しばしば使用される用語であるが，ここでは適切な用語ではない．実際には，放火や自制心欠如による暴力などを含む重い行動障害を示す状態を意味している．）また，重い精神病を抱える人々は，彼（女）らの精神病理的状態に由来する一次的な問題に加えて，それ以外の原因による障害を抱えることがある．そのような人々は，しばしば，病気以前のハンディキャップを抱えている．例えば，発病する以前から低い知的能力や成績，乏しい職歴などのハンディキャップを背負っているのである．さらに，重い精神病を抱える人々は，2次的なハンディキャップも被る．それは，彼（女）らに対する他者（家族も含む）の見方や対応の仕方に由来する．彼（女）らは，通常1年以上は精神病院に入院した経験がある．精神病院に入院した場合，まずは薬物療法が入念になされる．それに加えて，心理療法，ソーシャルワークなどによる援助が行われる．しかし，それでも退院できずに1年以上入院が続くということになれば，急性期における精神医学的治療や心理学的援助の"失敗"とみなされる場合もある．このような見方が，重い精神病を抱える人々の2次的なハンディキャップの原因となる．

　最も重いレベルの精神病患者は，心理学的に共通した特徴を備えている．多くの人は，会話や思考のスピードがゆっくりであり，風呂や移動といった日常生活の行動に時間がかかる．多くの人は，集中力を欠くので，同一の行動を続けることができない．容易に気が散ってしまう．最もハンディキャップが重い人々は，甚だしい意欲欠如を示す．賞賛にも反応せず，大部分の人が楽しめるレクリエー

ション活動に積極的に参加することも興味を示すこともない．

　臨床心理士の立場からは，日常生活と社会行動のスキルの欠如が最も気になる点である．日常生活のスキルには，例えば身の回りを清潔に保つといった自己保持のスキルが含まれている．重い精神病患者には，このようなスキルの欠如がみられる．また，社会的スキルの欠如は，他者との会話を避け，ゲームなどの社会的活動を続けることができず，他者と目を合わすことがないといった行動として示される．

　上記の問題は，"陰性症状"である．それに対して精神科の立場から問題となるのは，精神医学的な"陽性症状"である．最もよくみられるのは，妄想や幻覚（"幻聴"）の経験である．陽性症状をもつ患者との会話は，会話の相手に何ともいえない非現実的な体験を生じさせる．幻聴については，多くの患者にとって"声"は友好的であり，幻聴の経験を失うことを望まない場合もあるとの研究結果が示されてはいる．しかし，陽性症状にまつわる行動には，家族や隣人を混乱させ，敵対的な関係をもたらす特殊な力がある．こういった患者は，その他にも奇妙な行動を示すことがある．例えば，奇抜な手招きや身振り，異常な量の水を飲むといった行動がみられる．また，これらの患者の中には，極めて少数ではあるが，攻撃的なエピソードをもつ患者もいる（8章を参照）．適切なケアを受け，生活管理がなされたことで，数年間一度も暴力的になることがなかったとしても，"暴力を振るう危険性がある"と分類される患者もいる．このような逸脱行動を示す陽性症状の在り方は，陰性の欠陥状態に比較して，個人差があり，それぞれの患者の特性に左右される．

　最後に，これらの患者の多くにとって，医学的ケアが必要であることを確認しておきたい．まず，患者の多くは，状態を維持するために，服薬であっても注射であっても，いずれにしろ神経遮断薬をとり続けることになる．しっかりと薬物治療を受け続けていれば，患者が複雑な処方箋を覚えていなくても，薬の適切な処方管理が保証される．適切な薬物治療は，病気の再発を予防するのに非常に重要なのである．また，重い精神病を抱える人々については，普通の身体病に関する医学的注意も必要である．特に彼（女）らの中には痛みを感じる閾値が高い人がおり，身体的な問題が発見されたときには，すでに病気がかなり進行していることがある．このことは，ホームレスや劣悪な生活環境のために健康を害する危険のある患者に特に当てはまる．このような人々は，老いるにしたがって身体的問題を呈するようになる．しかし，若い患者も，健康診断を自ら受けることはな

いので，身体的ニーズは見逃されてしまう．義歯や眼鏡といった補助器具の提供も，患者がその意義を理解し，使い方を覚えるならば，問題解決に役立つ．

4. 精神科収容施設と環境の問題

上述したように重い精神病を抱える人々は，かつて大規模な精神病院や精神科収容施設で生活していた．こういった病院や収容施設は，地域社会から隔離されたところにあるため，近隣の店や図書館を使う機会を患者から奪っていた．また，患者の出身地域からも離れているため，家族が患者の見舞いに行こうとすれば，お金と時間をかけて長旅をしなければならなかった．

このような病院や収容施設は，正式には，次のような形態として定義できるものである．つまり，スタッフと，入院者（inmate）あるいは在居者（resident）という2つの集団に分けられる．そして，入院者や在居者の生活状態は，スタッフ集団の判断によって一方的に決定される生活の場というのが，そのような病院や収容施設の定義である．ヨーロッパ社会は，伝統的にこういった収容施設を数多く造りだしてきた．例えば，刑務所，病院，"貧困者"の収容施設などを造ってきた．入院者や在居者は，スタッフの決定した規則をしっかりと守る傾向がある．しかし，規則を遵守していることとは関係なしに，この種のすべての収容施設は，入院者や在居者に対して本質的には否定的な影響を与えてきた．このことは，社会学者が最初に指摘し，その後社会精神医学者や社会心理学者も相次いで指摘してきた．長期にわたって収容施設生活を余儀なくされた場合，結果としてホスピタリズムや収容施設神経症が生じることがよく知られている．特に乳幼児期に収容施設での生活をした"経歴"のある者は，その危険性が高い．

収容施設の問題点

収容施設でのケアに対する批判の中で最もよく知られているのは，Goffman, E. (1961) の批判である．彼は，"完璧なる収容施設（total institution）"という用語を提案し，それを"同じような状況にある多数の人々が，実社会から長期にわたって隔離され，管理された閉鎖的状況の中で共同生活を送る，住居と労働が一体化した場"と定義した．Goffmanは，その"完璧なる"収容施設の生活の中心的特徴は，生活の3つの領域，すなわち睡眠，労働，遊びという3つの領域の区別が存在しないことであると考察している．また，このように定義するこ

とで，完璧なる収容施設の抱える多くの特徴が明らかになる．例えば，ひとつの組織が在居者の生活の全側面を包含していること，どの収容施設でも在居者が同質であることなどが，その特徴である．このような完璧なる収容施設は，人間の生活形態における，ひとつの極端な在り方である．これと反対の極にある在り方は，各人が自己決定できる"標準的"家庭生活ということになる．そこでは，労働と余暇は，区別された場で行われる．

　Goffmanの定義は，労働の場にも言及している．普通の人は，通常，自宅とは異なる場の仕事に出かける．また，自宅で仕事をする人は，だいたいにおいて家の外で働く人よりも自由に時間を使っている．これに対して古い精神科収容施設では，多くの場合，日中の活動は住居と同じ場で行われ，しかも日中の活動を監督していたのと同じ収容施設のスタッフが住居での生活も管理する．その結果，古い精神科収容施設で暮らす人々の社会的関係は，非常に狭いものとなっていた．そこで，住居とは異なる，離れた場で働くことができるサービスを提供することが必要となる．この点は，すでにHäfner (1985) によって指摘されていたことである．このような職住分離のニーズを満たすサービスを提供することは，特殊な社会的関係を離れ，社会的関係を幅広いものにしていくことにつながる．

　古い精神科収容施設の物理的環境は，ある同一の様式によって規定されている．それと同様に古い精神科収容施設におけるケアも，ある同一の生活様式によって規定されている．このことが，Goffmanの定義によって明らかとなったといえる．重い心理的障害をもつ多くの人々は，慈善団体によって運営されているグループホーム，社会福祉局によって提供されている簡易宿泊施設，住み込みのワーカーのいる保護施設などで暮らしている．こういった施設については，名称がどのようなものであろうとも，Goffmanが"完璧なる収容施設"という概念で明らかにした生活の様式が見いだされる可能性がある．どのような環境であって，それが居住型の施設であれば，Goffmanが指摘した収容施設の特徴を帯びてくる危険性がある．施設に内在する，そのような危険に注意を促すことが，臨床心理士の重要な役割である．もちろん，臨床心理士には，その問題に対処していく能力がある．

　臨床心理士は，"何故，収容施設が必要なのか"との問いを持ち続けるべきである．それが，収容施設に内在する問題に対処するアプローチにつながる．何故，重い精神病を抱える人は普通の家に住むことができないのかという問いから，さまざまなことがみえてくる．おそらく，こういった人々に特別な環境を提供する

（左）廃止された旧大規模精神病院．（右）現在のユニット形式のメンタルヘルスセンター（入院施設を含む）．現在のセンターは，極めて開放的な設計となっているのがわかる．

ことは，それなりの理由があるのであろう．このような収容施設は，歴史的に数多く設置され，利用されてきている．おそらく，保護という点で役に立つ面があるのであろう．重い障害を抱えた人々の中には，特別な枠組みをもつ環境にいることで，欠落しているスキルを獲得し，それを維持できるという者がいる．また，このような人々の中には，少数ではあるが，一般市民に危害を及ぼす可能性のある者もいる．その点に関しては，ある程度，市民の安全を保障するために，そのような者を保護することも必要である．ただし，このことは，重い障害を抱える人々が保護施設でのケアを積極的に求めていることを示しているのではない．消極的な意味で必要ということである．むしろ，このような人々が望んでいるのは，おそらく，普通の家庭とは異なる特別な住環境であろう．この特別な住環境というのは，普通の家庭ではなく，何らかの形でケア・スタッフが関わる場ということである．

病院ホステルというユニット

このような視点は，長期のケアを必要とする患者のために，収容施設の要因を最小限にし，できる限り居住者のニーズに適合する個別プログラムを提供する場として"病院ホステル"（hospital-hostel：病院付き宿泊所）という新しいタイプの住居を用意するアプローチにつながってきている（Garety & Morris 1984）．このような新しいユニット［訳注：unit とは組み合わせ住居，付設住居，集合施設，合併施設を意味する］の最大の特徴は，臨床心理士が参加し，重要な役割を果たすことである．臨床心理士は，ユニット内のすべての活動において，居住者のための個別プログラムを作成する役割を果たしている．現在，イギリスでは，どのよ

うなケアを提供するかに関して、それがどれほど特殊な設定のものであって、その在り方を改めて議論しなければならないといった、新たな状況に直面している。臨床心理学の観点からするならば、どのような特別な住居であっても、地域との連携がとれる限りにおいて、居住者のニーズに適合するものであるべきということになる。また、居住者の自立性を最大限に認め、規則で縛ることを最小限にとどめるべきということにもなる。

イギリスでは、この25年間に古い大規模精神病院のほとんどが廃止され、患者は、普通の住宅、グループホーム、ホステル、そして新たに目的別に建設された小規模ユニットで生活するようになっている。そのような場が互いに連絡をとるネットワークを形成し、それが、かつての大規模精神病院に替わる役割を果たすようになっている。このような変化の過程は、程度の差こそあれ、ヨーロッパおよび北アメリカのほとんどの国々でも、同様に進行しつつある。

これらのユニットは、大きく2つのタイプに分かれる。ひとつは、目的別に建設されたユニットやホステルである。これは、一般病院の敷地内や普通の街中に建てられている。もうひとつは、大きな住宅を改造してユニットとしたものである。どのような住居形態であっても、住宅は、居住者の家族や友人が訪ねやすく、来訪を歓迎する設定となっている。住宅の内部構造は、個々の居住者のプライバシーを尊重し、部屋やベッドを個人的に使用できるように設計されている。

このような脱収容施設化の動きがアメリカやヨーロッパ諸国で展開するにつれて、重い精神病を抱える人々にどれほどの割合で新たな居住の場を再供給できるのかということが、最大の関心事となっている。大規模の精神病院や精神科施設を離れた患者の数に見合うだけの多数の住居を供給できなければ、患者は、住む場を失い、ホームレスになるか、あるいは犯罪の危険性があるとして法律による取り締まりの対象になる。夜間の擁護所（night shelter）は、ホームレスの患者の役に立つ場合がある。また、イギリスでは、地域の公共機関の支援によって安価な民宿がホームレスのために提供される場合もある。しかし、これらの場は、特に精神病を患う人々が長期滞在する設定にはなっていないので、患者には不便なところとなる。そのため、このような場を利用する患者は、再発の危険性が高くなる。結局、深刻なハンディキャップを被っている人々に十分な住居を提供できないことが刺激となって、そのような人々を援助し、ケアする最良の方法を全体として見直していく作業に拍車がかかっている。十分な住居を提供できないことが、援助システム見直しのための動機付けとなっていることは、皮肉な結果と

言わざるを得ない．

精神科施設におけるケア活動

　どのような施設であってもケアの質は，スタッフの活動と施設の規則という2つの社会的資源の在り方によって決まる．"スタッフの活動"に関しては，例えば，看護師と患者の関係についての心理学研究がある．それによると，ほとんどの精神科施設において，熟練した看護師や上級スタッフは患者と関わる時間が短く，最も長く患者と関わるのは，最も訓練されていない看護師であるということである．その理由は，経験を積んだ看護師や上級スタッフは組織運営に時間をとられるからである．このことは，重い精神病を抱える人々のための精神科施設においては，患者と直接に長時間関わり，彼（女）らの行動を改善する可能性を最も多くもっているはずのスタッフが，心理学的観点からするならば，技能面では最も未熟なスタッフということを意味している．もちろん，ここで，経験の少ないスタッフが患者に関わる際の真に誠実な思いやりの意義を否定するつもりはない．患者に対する初心のスタッフの純粋な関心は，無視すべきではない．しかし，初心のスタッフにとって，実践的な技能訓練と指導が必要なのも事実である．経験の少ないスタッフは，訓練と指導を通してケアの態度とその背景となっている哲学を身につけることが必要である．このことは，認識しておかなければならない．

　また，病院内のユニットでも地域のユニットでも，急性期の患者病棟に比較するならば，長期滞在型のユニットではたいてい，代わり映えのない状況が続く．そのため，スタッフの配置はいい加減となり，スタッフの意気込みは低下しがちである．このような状況において臨床心理士は，スタッフを励まし，元気づけ，支える役割を担うことになる．もちろん，患者への心理援助を専門的に行うのが，臨床心理士の公の役割である．しかし，それに加えてスタッフの活動を促進することも，重い精神病を抱える人々のためのユニットにおける臨床心理士の重要な役割となる．

　"規則"に関しては，施設には，公式の規則と非公式の規則がある．その両者が，規定要因となって施設の社会的環境が形成される．これらの規則は，施設の居住者がどれほどの独立性をもって自己決定できるのかの程度を決定する有効な枠組みとなる．社会的環境の在り方を見分けるためには，"集団単位"で規則が決まっているのか（block regime），または"個人"に合わせて規則が決まって

いるのか（individualized regime）をみてみるのがよい．それは，個々の居住者に許される選択肢の量によって決まる．集団単位で規則が決まっている場合，個々の居住者に認められている選択肢の量は一律となる．もうひとつ，社会的環境の在り方を見分ける方法がある．それは，ユニットの"制限"の程度を分類してみることである．例えば，喫煙，家族の来訪，消灯時間などの制限の程度を，普通の家族生活における規則と比較し，分類評価してみる．このような分類モデルに基づくならば，病院は，最も制限の強い環境となる．なぜならば，深刻な機能障害を抱えている人であっても，24時間，全生活にわたってケアをして欲しいとは必ずしも望んではいない．それにもかかわらず，病院は，24時間にわたって患者の要求に総体として対応するようになっているからである．

このような決まりには，さまざまな種類がある．個々の病院，あるいは病院内の個々の病棟やユニットによって定まっているものがある．そのような決まりは，純粋にそれぞれの施設に固有なものである．それとは異なり，法制化され，政府から施行を求められる決まりもある．また，個々の専門家の臨床実践に基づいて作成された規則もある．臨床心理士は，病棟の規則の定期的な見直しに参加し，適切な決まりを定めることによって，施設の社会的機能を高めるのに貢献できる．その際，居住者とスタッフの安全性を確保しつつ，居住者個人に合わせて規則を定め，制限をできる限り少なくしていくことが重要となる．

5. 重い精神病を抱える人々への心理援助の目標

重い精神病を抱える人々の援助において臨床心理士には，非常に多岐にわたる活動が求められる．臨床心理士の活動は，患者の機能障害のレベルによって，また患者がどのような場で暮らしているのかによって異なってくる．最も障害の重い（the most handicapped）人々は，基本的な自己管理の技能が欠如しているため，ケア・スタッフに深く依存し，人生の大半を極めて擁護的環境で過ごすことになる可能性が高い．67歳の肥満の女性スーザンは，このような患者である．彼女は，23年間にわたって入院生活を続けている．両親の死後に入院となり，結婚も就職も経験していない．現在では手助けなしに洋服を着ることもできず，ひとりで階段を昇ることもできない．ゲームなどのレクリエーション活動に集中することもできない．ほかの入院患者やスタッフとの会話は，彼女をよく知る2,3人のスタッフを除いては，実質上支離滅裂である．さらに，現在は糖尿病を患

っていることもあって，身体的にも依存を強めており，医学的配慮も必要となっている．

障害がやや軽い中程度の障害レベルの患者は，継続的な入院が必要というわけではない．ただし，必要に応じて入院できることを知っていることは，患者にとっても家族にとっても助けになる．特に家族にとっては，入院できることを知っていることは，大きな支えになる．このような障害レベルの患者は，商店やパブといった地域の施設を利用できる．適切な援助が得られるならば，より幅広い施設も利用することができる．バニーは，26歳という若さであるが，すでに4回の入院歴をもつ．彼は，地域のデイセンターに週3回通っており，彼の両親は，全国統合失調症（精神分裂病）協会（National Schizophrenia Fellowship；分裂病の患者を抱える家族を支援するための慈善団体）の地域支部の活動に積極的に参加している．

最も障害の程度の軽い"疎通性のよい"患者に関しては，急性期のエピソードを断続的にもっているにしても，家族との親密な関係を維持しており，仕事をすることを求めている場合もある．41歳の男性ジャックは，このような患者の例である．彼は，若いときに発病したため，大学を卒業できずに中退となり，現在ホテルでパートタイムの仕事をしている．ジャックは，パートタイムではあるが，長年にわたって仕事を続けてきた．夏にホテルが繁忙期となり，要求される仕事の量が能力を超えるようになると，彼は，周期的に精神病的エピソードを呈し，職場を離れ，50マイル離れたところに住む既婚の姉の家に身を寄せる．その間，ホテルの経営者は，彼が一般開業医やコミュニティ看護師との連絡を維持できるように配慮し，彼の治療を支えてきた．

介入の目的と目標について

重い精神病を抱える人々のケアと治療を行う際には，幅広い活動が必要となる．"リハビリテーション（社会復帰）"という語は，一般的に，このような幅広い活動を示す包括的な用語として使用されている．しかし，この用語は，以前の行動レベルに戻ることを暗に意味しており，患者が習得しなければならない技能が彼（女）らにとってはまったく新しいものである可能性を無視している．その点で，リハビリテーションという用語は適切ではない．むしろ，ハビリテーション（社会参加）という語の方が適切といえる．別の用語として，継続的ケア（continuing care）という語も用いられている．しかし，この語は，患者の能動的な在り

方ではなく，受け身的な在り方を意味しがちである．結局，どの用語も，必要とされている活動範囲を十分に表現できていない．そのため，現在でもリハビリテーションという語が最も広汎に使用される名称となっている．

Bridges, Huxley と Oliver（1994）は介入の目的を明確にし，必要とされる介入方法を決定するためには，リハビリテーションという概念をきちんと定義する必要があると述べている．まず彼らは，治療という概念が症状の除去を意味するだけであるのに対して，リハビリテーションという概念には生活技能の回復が含意されていると指摘する．そして，リハビリテーションの概念を明確化するにあたって，精神障害を慢性化させる，非常に変化しやすい経過および患者と周囲の人々との間で生じる非常に複雑な相互作用を考慮に入れることの重要性を指摘する．その上で，リハビリテーションには，以下のような多くの目的が含まれることを述べている．

・器質障害や機能障害の発生を予防し，減少させること．
・社会活動を遂行できる機能や能力を取り戻すこと．
・潜在的な機能，能力，資質を強化すること．
・回復が期待できない器質障害の受容を促進すること．
・自己決定や自立性の程度を最適なレベルにもっていくこと．
・幸福であること（well being）に関する意識改善を図ること．
・身近でケアする介助者とスタッフの負担を減少させること．

慢性患者に関わる場合，このような枠組みに基づいて活動の目標（goal）を定めることが重要となる．また，活動に関わる者は，長期的な展望に立ち，急がずにゆっくりと改善を図ることが求められる．上記の目的を達成するためにはどのような介入をするのがよいのかを考えていくと，図9.1に示されるような多くの要因が相互に作用し合っていることが明らかとなる．

臨床心理学は，心理的なハンディキャップを抱えた人々へのサービスの包括的な目標を発展させるのに貢献してきた．このような包括的な目標は，それぞれの患者個人個人のケア・プランとしてまとめられるものである．かつて"ノーマライゼーション"（normalization）と呼ばれ，今日では"社会的役割の安定化"（social role valorization）として再定義されている概念がある．これは，7章で論じられる知的障害を抱える人々へのサービスにおいて適用されることの多い概念であるが，これが上記ケア・プランの最もよい例である．この概念は，もともとは単純な発想に基づくものであった．それが，現在では，さまざまな生活領域における患者の自己選択の重視，スティグマを減じるために社会的に意味のある問

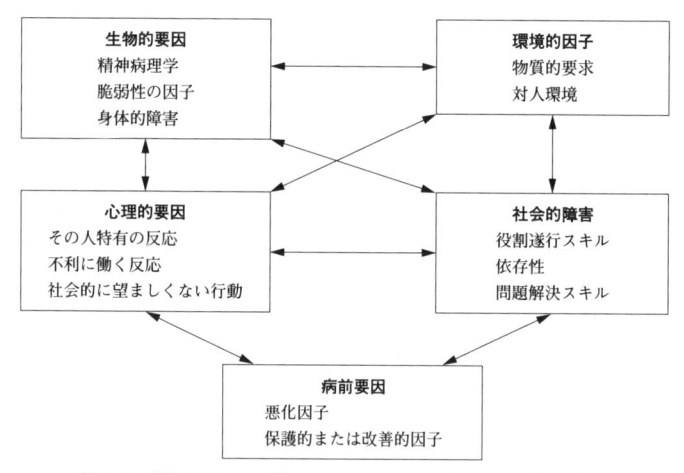

```
┌─────────────────────┐         ┌─────────────────────┐
│    生物的要因        │◄───────►│    環境的因子        │
│    精神病理学        │         │    物質的要求        │
│    脆弱性の因子      │         │    対人環境          │
│    身体的障害        │         │                     │
└─────────────────────┘         └─────────────────────┘
         ▲       ╲               ╱       ▲
         │         ╲           ╱         │
         ▼           ╲       ╱           ▼
┌─────────────────────┐  ╳   ┌─────────────────────┐
│    心理的要因        │◄───►│    社会的障害        │
│    その人特有の反応  │     │    役割遂行スキル    │
│    不利に働く反応    │     │    依存性            │
│    社会的に望ましくない行動│ │    問題解決スキル    │
└─────────────────────┘     └─────────────────────┘
              ╲                   ╱
                ╲               ╱
                  ▼           ▼
            ┌─────────────────────┐
            │    病前要因          │
            │    悪化因子          │
            │    保護的または改善的因子│
            └─────────────────────┘
```

図9.1 精神病のリハビリテーションにおける要因の相互作用

題解決手段を利用すること,当然のリスクに対してはしっかりと直面することの必要性といった考え方を含む概念に発展してきている.

この他にも,ハンディキャップを抱えた人々へのサービスにおいて上位に位置付けられる包括的な目標がある.そのうちいくつかは,すでに言及されている."できる限り制限を減じる"という目標は,そのひとつである.この場合,個々の患者の状態に合わせ,できる限り行動制限の少ない環境を提供することが,サービスの目標となる.その際,機能障害のアセスメントに基づき,患者が保持している機能や能力を確認し,それを尊重すること,そして障害されている各機能の補助は"必要最小限の介入"にとどめることが重要となる.また,"できる限り孤立しない環境"(least segregated environment)も,そのような目標のひとつである.孤立とは,家族や友人とのつながり,あるいは商店やパブなどにおける地域の人々とのつながりが失われていくことを意味している.したがって,孤立化を防ぐためには,患者の住むユニットが街中にあるというだけでなく,郵便局やバス停の近くに位置しており,地域外に住む人々もそのユニットを訪ねやすい環境となっているなど,こまごまとしたことが保証されていることが必要となる.

以上の目標とは質の異なるものとして,"個人化"(personalization)という目標がある.これは,施設での生活によって神経症が引き起こされるという施設

神経症の考え方に関連している．施設神経症の要因として，患者の個人的出来事が無視され，個人的所有が認められていないことがあげられている．したがって，このような施設神経症を引き起こさないための目標として，誕生日のような個人的出来事を大切にし，個人的所有物を置く場を保証するといった方向での改善が考えられる．例えば，装飾品や写真などをベッドの近くに置く場を提供し，個人的所有を認めるようなことが目標となる．

　臨床心理士は，このような包括的な目標を提示することで，ケア・プランの計画立案に重要な貢献をすることができる．こういった包括的目標が欠如している場合には，より下位に位置づけられる具体的な目標の一貫性が保てず，活動がチグハグとなってしまう．例えば，"会話を促すこと"や"店に足繁く通うこと"といった具体的な目標も，より上位の包括的な目標がないままに実行されたならば，穴だらけの袋のようなもので，何も蓄積できないであろう．したがって，包括的目標は，サービスに一貫性をもたらす点で非常に有効な役割を果たすことになる．それとともに，このような包括的目標は，個々の患者の援助目標を設定するための会議において，直接適用することもできる．この点については，個人への心理援助プログラムの項で改めて論じる．

6. アセスメントによって個々の患者を理解する

　臨床心理士が重い精神病を抱える患者との関わりを始めるときには，彼（女）らは，すでに専門的な治療や援助を受けた経歴をもっているものである．したがって，臨床心理士が関わりを始めるにあたっては，過去の経歴に関する情報が役立つ．ただし，長期の入院歴をもつ患者については，残念ながらカルテをみても，過去に関する詳細な情報が記載されていない場合が多い．それに対して比較的症歴の新しい患者については，現在患者が直面している問題に関する記載があり，この数週間あるいは数カ月における患者の経過が示されている場合が多い．いずれにせよ，患者の症歴や生活歴を詳しく知ることによって，さまざまな理解が可能となる．具体的には，患者の過去の関心事を理解することができ，再びそれを取り戻すことも期待できるかもしれない．また，家族とのつながりの程度についての理解を深めることができる．あるいは，患者が過去に特別なストレスを受けた状況を知ることができれば，何が病態を悪化させる要因となるのかを理解することができる．

重い精神病を患う人々の臨床活動において特に重要となるのは，自由で前向きな（free and constructive）援助的関係を創り上げていくことである．したがって，このような患者への臨床心理サービスでは，成人のための臨床心理サービスとして5章で論じられている事柄とは，異なるアプローチが必要となる．PerkinsとDilks（1992）は，重い精神病が患者その人にどのような影響を及ぼすのかについて述べている．具体的には，例えば，他人が自分のことを噂していると考えてしまうなどの知覚の歪みや，考えが頭の中に"侵入してくる"といった妄想などの思考の混乱が患者にどのような影響を及ぼすかを指摘している．彼らは，このような問題をもつ患者への対応の仕方を丁寧に解説している．例えば，質問をする際には決め付けるような問いかけをせずに自由に答えられるような曖昧な形で語りかけること，長時間の意識集中が難しいことを考慮して面接時間を短くすること，気分や意識の変動を考慮して語りかける仕方やその内容を柔軟に調整することなどが述べられている．

　慢性の患者への臨床心理サービスにおいては，倫理的対処の難しさという問題もある．患者は，自分の欲求を一貫したかたちで表現することができない．患者にとっては，しばしば質問を理解することが困難である．また，彼（女）らの応答はしばしば不明瞭となり，しかも彼（女）ら自身がその応答に容易に影響を受けてしまうこともある．したがって，彼（女）らが本当に何を望んでいるのかを確実に理解することは難しい．このことは，何らかの重要な判断をしなければならず，しかも身近に問い合わせる家族や近親者がいない場合には，特に問題となる．こういった患者に関わる臨床心理士は，患者と面談をすることがしばしば必要となる．そのような場合，1回の面談時間としては，10分から20分に限ることが望ましい．少なくとも患者にとって最初は見知らぬ人に会うのであるから，臨床心理士のことを知り，状況に慣れるためには，ある程度の時間が必要である．しかし，それとともに長時間の面接を要求して不適切なストレスをかけないことも必要である．したがって，1度の面談時間としては，10分から20分が適当ということになる．

　アセスメントにおいては，過去と現在の両方における患者の行動に焦点を当てる．その際，欠陥状態（陰性症状とハンディキャップ）および異常行動（陽性症状と奇妙な行動）を見極めるだけでなく，患者の，障害されていない機能，能力，技能も明らかにしておくことが重要である．また，患者の状態には，さまざまな要因が影響を与えている．そこで，そのような影響要因の分析の一環として，患

者が住んでいる物理的環境，スタッフや家族によって構成されている社会的環境，さらにはスタッフや家族に実際にかかっている負担や重荷なども正式にアセスメントしておくことも有益である．要するに，このようなアセスメントの方法は，病院という場であってもコミュニティという場であっても，いずれにしろ有効に施行されるものでなければならない．

　臨床心理士にとって患者の心理的側面で最も重要な関心領域は，通常は日々の生活における社会的機能や自己管理スキルに関する事柄である．また，患者の呈する症状の特質を厳密に理解することも重要である．妄想や幻覚が前面に出ている主症状であるときには，後述するような特別な心理学的介入を集中的に用いる．それに対して患者が断続的に不安や抑うつの症状を示すときがある．そのような2次的な症状を示すときには，その種の症状に焦点を当てた介入法を用いることで有効な対処が可能となる．このように主となる症状によって対応が異なる．したがって，症状をしっかりとアセスメントすることが重要となるのである．

　この他，リスク・アセスメントもまた，知っておくべき技能である．例えば，自傷他害の危険性をアセスメントする技能は，訓練しておくべき課題である．大部分の患者は，暴力的ではない．しかし，このようなアセスメントは，患者だけでなく，近隣の居住者やスタッフを保護するためにもよい訓練となる．さらに，服薬治療を受けている患者の副作用のアセスメントは，同僚の医師に重要な情報を提供するためのものである．

　重い精神病の臨床心理サービスにおいて臨床心理士が取り組まなければならない実践的課題としては，個々の患者のアセスメントだけでなく，地域の"リハビリテーション"サービスに求められるニーズの程度をアセスメントするということがある．そのような社会的なアセスメントによって，地域サービスが応えていかなければならない社会的ニーズについての理解を深めることができる．このような点での貢献も臨床心理士の重要な課題である．これは，地域のサービスの利用者全員を対象とした大規模な質問紙調査といった特別なタイプのアセスメント方法につながるものである．言うまでもないが，このようなアセスメントは，急性期の患者への臨床心理サービスとは質の異なる活動となる．

アセスメントの具体的方法

　重い精神病を抱える患者のアセスメントとして最もよく用いられる方法は，評定法（rating）と行動アセスメント法（behavioural assessment）である．評

定法は，デイケアの場面や住居での生活場面における日常行動の観察あるいは面接場面における患者の反応に基づいて評定がなされる．評定法も行動アセスメント法もいずれも，観察者は，ある特定の特質の程度に関する観察結果を，標準化された仕方で記録することが求められる．通常，日常行動の評定は，看護師やホステルのスタッフが行う．多くの場合，数日間の観察に基づいて評定がなされ，概してその一般的な妥当性は高い．面接場面における患者の反応行動の評定については，信頼性は高いが，面接場面外の患者の行動との関連性が不確かであるという点で問題がある．自己記入方式の質問紙は，障害の重い患者にとっては難題である．むしろ，最近急速に発展しつつある精神病の神経心理学研究領域において，質問紙を含めた本格的な心理測定論的アセスメントが重要な役割を担ってきている．特に注意や抽象思考を解明する検査としての役割が重要となる．

日常行動の評定尺度の1例として，REHAB尺度がある．これは，長年にわたって使用されてきており，BakerとHall (1994) によって展望研究も行われている．項目は，調査研究に基づいて選択されたものであり，頻発する問題行動を含めて，重い精神病を患う人々が呈する障害の全体をカバーする内容となっている．基本となる観察期間は，1週間である．欠陥行動は，以下のような選択肢方式で査定される．

"病棟やユニットにおける他の患者とのつきあいはどのようなものでしたか."
・他の患者と関わることは稀で，孤立し，引きこもっていた．
・何人かの患者と関わることがあった．
・他の患者と上手につきあっていた．

叫び声をあげるといった，明らかに逸脱した行動や奇妙な行動は，一般的には頻繁に生じるものではなく，予想がつきにくい．したがって，そういった行動に関しては，そのような行動の出現頻度を主に査定するための特別の項目が必要となる．

個々の症状に対応した心理学的介入法の発展にともなって新しい種類のアセスメント法が開発されてきている．GaretyとHemsley (1987) の"妄想評価尺度"は，その一例である．これは，信念の確信度，信念の非合理性，患者の確証追求度など，11の主観的特性をアセスメントするものである．それに加えて，妄想的信念に由来する苦悩 (distress) の程度をアセスメントする項目も存在する．回復の可能性を査定するカギとなる次元は，苦悩の程度に加えて確信度 (conviction) と没頭度 (preoccupation) である．

行動アセスメントの方法には，通常，出来事が生じたときを見計らってその頻度を数えることや，出来事を分類するための簡単な記号システムを利用することが含まれる．"時間見本法"は，集団における"スタッフと患者の相互作用"や"集団参加度"を研究する際に用いられる．時間見本法では，それぞれの患者を順番に観察するのに適した予定表を作成することが必要となる．例えば，1人の患者を20秒ごとに観察する．正確に5秒間ごとに区切られ，最後の5秒間に，患者の行動は行動分類表に基づいて記号化される．その際，十分に時間的余裕をとって観察をすることが重要となる．観察者が慌てることなく，次の観察対象となる患者を見出し，適切な分類表を選択し，それに基づいて適切な記録を作成するためには，時間を十分にとっておくことが必要となる．

　なお，観察には，"反応性"(reactivity)の問題が常に存在する．つまり，患者は，自分が観察されていることを知っているので，いつもとは異なる仕方で振る舞うことがある．しかし，観察者は，患者に対して受動的で非反応的態度をとることで，この問題を最小限にとどめることはできる．また，近年，比較的安価な携帯用レコーダーが使用できるようになり，このようなアセスメントを目立たずに遂行でき，しかも非常に正確な結果を得ることができるようになっている．

　心理学的アセスメントは，これまで臨床心理士の独占的領域のようにみなされてきた．しかし，長期にわたるケアが必要となる場合には，臨床心理士と他の専門職との協働作業が重要となる．その結果，他の専門職が心理学的アセスメントを実施することも生じてくる．そこで，他の専門職のスタッフが心理学的アセスメントを適切に理解し，使用することが必要となる．そのような場合，臨床心理士は，アセスメントの供給元となり，アセスメントを実施する同僚スタッフが個々の患者を評定するチャートやチェックリストを作成する手助けをする．

7. 個人援助のためのプログラム作成

　個人援助のプログラムを作成するに当たっては，援助の具体的狙いを明確にした詳細なプログラムを構成するとともに，援助の進展を評価するために複数の尺度を互いに矛盾しないように組み合わせ，全体としてまとまりのある評価システムも構成する．その際，個々の患者ついての包括的な援助目標は，患者に関わる全スタッフが話し合い，取り決めることが肝心である．このような段階を踏むことによって，援助スタッフと援助の利用者である居住者の双方にとって同等な意

義を備えた包括的な援助枠組みを提供することができる．

　重い精神病を抱える人たちが住むユニットでは，通常週1回，臨床チーム全員が参加する検討会（conference）が定期的に開かれる．そこでは，居住者である患者一人ひとりの状態を順番に検討する．このような検討会の意義は，患者一人ひとりの状態を毎週丁寧に見直すことができることである．通常の検討会では，混乱状態にある患者に時間を費やしてしまいがちである．したがって，このような一人ひとり丁寧に見直す検討会がなければ，おとなしい患者は，見過ごされてしまうのである．また，ある患者のケアプランに大きな変更を加える場合には，その変更点は検討会に提案され，検討される．そのような議論を通して，会議に出席しているすべてのスタッフは，それぞれの患者にとって何が最も優先的に対処される事柄であるかについて合意し，それを共有することになる．

　個々の患者の具体的な援助目標を明確化すること，そしてその目標を患者に直接関わるケア・スタッフと患者の双方にはっきりと伝えることが，有効な援助活動につながる．このことは，実証的に確認されている．具体的な目標設定に当たっては，一度にたくさんの目標を掲げ，スタッフと患者の双方が圧倒されてしまうということがないように注意しなければならない．スタッフと患者の双方が余裕をもって達成できる程度に限った目標を設定すべきである．目標として，例えば自分自身の要求に対処する能力といった，患者の機能領域の全般にわたるものを対象とする場合もあれば，より限定された特定のスキルを対象とする場合もある．例えば，特定のスキルとしては，洗濯，着衣，ひげそり，入浴，歯磨き，トイレ，食事といった事柄に関するものがある．患者の機能や能力（ability）は，ハンディキャップの程度に合わせて，その内容を規定することが必要である．したがって，患者の機能や能力を評価する技法としては，そのハンディキャップを考慮し，個々のスキルごとに微妙な変化を敏感に把握できる測度を作成することが求められる．

　このように最初に援助の目標を特定化することが重要であるが，それと同様に重要なのが，設定された具体的な課題の達成状況を定期的にチェックし，モニタリングする作業である．実際に変化が生じているのかをチェックし，モニタリングしなければならない．すべてのアセスメントの方法は，患者の状態を見直すために，時間の経過に沿って繰り返し利用できるものであるべきである．重い精神病を抱える患者の場合，必然的にその援助期間は非常に長期間にわたることになる．そのため，スタッフが長期間一貫した援助活動を維持することが難しくなる．

また，スタッフと居住者の間には，相互影響の中で形成される複雑な関係が発展する可能性が高い．このような状況を考慮するならば，常に具体的な課題の達成の程度をチェックし，モニターすることが特に重要となる．この点を踏まえ，臨床心理士は，長期間にわたる援助過程を記録するシステムの構築にしばしば関与することになる．そのような記録システムがあることによって，患者の変化を長期間にわたって追跡評価し，主要な課題の達成度をチェックすることが可能となる．

心理教育的アプローチ

近年，臨床心理士は，重い精神病を抱える人への個人心理援助の方法を飛躍的に発展させ，活動の範囲を拡大してきている．その大部分は，重い精神病を抱える人々の認知的側面に関する分析研究から導き出された技法である．これらの研究は，認知心理学の展開に刺激を受け，発展したものである．新たに開発された技法としては，例えば，"心理教育的プログラム"や精神病の残遺症状への直接的な心理学的介入などがある．これらの技法は，病院施設に入っている患者だけでなく，自宅で生活している患者にも適用されるものである．以下，各技法について解説する．

心理教育的介入は，"表出感情（EE）"（Expressed Emotion）という概念から発展したものである．表出感情（EE）とは，患者の置かれた対人環境において，どの程度の敵意と批判的コメントが表出されるのかを測定するための概念である．表出感情（EE）が高い対人環境では精神病の患者の再発率が高いことが見いだされている．したがって，表出感情（EE）は，精神病の再発可能性を予測する概念とみなされている．それとともに，表出される敵意や批判の程度，つまり表出感情（EE）は，心理的な教育によって直接修正可能なものであることも見いだされている．具体的には，患者の家族に精神病の特質に関する情報を提供すること，家族に問題解決のスキルを教えること，家族が表出する敵意や批判の程度を直接改善することによって，家族の表出感情（EE）の修正が可能となる．

心理教育的アプローチでは，臨床心理士──あるいはほかのスタッフ──が家族と面接をし，手続きに従って表出感情（EE）の程度のアセスメントを行い，続いて家族が患者（IP）の行動をどのように理解しているのかに関する情報を収集する．なお，このような心理教育的アプローチは，薬物療法に関する介入につ

いても有効である．重い精神病を抱える人々の多くにとって，服薬の維持は特に重要な課題である．そこで，患者とその家族に薬物の特質と効能に関する情報を提供する心理教育的介入を行うことによって，処方に従った服薬を維持することが可能となる．

　心理教育的アプローチについては，介入の構成要素に関する研究が行われている．研究はさまざまな観点から行われているが，心理教育的介入の構成要素とは何かという点については，いずれの研究でも十分に一致した見解が得られている (Barrowclough & Tarrier 1992)．その主要な要素は，病気についての教育，ストレスマネジメントの技法（問題解決の技法を含む），個々の患者の目標設定である．したがって，例えば家族を対象とした心理教育的介入を行う場合，臨床心理士は家族に面接し，家族が現在直面している問題を明確化し，問題の解決に向けて家族と協働するといった作業を行うことになる．過去において，重い精神病を抱える人々の家族の多くは，家族の一員である患者の病気の特質についてほとんど知らされていなかった．そのため，家族は，患者の奇妙な行動を理解し，有効な対応をするために枠組みをもてないできた．それに対して臨床心理士は，家族グループやワークショップを開催し，ビデオやオーディオテープを利用して，病気に関する情報提供をすることができる．家族は，しばしば患者の行動の原因を誤った事柄に帰属させている．したがって，患者の病気に関して正しい情報を提供し，家族の誤解を改善することによって，患者を非難し，スケープゴートにする家族の動きを減少させることができる．

　ストレスマネジメント・アプローチは，ストレスに結びつく状況要因を詳しく分析することを強調する．特に，継続的に生じている状況要因に対し，患者が用いている方略を詳細に分析し，それにとって代わる新たな方略を策定し，さらには患者がその方略を実際に実行できるようにするために，ロールプレイを用いてリハーサルを繰り返し行うことが，ストレスマネジメント・アプローチの特徴である．

　目標設定アプローチは，基本的に上記アプローチと同様のものである．ただし，通常，患者と家族の双方にとって共通して必要な事柄は何かということを，家族も含めて一緒に考え，それに基づいて目標を設定し，さらにその目標達成のための計画を立てていくことが，この目標設定アプローチの特徴となる．しかし，実際には，このような計画を立てても，実際には行動の改善はゆっくりとしか進まない．そのため，家族メンバーが計画を遂行しつづけるためには，助けが必要と

なる．そこで，目標設定アプローチにおいては，目標に向けての進み具合を定期的に確認し，必要に応じて計画を見直していくことが重要となる．

認知-行動的アプローチ

精神病に対する認知-行動的アプローチは，抑うつや不安状態（5章参照）に対するのと同様に基礎的な認知-行動的技法を用いる．そのような技法は，次のような点を目標としている．精神病の症状は，強固で繰り返し生じ，患者が日常生活を行うのを妨げ，患者にたいへんな苦しみをもたらす．そこで，認知-行動的技法は，まず患者の苦しみを減少させ，患者の生活機能を少しでも取り戻すことを目標とする．また，患者が自らの症状を自己モニタリングできるように援助し，再発の兆候が生じたときに，患者自身が初期段階でそれに気づくようにすることが目指される．さらに，患者の絶望感や否定的な自己像を改善することも目標となる．それに加えて，症状への対処方略を患者に教え，精神病の症状が生じても，それに巻き込まれるのではなく，少しでも適切に対処する方法を身につけるようにしていくことも認知-行動的アプローチの技法に含まれる．

妄想に介入する認知的アプローチは，ある部分，本章で先述した妄想の特質のアセスメントに引き続いて行われるものである．患者は，妄想に関して偏った思い込み（belief）をもっている．臨床心理士は，アセスメントによって，患者の思い込みを確定したならば，その思い込みに代わる別の考え方や見方を探るようにする．例えば，患者が，テレビから聞こえてくる声を通して家族が自分を迫害していると思い込んでいるとする．そのような場合，臨床心理士は，患者が家族の仕業を思い込んでいる事柄について，具体的な出来事を取り上げる．そして，患者が理解できる話し方で語りかけ，問題となっているテレビ番組の内容に影響を与える要因をすべて，患者と一緒に見直していく．妄想的思考が始まる前にどのような出来事が生じているのかを探ることによって，妄想の前提となる認知の歪みを明るみに出すことができる．患者は，妄想において，出来事を自分と関連づけて考える．そのような場合，認知の歪みが媒介となって，自己関連づけが生じている．そこで，認知の歪みを調整することで，妄想的な自己関連づけの程度を減じることができる．いずれにしろ，妄想的思い込みそのものに介入し，患者を妄想に直面化をさせることは，通常は，避けるべきである．

意外なことに，幻覚体験は，稀なことではない．一般人口の10～15%が幻覚を経験しているとの報告がある．したがって，幻覚を経験したからといって，そ

れをひどく苦にすることはないのである．つまり，幻覚があったからといって，それだけで介入が必要ということにはならない．むしろ，幻覚によって耐えがたい苦悩が生じている場合や幻覚との関連で他の症状が生じている場合に，介入の必要性が生じるのである．例えば，強い不安は，しばしば幻覚体験を伴うものであり，その際には，不安のマネジメント・トレーニングが役立つことが実証されている．そこで，臨床心理士は，簡便なリラクゼーション・トレーニングを提供するのもよいであろう．また，被暗示的影響も考えられるので，患者と協力して現実に何が起きているのかを吟味する作業をしてもよい．このようなアプローチについては，Kuipers (1996) が，簡潔ではあるが，優れたレヴューをしているので参考となる．

8. 集団に基づく援助プログラム

　歴史的には，旧式の入院施設における慢性患者の治療は，いわゆる"社会"モデルに基づく治療と作業療法的アプローチに限られていた．そして，それらの方法は，本質的に患者を集団として扱うものであった．この種の集団形式のプログラムは広汎に普及していたが，それは，古い精神病院の多くにおけるスタッフ不足を反映するものであった．つまり，患者個人個人に対応した援助活動を提供できるだけのスタッフがいなかったので，集団形式のプログラムを組まざるを得なかったのである．

　精神病院で治療形態の歴史を遡るならば，Pinel や Tuke が生きた18〜19世紀においては，"人道的処遇"（moral treatment）が最も有力な方法であった．それ以前は，慢性患者を蔑み，見世物とするといった非人道的な扱いが行われていた．そこで，Pinel や Tuke は，非人道的な処遇を非難し，廃止するために戦ったのである．その後，時代が進み，第二次世界大戦後には，戦場体験のストレス後遺症として帰還兵士の戦争神経症が大きな問題となった．その問題に社会として対応するため，より構造化された社会的な対処法が発展することとなった．なかでも援助コミュニティを形成する運動と関連して発展した方法は，特筆すべきものである．援助コミュニティに基づくアプローチは，病院全体として，あるいは病棟ごとに採用される最も一般的な方法となった．さらに，次の段階の革新的方法として導入されたのが，臨床心理士が行う集団的行動療法であった．これが，オペラント条件づけのモデルに基づく，いわゆる"トークン・エコノミー"

プログラムであった．臨床心理士は，病院における介入プログラムとして，トークン・エコノミー法を発展させるとともに，ソーシャルスキル・トレーニングを導入するのにも重要な役割を果たした．

したがって，臨床心理士は，集団形式のプログラムとして3つの主要アプローチに関与する．それは，環境（milieu）アプローチ，行動アプローチ，そしてソーシャルスキル・アプローチである．以下において，これらの3つアプローチの概略を説明するが，これらを相互に排他的なものと考えてはならない．それぞれのアプローチの基本要素は，組み合わせ可能である．その場合，対象となる集団にとって必要のないアプローチを組み合わせても意味はない．組み合わせの要素となるそれぞれのアプローチは，対象となる集団の要求を満たすものであることが求められる．それが，各アプローチを組み合わせる条件となる．また，各アプローチを組み合わせるためには，そこで構成するプログラムの理論的根拠が一貫しており，しかもプログラムに関与するスタッフ全員がその理論的一貫性を理解していることも，条件として求められる．なお，このようなアプローチの組み合わせは，患者のリハビリテーション・プログラムの一環として構成されるものである．そこで，それがどのような場で行われるのかということも，考慮する必要がある．

環境アプローチ

治療援助の場は，それがどのようなものであれ，必然的に何らかの環境的雰囲気を備えている．そして，そのような環境的雰囲気がリハビリテーションを支える手段（tool）としての機能を果たす．しかし，実際には，それが，リハビリテーションのための主要な手段として認識されていない場合がある．そこで，リハビリテーションの手段として環境的雰囲気を明確に認識した上で構成された，治療援助環境の特別な形態として，援助コミュニティを位置づけていくことが重要となる．援助コミュニティの概念は，一般的援助コミュニティ・アプローチと，"固有の"援助コミュニティに分類される．これは，本質的には階層的分類ではある．しかし，援助コミュニティとは何かを検討することによって，階層的分類を越えて，援助コミュニティに基づく環境アプローチに共通する特徴を明らかにすることができる．

環境アプローチの基本的特徴は，権威（authority）の扱い方にある．環境アプローチでは，病棟における権威の在り方が上下関係を機軸とする階層構造でな

く，スタッフ間に分散し，各スタッフが権威を分け持つ構造となる．病棟では，通常，それぞれのユニットごとに毎日，定期的に会合がもたれる．そこでは，その日に起きた出来事が取り上げられ，それに関与したコミュニティのメンバーが誰であるのかをはっきりと分かるように特定化する．病棟における権威の，少なくともその一部は，このようなユニットの会合に付与される．つまり，コミュニティを直に把握できるユニットの会合が，コミュニティの方針を決定する権威をもつのである．その結果，出来事の責任は，それに関与した患者自身がとるように差し戻されるものとなる．自己管理や居場所の確保といった事柄も含めて，生活のほとんどの領域について，患者が自己の責任で行うことが求められる．その場合，現実への直面化が，スタッフによって構成される小集団の重要な課題となる．現実への直面化を行うためには，そこで生じた出来事を詳細に分析していくことが必要となる．このような分析過程では，心理療法において伝統的に尊重されてきた個人の秘密を守るという守秘義務の枠組みを維持することが難しくなる．むしろ，スタッフ間での情報交換が主要な枠組みとなる．したがって，援助コミュニティで働く臨床心理士は，伝統的な心理療法の枠組みを離れて，日々行われる会合のメンバーの一人としての役割をとることになる．しかも，多くの場合，臨床心理士は，スタッフ集団の中心的な役割を担うリーダーとなる．

行動アプローチ

　1970年代，長期入院病棟では，患者に場当たり的に報酬を与えていた．そこに，オペラント条件づけモデルに基づく集団行動療法が臨床心理士によって導入され，場当たり的な報酬制度に取って替わる新たな制度となった．例えば，タバコは，長期間，看護師や病棟の内勤スタッフによって，ただ単に患者に分け与えられるだけであった．その際，タバコを分け与えることの効果や，それが患者の抱える問題とどのように関連するのかということは，まったく考慮されていなかった．しかし，それに対して集団行動療法では，系統的な強化のプログラムを導入した．そこでは，臨床的に適切な目標を前もって定めておき，患者がその目標を達成したならば，その結果として報酬を与え，目標行動を強化するシステムとなっていた．定められた目標行動を達成したならば，患者は，"トークン"と呼ばれる色の着いた小盤や印のついたカードが与えられる．患者は，トークンと交換することで，好きな品物や設備の利用権を得ることができる．それで，こういったプログラムは，トークン・エコノミー法と呼ばれる．臨床心理士は，それぞ

れの患者が平均してどれくらいの数のトークンを獲得できるかを計算し，適切な数のトークンを各目標領域に割り当てる．このようにトークン・エコノミー法の運営体制の全体計画を綿密に立てることによって，臨床心理士は，このプログラムの中心的役割を担う．

トークン・エコノミーは，1970年代から1980年代にかけて幅広く用いられた．それ以前は，患者の日常生活への復帰を期待することは，非現実的な楽観主義とみなされていた．しかし，この方法が導入されたことで，それが現実的なものとなった．その点で，トークン・エコノミー法は，この領域に重要な貢献をなしたといえる．また，トークン・エコノミー法が適用されるようになったことで，臨床心理学においても長期にわたる精神病の障害に関する科学的研究が行われ，論文も書かれるようになった．

ところが，詳細な研究が数多くなされるようになった結果，物としてトークンを与えることが，トークン・エコノミー法の有効性の中核的要因では"ない"ことが明らかとなった．そこで，現在では病棟単位で行われていたトークン・エコノミー法は，ほとんど行われなくなっている．それに替わって，全体的なケアプランが導入され，その構成要素として個人単位の行動療法プログラムが行われるようになっている．そのようなプログラムの有効性の中核的要因には，患者個人ごとに見積もられる達成目標，結果に即した情報のフィードバック，社会的強化，自己選択の尊重といった事柄が含まれている．そして，そのような要因は，現在でも，多くの患者に適用できるものとして認められている．

ソーシャルスキル・トレーニングのアプローチ

第3の介入アプローチは，一般的にソーシャルスキル・トレーニング（SST）として知られているものである．このアプローチの主要な特徴は，モデリングの利用（適切なスキルのデモンストレーション），リハーサル（患者が，"安心できる"設定で練習を繰り返すこと），フィードバック（録音テープやVTRを利用した見直しと，セラピストによる詳細なコメントや批評）である．社会的な機能については，同様の問題をもつ患者を容易に集めることができる．そのため，ソーシャルスキル・トレーニングは，集団活動に適している．臨床心理士は，このようなプログラムのさまざまな要素に関わることができる．例えば，臨床心理士は，患者のお手本としてスキルを実演し，モデリングの対象としての役割を果たす．したがって，モデリングの対象となる臨床心理士にあっては，ある程度の演

技力と，自ら笑い物になってもよいという意識をもっていることが専門的資質として求められることになるであろう！　ソーシャルスキル・トレーニングは，スーパーマーケット，バス停，コーヒーショップのカウンターなどの場での活動を含む．したがって，ソーシャルスキル・トレーニングを他と区別する特徴は，さまざまな場での活動を含んでいるということである．

臨床心理士の活動役割

　臨床心理士の集団プログラムへの関与は，時間という点に関しては，他の専門職のメンバーと大差はない．いずれの専門職であっても，スタッフ・グループの会合への参加と，その後にスタッフによって行われるフィードバックのための集団活動に参加することが求められる．しかし，臨床心理士は特定の専門的技能を備えているので，会合や集団活動への参加以外の活動を依頼される場合も多い．具体的には，患者の選択，共通目標の同定，プログラムに含まれる課題を遂行するために看護師や作業療法士などの専門職の訓練を任されることが多い．また，リハビリテーション活動においては，いずれの場合も，介入の結果をそのときだけに止めずに，新たな状況にも応用できる段階にまで一般化しておくことが求められる．そのような作業を行うにあたって，臨床心理士の専門的技能が求められる機会も生じる．例えば，病棟ごとの効果を評価するといった場合に，臨床心理士の専門的技能が必要とされる．

　精神病による重度のハンディキャップに苦しむ人々のほとんどは，失業状態にある．そのため，活動能力の低下が著しい．そこで，心理療法という形態での臨床心理サービスが行われることは，一般的に少なくなっている．その代わりに，患者に構造化された社会的関係や有意義な日常活動を提供する活動，さらにはそれ相応のスキル，作業能率，時間管理を達成できるように患者を指導する活動などが行われるようになってきている．そこで行われる活動が単純に課題を繰り返すだけのものでない限り，患者の能力と関心に合致し，しかも患者に無理を強いるのではない課題を患者に提供すべきである．多くの慈善団体は，工芸品製作，ガーデニング，サンドイッチ作りのような作業といった，想像力に富んだデイ活動のプログラムを提供している．また，このような慈善団体は，患者が生産と販売の全過程に関与し，それぞれの患者が何らかの役割を担うことができる小売店や作業所を開設している．多くの国が，そのような作業所を保護している．病院で暮らさざるをえない患者は，病院から作業所に通所し，そこでデイ活動に参加

することになる．なお，イギリスだけでなく諸外国も含めて，医療費免除制度や生活保護のシステムは，たいへん複雑である．そのため，デイ活動の作業への参加を支援する助成制度については，詳しく調べる必要がある．こういった活動の計画立案に関与する臨床心理士は，臨床心理士というよりもむしろ職業心理学を専攻する者に近い役割を担うことになる．

9. サービスを供給する方法

重い精神病を抱える人々への臨床心理サービスにおいて，臨床心理士は，自らの活動と他の専門職の活動との間の調整 (co-ordinate) をしていくことが求められる．いわゆる"急性期"の状態に対処する場合よりも，むしろ慢性期への対応として住居やコミュニティの場で患者を援助する場合にこそ，この調整の作業が必要となる．活動を調整する作業を組織的に行うのが臨床心理士の役割である．調整役として臨床心理士に求められる機能と役割は，次のようにまとめることができる．つまり，臨床心理士は，アセスメントとモニタリング（心理測定専門家としての臨床心理士），スタッフや患者が行う集団活動の促進（集団のファシリテーターおよびセラピストとしての臨床心理士），スタッフと患者を適材適所で配置すること（職業アドバイザーとしての臨床心理士），そして個人別の介入援助プログラムの立案作成（介入援助専門職としての臨床心理士）といったように，多様な機能と役割を組織的に組み合わせて活動の調整を行うのである．このような調整役は，"変化発展に向けてのつなぎ役" (change agent) と呼べるものである．"変化発展に向けてのつなぎ役"としての臨床心理士の役割については，これまで研究されてきている．研究の成果をまとめた文献では，集団の凝集性を高め，そこに関わるすべての人々の間で生じる変化に，集団全体として関わっていくようにもっていくことが肝心であると指摘されている．

それに加えて，コミュニティにおいて，同一の患者に対して異なる介護者や組織が協力して援助する場合，それらの異なる活動をどのように調整するかが重要なテーマとなる．患者をサポートするための網を張り巡らしても，患者がその"網から滑り落ちる"のでは意味がない．そこで，患者が網から滑り落ちないように，さまざまな方策があみ出されてきている．そのなかでもケース・マネジメントは，おそらく最もよく知られている方法である．この方法では，患者が，ある一定のスタッフに割り当てられる担当制度が採用される．患者を割り当てられ

た担当スタッフは，自らの担当となったクライエントに定期的に継続して連絡をとる責任を負う．つまり，担当スタッフは，そのクライエントについて"担当責任者"（key worker）となるのである．この制度については，さまざまな実施方法が開発されている．例えば，活動の対象となる人々の中でも最も重篤なハンディキャップを抱えるクライエントに焦点を当てるプログラムとして，積極的コミュニティ介入プログラム（Programme for Assertive Community Treatment：PACT）がある．これは，名称からもわかるように，担当責任者が積極的に患者と連絡をとり続けることを前提とする方法である．また，ケア・プログラム・アプローチ（Care Programme Approach）と呼ばれるアプローチもある．イギリスでは，このプログラムを半ば強制的に導入したが，その効果については定かではない．

　このようなケース・マネジメントのプログラムは，最貧困層にケアを提供することを目指してはいるが，必ずしも彼（女）らを地域に留めることを目的としたものではない．というのは，そのような人々の中には，特定のケア付き住居を必要とする人が確実に存在するからである．なお，このようなプログラムの有効性の評価研究については，まだはっきりとした結果が得られていない．

　最重度の障害を抱えた人々に関わる専門スタッフや家族は，彼（女）らに可能な限りの援助を提供することを保証したいと考えている．そして，それとは別に，このような人々へのケアを優先的に行うことを保証すべきだという，政治や世論からの圧力もある．こういった圧力は，精神病歴をもっている者が引き起こした事件をメディアが過剰に取り上げることに由来している面もある．確かに精神病の病歴をもつ者が市民に危害を加えるという悲劇的な事件はある．しかし，その割合は，実際には非常に低い．これは，前章で議論されたのと同様のジレンマを提起する．市民に危害を及ぼした者を，その精神病歴とは無関係に，通常の仕方で裁判をした場合，刑期を終えれば出獄することになる．しかし，それでは，市民に危害を及ぼす危険が再び生じることになる．では，そのような人は，生涯にわたって監禁すべきかというと，そこでは，人権の問題が生じる．したがって，市民に危害を及ぼす危険性と人権の問題のバランスをどのようにとるかがテーマとなる．この点に関してイギリスでは，特別な準法定手続きとして，監督登録（supervision register）と呼ばれる制度が再導入されている．これは，コミュニティにおいて自傷他害，あるいは自虐の危険性が最も高いとみなされる患者を対象としたものである．これと同様の法定制度は，アメリカの州で行われている措

置入院の手続きなど，ほかの国々でも採用されている．

10. まとめ

　臨床心理士は，重い精神病を抱える人々のケア活動に，さまざまな点で貢献をしてきている．臨床心理学は，介入の目的を定めるために有効な方法をいくつももっている．そのような方法を用いることで，重い精神病を抱える人々が直面する困難な状況を明らかにし，それを概念化することが可能となる．患者の困難な状況は，まず個別の事例に即し，特別な注意を払って理解されなければならない．その上で適切な心理学手法を慎重に選択し，適用することによって，さらに理解を深めることができる．そして，心理学的な介入を行うことで，部分的に，しかもゆっくりではあるが，患者の困難な状況が多少なりとも緩和し，状況の改善が進む場合がある．

　さまざまな場において，多様な介入が行われている．ところが，そのような多様な介入のすべての要素に関して，効果評価がなされているわけではない．ある種の心理学的介入や薬物治療については，効果評価がなされている．しかし，同様の効果研究が，さまざまな活動を包含するケア全体の機能や施設内の集団プログラムについてなされているわけではない．例えば，イギリスをはじめとするヨーロッパ諸国では，脱精神病院に向けての政策が採用されている．しかし，その効果についての十分な吟味がなされているわけではない．

　施設におけるケアを完全に廃止することを支持する実証的な結果は出ていない．ただし，これは，コミュニティから孤立し，社会的援助資源を活用することのない閉鎖的な大規模精神病院を存続させるべきであるということを意味しているのではない．むしろ，社会に開け，社会的援助資源を活用する小規模の居住施設を数多く供給することの必要性を意味している．このような小規模施設では，良質のコミュニティ・ケアを提供することが前提となっている．そこでは，心理学，社会学，精神医学は，独立して別個に存在するものとはみなされていない．心理学，社会学，精神医学の研究や実践が深まれば深まるほど，心理的，社会的，医学的活動が協働してコミュニティ・ケアを提供することの重要性が明らかとなる．したがって，心理学，社会学，精神医学の進展によって，さまざまな資源が協調して適切なケア活動を前提とする居住制度を提供することが強く求められている．そのような活動をしないでいることには，すでに弁解の余地がない状況になって

いる.

　重い精神病を抱える人々は，専門的なサービスをうまく利用できていないことが多い．専門的なサービスに関わらないということも，彼（女）らの権利であるともいえる．しかし，それと同時に，このような人々は，ほかの人々から利用され，搾取される危険性が常にある．また，担当責任者との定期的な連絡を怠るならば，病気の再発の危険性にさらされることになる．したがって，この領域における専門的な課題は，利用者がサービスを有効で魅力的なものと感じられるように，いかに活動を立案していくかということである．

引用文献

Baker, R. D. and Hall, J. N. (1994). A review of the applications of the REHAB assessment system. *Behavioural and Cognitive Psychotherapy*, **22**, 211-231.

Barrowclough, C. and Tarrier, N. (1992). Interventions with families. In *Innovations in the psychological management of schizophrenia* (ed. Birchwood, M. and Tarrier, N.), pp. 79-101. Wiley, Chichester.

Bridges, K., Huxley, P. and Oliver, J. (1994). Psychiatric rehabilitation: redefined for the 1990s. *The International Journal of Social Psychiatry*, **40**, 1-16.

Garety, P. and Hemsley, D. (1987). Characteristics of delusional experience. *European Archives of Psychiatry and Neurological Science*, **236**, 294-98.

Garety, P. and Morris, I. (1984). A new unit for long-stay psychiatric patients: organisation, attitudes and quality of care. *Psychological Medicine*, **14**, 183-92.

Goffman, E. (1961). *Asylums: essays on the social situations of mental patients and other inmates*. Anchor Books, New York.

Häfner, H. (1985). Changing patterns of mental health care. *Acta Psychiatrica Scandinavica*, **71** (suppl. 319), 151-164.

Kuipers, E. (1996). The management of difficult to treat patients with schizophrenia, using non-drug therapies. *British Journal of Psychiatry*, **169** (suppl. 13), 41-51.

Marshall, M., Hogg, L. I., Gath, D. H. and Lockwood, A. (1995). The Cardinal Needs Schedule — a modified version of the MRC Needs for Care Assessment Schedule. *Psychological Medicine*, **25**, 605-17.

Murphy, E. (1991). *After the asylums*. Faber and Faber, London.

Perkins, R. and Dilks, S. (1992). Worlds apart: working with severely socially disabled people. *Journal of Mental Health*, **1**, 3-17.

Shepherd, G. (1990). Foreword: psychiatric rehabilitation for the 1990s. In *Theory and practice of psychiatric rehabilitation* (2nd ed.), (eds F. N. Watts *et al.*), pp. xiii -xlviii. Wiley, Chichester.

参考文献

Birchwood, M. and Tarrier, N. (1992). *Innovations in the psychological management of schizophrenia*. Wiley, Chichester.

Kingdon, D. G. and Turkington, D. (1994). *Cognitive behavioral therapy of schizophrenia*. Erlbaum, Hove.

Torrey, E. F. (1995). Surviving schizophrenia : a manual for families, consumers and providers (3rd ed.). Harper Perennial, New York.

Watts, F. N., Bennett, D. H. and Shepherd, G. (eds.) (1990). *Theory and practice of psychiatric rehabilitation* (2nd ed.). Wiley, Chichester.

IV

臨床心理学の展開

オックスフォード大学医学部付属のワーンフォード病院．精神科病院であり，通常の外来病棟や入院病棟の他に，急性期病棟，思春期病棟，老人病棟などがある．また，精神医学，神経科学，臨床心理学などの部門がある．臨床心理学部門には，世界の認知行動療法をリードする臨床心理士が数多く勤務し，実践と研究に携わっている．本書の編者のひとりである Hall, J. は，臨床心理学部門の上級講師を務め，臨床心理学部門のリーダーのひとりである．

10——神経心理学と臨床心理士の活動

Katherine Carpenter and Andy Tyerman

　脳の損傷は，思考・行動・感情に障害を与えるだけでなく，その人のライフスタイル，職業，家族関係に大きな影響を及ぼす．神経心理学の領域で活動する臨床心理士は，損傷直後の急性期におけるケアからコミュニティにおける生活調整期のケアに至るまで，さまざまな段階でサービスを提供している．本章では，このような神経臨床心理士の活動を解説する．ケアの過程は，急性期の段階におけるアセスメントから，生活スキルと行動のリハビリテーションやコミュニティでの長期にわたる個人・家族・社会的調整に至るまでの，複雑な道筋をたどる．急性期においては，神経心理学的アセスメント，すなわち一般知能，視空間・知覚能力，言語，記憶と集中，注意，実行機能などが評価される．介入としては神経心理学的リハビリテーション，認知療法や行動療法などがなされる．リハビリテーションの現場では，神経学的・身体的機能障害，認知的器質障害などの後遺障害と，その障害が，対人関係，家族，リハビリテーション過程に与える影響などが扱われる．リハビリテーションにおけるアセスメントの焦点は，機能に関して脆弱な点だけでなく，強固な点も含めて同定し，リハビリテーションの可能性を明らかにすることである．介入の主要な目的は，回復と適応を最適化する機会を提供することであり，認知リハビリテーション，リハビリテーション・カウンセリング，心理療法，家族介入などが行われる．

1. はじめに

　脳の損傷は，神経心理的変化を引き起こし，思考・行動・感情に障害を与えるだけでなく，その人のライフスタイル，職業，家族関係に大きな影響を及ぼす場合が多い．神経臨床心理学（clinical neuropsychology）は，このように脳の損傷によって思考・行動・感情に大きな障害を受けた人々に関わる学問である．このような神経臨床心理学は，理解するのが難しく，しかもあまり人間味の感じられない専門領域とみなされ，通常の臨床心理学の実践とは区別して考えられることが多い．確かに，神経臨床心理学には，神経学，神経解剖学，脳と行動の関連などについての独自な専門知識が含まれている．しかし，神経臨床心理学は，特別な神経心理的変化を対象にしているだけではない．例えば神経心理的変化に伴って生じる不安や抑うつといった心理的問題も対象とする．それとともに，そのような心理的問題を抱えた人々が日々体験している出来事やストレスをも対象と

している．したがって，臨床神経心理学は，通常のメンタルヘルスの現場で臨床心理士が出会うのと同様の心理的問題にも関わるのである．

神経臨床心理士（clinical neuropsychologist）には，患者にとって奇妙で脅威に感じられる経験を理解する技能が必要となる．なぜならば，神経臨床心理士が臨床の場で出会うクライエントは，日々の出来事すべてを思い出すことができなかったり，話し声を聞けばわかるのに顔をみただけでは家族だとわからなかったり，といった経験である．ただし，神経臨床心理士が，そのような患者の特殊な経験を理解できるようになるためには，ただ単に機能不全の脳をみるだけではなく，家族生活のコンテクストにおいて，不安や抑うつといった心理的問題を抱えているひとりの人間としての患者に接することができなければならない．そして，そのようなことができるようになるためには，臨床心理士としての感受性と理解力が必要なのである．

なお，患者が回復する過程で，神経臨床心理士の専門的役割は，回復の段階が進むのに応じて自ずと変化していく．最初は障害を査定し，回復に向けての助言を与える専門的査定者兼助言者となり，次のリハビリテーションの段階では訓練の方法を説明し，指導する指導者となり，最終的には患者が日常生活に適応していくのを支援し，促進させる支援者あるいは理解者となる．患者は，日常生活に戻っていく段階で，自ら自身と折り合いをつけるとともに，家族や社会との関係を調整していくために長い期間を要する．神経・臨床心理士は，この過程をともにするのである．［訳注：本書では，clinical neuropsychologist は，後述されるように，神経心理学の実践領域で活動する臨床心理士を意味している．また，教育訓練も臨床心理学のコースにおいて行われている．そこで臨床心理士としての側面を明確にするため，神経臨床心理士と訳すことにした．なお，同じ理由から clinical neuropsychology も神経臨床心理学と訳すことにした．］

2. 活動領域

イギリスでは 200 人弱の臨床心理士が，脳損傷を受けた人々とその介助者を対象とする臨床心理サービスを専門としている．そして，そのような臨床心理士は，神経臨床心理士として，さまざまな現場において損傷直後の急性期におけるケアからコミュニティにおける生活調整期のケアに至るまで，さまざまな段階のサービスを活動領域として働いている．

神経臨床心理士は，通常，病院に設けられている神経科学センターで活動している．そして，そこで外来や入院によって初めて神経心理学のサービスを利用する人々と関わることになる．これらのセンターには，神経内科医や脳神経外科医といった専門家が集められている．神経内科医は，中枢神経系の障害とその治療の医学的側面に関わる専門家であり，脳神経外科医は手術によって障害の治療を行う専門家である．このような施設で行われる活動のほとんどは，救急治療，あるいは重症患者や発症の危険性の高い患者の診療である．患者の多くは，例えば身体の半側麻痺といった重い身体疾患や器質損傷に苦しみ，その対処を迫られている．そのため，そのような状態が認知面にどのような影響を長期的に与えるのかといったことを考える余裕がない．神経臨床心理士は，医師や看護スタッフと緊密に連携して，このような患者の治療に関わっていくのであるが，その中でも特に神経臨床心理士が必要とされるのは，患者が救急期を越えて外来で通院する段階になったときである．その段階では，急性期の多くの医学的特徴がすでに落ち着き，認知面および感情面での変化を適切に扱うことができるようになる．

　最近まで，イギリスのリハビリテーション領域の臨床心理士は，重度あるいは重複障害を抱える人々が入院している神経リハビリテーション専門センター，または重度の行動的問題を抱える人々のための独立部門の専門センターを中心に活動していた．こういったセンターを除けば，このような人々のために提供されるサービスは非常に限られたものであった．また，社会の中で自立し，生産的役割に復帰することを支援するためのリハビリテーションは，ほとんど行われていないといってよかった (Greenwood & McMillan 1993)．しかし，ここ10年で，一般の身体障害／リハビリテーション・チーム，あるいはコミュニティにおける脳損傷や脳卒中のリハビリテーションのための専門サービスに臨床心理士が職を得るようになってきている．ここ数年に至っては，認知面および職業面でのリハビリテーション専門センターの開設もみられるようになってきた．

　このような臨床神経心理学の専門領域の活動を解説するために，本書においてはまず急性期の神経学的・脳神経外科学的領域における活動を説明し，次にリハビリテーションおよびコミュニティの領域での活動を説明することにする．

3. 急性期の神経学的／神経外科的場面の基本知識

　患者　患者は，すべての年齢層にわたって存在する．その中でも，特に年齢層

の低い患者に関わる際には，発達的観点に基づく作業が重要となる．感覚知覚の障害，動作や姿勢の問題，意識の変容（失神，ブラックアウト，発作）のエピソードを把握するためには，通常の医学的・精神科的病歴聴取に加えて，詳細な包括的アセスメントが必要となる．神経学的障害は，認知，感情，行動，身体的特

表 10.1　神経心理的障害の病因

アルコール症
無酸素症（酸素の欠乏）
良性腫瘍（髄膜腫など）
脳血管性障害（脳内血腫，卒中，くも膜下出血など）
痴呆（アルツハイマー型痴呆，多発梗塞性痴呆など）
変性疾患（多発性硬化症，パーキンソン病など）
てんかん
頭部外傷
水頭症（脳室内液の過多）
感染症（エイズ，単純ヘルペス脳炎など）
悪性腫瘍（転移性癌，神経膠腫，星状細胞腫など）
中毒（自殺未遂での一酸化炭素中毒症など）

徴の複雑な相互作用で生じる傾向がある．そのため，病歴をしっかり把握しておくことがまず重要になる．このような特徴は，相互に作用し，いかなる要素のアセスメントや測定にも影響する．例えば，あなたが患者に短い文章を読み聞かせ，それをもう一度いってもらうことで言語性記憶をテストするとしよう．その際，患者が耳鳴りを病んでいたなら，このことが患者の注意に影響を及ぼすことになる．その結果，言語性記憶テストとしての妥当性は低下してしまう．

　一般に生じる神経心理的障害の病因は，表10.1に示されている．重要な区分は，比較的限局性の病変と，び慢性脳損傷を区別することである．前者は，脳卒中（血管のブロックや制限によって，特定の領域に血液や酸素が供給されない）や貫通性銃創などに因るものである．後者は，進行性の変性過程（アルツハイマー病など）や，くも膜下出血（血管が爆発性に破裂し，脳を囲む空間に血液が流れ出し，広範な損傷を引き起こす）によるものである．

医学的コンテクスト

　トレーニング中の臨床心理士にとって，急性期における救急治療の様子は恐ろしく脅威的なものに感じられ，驚いてしまうことが多い．そのような環境において神経臨床心理士は，医学モデルと生態学的に妥当で意味のある心理学モデルの間を，必要に応じて，行ったり来たりすることで，状況に柔軟に対処することが求められる．医学モデルは，医療関係者とすばやく意思疎通するために必要となる．生態学的に有効な心理学モデルは，患者や介助者が体験していることを推測し，理解することと関連している．しかし，神経臨床心理士の，救急期にある入

院患者との臨床的関わりは，限られたものになることが多い．例えば，ベッド数の問題で患者が短期入院しかできず，遠方の地方一般病院に搬送されるといった状況要因に加えて，概して患者の"具合が悪い"ということもあり，神経臨床心理士の臨床活動は，制限されたものになりやすいのである．

神経心理学検査と並行して行われる診断法 急性期後期において神経臨床心理士は，神経内科医や脳神経外科医と協力して患者のケアにあたる．この時期，神経臨床心理学は，神経内科医や脳神経外科医にとって患者の状態を把握する方法の中で最も有効なものとなっている．心理測定テストの結果は，事例の総合的な見立てのコンテクストに沿って解釈されるべきである．当然のことながら，並行して行われた検査の結果と照らし合わせた解釈がなされなければならない．病歴聴取は，"神経学的診断のかなめ"である（Donaghy 1997）．したがって，多くの障害は，臨床的背景や，病歴から予測される情報を確認するための検査結果に基づいて診断がなされる．スキャニング技術は，ここ15年ほどで急激に進歩し，他の専門領域に対する神経心理学の役割を根本から変えてしまった．コンピュータ連動断層撮影（CT）は，X線を用い，特に血液（血塊など）の検出に適している．磁気共鳴画像法（MRI）は，強力な磁気によって，最初に配列された組織の分子内に存するプロトンがラジオ波によってずらされることにより生じる，異なる高周波信号を検出する．MRIは，脳実質を画像化するのに感度が良く，通常の臨床現場でCTに取って代わるようになってきた（図10.1）．ただMRIは，CTに比べると非侵襲的であるが，大きな騒音を発生する．ある患者は，"建築現場で寝転んでいるみたいですね"というほどである．また，閉所恐怖を感じる患者もいる．

CTとMRIは，神経解剖と病理を生きた脳でみることができる．このことは，病理の局在がすでに心理学の中心的関心ではないことを意味している．脳血流を測定する技術，陽電子放射断層撮影（PET）や機能的MRI（fMRI）は，活動中の脳の動的代謝を観察することができる．これは，脳と行動の関連性の理解にと

図10.1 脳の構造的イメージング（MRI）

って中心的テーマになってくるだろう．例えば，脳損傷のない患者が話をしているとき，発話出力を媒介すると考えられている領域（Broca 領域）は，PET スキャンで「光る」だろうか．さらに，CT スキャンで Broca 領域の病変が同定された患者が話しているとき，PET を行うとどの領域が光るのだろうか（Ogden 1996）．脳波（EEGs）や誘発電位を用いて電気的な脳活動を測定する神経生理学は，てんかんの診断には特に重要である．

このように，さまざまな診断技法が神経心理学に影響を与えている．この他，神経心理学に影響を与える学問として，医学（内分泌学や糖尿病，神経腫瘍学，可塑性と脳顔面頭蓋手術，耳鼻咽喉科，老年医学，精神医学），理学療法，言語療法，作業療法がある．

神経心理学的コンテクスト

機能神経解剖学　人間の脳は，生物学的システムとしては最も魅力的なものではある．しかし，同時に最も複雑なものでもあるので，その解剖学的解説は本章の範囲を超える．臨床心理士にとっては神経解剖学は非常に込み入ったもののように感じられ，そのことが，この領域で働くことを敬遠する一因になっている．しかし，最近では神経臨床心理士に向けて，読みやすい神経解剖学の本（Walsh 1994, Lezak 1995）や操作可能な CD-ROM も発売されるようになってきている（Coppa & Tancred 1995）．このような書物などを利用して，神経解剖学のさまざまな目的や活動に関する基本的な知識を身につければ，それにともなってこの領域への親しみが増してくるものである．

神経心理学的用語　同様に症状に関する専門用語もわかりにくいので，それも，臨床心理士がこの領域で働くことを躊躇させる一因になっている．不要な専門語は，可能な限り避けるべきである．しかし，こういった専門用語はしばしば，それを使わなければ複雑で表現するのが難しい概念を，臨床家間で表現するのには便利な省略表現になる．専門用語を理解するのに役立つ指針がある．多くの用語はラテン語から派生しているので，それらの意味は解読できる．接頭辞が a- のラベルは機能の喪失を，dys- は部分的な機能障害を厳密には指す．ただし，この両者は互換的に用いられる傾向がある．例えば，amnesia は記憶喪失を，dysphasia は発話・言語の崩壊を意味する．

基底にある概念と仮定　神経臨床心理士の考え方の基本になっている事柄を心に留めておくことは重要である．例えば，機能の側性化ということがある．これは，

半球特化，いわゆる脳の優位性を指す．右利きの大多数（92％超），左利きの多く（69％）の人々の発話，言語，言語性記憶は，左半球が優位半球となっており，それらは左半球に表現されている．これに対して，ことばになりにくい刺激，視覚性記憶，視空間機能，情動表現の解釈，そしておそらく注意は，右半球優位である．半球特化と機能的可塑性には，いくらか相互作用がある．通常はその機能に特化していないと考えられる脳の領域が，ある機能を担うことが，少なくとも幼少期の脳損傷では生じることがある．脳損傷患者の研究に基づき，健常な脳機能について推論する際には，患者の脳が以前に正常であったことを仮定している．しかし，これには，例えばてんかんのような幼少期からの発作など，例外もある．Ogden (1996) が指摘するように，"健常"といっても，個人差が存在することは知られている．また，同一領域の病変が必ずしも同一の機能障害を生じるわけではないとの証拠もある．このような例外があることも，同時に想定しておくことが必要である．

4. 急性期におけるアセスメント

臨床面接

神経心理学的アセスメントは，事前に約束をした上で通常2時間から5時間かけて行われる．成人の場合，包括的半構造化面接によって，さまざまな点に関する患者および家族の考えを聞いていく．医学的，社会的，教育／職業的背景，現在の問題，現在の症状などに関しての情報が収集される．これには，以下の点が含まれる．

・過去および現在の治療（特にてんかん，学習機能障害，頭部外傷，アルコール中毒）
・過去の精神医学的／心理学的病歴，投薬，最近のストレス因子（例：死別，犯罪，金銭的あるいは仕事のプレッシャーなど）
・メンタルヘルスの調査確認事項（例：気分，食欲，睡眠，性的関心，活力，頭痛など）
・感覚・知覚の調査確認事項（視覚，聴覚，触覚，嗅覚，味覚など）
・運動・姿勢に関する調査確認事項（脱力，麻痺，協調不全，歩行，バランスなど）
・認知機能に関する調査確認事項（集中，見当識，記銘，組織化，判断）

神経臨床心理士は，他の面接と同様に，仮説を立て，それを支持しない証拠があれば，新たな仮説を立てるということを繰り返す．それと同時に，患者の病識，理解度，発話の仕方，心的状態などについて質的な観察も併せて行う．

心理測定的検査

　標準的な検査バッテリーの実施は，可能ではある．しかし，多くの神経臨床心理士は，より柔軟なアプローチを用いることが多い（Lezak 1995, Walsh 1994）．つまり，まず核となる検査を決めた上で，そのときに調査しておくのが適切と思われる特定の認知領域の検査を加えて実施する．神経心理学検査は，ひとつまたはそれ以上の認知領域の行動を選んで調査するようにできている．具体的には，一般知能，視空間・知覚能力，言語，記憶と集中，注意，プランニングなどの"実行機能"といわれる高次技能などの行動が選ばれて調査される．

　検査の結果，患者ごとに特定の心理特性やプロセスについての検査得点が計算される．それは，多くの標準的な測定形式と同様に，同年齢の母集団平均と比較される．個人の得点は，集団平均からの距離で表わされる．このように得点比較をすることで，さまざまな一般的傾向が明らかになる．例えば，若者は高齢者よりも記憶力が高い傾向があるということ，同様に知的能力の高い人々は能力の限定された人々よりも記憶力が高いということなどである．このようなことは，患者と関わる場合，前提とみなしてよいといえる．

　病前の時点において患者の能力水準がどの程度であったかについての評価も行われる．それは，患者の学校での成績や仕事の業績に基づく評価に加えて，認知機能を測定する検査場面で実際に遂行できる行動からの推測も含めて判断される．ここで，検査場面で実際に遂行できる認知機能としては，具体的には神経学的および脳神経外科学的に障害を受けた状態でも欠如することなく頑健に残っている語彙知識や語の意味知識などを指している．さらに，量的指標だけでなく，検査を遂行する様子についての質的観察もなされる．なお，全体的健康度，生活の質，気分を査定するために，質問紙調査も用いられる．

　標準的なアセスメントとしては，病前機能の測定（例：一般成人読解検査など），一般知能の測定（例：ウェクスラー成人知能検査改訂版など），見当識についての評価（例：ウェクスラー記憶検査改訂版など），物語素材と無関連語に関する，即時および遅延の再生を含む言語性記憶検査（例：物語再生とリスト学習を含む成人の記憶および情報処理の検査バッテリー），非言語性の記憶検査（例：レイ式複雑図形検査と再認試行）を用いるべきである．また，必要に応じて，注意と"実行"の機能の検査（例：日常注意検査，ストループ検査，トレイルメイキング検査A試行およびB試行，ウィスコンシンカード分類検査），言語流暢性の検査（例：文字F, A, Sで始まる単語や動物）を用いるべきである．さらに，

必要ならば，言語検査も用いるべきである．

　検査の種類を選択するにあたっては，当然のことながら，感覚，運動，言語に関して，対象となる人が受けている制約を考慮する必要がある．英語が第一言語でないときには，全般能力の中で，より非言語性の高い検査（例：レーブン色彩マトリクス）が有用である．また，文化的，道徳的価値観の違いは，実施場面においても解釈場面においても考慮されなければならない．改訂版ウェクスラー成人知能検査やウェクスラー記憶検査など，幅広く用いられている検査の多くは他の言語に訳されているが，標準化データは北アメリカのものに基づいたままであるので要注意といえる．

　この領域に不慣れな者にとっては，検査をするということは，何か人間味のないことのように感じられるものである．実際に，検査というのは，患者の生きている全体を反映するというものではないし，患者に援助的に介入する作業そのものでもない．その点で検査は，事例そのものに寄り添ったものとはいえない．認知面の評価は，統制された一連の行動実験として行われ，多くの変数が可能な限り統制されている．そのため，神経臨床心理士には，患者との間に信頼関係を形成し，それを維持しつつ，患者が一連の検査課題を適切に遂行するようにもっていく技能が必要となる．例えば会社の重役や医師であった聡明な人が患者となって検査を受けることになり，神経臨床心理士が対面している場面を考えてみる．そこでは，潜在的に進行する痴呆過程の初期の段階において，患者の威厳を尊重しつつ，最小限の検査で，最大限の情報を抽出しなければならない．それは，確かに難しい仕事である．患者のパフォーマンスを最大限にするためには，静かな明るい部屋で，しかも気が散ったり，邪魔が入ったりすることのない環境で検査を行うことが望ましい．ただし，患者が現場復帰する場合には，人が忙しく行き交うといった環境においてストレスを感じつつ仕事をする能力を評価する必要も出て来る．そのような場合には，静かで明るい個室といった環境とは正反対の場面で検査をすることも必要となる．

神経心理学的報告書

　アセスメントに続いて，書面による報告書を作成する．それは通常，医学的背景，生活史，臨床的現症，神経心理学的評価，結論からなる．どのような人に対して書くかによって，報告書は変わってくる．急性期の神経学・脳神経外科場面での内部報告書は，他の医学的報告書との相互参照によって簡潔になる傾向があ

る．リハビリテーション報告書は，患者，介護者，リハビリテーション・チーム間の相互確認のために利用されることが多い．そのような場合，報告書は，目標設定のモデルとして使われる．

　優れた報告書には，臨床的問題とその内容，検査結果の知見とその解釈について適切で詳細な記載がされている．そして，その記載においては，事実，観察，推論，解釈が明瞭に区別されている．交通事故によって外傷性脳損傷を受けた個人傷害例の場合，通常，法医学的報告書が必要となる．その場合，報告書は，専門家でない人々にとっても十分に理解可能な包括的内容となっていることが要求される．また，記載内容として，予後に関して想定される意見も含むべきである．

アセスメントの目的

　急性期におけるアセスメントは，鑑別診断，薬物治療や手術といった介入の効果評価，変化のモニタリング，認知面の後遺症の初期同定に重点が置かれる．すべての情報は集められ，確認事項に照らし合わせて解釈される．ここで，患者ごとの個人差は当然前提にされなければならないが，一般的に以下のような問いが確認事項となっている．病前の認知機能レベルが現時点で低められているか．障害のパターンは既知の病理や医学的変数に一致するか．検査のプロフィールは局所的病理か全般的機能低下のいずれの可能性を示しているか．現時点における患者の強さと弱さは何か．障害は悪化しているのか改善しているのか．患者が以前の職業や学業に復帰する可能性はどのくらいか．

事例1・フリーマンさんは，以前看護師をしていた58歳の女性である．3年にわたって進行する記憶障害のため神経内科を受診した．面接場面では，社会的に問題のない対応をしており，健常そうにみえた．少なくとも短時間は，そのように感じられた．病識は限定的で，自分の状態について特に問題はないと思いたいようだった．自由に，例えば家族のことなどを語る場面になったとき，話がうまくできなくなった．時間が経過するにつれて，問題はさらにはっきりしてきた．アセスメントをしているとき，物忘れがはげしく，時には話の脈絡がなくなることもあった．付き添ってきた夫は，さまざまな例を挙げて，家での混乱，見当識障害，記憶喪失がみられることを語った．彼は，妻の問題を痴呆性疾患の可能性に結びつけてはいなかった．むしろ，配水管の鉛に関することや海外生活が長かったことなど，彼女の状態を他の原因との関連で考えようとしていた．彼女の心理状態に関しては，抑うつ傾向はないが，やや不安を感じているようだった．

　彼女の知能と記憶が重度に低下していることが，検査によって明らかとなった．現時点での単語の読解能力から病前の能力を推定（一般成人読解検査）すると，"平均以上"（110）であった．これは，彼女の前職である看護師ということからすると，納得できる結

果であった．しかし，改訂版ウェクスラー知能検査では言語性 IQ86，動作性 IQ74 であり，それぞれ"平均以下"，"ボーダーライン"であった．下位検査のスコアは，痴呆によくみられる典型的なパターンであった．すなわち，知能が"形となって表われた"側面である"単語"や"知識"は十分であるが，情報処理の速さ，視覚構成能力，抽象的な言語性推論のスコアは重度に障害されていた．彼女は，9桁の順唱が可能であったが，逆唱は4桁であった．また，聴覚性作業記憶の障害が示唆された（これは，他の検査で確認された）．日付，今どこにいるかを答えることはできなかった．短い物語を読むと（成人記憶・情報処理バッテリー），直後でも最後の文章の数語以上は思い出すことができず，一時間半後にはまったく物語を思い出すことができなかった．複雑な幾何図形の模写（レイ図形）は，空間的にゆがみ，不完全であった．さらに，30分後には模写をしたことさえ思い出せず，代わりに象の絵を描いたのだった．さらに検査を行うと，記憶を含む，認知機能の全般的な喪失が確定的となった．

痴呆は通常，アルツハイマー型痴呆や多発性脳梗塞などの不治の障害による．並行検査の重要な目的は，可逆性か否かを見出すことである．抑うつによる擬性痴呆は治療可能である．しかし，このような患者は，たいてい抑うつ症状に加え，記憶喪失に対して関心や病識を示すものである．フリーマンさんは，脳イメージングによって，神経心理学検査のプロフィールと一致する変化が認められ，アルツハイマー型痴呆が示唆された．介入としては，アセスメント結果に関するフィードバック，心理的サポート，問題に対処するための家族へのアドバイスがなされた．

以上，アセスメントの実際を明確に示すため，比較的単純でわかりやすい事例を挙げた．このような進行期の痴呆を診断することは，ひどく困難ではない．しかし，初期の場合は，診断が難しい場合もある．加えて，抑うつと痴呆は相互排他的ではないということがある．老年期の患者はしばしば，心的能力が失われ始める頃に抑うつ状態になるため，抑うつと痴呆が同時に起こり，重なり合うのである．

頸動脈内アミタールソーダテスト（和田試験） これは，特殊な神経心理学的アセスメントである．この検査は，薬物抵抗性の側頭葉てんかん治療のために，どのような手術法を選択すべきかを判断する目的で実施される．具体的手続きは，2日連続でバルビツール酸（アミタールソーダ）を各半球の内頸動脈に注射する．そして，一方の半球の一部を短期間麻酔して，その間に他方の半球の言語や記憶機能を評価する．この検査は，もともとは言語優位側を確定させるために作成されたものであった．それが，1960年代初頭に神経心理学者の Brenda Milner に

よって，側頭葉手術後の日常記憶機能の十分さを評価するために適用されるようになった．右利き側頭葉患者の90％ほど，左手・両手利き患者の75％ほどは左半球に言語が表現されているために，左内頸動脈注入後は，右半身の片麻痺，発話および言語理解の停止または崩壊が5分ほど続くことが観察される．注入直後，神経・臨床心理士は，非注入側の言語・記憶をチェックするための検査を施行する．外科で提案されている側がアミタールによって不活化した後に記憶検査で失敗するならば，これは非手術側の側頭葉の内側にすでに異常が存在することを示唆することになる．このような場合は外科に対して反対意見を述べることになる．

5. 急性期における介入

　急性期における介入には，さまざまな可能性がありながらも，実際の介入実施ができず，神経臨床心理士は挫折感を感じることが多くなる．というのは，転院率が高く，継続的な介入が難しいからである．専門職のいる高等神経科学センターは，人口200万～300万の人々が住む地域をカバーしている．しかも，てんかん外科などの専門サービスは，複数の地域を含んでいる．そのため，患者の多くは，センターから離れたところに住んでおり，急性期の段階のみセンターに入院しており，その後は遠隔通院または地域の施設に移行する．その結果，急性期の段階での介入は，時間の制限があるものとなる．このような事情があるため，神経臨床心理士の活動は，時間制限の中で行われる急性期の介入，急性期を脱した後の介入，そして外来患者のフォローアップということにならざるを得ない．

　神経臨床心理士の介入は通常，神経心理学的リハビリテーション，あるいは認知療法や行動療法のいずれかである．認知療法や行動療法はメンタルヘルスの活動で形成された方法であるが，神経臨床心理学の領域でも応用可能である．リハビリテーションについては，急性期の神経内科・脳神経外科においてその必要性が認められているものではある．しかし，現在のところ，期待されているほど十分に発展しているわけではない．

　患者の抱える問題に関する詳細なアセスメントが，介入に向けての基礎を構成する．アセスメントに基づいて，（当座の）目標設定，教育方針，情報提供，状況対処のための方略や小道具の導入が決定される．ここで導入される小道具としては，例えば，アラーム付き腕時計，糊付き付箋，日記，手帳，日課などがある．また，神経内科・脳神経外科患者の中でも感情や行動の問題をもつ者については，

さまざまな介入技法が必要となる場合がある．例えば，（特に PTSD による）抑うつや不安に対する認知療法，怒りのマネジメント，漸進的筋弛緩法，性関係カウンセリング，痛みのマネジメントなどが必要となる．

　脳外科手術は，それ自体大きなライフイベントである．したがって，いつの時点で脳外科手術という対処方法をとるのかの判断は難しい．前頭葉の脳腫瘍または脳外傷などの神経学的・脳神経外科的事態が生じる前から何らかの障害が生じていて，その後に神経学的・脳神経外科的事態が発生し，障害が悪化し，対処が必要となるといった場合もある．そのままにしておけば，回復が妨げられるので，脳外科手術のような対処が必要となるのである．また，神経学的・脳神経外科的事態の直接的な結果として障害が生じることもある．いずれにせよ，神経内科学に通じ，記憶喪失，言語の困難，実行機能不全，感覚・知覚の障害，てんかんなどの神経学的な障害の臨床経験がある神経臨床心理士が，このような事態に最も適切に対応できる．

事例2・マイケルは，37歳の電気技師で，頭蓋内圧亢進によって救急車で搬送された．脳は頭蓋骨内で浮いており，脳脊髄液がクッションとなっているのだが，その空間にコロイド嚢胞が見つかった．この腫瘍は，良性であったが，潜在的には生命を脅かす危険性があった．つまり，脳脊髄液の流れをブロックしてしまうと頭蓋内圧を危険なまでに高めてしまう恐れが出てくる．また，それは，記憶機能にとって重要な構造部の近くにあった．そのため，**囊胞**それ自体の影響で記憶喪失をもたらす恐れがあると同時に，必要な除去手術を施すことによっても記憶喪失を引き起こす危険性があった．手術前の認知アセスメントでは，マイケルの一般的知能は平均以上であった．しかし，記憶はすでに強く障害されていた．彼自身は，このことに気づいていなかった．むしろ，強い頭痛，具合の悪さ，悪化への不安に心を奪われていた．手術の6週間後のアセスメントでは，記憶得点のさらなる低下は認められなかった．6～12カ月後のフォローアップでは，マイケルが自らの記憶障害に対処するマネジメント方略を身につけられるよう援助した．そして，最終的にフルタイムの仕事に復帰することが話し合われた．電子手帳を記憶の補助として用いること，またその最もよい使い方が話し合われた．その際，彼にとって記憶能力は仕事場面と家庭場面で特に必要となっていたので，両場面と関連付ける形で，電子手帳の使い方が話し合われた．記憶の構造や記憶方略についての情報が与えられた．面接のセッションは，テープに録音され家庭で聞くことができるようにした．キーポイントとガイドラインは，紙に書いて手渡された．自分の行動をモニターすることが勧められた．彼は，自分の行動をモニターすることで，自分がどれほど回復しているか，そしてどれほどの自己調整が必要なのかについての肯定的なフィードバックを得るようになった．

コンサルテーションとチームワーク

　神経心理学は，神経科学の他の分野との連携なしでは臨床的に有効な活動はできない．しかし，神経心理学的な事柄に関しては，他の専門職の見方を鵜呑みにしないほうがよい．他の専門職が患者を神経臨床心理士にリファーしてくる際に，患者に関しての，その専門職の率直な見方や意見を神経臨床心理士に伝えてくることがある．しかし，そのような見方や意見は，リファーしてきたその人にとってのみ貴重な内容であって，心理学的に正しい内容であるとはいえない場合もある．

　事例3・トムは，利発な8歳の少年で，小児外科病棟からリファーされてきた．リファーの理由は，看護スタッフには，両親が状況に対処できていないように感じられたからである．トムは，6週前に腫瘍を摘出した．結果として，その腫瘍は良性であることがわかった．彼は，手術後，体温の変動，嘔吐，頭痛など全般的に体調が悪く，嵐のように混乱した術後期間を過ごしていた．これは，脳を覆っている髄膜の炎症（感染ではない）によるもので，比較的よくみられる状態である．ただし，トムの状態は稀なケースで，それが2～3週間続いていた．脳脊髄液の圧力をドレーンの挿入によって減少させたので，状態は改善し，その結果，利発さを取り戻していた．神経臨床心理士は，トムと両親に病棟で会い，看護スタッフにも会い，問題を評価し介入を行った．看護スタッフの意見は，両親が過度の不安で"気難しく"なり，その結果，トムに厳しく対するようになり，しつこく非現実的な要求をしているというものであった．しかし，両親は，長期間トムの状態に関して不確実なままに置かれ，ストレスを感じてきていた．両親は，その間，トムの状態についての疑問や関心を示していたのにもかかわらず，それをスタッフに無視され続けていたと感じていた．

　そこで，神経臨床心理士は，週1回病棟で両親と面接するという介入を行った．その面接では，両親をサポートし，抑えていた感情を表現してもらうようにした．また，医学的情報や問題解決のための適切な対処方略を両親に提供するとともに，トムの状態に取り組むために，さまざまな人に協力してもらう体制を整えた．さらに，病棟スタッフと連携する介入も行った．具体的には，病棟スタッフが家族との間で好ましい関係を結ぶことができるように，病棟スタッフと家族の関係の枠組みを再構成するのを援助した．

　退院後も，神経臨床心理士は，家族との接触を続けた．トムのような腫瘍は，通常，明確な知的変化を引き起こすことはない．しかし，集中力，あるいはバランスをとることや字を書くことなどの細かい協調動作などに影響してくる．復帰の準備ができたところで，両親と学校の双方に，専門的な助言をする必要があった．そこで，心配の種は尽きないが，できる限り普通の子と同じようにトムに対するようにとの助言を与えた．完全な神経心理学的アセスメントが3カ月後の時点で行われた．その結果に基づき，トム自身，家族，教師との合同面接を行った．そこでは，トムの強さと弱さ，そして注意力と協調動作に関する後遺症が話し合われた．

　研究と調査　急性期の段階における研究は，臨床実践を左右する重要な役割を

担っている．現在，国民健康サービス（NHS）においては，認知機能状態，機能障害，生活の質に関する介入効果の評価研究が急務の課題となっている．イギリス医療研究協議会は，地域研究開発委員会と共同で，神経科学に関する無作為臨床試行を行い，その質を高める作業を計画している．このような研究調査の領域において，神経・臨床心理士は将来かなり貢献することになると考えられる．

6. リハビリテーション／コミュニティの臨床現場の基礎知識

　リハビリテーションの段階で神経臨床心理士にリファーされてくる患者の多くは，頭部外傷や脳卒中を経験した人々である．また，機能障害の援助チームにリファーされてくる患者の中には多発性硬化症の人々も含まれている．したがって，リハビリテーションの段階で神経臨床心理士の援助対象となるのは，主に頭部外傷，脳卒中，多発性硬化症の患者ということになる．これら3種の病理は，神経学的にはそれぞれ異なっており，対照的なプロフィールをもち，異なる障害の経過をたどることになる．

　多発性硬化症の主要な症状（少なくとも初期の段階）は，たいてい身体的なものである．一方，脳卒中後の機能障害は，身体的・心理的な効果が混在する傾向がある．また，頭部外傷の場合は，たいてい心理的効果が主要なものとなる．頭部外傷や脳卒中は突然発症し，その後回復や適応の期間が続く．それに対して多発性硬化症の発症は，典型例ではエピソード的なものとなっており，さまざまな不確かな経過をたどる（完全回復，寛解繰り返し，進行性の低下など）．このような相違があるので，それぞれの状態ごとに，当人と家族における心理的要求は異なっている．さらに発症は，ライフサイクルの異なる段階でピークを迎える．頭部外傷は若い独身成人，多発性硬化症は若い家族をもつ既婚者，脳卒中はすでに成長した子どものいる年配者である．

　それぞれの病理が当人，家族に与える影響力は，人によって相当異なっている．それは，機能障害の特定のパターン，個々の対処資源，家族・社会環境によって異なってくる．そこで，リハビリテーションの段階における神経臨床心理士の役割について概説するにあたって，後遺障害となっている神経学的機能障害の性質，それが対人関係と家族，およびリハビリテーションの過程に与える影響を解説する．以下，典型な事例を交えて説明していくことにする．

器質障害と機能障害

神経学的機能障害　この領域における神経学的機能障害には，運動機能や感覚の欠陥といった身体的機能障害および心理的変化（例：認知的器質障害，感情反応性の変質，行動的コントロールの喪失など）が含まれている．それらの機能障害は長期にわたるものであり，その特質は実にさまざまである．

身体的機能障害　神経学的疾患や損傷を経験した後の身体的機能障害は，多岐にわたる．まず，四肢すべてをおかす全般性麻痺，発話コントロールや嚥下（例：多発性硬化症の進行期）の障害がある．また，身体一側の麻痺（典型的には脳卒中後）といった特異的変化から，筋力，協調運動，平衡感覚の軽微な減退（典型的には頭部外傷後）といった変化まで，さまざまな障害がみられる．クライエントの多くは，頭痛や疲労に悩まされ，睡眠障害や性的反応の変化といった特定の変化を経験する．多くの人々は，何らかの感覚障害を経験している．なかでも視覚障害（脳卒中後の視野狭窄や頭部外傷後の複視）が最も一般的である．また，聴覚障害が存在するときには，コミュニケーションに重大な制限が生じることになる．脳卒中後や多発性硬化症では，感覚の減退が一般的である．頭部外傷によって，味覚や嗅覚の喪失がよく生じる．さらに，外傷後てんかんと抗けいれん治療によってスティグマを受けるとともに機能のさらなる制限を受けることになる者もいる．

認知的器質障害　脳損傷後の最も一般的な認知的問題は，注意，集中，記憶，情報処理速度の減退である．より局所的な損傷（脳卒中や脳腫瘍）では，運動スキル，視知覚，空間判断，言語機能など，より特異的な障害がみられる．実行機能の障害（高次の推論，プランニング，問題解決，自己意識，自己モニタリング）は，重度の頭部外傷で一般的に認められ，特にリハビリテーションにとっては重要である．というのは，病識，理解，代償方略の使用，長期の適応に影響するからである．認知スキル（とりわけ知覚スキル）における変化は，とまどいや恐れを引き起こす．記憶の顕著な障害は，生活における連続をどう感じるか，そしてリハビリテーションの進み具合をどう知覚するかに関係してくる．

パーソナリティの変化

患者は，神経学的疾患や損傷を体験した後，その疾患や損傷による影響を受ける．そこで，患者は，疾患や損傷を体験したことに加えて，その結果受けた影響に対しても心理学的反応を起こす．患者は，このような1次的神経学的損傷と2

次的心理学的反応の相互作用の反映として，広範な感情および行動の変化を経験する．行動変化に関しては，非常に広範囲な変化が見られることが報告されている．その中でも一般的で主要な変化（特に頭部外傷後）は，苛立ちの増加，抑制欠如，衝動性，感情の揺れやすさ，気分の変動，はげしい攻撃性の表出である．同様に患者は，さまざまな感情的反応を経験することになる．具体的には，欲求不満，怒り，恐れ，不安，抑うつ，自信や自尊心の喪失などが生じる．

　患者は，神経学的疾患や損傷によって受ける影響として，疾患や損傷に対するトラウマ，生活スキルの喪失，自己の生活における役割観とコントロールの喪失，リハビリテーションの緩慢な進展，将来の回復に関する不確実感を経験する．上述の感情反応は，このような経験に対する初期反応ともいえる．しかし，リハビリテーションの早期の段階では，患者の多くは自らの状態について無関心であるように思われる．これは，認知的変化や感情・行動的変化の程度に対する病識が限定的であることや，完全に回復するという非現実的な期待を抱いていることによる．したがって，不安，抑うつ，自信喪失は，患者が以前の家族の中での自己の役割，仕事，社会的役割を意識するようになり，それを取り戻そうとしてうまくいかず，苦しむことを通して，初めて体験するようになるものといえる．

社会／家族への影響

　神経学的機能障害は複雑であるため，しばしば患者自身だけでなく，家族，友人，雇用主や仕事の同僚に大きな影響を及ぼすことになる．回復や適応は，数年にわたって徐々になされていく．特に頭部外傷の場合は，その傾向が強い．そのため，多くの人々は，自立，仕事，余暇，社会，家族生活において制限を受けることになる．これらの制限は，しばしば家族メンバーにも制限をもたらす．それは，損傷を受けた人々を介護し，サポートする際の大きなストレスとなり，しばしば家族の関係，役割，機能に顕著な変化を及ぼすことになる．

　自立能力　神経学的機能障害は，しばしば自立能力の喪失をもたらす．そのため，重度の身体的機能障害を抱える患者への人間的で家庭的な介護を援助することが必要となる．それとともに，顕著な認知的変化やパーソナリティ変化を示す患者と関わる際の指針を示し，その指導をすることも必要となる．身の回りの世話に関しては自立能力を回復するに至る場合もある．しかし，一人で旅行することができなかったり，金銭的な事柄の判断やその維持に家族の助けが必要であったりすることもある．

職　業　学業，研修，仕事への復帰は，患者にとって神経学的機能障害を受けた後の大きな挑戦となる．認知および運動の敏捷性の減退，集中力の低下，記憶の曖昧さ，頭痛，そして疲労感は，復帰に向けての課題についていけない感じを強める．その他，特定の活動に制限を受ける場合もある．身体的機能障害は，手を使う仕事を制限する．視覚障害によって，車の運転ができなくなる．認知の実行機能の弱体化があれば，管理的職位に就くことに支障が生じる．行動コントロールに問題があれば，職場での忍耐が続かない．また，感情面での脆弱性がみられる場合は，プレッシャーや責任に対処することが難しくなる．

余暇と社会的生活　神経学的機能障害をもつ患者の多くは，余暇の過ごし方に関して制限を受けることになる．スポーツ，サイクリング，ウォーキングは，身体的機能障害によって大きく制限されることがある．車の運転ができないことで，余暇の過ごし方が限定される．写真や模型製作といった活動量の少ない趣味をするにしても，器用にできないため，作品が稚拙となり，興味を失ってしまう．チェスやブリッジといった頭を使う活動は，記憶力，集中力，推論能力の低下によって制限される．読書もまた視覚や知覚の障害によって制限される．このように，以前できていたことができなくなる．その結果，神経学的機能障害をもつ人々は，新たに楽しめるものを探すのに必要な想像力や主体性を失い，そして自信も失う．さらに，自信を喪失し，気分が落ち込み，騒々しさに耐えられなくなり，人々の会話に加わることができなくなる．このような事態は，社会的生活を活発に送ることを諦め，引きこもる傾向につながることもある．

友人であっても，身体的機能障害を受け，それに苦しんでいる患者の姿に接して居心地が悪くなる場合も生じる．パーソナリティや行動が変化し，怒りっぽく攻撃的となり，会話が繰り返し気味になり，衝動性，抑制欠如，社会的スキル全般の喪失を示す患者を前にして，友人たちは落ち着かなくなる．その結果，友人関係は，徐々に中断していくことになる．ボーイフレンドやガールフレンドとの関係も同様である．そのため，しばしば性的フラストレーションも高まる．

夫婦関係　神経学的疾患や損傷の後に，夫婦関係に緊張が生じる場合が多い．身体的機能障害は，家事などの共同作業をできなくさせる．認知障害は，会話や親しい交わりを制限する．パーソナリティの変化は，関係のダイナミクスを変容させる．行動の障害は，対人関係に困惑をもたらし，関係内に緊張感や脅威の感覚を引き起こす．性的興奮の感覚が変化することで，性的関係に支障をきたす．相手の行動が，性的パートナーの行動として相応しくないと感じるようになる．

患者の配偶者は，仕事，家庭，子ども，そして患者それぞれが求めることに対処しようとする．しかし，それらの要求は，それぞれ競合するので，適切に処理することができない．その結果，もはや努力は報われないと感じるようになる．なかには，適切に対応できる夫婦もある．しかし，そのような場合でも，近しい関係に留まるものの，親密さや娯楽を十分に共有できない状態のままであったりする．機能障害の程度によっては，当人または配偶者が事態に対処できずに結婚生活が破綻する場合も生じてくる．

家族に与える影響 神経学的機能障害は，家族全員に大きな影響を与える．特に認知やパーソナリティの変化が軽微で，そのため親戚や友人には，その変化がはっきりと感じ取られない場合には，周囲からのサポートが少なくなる．そこで，そのような場合には，社会的なサポートの少なさに対処する必要が出て来る．主たる介護者の多くは，かなりのストレスを受けている．そのため，感情的に疲労困憊の状態に陥っている場合が少なくない．多くの家族は，家族関係の変化や家族全体の機能の変化に直面する．障害を受けている当人の要求を満たすことに家族の生活が費やされるので，他の家族メンバーの仕事，余暇，社会的生活は活気を失っていくことになる．

このように，神経学的機能障害の結果，その障害を受けた当人の自立性，職業生活，余暇，社会生活は大きな衝撃を受けることになる．当人の変化にともなって，家族は心理面でも対人関係面でも本質的な点で強い影響を受ける．また，夫婦は，しばしば結婚生活や性生活において問題を抱えることになる．したがって，当人が受ける衝撃は，家族や夫婦が受けた影響が反響して当人の状況に反映したという側面もある．

リハビリテーション・サービスは，神経学的疾患や損傷を受けた患者が最適な回復の道をたどることができるように，長期間にわたって当人の適応，家族の適応，社会的適応を援助することを試みる活動である．神経臨床心理士は，そのようなリハビリテーション過程において，コミュニティのリハビリテーション・サービスを指導する重要な役割を担う．

7. リハビリテーションにおけるアセスメント

神経学的疾患や損傷の回復過程では，長期にわたって複雑な対応が求められる．このような要求に応えるためには，詳細な専門的アセスメントによって機能障害

の性質を明らかにし，リハビリテーション計画を立てることが必要となる．通常の認知機能検査は，定期的に行われる．それに加えて感情と行動の状態のアセスメントが，定期的検査を補足するものとしてしばしば必要とされる．それは，初期のアセスメントの段階，あるいはリハビリテーションの過程で必要となる．神経心理学的アセスメントの基本原理については，急性期の場面の項で既述してある．リハビリテーションにおけるアセスメントの焦点は，機能に関して脆弱な点だけでなく，強固な点も含めて同定し，リハビリテーションの可能性を明らかにすることである．このような観点に基づき，通常の神経心理学的検査は，自己報告，家族報告，看護およびリハビリテーションのスタッフによる観察，他の専門職による並行検査に沿って考察されることが必要となる．

急性期の段階におけるアセスメントと同様に，リハビリテーションの段階における神経心理学的アセスメントも，それだけで十分というものではない．普通は，多くの専門分野を統合するアセスメント過程の一環として行われる．これには，通常，神経心理学に加えて医学，看護，作業療法，理学療法，言語療法のアセスメントが含まれる．例えば，筆者らが勤務するエイルズベリ地区の頭部外傷のためのコミュニティ・サービスにおいて神経臨床心理学は，頭部外傷クリニックで何が必要となるかをまず同定するという先導的な役割を担う．それに引き続く段階では，標準的なリハビリテーション・チームによるアセスメントおよび職業と運転能力についての専門的アセスメント・プログラムが実施されることになるが，その中核的要素となるのが神経心理学検査である（Tyerman 1997 を参照）．

患者は，病識がなく過度に防衛的になっている．また，家族は，当然ではあるが，患者に対して保護的になっている．そのような患者や家族に，複雑な検査の結果をわかりやすく，明快な仕方でフィードバックするためには，高い技能が必要となる．そして，そのような神経臨床心理士の技能は，フィードバックの場面で実際に試されることになる．フィードバックは，単独に行われる場合と，チームによるアセスメントの全体的フィードバックの一部として行われる場合もある．フィードバックの第一の目的は，理解の枠組みを提供すること，結果とそれから示唆される内容を説明すること，リハビリテーション過程に前向きに取り組めるようにすることである．

8. リハビリテーションにおける介入

アセスメントによって，回復過程で必要とされる事柄が同定される．それを受けて，広範囲にわたる心理学的介入が要請されることになる．具体的介入法としては，認知リハビリテーション，行動マネジメント，リハビリテーション・カウンセリング，個人心理療法，長期心理療法，専門的家族介入である．

認知リハビリテーション

介入において中核となるのは，全般的な認知機能についての解説と，患者において認知的な器質障害が起きている特定部分に関する説明である．それに引き続き，再教育（reorientation）を実施する際の手順や指導体制についての説明がなされる．再教育過程では，失われた記憶の再構築，コンピュータを用いた中核的スキルのリハーサル，障害されたスキルを代償補助する方略の習得の指導が行われる．具体的には，例えば系統的な予定表，プログラムされた行動計画，手帳や電子手帳など外的記憶補助具の使用法の教育が行われる．

患者が抱える認知障害と，それに対処するための一般的な方略の教育は，集団形式で説明書類を利用して行われることが多い．例えば，一般的な対処方略として，日記，ノート，記憶ボードを使うことなどが，具体的な説明が記載されている用紙を利用して解説される．その後に，長期的視点に立ち，一般的な対処法に替わって，患者の状態に合わせた課題を設定する．そして，それに基づいて長期的に継続する問題に対処することに焦点を絞った介入をしていくことになる．例えば，長期に継続する患者の問題が，その人の仕事場で起きるということであれば，仕事場の問題に焦点を合わせた介入が行われることになる．

定期的な見直しやアセスメントは，リハビリテーションの進展状況をモニターするために行われる．その結果に基づいて，リハビリテーションの方略と目標の再検討を行い，現場復帰の方向性を見定めていくことになる．その点で定期的見直しとアセスメントは，非常に重要である．特に，学業や就労へ復帰する過程に対処していく際には，認知スキルの程度を検査することが重要となる．

行動マネジメント

行動マネジメントは，頭部外傷を受けた患者の援助において最も多く必要とされる介入法である．頭部外傷の患者は，回復の初期には，しばしば落ち着きがな

く苛立っている．抑制欠如で，時には攻撃的な行動を病棟で示すこともある．このような患者に看護スタッフやリハビリテーションのスタッフが接する際には，対応が困難な行動をマネジメントする方法について，神経臨床心理士から助言を受けることが必要となる．重度の行動的問題がみられる場合には，精神科に意見を求め，薬物治療を併用することも必要なる．極端な行動の問題を示す事例の場合には，重度の行動障害のための専門的マネジメントセンターにリファーすることが妥当である．

リハビリテーション・カウンセリング

　神経学的疾患や損傷を受けた患者の回復過程は通常，一定のコースをたどるということはない．回復過程は，先がみえないまま長期にわたる．そのため，患者は，さまざまな感情反応を示す．患者が，自らの障害の性質を自覚している場合には，恐れ，不安，深刻な喪失感が生じる．病識が欠けている場合には，混乱，欲求不満，否認，攻撃がみられる．

　したがって，専門的なリハビリテーション・カウンセリングは，リハビリテーションおよび現場復帰の過程を通して患者を導き，サポートする重要な役割を果たす．そこでは，具体的に，支持的カウンセリング，情報提供と説明，目標についての話し合いとモニタリング，障害の意識化とそれに基づく現実的期待の促進，共同して現場復帰に向けての計画を作成することなどが行われる．神経臨床心理士が，このようなリハビリテーション・カウンセリングを直接実施する場合もあれば，適切な心理学的訓練を受けた他のスタッフによって行われる場合もある．このようなリハビリテーション・カウンセリングは，個人単位で行われるものであるが，それにグループワークを組み合わせて行うことが望ましい．特にグループのメンバーの個人個人に焦点を当てた話し合いに加えて，互いに支え合うことも目標としたグループワークを個人カウンセリングと組み合わせることが理想的である．なお，さらにそれに加えて心理療法を必要とする場合もある．

心理療法

　さまざまな個人心理療法が，認知リハビリテーションやリハビリテーション・カウンセリングに並行して必要となる．これには，不安マネジメント，怒りのマネジメント，抑うつに関する心理援助，外傷後ストレスに対するカウンセリング，痛みのマネジメント，強迫的行動に対するマネジメント，アルコールや薬物濫用

に関する心理援助などが含まれる．このような介入は，神経学的リハビリテーションに特異的なものではない．しかし，標準的な技法で効果がみられないことが多い．そこで，心理療法の適用に際しては，神経学的疾患や損傷を受けた患者は感情および行動のコントロールを失っていることを考慮に入れるとともに，患者の認知的制約を補うことを目的として適用されなくてはならない．

長期心理療法

神経学的疾患や損傷は，たいへん複雑な性質を有している．そのため，患者が長期間にわたる機能障害になかなか適応できなくても，それは驚くべきことではない．特に認知的な器質障害によって自己評価や問題解決能力が低下しているときには，なおさらである．患者は，現在の混乱と将来の不確かさの中で，過去の幻想的な安心にしがみつく傾向がある．

適応が困難になっている場合には，次のような事態が生じていることが多い．失われたスキルや役割についてとらわれて，残っている可能性を認識できないでいる．100%回復を望むあまり，目前の適応に積極的に取り組めなくなっている．病識の欠如あるいは病前の希望や基準への固執があるために適応の失敗を繰り返し，自信を失っている．感情や行動コントロールの喪失に対する恐れのために，引きこもり，家族関係が緊張し，社会的に孤立した状態となっている．

そこで，神経学的コンテクストや制約に即した個人心理療法は，患者が適応に向けて前進するのを援助する枠組みを提供することが目的となる．具体的には，患者が次のような課題を遂行していくのを援助することが心理療法の目標となる．それは，自己および生活の変化を理解し，自己自身をその変化に調和させていくこと，頑強な点と脆弱な点を見直していくこと，未解決の事柄を見出し，解決されていない事柄をつきとめ，解決に向けて取り組む優先順位をつけていくこと，生活を再構築していくための能力と方向を定めていくことなどである．

家族介入

リハビリテーションの過程にできる限り家族を取り込むことは，重要である．可能であれば，初回面接は家族同席とし，過去の病歴や初期の回復の程度，現在の問題を確認すべきである．特に記憶力に問題のある場合や障害に関して病識に欠けている場合には，家族同席がどうしても必要となる．同様に重要なのは，検査結果のフィードバックをするときに家族同席を求めることである．検査結果が

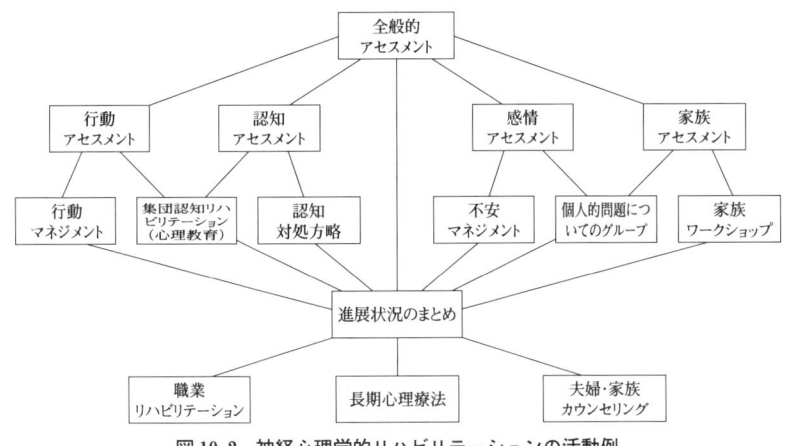

```
                    全般的
                   アセスメント
         ┌──────────┬─────────┬──────────┐
       行動         認知        感情        家族
     アセスメント  アセスメント  アセスメント  アセスメント
       │        ┌──┴──┐       ┌──┴──┐      │
      行動    集団認知リハ  認知    不安   個人的問題につ  家族
    マネジメント ビリテーション 対処方略 マネジメント いてのグループ ワークショップ
              (心理教育)
         └──────────┬─────────┘
                進展状況のまとめ
         ┌──────────┼──────────┐
       職業        長期心理療法   夫婦・家族
    リハビリテーション            カウンセリング
```

図 10.2　神経心理学的リハビリテーションの活動例

家庭における振る舞いや行動と一致するかどうかを家族にチェックしてもらう．そして，家族が，患者の抱える問題の意味や性質を理解するとともに，提案されるリハビリテーションの根拠を理解できるように援助する．以後，家族との緊密な連携が本質的に重要となる．神経臨床心理士は，家族と連絡をとり，家族から家庭における回復の進行状況のフィードバックを受ける，それとともに，現在行っているリハビリテーションの方略を家族に説明し，家庭での強化を行うように依頼する．

　ただし，その際に家族をセラピストとみなすことがないように留意しなければならない．家族メンバーにさらなるストレスを与えたり，家族関係力動をさらに変容させたりすることのないように十分注意しなくてはならない．リハビリテーション過程にある患者に対しては，家族メンバーはさまざまな要求をもつ．そして，それは，メンバー自身や家族全体に影響を与える．そこで，そのような家族メンバーの要求は，患者の問題とは切り離して，それ自体として独立して専門的な助言とサポートを受けることで対処される必要がある．

　筆者らが勤務するエイルズベリのセンターにおいては，患者のリハビリテーションに並行して家族プログラムを実施している．この家族プログラムは，夫婦や家族に関する専門的アセスメント，個別の支持的カウンセリング，家族ワークショップのプログラム，専門的な夫婦・家族カウンセリングから構成されている．筆者らの経験によれば，患者の家族は，このような家族プログラムを意義のある

ものとして歓迎している．

　このようにリハビリテーションにおける介入は，単に患者個人への介入だけでなく，患者を取り巻くコミュニティ，特に家族への介入を含むことになる．したがって，介入の方法としては，多種多様な在り方がある．例として，エイルズベリにおける頭部外傷のためのコミュニティ・サービスの中核となっている介入の在り方を図10.2に示した．この介入の在り方について，以下において事例を用いて解説する．

9. リハビリテーションの事例

　この男性は，30代後半で専門的職業に就いていた．彼は，妻（妊娠中であった），4歳の娘と住んでいたが，交通事故による重篤な頭部外傷と整形外科的外傷を受けた．地方の一般病院に意識不明のまま搬送された．そこでは，意識レベルは徐々に上昇したが，18日間の集中治療，9週間にわたる入院を経験していた．

アセスメント

　外傷後5週の時点で最初のアセスメントが行われた．患者は，事故について，またそれ以前の数週間のことをまったく思い出せず，外傷後健忘状態からまさに回復し始める時期だった．この時点で彼は，疲労，不明瞭な発話，視力の減退といった自分の身体的機能障害や，速さ，記憶，言語表出に関する認知面での問題について，いくらかは気づいていた．また，苛立ち，フラストレーション，攻撃性，抑制欠如，気分の変動，抑うつといった感情や行動の変化に関しても，その多くについてある程度は自覚していた．患者は，面接場面で自信の喪失については語ったが，不安や抑うつについては語らなかった．妻は，夫の主たる問題は家に帰ることに対する強迫観念，病識のなさ，攻撃性，抑制欠如，過度におしゃべりであること，非常に自己批判的であると述べた．また，彼女は，患者の自己報告に加えて，右肘の痛みと運動の制限，集中力の低下，時に理解力が落ちること，喚語困難，将来についての不安といった点も観察されることに気づいていた．神経心理学的アセスメントによって，全般的な認知的器質障害，すなわち全般的知的能力の低下，喚語困難，視知覚の困難，情報処理速度の顕著な低下，言語性記憶の障害が確認された．

全般的リハビリテーション

頭部外傷クリニックにおいてアセスメントの結果について話し合った結果，彼は，週2回の外来リハビリテーション・プログラムを開始した．このプログラムは，心理療法，作業療法，理学療法，週1回の集団形式の認知リハビリテーション・プログラムから構成されていた．なお，認知リハビリテーション・プログラムには，頭部外傷に関する心理教育グループと対処方略学習グループのセッションおよび個々の再訓練セッションのグループが含まれていた．

介入における最初の目標は，右手腕の機能改善，構成スキルの改善，喚語と記憶方略についての作業であった．初期の個人心理療法のセッションでは，感情を全面的にサポートするとともにリハビリテーションに関する理解とそれへの反応に焦点を当てた．リハビリテーションが進むにつれて心理的情報提供の焦点は，一日の行動計画を立て，それを構成していくスキルの改善，および自己の障害に気づき，自覚し，理解を深めていくことに移行していった．7カ月の時点での神経心理学的アセスメントでは，全般的な改善と，各種の知的課題，物品呼称，視知覚課題に進歩がみられた．しかし，情報処理速度と心理運動速度は平均以下に留まっており，しかも顕著な言語性記憶障害が残存していることが確認された．10カ月の時点で患者自身は，身体的，認知的，行動的に改善したと感じていた．しかし，家庭において苛立つことが多く，感情の抑制がきかなくなることがあると認めた．彼は，自分の心理的問題について，以前よりもしっかりと自覚するようになったが，そのように病識が増すにつれて軽度の不安と深い抑うつを体験するようになった．

職業リハビリテーション

9カ月の時点で彼は，専門家による職業リハビリテーション・プログラムに参加し，毎週行われる就業準備グループ，2つのコミュニティ・リハビリテーションの活動，個人別に計画された作業，個人別のリハビリテーション・カウンセリング，毎週行われる個人的問題をテーマとするグループに出席した．彼は，グループにおいて思ったことを何でも率直に発言した．それに対しては，他のメンバーから発言が威圧的であるとの意見が出た．さらに，他者に思いやりがなく高慢であると批判されることもあった．すると彼は，自分が批判されている，あるいは脅かされていると感じ，発言を打ち切る傾向を示した．また，個人別に計画された作業では，スタッフの指示を受け入れることができず，行動計画を立てるこ

とに顕著な困難を示した．そこで，彼の問題として，他者と交わらずに単独で行動し，周囲からの助言や指導を受け入れないということが明らかとなり，そのことは彼にも伝えられた．しかし，彼は，家に閉じこもり，一人で工作のような作業をしていることが多くなった．

　16カ月の時点で，彼は以前の仕事を"解雇"され，以前の同僚とコンタクトを取れないことを"つらい"と語った．リハビリテーションの過程が進むにつれて，重点はリハビリテーションの訓練から，個人別に計画された作業，パソコンによる文章作成の実習コース，ボランティア活動に移っていった．2年が経った時点で，地方の印刷所でのボランティアを試験的に開始した．彼は，技術的スキルには適切に対処した．しかし，計画を立て，新しいデザインに取り組むといった仕事はうまくできなかった．その6カ月後，2つ目のパートタイムの仕事をはじめた．しかし，それは彼が望んでいた仕事ではなく，4カ月間勤めただけで突然やめてしまった．

　発症3年後，彼は，賃金が支払われるような雇用関係のプレッシャーにうまく対処できる自信がないので，パートタイムのボランティアを続けたいと希望してきた．彼の援助スタッフである私たちは，サポート体制がある中でのパートタイムの仕事ならば，彼はそれをやり遂げるだけのスキルをすでに習得しているという見方をしていた．しかし，その時点で彼が対処できる可能性のある仕事であっても，彼には受け入れられないようであった．そこで，私たちスタッフは，彼がボランティアで仕事を続けることに同意した．それとともに，将来彼が職を探したいと思うようになったら，いつでも就職の方向に移行することも併せて話し合い，確認した．

夫婦カウンセリング

　リハビリテーションの期間，妻は，ソーシャルワーカーによってサポートされていた．1年目，家族は，大きな問題を抱える状況になっていた．妻は，夫が自らの頭部外傷のことにとらわれてしまい，家庭での生活に対処できないと語った．彼は，苛立ち，欲求不満となっていた．特に運転できないことや自分で自分のしたいことができないことなどに対していらいらしていた．家族のことを話し合うといつも苛立ち，挑戦的となった．攻撃的なことばで人を非難すると妻は語っていた．彼は，騒々しい音に耐えられなかった．そのため，まだ幼い子どもがたてる音に対処できず，苦しくなってその場を抜け出してコンピュータの前に避難す

ることがあった．長女との関係が問題となった．彼は，しつけにうまく関わることができなかった．娘の要求に対処することや一緒に遊ぶことで精一杯であった．

専門的なアセスメントの結果は，夫婦生活に重大な問題があるというものであった．夫も妻も，夫婦関係に関して"深刻な問題あり"と評定していた．夫婦の間でしっかりした話し合いができておらず，感情的にも，また性的にも親密な関係が失われているとの評定結果であった．そこで，私たち援助スタッフは，月1回の夫婦カウンセリングのセッションを設けた．2年を経過した頃には，彼は，頭部外傷という事態が家族に与える影響を理解した．そこで，夫婦カウンセリングにおいて，怒りに対処し，コントロールすること，家族との摩擦に気づき，それをできる限り解決すること，長女との関係を再構築し始めること，自然で自由なコミュニケーションを促進すること，夫婦関係をサポートすることなどについての指導ができるように思われた．

この時点で彼は，自らが抱える認知障害を何らかの形で補い，日常生活に対処するスキルを獲得していかなければならなかった．そこで，主要なテーマとなったのが，彼が自らの認知障害を補うのを援助するのに，専門的な神経心理学的知識と技能をどのように活用するかということであった．まさに，専門的神経心理学の活用の仕方が，ここで厳しく試されることになったのである．これは，非常に難しい課題であった．というのは，彼は，他者の視点を理解することができなかったからである．議論を支配し，しばしば他者の発言を遮り，自分の観点からものごとを判断し，割り切る傾向があった．夫婦の間は，疎遠な関係になっていた．協力してものごとの判断をすることはなく，お互いの気持ちを共有することもなく，身体的な親密さもなかった．したがって，夫婦カウンセリングは，非常に厳しい条件の下で行われることになった．まず，このように緊張した家族関係を事実として認め，現実に直面する作業を行った．それとともに家族がばらばらになるのを防ぎ，家族関係を安定させ，サポートすることを行った．

個人心理療法

彼は，感情面でも，また性的な面でも親密感が欠如していることを長いこと気にかけていた．そこで，彼は，心理療法のセッションを受けることを勧められ，それを受けた．

そこで明らかになったのは，不安や自信欠如によって感情的親密さや性的興奮が抑えられているのではないということであった．不幸なことに，彼は，頭部外

傷を受けた結果として，そのような感覚を感じなくなってしまっていたのであった．彼は，頭部外傷に影響されている自分のことで頭が一杯で，夫婦の間の微妙な事柄を扱える準備ができているようにはみえなかった．このように彼が外傷体験にとらわれてしまっていることは，外傷の前後における自己記述の比較から明らかであった．ものごとを理解する枠組みとなる構成概念および自己と重要な他者との距離を測定するレパートリ・グリッド尺度の結果は，彼が孤立した状態にあることをはっきりと示していた．彼にあっては親密さの感覚が欠如しているだけでなく，それが行動として表現されていた．しかし，彼は，そのような自己の行動が妻に与える影響については，ほとんど気づいていないようであった．そこで，続く話し合いにおいて，頭部外傷が与える影響，行動，妻と家族，そして彼自身が置かれている現在の状況についての理解が進むように援助した．

フォローアップ

外傷後 4 年の時点でのフォローアップでは，彼はパートタイムのボランティアの仕事を続けており，いくらか落ち着いてリラックスしているようにみえた．妻によると，ストレスや家族内での摩擦は減ったものの，家庭の緊張はまだ残っていて，妻はサポートを受け続けているとのことであった．彼には機能障害が残っており，それと関連して家族，職業，余暇，レジャーなど社会的活動が制限されていた．彼は，この段階に至って，そのような機能障害や社会的制限に関して，ある種の諦めをもつようになっていた．そこで，援助スタッフは，もし彼が再び心理療法を活用するという気持ちになれば，いつでも個人，家族，社会適応に関して，長期にわたって彼を援助する心理療法を提供できるように，必要に応じて対処できる体制を整えておくことにした．

以上の例は，リハビリテーションにおいて必要となる，さまざまな心理学的介入をよく説明するものである．この事例では，患者の回復と適応を促進するために，3 年以上にわたる介入が継続的になされた．そこで行われたのは，個人・集団形式の認知リハビリテーション，個人および集団形式のリハビリテーション・カウンセリング，怒りのマネジメント，職業リハビリテーション，家族教育とサポート，夫婦カウンセリング，そして長期心理療法であった．

こういった介入は，多職種協働のリハビリテーション・プログラムの中で統合されている．例えば，上記グループは，少なくとも 2 種以上の専門職によって協働して運営されるものであった．多種の専門職が協働することで，視野を広げ，

理解を共有し，共同作業を促進することができた．同じように重要なことは，他の領域のサービスや機関と連携して活動することである．具体的には，一般病院，専門的神経科学サービス，一般開業医などの他領域のヘルスサービスに加えて，適切なデイケアや在宅ケアを保障するためのソーシャル・サービス，職業のアセスメントやリハビリテーションに対応する雇用サービス，以前の学習，あるいはそれに替わる学習を続けたいと願っている人々のための教育サービス，情報を広く提供し，デイケアの専門家を提供し，家族をサポートするボランティア機関などと連携する活動が重要となる．こういった連携により，神経学的な機能障害を抱えた者とその家族に対して，回復と適応を最適化する機会を提供するのが，神経臨床心理士の活動となっている．これは，障害によって一度は台無しになってしまった生活を徐々に再建するための土台を設えていく作業なのである．

10. まとめ

神経臨床心理学は，学術的で限定的な学問であるとみなされることが多い．しかし，実際の神経臨床心理学は，専門的な神経心理学の技法と，核となる臨床心理学の技能が豊かに交じり合った学問となっている．このような神経臨床心理学は，他の専門領域と重なりつつ，独自な領域を形成している．筆者としては，本章がこの神経臨床心理学という魅力的で興味深い領域の在り方を少しでも読者に伝えるものになっていることを願っている．また，本章が複雑なケアの過程に関する読者の理解を深めるものであることも望んでいる．ケアの過程は，本章で示したように，急性期の段階における診断やアセスメントから，生活スキルと行動のリハビリテーションやコミュニティでの長期にわたる個人・家族・社会的調整に至るまでの，複雑な道筋をたどるものである．

通常の神経臨床心理学の枠組みで行われる活動については，急性期，リハビリテーション，コミュニティの段階ごとに，そこで行われる活動の特徴と核となる技能の力点が異なってくる．そのため，同じ神経臨床心理士であっても，どの段階の，どのような活動や技能に関心を抱くかによって，それぞれ異なるグループを形成している．神経臨床心理学の基礎は，臨床心理学の訓練によって与えられる．しかし，神経臨床心理士として実践的専門性を高めるためには，特定の技能を発展させる必要がある．そのような技能を習得するためには，資格取得後いくつかのコースを利用できる．その種の情報は，イギリス心理学会の神経臨床心理

学特別グループで入手することができる．神経臨床心理学の実践に関わる者が将来，認定神経臨床心理士としての地位を得るのには，正式な訓練と，さらなる資格が必要となる．

現在，神経科学の分野では，生体内イメージング，画像誘導による神経外科，移植や神経可塑性に関する研究など，大きな技術革新が進んでいる．まさに神経科学にとって，心躍る時代になっている．また，コンピュータ技術は，神経学的機能障害を抱えて苦労している人々に大きな潜在的利点を提供している．しかし，神経心理的器質障害を受けた人々がコンピュータ技術を十分に利用できるほどまでは発展していない．それは，今後の課題である．このような技術の進歩によって，医学的治療やリハビリテーションの幅が，さらに広がることが望まれている．また，実際に広がることになるであろう．このような技術の発展拡大によって，専門職としての神経臨床心理士の技能がますます必要になるといえる．

引用文献

Coppa, G. and Tancred, E. (1995). *Brainstorm interactive neuroanatomy*. Harcourt Brace/Mosby, St. Louis.

Donaghy, M. (1997). *Neurology: Oxford core texts*. Oxford University Press, Oxford.

Greenwood, R. J. and McMillan, T. M. (1993). Models of rehabilitation programmes for the brain-injured adult. 1. Current provision, efficacy and good practice. *Clinical Rehabilitation*, **7**, 248-55.

Lezak, M. D. (1995). *Neuropsychological assessment*. Oxford University Press, New York.

Ogden, J. A. (1996). *Fractured minds: a case-study approach to clinical neuropsychology*. Oxford University Press, New York.

Tyerman, A. (1997). Head injury: community rehabilitation. In *Rehabilitation of the physically disabled adult* (eds. C. J. Goodwill, M. A. Chamberlain, and C. Evans). Stanley Thornes, Cheltenham.

Walsh, K. W. (1994). *Neuropsychology: a clinical approach* (3rd ed.). Churchill Livingstone, Edinburgh.

参考文献

Clare, L. and Wilson, B. A. (1997). *Coping with memory problems. A practical guide for people with memory impairments, their relatives, friends and carers*. Thames Valley Test Corporation, Bury St. Edmunds.

Cull, C. and Goldstein, L. H. (eds.) (1997). *The clinical psychologist's handbook of epilepsy: assessment and management*. Routledge, London and New York.

Damasio, A. R. (1995). *Descartes' error: emotion, reason and the human brain*. Pica-

dor, London.
Lishman, W. A. (1997). *Organic Psychiatry: the psychological consequences of cerebral disorder* (3rd ed.). Blackwell Scientific Publications, Oxford.
Ponsford, J. (1995). *Traumatic brain injury: rehabilitation for everyday adaptive living*. Psychology Press, Hove.
Rose, F. D. and Johnson, D. A. (1996). *Brain injury and after. Towards improved outcome*. John Wiley and Son, Chichester.
Sacks, O. (1985). *The man who mistook his wife for a hat*. Picador, London.

11 ── 健康心理学と臨床心理士の活動

Dorothy Fielding and Gray Latchford

医療現場においては,医学技術が進歩した反面,慢性的で衰弱した状態で長生きする患者や困難な病気を抱えて治療への動機づけが低い患者,医療スタッフの指示に従わない患者などが増加している.このような状況は,莫大な医療費の出費につながり,国家の財政を圧迫するものとなっている.そこで病気の予防的介入や再発防止は,急務の課題となっている.健康問題に関しては,個人のライフスタイルや病気に対する信念,対処方略,社会的支援体制などが重要な影響をもつことが,健康心理学の研究結果によって明らかとなってきている.臨床心理士は,健康心理学の成果を踏まえ,生物心理社会モデルの観点から健康と病気に対して多面的な介入を行い,患者の病気の予防や治療過程の促進に努め,医療現場の課題改善に貢献している.本章では,このような健康臨床心理士の活動を解説する.健康臨床心理士の提供するサービスとしては,患者個人への介入とともに,家族などの環境への介入,心理教育,医療スタッフとの協働やコンサルテーションなどが含まれる.また,心理学研究者と協働して,介入効果を実証的に検討する研究活動も行う.近年,健康や病気に関する心理的要因の影響の大きさが認識され,健康・医学領域における臨床心理士の活動への期待が高まっている.そこで,最後に健康臨床心理学の今後の展望を述べる.

1. はじめに

この15年間,心理学の理論や実践活動をヘルスケアや身体的健康問題に適用することへの関心はかつてないほど高まってきている.健康をテーマとする心理学者の団体は国内だけでなく国際的にも形成されてきており,その数は増加している.また,健康の領域を専門とする心理学の研究者や臨床家の数も増加しており,それらの専門家が関与する心理学関連の雑誌の数も急増している.このような心理学者,団体,専門誌の増加は,心理学における健康の領域への関心の高まりを示すものといえる.

このように健康に関わる心理学が発展してきたことには,多くの理由がある.病気と健康に関する心理学研究は,患者にとって実際に利益となる臨床心理サービスの基礎知識を提供する.したがって,健康に関わる心理学研究によって患者に役立つ臨床心理サービスを展開することが可能となる.この点で病気と健康は,明らかに心理学者にとって重要かつ興味深い研究領域となっている.ただし,健

康に関わる心理学が発展した理由は，それだけではない．次の2点もまた，言及する価値のある理由である．

まず第1点として，ライフスタイルの在り方が重大な病気の要因になっていることが，近年明らかになってきたということがある．つまり，無理なダイエット，喫煙，運動不足といったライフスタイルの在り方が，心臓病，癌，脳卒中といった重大な病気の要因として重要な役割を果たすことが明らかとなってきているのである．個人個人に対して，このような不健康な行動の改善を促すことを目的としたプログラムが開発されてきている．この種の健康プログラムは，上記の重大な病気の第1次および第2次の予防活動の標準的構成要素となってきており，この点に関して健康に関わる心理学が必要とされている．

第2点として，医療の進歩によって慢性的な状態で衰弱したまま長生きする患者数が増加してきたということがある．その結果，健康援助サービスの領域において，これまでにはなかった新たな問題がいくつも生じてきている．そのような慢性的な状態にある患者は，苦痛をもたらす身体症状，生活の質の低下，多種類の薬の服用および多様な治療法の併用と，それにともなう煩雑さに，日々直面し，それを処理していかなければならない．そこで，患者がそのような問題に対処するのを援助する活動が必要となってきている．この種の健康問題に取り組む場合，常に心理的側面に焦点が当てられることになる．

健康心理学研究の進歩は，上記の健康にまつわる問題の理解を深めるとともに，問題の解決に向けての方略を発展させる可能性を提供することにつながる．健康心理学研究が提供する問題解決の方略は，行動を変えること，苦悩を減らすこと，病気によって生じる負担に慣れるよう促すことを目的としたものである．例えば，このような研究によって，健康心理学研究における2つの重要な研究領域，つまり病気体験を記述する試み (Leventhal et al. 1984) と個人が慢性病に適応しようとする際に用いる対処方略 (coping strategy) の範囲を記述する試み (Moos 1995) が開発されてきている．

臨床心理学においても，健康心理学の発展に照応する発展がなされてきている．臨床心理学は，身体的な病を抱える患者への心理学的介入には，30年以上も前から関わってきている．しかし，近年に至り，一般開業医の間で医学的介入のためのアセスメントおよび医学的介入の後の身体的回復過程において心理学的要因が重要な働きをしているとの認識が高まっている．その結果，臨床心理学の活動を求める動きが強くなっている．

最近では，健康関連の問題で臨床心理士にリファーされる患者の数は劇的に増加しており，医療のさまざまな専門領域で臨床心理サービスを必要とするようになっている．むしろ，健康の問題に関して心理学的研究や臨床心理サービスを求める医療の専門領域の範囲は，さらに広がりつつあるのが現状である．イギリスでは，1990年代初期に国民健康サービス（NHS）に関する抜本的な改革がなされ，国民健康サービス（NHS）の関連病院の再編成がなされた．そのような組織の再編成は，急性期の患者を扱う病棟において心理学の援助サービスを行うことを目的とする臨床心理学部門の発展につながった．

2. 健康臨床心理士の活動と現場

医療現場における臨床心理士の活動は，最近では健康臨床心理学（clinical health psychology）と呼ばれるようになってきている（Belar & Deardorff 1996）．一般的に，健康臨床心理学は，心理学（臨床心理学を含む）の理論と実践を健康と病気の領域で活用するものと考えることができる．ここで，健康臨床心理学の概念を明確にしておきたい．［訳注：後述される health psychology と clinical health psychology との違いを明確にするため，前者を健康心理学，後者を健康臨床心理学と訳すことにした．また，本書では，clinical health psychologist は，医療・保健領域で活動する臨床心理士との意味で用いられているので，健康臨床心理士と訳すことにした．］近年，健康心理学（health psychology）という専門領域が新たに生じてきている．しかし，健康臨床心理学と健康心理学は，異なるものである．なぜならば，健康心理学は，患者と面と向かう臨床活動に関わることのない学問だからである．また，すでに確立されている専門領域として，行動医学（behavioural medicine）と保健学（health promotion）がある．しかし，健康臨床心理学は，これらの学問とも異なる．なぜなら，行動医学は心理学概念を単に医療に適用しただけのものであり，保健学は心理学概念を単に保健予防活動に適用しただけのものだからである．それに対して健康臨床心理学は，さまざまなヘルスケアの臨床現場において患者やスタッフに対して心理援助活動とコンサルテーション活動を提供することを専門とする学問である．したがって，臨床健康心理士は，表11.1に示したようなさまざまな臨床現場において心理援助活動とコンサルテーション活動を提供する専門職ということになる．

多くの臨床心理学部門では，身体的病気を抱える患者のリファーを受けること

表 11.1　臨床健康心理士が働く現場

環境	例
コミュニティ	一般開業医のクリニック
	身体障害者部門
	頭部損傷チーム
病　院	
麻酔部	痛みの管理チーム
	緩和ケアチーム（末期の病気）
女性サービス部	援助授精チーム（IVF 治療）
	人工中絶クリニック
子どもサービス部	小児科集中治療
	小児科の腎臓部門
一般医療部	糖尿病の外来クリニック
	心臓のリハビリテーションチーム
手術部	外傷病棟
	癌部門
人事部	スタッフへのカウンセリングサービス
	健康促進部門
	スタッフ開発部門
健康に関する委員会／行政機関	健康教育部門
	公共保健部門

がある．また，コミュニティ保健領域の臨床心理学部門にも身体的病気を抱える患者がリファーされてくる場合がある．コミュニティ保健領域の臨床心理士の中には，身体障害や頭部損傷のような身体的問題を抱える患者に対するコミュニティ・ケアを専門的に行うチームの一員となっている者がおり，その場合はチームとして身体的病気に対処することになる．しかし，そうでない場合は，コミュニティ保健領域の臨床心理士へのリファーのほとんどは，一般開業医からのものとなる．なお，一般病院に関連するコミュニティ保健の部門については，医療コンサルタントからもリファーを受けることになる．

　このように身体的病気についてはリファーされてくる場合が多い．しかし，地域によっては，身体的病気を抱える患者を主な対象とする臨床心理サービスもある．これらのサービスのほとんどは，救急患者を扱う国民健康サービス（NHS）の関連病院において行われている．そのような病院付属の臨床心理学部門では，非常に若い人から老人までの幅広い年齢層の患者を対象としている．しかも，健康臨床心理士は，入院患者と外来患者の両方を対象とする活動を行うことになる．

　健康臨床心理士にとって入院患者を受け持つことは，危機的事態にある患者と

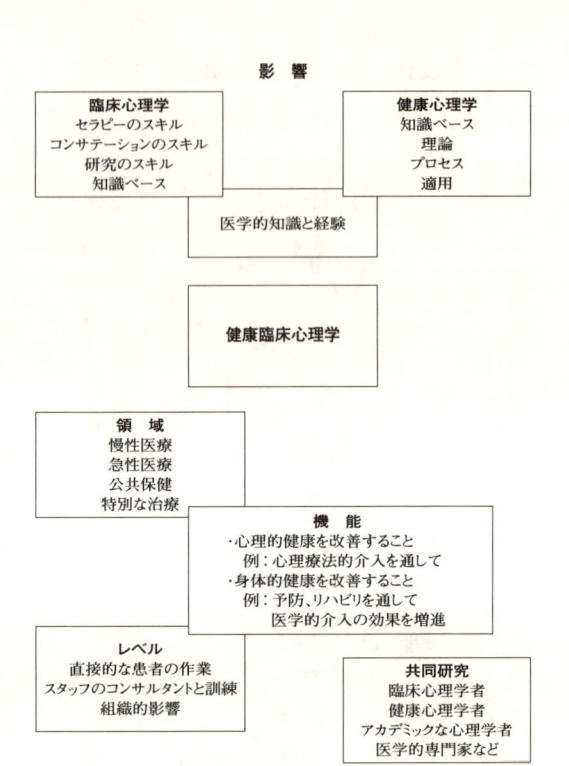

```
                        影 響
        ┌─────────────────┐   ┌─────────────────┐
        │   臨床心理学     │   │   健康心理学     │
        │ セラピーのスキル │   │  知識ベース      │
        │コンサテーションのスキル│ │    理論         │
        │  研究のスキル    │   │   プロセス       │
        │   知識ベース     │   │    適用          │
        └─────────────────┘   └─────────────────┘
                   │ 医学的知識と経験 │
                   └────────┬────────┘
                    ┌──────────────┐
                    │ 健康臨床心理学 │
                    └──────────────┘
```

```
┌─────────────┐
│   領  域    │
│  慢性医療   │
│  急性医療   │
│  公共保健   │
│  特別な治療 │
└─────────────┘
        ┌──────────────────────────┐
        │         機  能            │
        │ ・心理的健康を改善すること │
        │   例：心理療法的介入を通して│
        │ ・身体的健康を改善すること │
        │   例：予防、リハビリを通して│
        │       医学的介入の効果を増進│
        └──────────────────────────┘
┌──────────────────┐      ┌──────────────────┐
│     レベル       │      │    共同研究      │
│ 直接的な患者の作業│      │   臨床心理学者    │
│スタッフのコンサルタントと訓練│ │   健康心理学者    │
│   組織的影響     │      │アカデミックな心理学者│
└──────────────────┘      │  医学的専門家など  │
                          └──────────────────┘
                  適  用
```

図11.1　健康臨床心理学における影響と適用

より密接な関係を形成して臨床心理サービスに携わる機会となる．例えば，危機的事態としては，交通事故や生死に関わる重い病気の発病などを契機として生じた状態がある．そのような危機的事態における臨床心理サービスは，特に旧来の方法を越えて新たな方法を切り開く挑戦的な意味合いを含むものとなる．例えば，入院患者への心理援助では，ベッドサイド，病棟内の談話室，透析室などでカウンセリングを行うことになる．そのような場における活動では，従来の心理療法では当然のこととして保証されるプライバシーの確保が難しくなる．したがって，入院患者への心理援助では，新たな方法が必要となる．

　そのような状況の中で多くの健康臨床心理士は，個人を対象とする臨床心理サービスを行っている．例えば，健康臨床心理士にリファーされてくる患者としては，慢性的な痛みに苦しむ患者，心臓発作から回復過程で抑うつを呈している患者，リューマチ関節炎のような慢性症状を抱える患者などがある．リューマチ関

節炎の患者は，慢性的な症状を抱えることで，それまで可能であったことができなくなり，不自由な事態に直面する．患者は，そのような不自由な事態に慣れていかなければならないが，その過程でさまざまな問題に直面する．健康臨床心理士は，そのような問題の解決を援助する．

また，健康臨床心理士の中には，入院施設や病棟において，スタッフのコンサルタントの役割をとる者もいる．例えば，スタッフ間で何らかの問題が生じ，それを解決しなければ，患者のケアが阻害される危険性が出てきたとする．そのような場合，健康臨床心理士は，ケアチームのスタッフがまとまってその問題を話し合う作業を促進する役割を求められることがある．この他，健康臨床心理士は，組織的レベルでは，人事の責任者と協働して仕事をすることがある．例えば，人事責任者と協力し，病院の組織がスタッフのストレスとどのように関連しているのかを調査する企画を立てることがある．あるいは，コミュニティの健康増進活動を計画する際には，保健領域のスタッフと協働して仕事をすることもある．さらに，健康臨床心理士は，個人を対象とした活動や組織的レベルでの活動だけでなく，一般開業医，外科医，健康心理学者などとチームを組み，協働して臨床活動や調査研究をすることもある．

図11.1に，健康臨床心理士の活動，活動の領域や環境，介入がなされるレベル，それらの介入の焦点や機能について，その在り方（知識と技能）を要約した．本章では，以下において，健康臨床心理学の在り方と，それがどのように活用されているのかを詳しくみていくことにする．

3. 活動の在り方——理論的枠組み

健康臨床心理学は，これまで本書で述べられてきた認知モデル，行動モデル，心理力動モデルといった臨床心理学の主要な理論や概念だけでなく，それ以外の幅広い理論や概念を取り入れ，健康と病気の問題に適用することで活動を構成する．例えば，健康心理学においては，健康信念モデル（Becker et al. 1997）とMoos（1995）の理論枠組みが幅広く有効であることが明らかになっている．これらのモデルや理論は，健康と病気において個人的資源（例：対処方略や自尊心）と社会的資源（例：ソーシャル・サポートやソーシャル・ネットワーク）の役割を重視するものである．

Leventhalら（1984）によって示された病気表象（illness representation）

モデルは，研究面でも臨床面でも注目を集めている比較的新しいモデルである．これは，個人が自らの病気をどのように理解しているのかを調査するとともに，病気の脅威にどのように対処しているのかを明らかにする試みである．この病気表象モデルでは，人々は，自らの病気についての見取り図を作成し，それに対処するには何をすべきかを考える者とみなされている．そして個人の病気理解のあり方については，その人の客観的経験と主観的情動反応に基づいて調査がなされる．このように患者を積極的に問題解決を図る者とみなしている点で，病気表象モデルは，自己調節モデルといえる．Leventhal は，病気表象モデルにおいて認知表象の構造を提案している．この認知表象の構造は，病気への適応においてみられる個人差を理解する枠組みを提供するものとなっている．この点がモデルにおいて最も注目を集めている側面となっている．認知表象は，通常，下記の5つの属性を含むものである．

1. アイデンティティ：病気を抱えた存在であるということに関する信念．症状（例：痛み），具体的兆候（例：出血），診断名（例：心臓発作）に基づいて形成される．
2. 結果：病気を患ったことによってもたらされる結果．身体的，社会的，経済的，情動的なものとして知覚される事柄である（例：困難な歩行，雇用の喪失）．
3. 原因：病気の原因として知覚された属性．内的属性と外的属性が含まれる（例：遺伝，環境）．
4. 期間：病気の進行と持続を知覚する時間的枠組み（例：短期間，あるいは生涯にわたる時間）．
5. 統制可能性：患者個人によって，または患者に代わって病気に介入する者によって病気が統制され得る程度．

　患者が自らの病気とその治療をどのように知覚し，どのように考えているのかを理解することは，非常に重要である．なぜなら，自らの病気とその治療に関する患者の認知が病気や治療に向けてのアドバイスに対する患者の反応を決定することがあるからである．高血圧症の患者に関する研究によれば，自らの病気をどのように考えているのかといった信念は，患者が薬物治療の方針に従って服薬する程度に影響することが示唆されている．自らの高血圧症を慢性状態と考える患者は，薬物治療の方針に従って服薬を定期的に維持する傾向があった．それに対して，自らの病気を急性の高血圧症で，短期間の状態と考える患者は，薬物治療の方針に従わず，服薬を中止する傾向がみられた．その結果，自らを慢性の高血圧症と考えて服薬を続けた患者よりも高い血圧が維持されることになってしまった．

生物心理社会モデル

　健康と病気をテーマとする場合，対象となる病気の中心的問題，あるいは病気が生じている環境やコンテクストなどに応じ，特定の水準に合わせてそれぞれ異なる理論枠組みを幅広く用意することも必要ではある．しかし，健康と病気について考察し，理論化するための全般的枠組みも必要である．そのような全般的枠組みとして Engel (1977) によって提案された生物心理社会 (biopsychosocial) モデル（図11.2）がある．これは，長期間にわたって医学を支配してきていた疾病の生物医学モデルに対抗して提案されたモデルである．

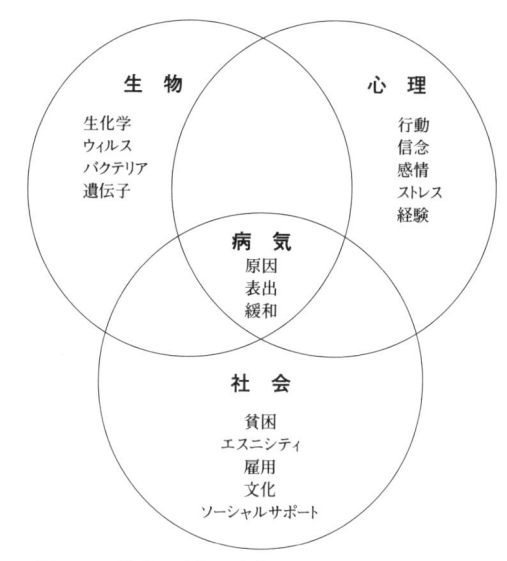

図11.2　健康と病気の生物心理社会モデルの図表化

　Engel は，健康と病気をテーマとするためには，生物医学モデルでは不十分であると指摘する．彼は，より適切なモデルは，生物的要因だけでなく，社会的要因，心理的要因，経済的要因，環境的要因といった，健康に関わる要因を幅広く考慮するものでなければならないと主張する．Engel によれば，医師が患者の状態を適切に診断し，効果的な治療方針を決定し，そして患者の信頼を得てその治療方針を実行するためには，上記すべての要因の影響をアセスメントできていなければならないとされる．したがって，医療を効果的に実践するためには，生物学的要因だけでなく，社会的要因，心理的要因，経済的要因，環境的要因のすべての影響を認識しておくことが必須であると，彼は主張する．

　地域や階層などの異なる人口区分において，罹患率と死亡率はそれぞれ違った割合を示す．医学においては，生物学的観点から病気のメカニズムに焦点を絞った研究が数多くなされてきている．しかし，それにもかかわらず，生物的要因だけでは，このような人口区分による罹患率や死亡率の幅広い多様性を説明できない．そこで，Engel の提案した病気の生物心理社会モデルは，近年ますます支持を得てきている．最近では生物医学モデルの限界を指摘する実証研究もみられる

ようになってきている．そのような実証研究からも，健康と社会経済的状態の間に密接な関連があることが明らかとなってきている．幅広い健康指標に基づく調査によると，好ましい経済状況にいる人々は，好ましくない経済状況にいる人々と比較して健康度が高いとの結果が得られている．しかも，このような健康と経済状況との関連性については，喫煙や貧困層における危険環境など，健康を害するさまざまな要因を全面的に排除して分析した結果である．

　健康と病気に関わるものとして，社会における所得の分配の在り方が特に重要な要因となっているとの研究結果が報告されている．これは，とても興味深いことである．健康度を測定する複数の変数に関して，9カ国（オーストラリア，カナダ，オランダ，ノルウェイ，スウェーデン，スイス，イギリス，アメリカ，ヨーロッパ）の間で比較研究が行われた．その結果，それぞれの国の平均寿命と所得分配の不均衡の程度との間に相関関係が見出された．つまり，貧困層も国の富をより多く共有できる社会システムとなっている国の平均寿命は，富裕層のみが富を享受する国と比較して高くなっているとの結果が得られたのである．

　このような結果は，健康臨床心理学の実践活動においては，単なる学術研究の成果を越えて非常に重要な資料となる．なぜならば，健康臨床心理学という学問は，心理的観点からだけでなく，社会的観点も含めて健康に及ぼす影響を明確化するモデルを構成しなくてはならないからである．それに加えて健康臨床心理学では，単なる研究だけでなく，介入を行っていくことになる．その際，広範囲にわたって有効な介入をするためには，健康に害を及ぼす多様な変数を考慮して，個人，家族，組織，コミュニティといったレベルに働きかけることができなければならないのである．

4. 介入の焦点（1）──心理的苦悩

　健康臨床心理学の活動目的は，メンタルヘルスの領域で働く臨床心理士の活動目的と，多くの点で異なっている．例えば，コミュニティのメンタルヘルスにおける臨床心理学の活動の主要な目的は，精神的健康に問題をもつ患者への介入とケアである．それに対して健康臨床心理士は，メンタルヘルスとは異なる一般医療の現場で活動する．しかも，そのような医療の場における介入の目的は，化学的，外科的，物理的手段などの多様な方法を用いて身体的病気の治療と管理を行うことである．したがって，健康臨床心理士は，そのような目的の下で，健康に

関わる他の専門職とともに活動する.

　健康臨床心理士は, 一般医療の現場において他の健康専門職と協働する中で心理学の技法と知識を利用して, 患者が少しでも健康を回復し, あるいは健康度を高めることができるように努力する. 例えば, 医学的治療を少しでも有効なものにするためには, 医療から利益を得ることを可能とする患者の能力が必要となる. そこで, 健康臨床心理士は, 医学的治療から多くの利益を得ることができるように患者の能力を改善することに心理学的介入の要点を定める場合がある. その際, 病気と関連する心理学的苦悩が医学的治療や病気からの回復の妨害要因になっている可能性がある. そのような場合は, 心理学的介入は, 治療や回復の妨害要因となっている心理的苦悩に対処することに焦点が当てられる.

　この他にも健康臨床心理学の活動における心理学的介入の焦点はある. 例えば, 患者が治療を続けるようにすることや医学的治療に関する理解を改善することも健康臨床心理士の活動の焦点となる. また, 喫煙や過度の飲酒といった健康を害する行動の頻度を減らすようにすることも健康臨床心理士の活動の焦点となる. このように健康臨床心理学における心理学的介入には, さまざまな焦点がある. そのような心理学的介入の焦点と関連した領域を表11.2にまとめ, 以下において, その解説を行う.

介入と回復を妨害し, 生活の質に影響を与える心理的苦悩

　誰にとっても, 身体的健康を衰弱させる深刻な病気と診断されることは, 恐ろしいことであり, 非常に不快なことである. 多くの者にとって, 病気の初期段階は, 日常生活全般にわたるコントロールの喪失として感じられる. 入院ということになれば, 何時に眠り, 何時に食事をするといった基本的判断に関する自由も大幅に他者の手に委ねられることになり, コントロールの喪失感は一層強められる. また, 患者は, 病気を抱えることで, 医療スタッフをはじめとする他者に依存せざるを得なくなる. 医療スタッフは, 患者に治療を施し, 苦痛を緩和し, どこが悪く, 予後はどうなるのかという患者の疑問に答える. 患者は, そのような形で医療スタッフに接することを通して, 彼 (女) らに依存している自分に気づかざるを得ないのである.

　したがって, 深刻な病気と診断されることで生じる, そのような危機的な経験が心理面に深刻な影響を及ぼしたとしても, それは何ら不思議ではない. 不安や抑うつは, 身体的病気の患者の間では普通の反応である. ある病気の患者グルー

表11.2 それぞれの事例における介入の焦点とレベル

焦点	レベル	介入例
心理的苦悩 （例：心臓発作後の抑うつ）	個人／集団	心理学的アセスメント 心理療法
	コンサルテーション	心理的知識の増進や，ケア管理への助言の提供，間接的なセラピー作業に焦点化した他のスタッフへの投入（例：心臓リハビリテーションチーム）
	組織	心理的ケア提供の助言（例：心臓発作や狭心症後の患者に対するサービスにおける心理的要素）
治療結果に伴う苦痛 （例：手術後の痛みや苦悩）	個人／集団	手術／カウンセリングへの準備 痛みのマネジメントの手続き
	コンサルテーション	手術への準備に関する心理的手法に焦点化した看護スタッフの教育
	組織	心理的ケア提供の助言（例：外来手術をうける規定の患者のスクリーニングと手術室のスタッフの手続きの変更）
医学的治療への遵守欠如 （例：小児の透析患者）	個人／集団	セルフモニタリング法，遵守への障壁の除去，目標設定，自己強化を用いた心理療法
	コンサルテーション	心理学的知識の増進や，ケア管理への助言の提供，間接的なセラピー作業に焦点化した他のスタッフへの情報提供
	組織	遵守欠如を調査するスタッフに心理学の原理に基づいて新しい研究技法を助言する（例：体重増加の情報提供や肯定的フィードバックを提供する子どもに親しみやすいソフトウェアの開発）
医学的治療への理解不足 （例：医療サービスにリファーされた不安の身体化症状を持つ患者）	個人／集団	代替的医学的治療としての心理療法（例：不安マネジメント方略）
	コンサルテーション	他のスタッフへの投入（例：患者マネジメントの助言や間接的なセラピー作業）
	組織	組織的サービスに関する助言や，知識の増進，心理部門へのリファー経路の確立
病気につながる行動的危険因子 （例：喫煙）	個人／集団	ライフスタイルの変化に向けた心理療法／カウンセリング
	コンサルテーション	ライフスタイルの変化に対する心理的アプローチに関する他のスタッフの投入（例：動機づけの面接技法の教授）
	組織	コミュニティ環境での健康促進介入
ヘルスケア提供の問題 （例：患者との関係性欠如につながるスタッフのストレス）	個人／集団	個々のスタッフメンバーのカウンセリング
	コンサルテーション	若い医師へのワークショップ（例：ストレスへの助言やセルフケア・スキルの教授）
	組織	組織を通してストレスレベルに影響する要因の研究と助言の提示（例：スタッフへのカウンセリング・サービスや訓練パッケージの提供）

プでは，25％から30％の者が不安や抑うつを経験するとされている．生命を脅かす，あるいは慢性的な病気で，しかも苦痛をともない，障害や容姿の変化を生じさせる病気が特に危険である．例えば，癌やリューマチ関節炎などが，そのような病気に相当する．このように深刻な病気と診断された場合，不安や抑うつといった心理的な苦悩は，当然の反応として生じる．しかし，その当然なこととして生じる心理的苦悩が，患者の回復や治療の効果に重大な影響を及ぼしかねないのである．

　生命を脅かす深刻な障害の一例として，冠動脈疾患（冠状動脈心臓病：coronary heart disease）がある．この病気では，血液を心臓に供給する動脈がコレステロールのような脂肪物質の固まりによって狭められている（アテローム性動脈硬化症，あるいは"動脈硬化"として知られる過程）．これは，血液の流れをせき止める要因となり，突然に動脈が完全に塞がることにつながる場合がある．このような動脈の閉鎖によって心筋の停止が生じた場合，心臓発作ということになる．

　冠動脈疾患は，ヨーロッパやアメリカでは早期死亡の主要な原因のひとつとなっている．当然のことながら，心臓発作後，多くの患者は強い不安を覚えるようになる．しかし，患者の感じる不安は，その後の経過によって変動する．治療過程における患者の変化を追跡した研究によれば，患者は，冠動脈治療の集中治療室に入る時と，治療室から病棟に移る時に最も強い不安を感じるとのことである．病棟移動の1週間後には不安は急速に低下し，退院時に再び上昇する．しかし，退院4カ月後には最も低いレベルに落ちる．さらに，不安のレベルは，病気の後遺症に対処する能力に自信がもてないような時に再び上昇する．例えば，仕事への復帰時や，胸が締め付けられるような症状が再び起きてきた時に，改めて不安を感じるようになるのである．

　現在，健康臨床心理士が心臓病患者の心理援助活動に携わるようになっている．心臓病治療に健康臨床心理士の参加が求められるようになったのには，はっきりとした理由がある．1つめは，喫煙やダイエットといった行動的要因が心臓病発症と密接に関連しているからである．2つめは，病気の症状に適切に対処するためには，心理的要因が非常に重要な役割を果たすことが明らかになってきているからである．例えば，病気の症状として，動脈の狭まりによって心筋に十分な血が流れなくなり，それによって胸が締め付けられる感じが生じてくる．この締め付けられるような痛みを適切に処理するためには，心理的要因を扱うことがとて

も大切となるのである．以下に，簡単な事例を示す．そこに記載されているように，病気からの回復に関して心理的要因が重要な役割を果たしていることは明白である．

事例・心筋梗塞からの回復過程における心理的要因に関して　S氏は，5週間前に心筋梗塞をはじめて経験した49歳の男性である．彼は，症状に適切に対処していたように見えた．しかし，彼の妻は，家庭医に「夫は，"自分自身を試す"といっては，毎晩，階段を上り降りしている」と打ち明けた．彼は長い距離の歩行も計画しているとのことであった．また，妻は，「身体を鍛えて，心臓発作以前の体調を取り戻し，それを維持するように努力することが夫の目標になっている」とも家庭医に語っていた．妻は，もし夫がより慎重に物事を運ばなければ，また発作を起こすのではないかと心配している．
　E氏は，1ヵ月前に最初の心筋梗塞に襲われた．その後，極端な不安状態に陥り，再び心臓発作に襲われたと信じて，2度ほど救急病棟に駆け込んでいた．彼は，ちょっとした身体的兆候（普段よりも多少早い心拍）の変化も心臓発作の徴候として解釈する傾向がある．
　B氏は，56歳の長距離トラック運転手である．心臓発作を起こして入院した後，医療スタッフに対し極端に怒り，攻撃的なことばを発していた．彼が，運転免許を失うことを心配していることは明らかだった．しかし，それだけでなく，彼は，心臓リハビリテーションのプログラムを妨害し，他の患者の回復を邪魔する態度もとっていた．スタッフは，彼の行動を理解できず，そのような態度に耐えることができなかった．ずっと後で，B氏は，6歳で母親を亡くした時に病院を訪れたのを最後に，それ以後は今回の心筋梗塞まで病院を利用する経験がなかったということが明らかとなった．彼は，病院を恐れ，母親を救うことができなかった医者に対して怒りをもっていたのだった．

　心臓発作を経験したとしても，努力して体調を回復し，さらには病前の水準以上の体力をつけることは，十分に可能である．ところが，多くの患者は，制限のある生活を送り続けている．さらにいうならば，心臓発作の重症度と病後の回復の程度との間には単純な相関はない．興味深いことに，患者の回復の程度と密接に関わり，その回復度を正確に予測できる事柄のいくつかは，心理的な側面の強いものである．つまり，仕事に復帰できるかどうか，どの程度の医学的援助を必要とするかといった事柄は，心理的な影響を受けやすい側面なのである．例えば，患者は，それぞれ自らの心臓発作の原因に関する主観的な考え（belief）をもっている．それは，患者が原因を何に帰属させるのかという"原因帰属"と関わる事柄である．この患者の主観的考えの在り方が，年齢，教育歴，病気の重症度といった他の変数から独立して，病気からの回復度を予測することが明らかとなってきているのである．

また，患者が示す心理的な苦しみの程度も，回復度の予測変数となる．多くの患者の不安と抑うつのレベルは，回復の過程で低下する．しかし，3割ほどの患者の不安や抑うつのレベルは，低下せずに高いレベルで維持される．なかには不安や抑うつのレベルが上昇する患者もいる．そのような患者は，仕事に復帰することが少なく，再入院する傾向が高い．しかも，一旦入院すると退院までの期間が長期化する傾向がみられる．

　このように，身体的病気であっても，長期間にわたって心理的ストレスから抜け出せない患者が少なからずいる．そして，このような心理的ストレスこそが，健康臨床心理士の介入にとって重要な焦点となる．不安や抑うつといった心理的ストレスは，治療の妨げになる．そこで，不安や抑うつのような心理状態は，治療を効果的に高める上で大いに考慮すべき指標となる．例えば，不安や抑うつの強い患者は，理学療法のような介入に対して参加意欲を感じない場合がある．また，服薬の前提となる自己管理の重要性を無視することもある．それに加えて，心理的ストレスが介在することで患者と保健専門職との関係は，緊張感をともなうものとならざるを得ない．その結果，患者と専門職との間のコミュニケーションに悪影響が及ぶ危険性が出て来る．

　さらに，健康臨床心理学の領域においては，心理的なストレス反応を示す傾向の強い患者を予測することも重要なテーマとなっている．患者の中には，身体的病気の発症以前から心理的問題を抱え，さまざまな援助を受けていた者もいる．しかし，そうでない者にとっては，ソーシャル・サポートや援助資源のない状態で，病気というストレスの強い出来事に直面することは，たいへん危機的な事態となる．そこで，社会や家族による適切なサポート・システムが存在しているかどうかが，患者の病気に対する良好な心理的適応を予測する指標となることが見出されてきている．具体的には，冠動脈疾患だけでなく，癌，リューマチ関節炎，糖尿病の患者においても，適切なソーシャル・サポートの有無が良好な心理的適応の予測変数であることが明らかとなってきている．したがって，多くの健康臨床心理士は，コミュニティや家族のネットワークを構成し，それを通してソーシャル・サポートを改善していくことに介入の焦点を絞るようになってきている．

5．介入の焦点（2）——患者と医療との関係

　ほとんどの医療手続きは，患者にストレスを与えるものである．医学手続きが

ストレスとなる理由は，さまざまである．医療を受ける際に痛みや不快感を感じるのではないかと心配し，ストレスを感じる患者がいる．麻酔などによって意識を失い，自己コントロールを喪失することを心配し，ストレスを感じる患者もいる．また，例えば直腸の検査や尿排出のような手続きに対して困惑し，ストレスを感じる患者もいる．さらに，医療手続きの中には，危険なものもあり，実際に生死に関わるものさえもある．しかし，医療手続きがすべて危険というわけではない．ただ単に患者が手続きについての知識がないために，その手続きがどの程度危険であるのかを予想できず，逆に強いストレスを感じるということがある．

それに加えて，医療手続きの結果に患者が反応し，ストレスを感じるということもある．ちょっとした傷の手当てであっても，結果がはっきりせず，しかも患者がそのことを気にする場合には，患者にとっては大いに悩みの種となる．このようなことは，外科的な手術ではさらに一層当てはまる．特に診断が不明で病因を探るために手術をする場合や難しい外科的処置で成功したら儲けものといった場合には，さらに一層患者のストレスは高まることになる．例えば，長い間，不妊で苦しんでいた夫婦が外科処置で妊娠することを期待している場合を考えてみよう．そこでは，妊娠を補助，促進する医療手続きがとられることになる．その場合，患者にとって結果は大変気になる．しかし，結果がはっきりしないことが多い．それは，患者にとっては，大変なストレスとなるのである．

医療手続きは，患者の日常生活のパターンを崩すことになる．そのため，医療手続きが患者のストレスになるということもある．例えば，腎臓病のために血液透析を受けに週3,4回通院する児童や少年がいる．そのような児童や少年に関する研究によれば，患者の85％と主な介助者（親）の70％が，治療の最も難しい側面として，実際的な問題をあげている（Brownbridge & Fielding 1994）．非常に多くの実際的な問題が親と子どもによって報告されている．具体的には，病院と透析センターが離れている場合，患児と親は長距離を往復しなければならない．その結果，移動の時間を含めて透析治療に長時間をとられてしまう．そのため，親は，仕事を長時間休まざるを得ず，経済的な問題も生じる．また，子どもは，治療によって，学校生活，遊び時間，家族生活，社会生活がひどく妨げられると報告されている．

このように患者は，医療手続きに対して不快感や苦しみを抱く．その不快感や苦しみは，確かにそれ自体として重要な意味がある．しかし，それとともに，それらは，医療手続きの技術的成功に潜在的に影響するものであり，その点でさら

に重要な意味をもつ．例えば，ある医療手続きに対して恐怖のあまり，最後の仕上げの段階で手続きの遂行を拒否する患者がいるかもしれない．もちろん，これは極端な例ではあるが，このようなことが手術の場面で起きたならば，時間の無駄というだけでなく，費用の面でも人件費と手術室の使用代が無駄となる．通院の場合でも，患者の不安は，治療過程を長引かせ，治療の完了を難しくさせる要因となる．また，患者の緊張が強い場合には，透析の針を血管に挿入することや手術器具を取り外すことが困難になる．しかも，患者にとってより苦痛を生じさせる危険性も高くなる．さらに，手術の最中には，生理的変化に心理的苦痛がともなうものである．そのような場合には，身体的に弱体化し，合併症が生じる危険性が高くなる．

手術前に不安を示す患者は手術後の痛みを訴える傾向が強いことが，多くの研究で明らかとなっている．そのように痛みを訴える傾向の強い患者は，より多くの麻酔薬を必要とし，より長い入院期間が必要となり，回復過程においてより多く不安や抑うつを訴えることが明らかとなっている．したがって，医学的な治療を施す以前およびその最中に，心理的苦痛を減じることを目標とする介入が特に重要となるのである．

患者の側の，医療に関する理解不足と治療方針の遵守欠如

一般開業医を対象にして調査をしたところ，次のようなことが明らかとなった．つまり，一般開業医が診療活動において最も困っていることのひとつは，患者が医学的アドバイスに従わないこと，あるいは指示された治療方針を守らないことである．これは，具体的には，次のような形をとって示される．予約を守らない．治療方針に従わず，早期に治療を止めてしまう．医師の指示に従わずに早期に退院してしまう．処方される薬物を服薬しない．以下に，そのような事例を示す．

事例・治療方針に従わないことの問題 Yさんは，8年前にタイプⅠの糖尿病と診断された28歳の女性である．彼女は，糖尿病に適切に対処しておらず，病気のコントロールができていなかった．彼女は，できる限り自分が糖尿病であることを隠しており，病気はすぐにでも治癒するものと信じている．彼女は，自分は病気のコントロールに最善を尽くしており，自分ができることはもはや何もないと感じている．

Tさんは，重症の腎不全と診断された18歳の男性である．彼の病気は，11歳の時に診断された．病気の進行が異常に早く，最初の徴候がみられた3週間後には病院で血液透析を受けることが必要となっていた．透析をはじめて2年後に，彼は腎臓移植を受けた．当初は成功と思われたが，1年後には，移植前と同じ病因によって移植された腎臓も機能不

全となった．そこで，Tさんは，携帯型腹膜透析装置を利用することにした．これは，家で透析ができる利点があるが，装置の消毒と装薬をしなければならず，それには細心の注意を要するということがある．彼は，携帯型の透析装置を好んで利用した．しかし，何度か腹膜炎に罹患してしまい，その結果腹膜の損傷がひどくなり，携帯型腹膜透析装置の使用を続けられなくなった．結局，血液透析に戻らざるを得なくなった．ところが，彼は，血液透析の治療方針に基づく液体摂取制限を守ることができなかった．そこで，心理援助が必要となり，健康臨床心理士にリファーされてきた．

　Cさんは，腎臓の外来患者クリニックに通院する既婚女性である．彼女は，予約時間に来院しないことがしばしばあった．彼女の腎臓の病気は，透析を必要とする程度には進行していなかった．ただし，病気の進行を止めるために，スタッフが血液サンプルをとり，病気の進行度を判断する血漿クレアチンのレベルをモニターしていた．したがって，彼女が病気の進行を防ごうとするならば，治療方針に従い，定期的にクリニックに通うことが重要であった．スタッフは，何故彼女が治療方針に従ってクリニックに通わないのか理解できなかった．むしろ，どのように彼女の行動に対処してよいか苦慮していた．そこで，彼女を心理部門にリファーすることにした．健康臨床心理士との面接の中で，次のことが明らかとなった．つまり，彼女は，子どもの時に，父親が誤った注射をされたためにてんかん発作を起こした出来事を目撃し，それを契機として強い先端恐怖をもつようになり，注射針を恐れていたことが判明したのであった．

　患者が治療方針を遵守しない程度を厳密に測定することは難しい．そのため，さまざまに異なる見解が示されている．例えば，短期の治療を受けている患者のうち，平均して3分の1の者が医療方針を遵守しないでいるとの結果も示されている．薬物治療に関していうならば，驚くべき結果が出されている．それは患者に処方された薬の半分は，実際には服薬されていないという結果である．

　これまでの研究から，患者が治療方針を遵守しない程度はさまざまな変数によって大きく変化することが明らかとなっている．治療方針の遵守に関する患者の態度を左右する変数としては，次のものがあげられている．保健専門職の側の変数（例：助言のタイプ，助言の与え方など）．患者の側の変数（例：患者自身が認識している病気の重症度，医療従事者からの要請に従って行動を変化させることの利益と不利益など）．社会環境的変数（例：社会経済的状態，家族の凝集性など）．

　患者による治療方針の遵守を左右する要因としては，患者の病気と治療方針の性質もまた重要となる．例えば，患者にとって不快な症状をもつ急性の病気の場合，薬物治療によって症状が緩和されるということであれば，治療方針は比較的高い率で遵守されることになるであろう．逆に，生涯にわたる複雑な治療体制が必要となる慢性的な病気の場合には，治療方針の遵守は難しくなるであろう．例

えば，重症の腎不全のように，厳しい食事制限や液体摂取制限を前提とする治療体制が要請される場合，患者がその治療方針に従うのは難しくなる．

治療方針を遵守しないことの影響については，これまで多くの研究報告がなされている．再入院の場合，約5分の1は治療方針に従わなかったことと関連しているとの結果が出ている．多くの場合，医療からの助言に従わないことは，身体面での深刻な結果をもたらす．例えば，タイプIの糖尿病では，食物中の糖分を分解するインスリンが欠乏しているため，患者は定期的に適量の食物摂取とインスリンを自分で注射するという自己管理が必要となる．患者は，一生の間，インスリンを毎日，数回注射をしなくてはならない．それを守らなければ，糖尿病によって患者の命が脅かされることになる．しかも，もし医療の指示どおりに血中糖分の量を低レベルで維持させることができなければ，後年，多くの2次的合併症（失明を含む）を併発する危険性が高くなる．2次的合併症を病むことは，辛いものである．ところが，非常に多くの糖尿病患者は，医療の指示に従うことができず，2次的合併症を併発し，辛い闘病生活を送るというパターンが繰り返される．

以上で例示したように，医療においては治療方針を遵守しないことが高い割合でみられる．また，治療方針を遵守しないことによって治療効果が減じるとともに，治療が繰り返されるために治療費用もかさむことになる．したがって，治療方針に従うことができない患者への介入プログラムが必要となり，そこに健康臨床心理士が関与することは，何も驚くことではないのである．

医療の側の，患者についての理解不足と不適切な対応

さまざまな症状を訴えながらも，症状についての十分な医学的説明を得られない患者がいる．このような訴えをもつ患者は，健康サービスにおける大きな問題を表わしている．イギリスでは，外来患者の半数近くが器質的な病理としては説明できない身体症状を呈している．しかも，そのような事例の半分は，不安や抑うつが基底に存在する．

このような医学的に説明のつかない症状を示す患者の中には，少数ではあるが，慢性化する場合もある．アメリカのプライマリケアの対象となる患者の約5%から7%は，身体化障害（somatization disorder）の基準に合致する．この身体化障害は，心理的問題が疲労，めまい，痛みといった身体症状として表現された事態である．この種の患者の中には，心気症の形をとる場合もある．心気症とは，

自分は深刻な病気に罹っているとの思いにとらわれてしまう障害である．一般開業医は，このような身体化障害の患者に対しては，通常，"器質的な問題はないですから，心配することはありませんよ"と元気づける．しかし，残念なことに，このような元気づけが役立つことはほとんどない．多くの事例では，患者は，"大丈夫ですよ"といわれても，その時は一瞬安心する場合もあるかもしれないが，結局はすぐに心配が首をもたげてくる．そして，再び医療を訪れ，症状を訴え，検査を受けることを繰り返す．

　この種の患者を治療する経済損失は，莫大である．アメリカにおける健康関連の推定費用は，国際的平均の9倍となっている．また，ある1人の慢性的な身体化障害の患者のために，推定で25万ポンド以上の外科の医療費が費やされたとのイギリスの事例報告もある．しかし，このような経済的観点を離れても，身体化障害に対処することは必要である．というのは，身体化の問題をもつ患者は，他の慢性の障害と比較して，生活の質に関して甚大な低下をきたすという研究報告が出されているからである．

　身体化の問題には，心理的特質が深く関与している．ところが，アメリカとイギリスにおける調査研究によって，このような心理的特質は，一般的な医療現場のスタッフにはわかりにくいものであることが明らかとなっている．患者は，タイミングよく医療に入り込み，何も役に立たない高額の検査を受ける．結局は，そのような検査を受けることで，患者の生活の質はどんどん低下していくことになる．このようなことが，しばしば繰り返されているのである．

　なお，身体化障害だけが，不適切な医学的治療を行わせる唯一の原因というわけではない．この他にも，少数ではあるが，解離性（転換性）障害を呈する患者がいる．これらの患者は，器質性疾患を装う非常に劇的な症状を無意識に呈する．ほとんどの場合，そのような患者の症状の表わし方は，非常に多義的で曖昧である．

　また，不適切な医学的治療を行わせる原因には，入院するためにもっともらしい劇的症状を創出するミュンハウンゼン症候群のような虚偽性障害も含まれる．こういった虚偽性障害は，頻度としては稀ではあるが，医療に対する挑戦でもある．患者は，医師に対して自ら創りだした偽りの症状をさまざまな形で示してくる．（長期間の検査や治療を経て）それが偽りであったことを突きとめられると，患者は，病院を変え，改めて創出した偽りの症状を携えて医師を訪ねることを繰り返す．その結果，1人の患者のために，多額のヘルスサービスの医療費が浪費

されることになる.

　最後に, 身体醜形恐怖 (body dysmorphic disorder) に触れておく. これは, 自らの身体部位を妄想的に醜いものとみなす症状である. 例えば, 自分の鼻がひどく大きくて醜いという妄想をもつ場合がそれにあたる. 身体醜形恐怖の患者は, 数としては少ない. しかし, このような患者は, 醜いと思い込んでいる部分に対する医学的治療を求めて, しばしば形成外科を訪れる. ところが, そのような患者の要求は, 医学的介入によって満たされることは決してない. 醜いと思っている部分の整形をしても, 結局は妄想の焦点が別の身体部位に移動し, 訴えは違う形で存続することになるだけである.

　医療の現場で活動する健康臨床心理士の主要な役割は, 身体化の問題をもつ患者のアセスメントと, それへの介入である. さらに, 他の医療スタッフが身体化の問題への認識を深めるのを促進するとともに, 医学的ケアとの連携協力システムを発展させることも大切である. なぜならば, 身体化の問題をもつ患者が複数の場にまたがって不適切な治療を繰り返しているにもかかわらず, 医学的ケアをする側でそのことに気づいていないことがしばしばみられるからである.

6. 介入の焦点 (3)──ライフスタイル

　近年, ライフスタイルが特定の病気を引き起こす危険因子になっていることが注目されている. 1992年7月にイギリス政府は「国民健康施策」(the Health of the Nation document) を発表し, 2001年までに減少させる病気の目標枠を示した. 減少させるべき病気として選択されたのは, 心臓病, 脳卒中, 癌, HIV (性的健康), 精神病, 事故であった. ここで選択された病気は, 過去において健康施策の対象となっていた病気とは, まったく異なるものであった. 以前は, 結核のような感染症が死亡の最も一般的な原因となっていた. しかし, 感染症は, ワクチン接種などの医学的介入と公衆衛生などの保健活動によってほぼ撲滅された. その結果, 上述したように「国民健康施策」で取り組むべき目標として示された病気は, 本質的に異なったものとなった. 例えば, 心臓発作, 脳卒中, 癌は, すべて多元的な原因によって発症する病気である. それらは, 感染という媒介行為に基づくものではない. むしろ, それらは, 大きく個人の行動の在り方に左右される病気である. 例えば, 上記の病気はいずれも, 喫煙しているか, 飲酒しているか, どのような食事をしているのか, どのくらい運動しているのかといった

個人の行動の在り方に影響を受けて発症するといえる.

喫煙は, 多くの病気の発症に関わる危険因子となっている. 病気の危険因子となる行動が数ある中で喫煙は, 単独の因子としては最大のものである. 例えば, 癌による死亡の30%の原因となっているのが, 喫煙である. そこで政府は, 2000年までに喫煙の33%減少, 煙草の消費全体の40%減少を達成目標として掲げている. また, 2005年までの達成目標としては, 以下の数値があげられている. 脂肪酸の消費の35%減少, 肥満の25%から30%減少, 過度の飲酒の30%減少.

政府の健康施策においては, 上記の行動を左右する多面的な影響要因(例えば, 強力な社会経済的要因など)が取り上げられていない(Bennett & Murphy 1994). その点で, 掲げられた目標を達成することの難しさについては, 十分に扱われてはいない. しかし, 国民の健康改善のためには基本的スタイルを変化させることが必要であることを強調し, 病気の1次予防および2次予防の重要性を重視する内容にはなっている. この点は評価できる.

健康臨床心理士は, プライマリケアから救急病院に至るまで幅広い臨床現場で活動している. このような医療現場で働く健康臨床心理士は, 以上で示した重要なテーマを見逃してはならない. 上述した問題を認識し, そこにしっかりと取り組んでいかなければならない. その際, 保健専門医, 理学療法士, 栄養士などの多くの他の保健専門職と密接な連携をとり, 協働していくことが求められる.

7. 介入の焦点 (4)——ヘルスケアの環境

病気の人は, 感情面で傷つきやすい状態にある. そのため, どのような治療を経験するかということが, 患者にとってはとても重要な意味をもつ. 感情的に脆弱な状態にある患者にとっては, 予約前に渡される案内書類から外来の診察室の物理的環境に至るまで, さまざまな要因が治療経験に影響を与えることになる. ヘルスケアの環境の中には患者の治療経験に影響し得る要因は, 多数存在する. それらの要因については, 以下の3つの領域に分類して考えてみるのが有効である.

- ヘルスケアの専門職とのコミュニケーション
- ヘルスケアの場における対人的雰囲気
- ヘルスケアのスタッフの職場環境

患者が自ら経験したヘルスケアについてどのような意見をもっているのかを調査した研究は，数多くある．いずれの調査においてもみられる不満は，ヘルスケアの専門職と患者との間のコミュニケーションに関連するものである．医師－患者間のコミュニケーションの改善は，患者の苦悩の減少，患者の治療満足度の改善，治療方針の遵守の促進，苦痛の減少，回復度の改善に結びつく．このことは，よく知られた事実であり，すでに研究でも実証されている．ところが，多くのヘルスケア・スタッフは，そのことを理解しているのにもかかわらず，情報提供には慎重な態度をとる．患者に何らかの情報を伝えることで患者の苦しみが引き出される場合には，特に情報提供を躊躇する傾向が強い．要するに，感情的反応を含む情報や"悪い知らせ"を与える場合には，コミュニケーションが難しくなるのである．これは，ヘルスケアの現場でのコミュニケーションが難しくなる理由のひとつである．このようなコミュニケーションの難しさは，ヘルスケアのテーマとして研究されてきた．そして，現在では，その研究結果に基づき，コミュニケーションのスキル・トレーニングが医学教育において重要な課題となってきている．健康臨床心理士は，医療教育や医師－患者間のコミュニケーションの研究に関与しており，この領域で重要な役割を果たしてきている．

　このように患者の治療経験にとって，ヘルスケア専門職との人間関係は重要である．しかし，ヘルスケアが実践される場の環境も同様に，患者の治療経験に影響を与える因子として重要な意味をもつ．例えば，病棟，外来患者のクリニック，事故救急部門といったヘルスケアの場の環境は，患者にとってのストレス源となり得る．病院の物理的環境や建物の特徴，病院や病棟の診療の方針や方法，外来病棟と入院病棟における活動などはすべて，患者のケアに直接的な影響を与えるのである．

　4つの病院の入院病棟に関する患者の意識調査が行われた．その結果，多くの患者が病棟環境的側面（図11.3を参照）に関して強い不満を感じていることが明らかとなった．このようなヘルスケアにおける環境アセスメントの結果をしっかりと受けとめることが，患者の置かれた環境と一般的な健康状態を改善するための重要な出発点となる．そこで，健康臨床心理士は，看護師などの他のスタッフと協力して，病棟の診療手続きや設備を改善する方法を見出す活動に従事することが必要となる．診療手続きや設備の改善の目標は，治療効果を改善することである．治療効果を改善するためには，入院あるいは通院の期間中における患者自身の選択の自由と自己コントロール感を重視し，それを高めていくことが重要

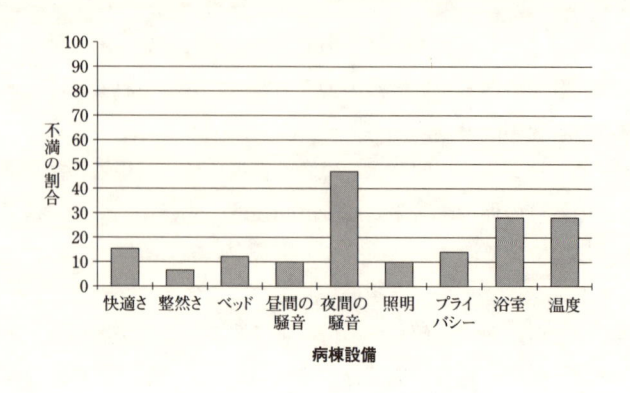

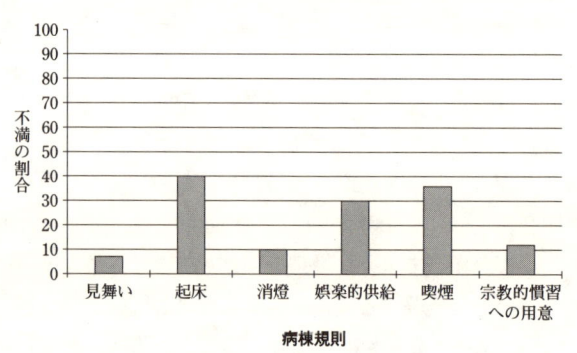

図11.3 病棟規則や設備の各側面に対する患者の不満の割合

となる．そのためには，患者自身の選択の自由と自己コントロール感を治療過程に導入することに向けて，患者の視点を取り入れることが必要となる．その点で患者の意識調査は，重要な意味をもつのである．

　ヘルスケアの環境は，患者の治療環境を提供するだけでなく，スタッフの労働環境をも提供するものである．最後に，この点に触れておくことにする．これらの2つの要素は，緊密に関連する．同僚や上司からサポートを得られていないと感じるスタッフは，患者に対して援助的なケアを提供することが難しくなる．さらに，同僚や上司からサポートを得られていないと感じるスタッフは，自己の仕事を重荷と感じるものである．そこで，そのようなスタッフは，自分の仕事をなるべく手短に済ますことを考えて，患者の選択の自由を限定し，スタッフの意に従うようにさせる．その結果，患者の自己コントロール感は減少し，依存性が強化されてしまう．逆に，スタッフ同士が助け合う関係にあるならば，スタッフは，

患者に対して関心をもち，患者の回復に向けて期待を抱くことができる．そのようなスタッフの関心や期待は，治癒に向けての患者の動機づけを高めるための強力な因子となり得る．患者は，苦痛や苦しみを抱え，また病気に由来する障害や制約に対処しようと苦労している．そのような中で，スタッフの関心や期待は，患者の意欲を支える重要な役割を果たすのである．

近年，ヘルスケアの場において，スタッフのストレス，労働環境への不満，士気の低下が広がり，その影響がさまざまな形で問題となっている．例えば，勤務医は，長時間勤務に加えて常に待機状態に置かれている．そのため，経験の浅い勤務医に関する調査研究では，ほぼ20％が職業的に疲労困憊の状態にあると報告されている．つまり，情緒的消耗，解離状態，業務不能といった燃え尽き症候群の症状に苦しんでいることが示されている．職業上のプレッシャーに加えて，組織の中での立場の難しさ，将来のポストの不安定性，患者によって訴えられる危険性など，さまざまなことが経験の浅い医師のストレス源となっている（Humphris et al. 1994）．経験の浅い医師は，経験豊かな上級医師に比較してより強いストレスを受けているとの結果も示されている．

ストレス源は多少異なるものの，看護スタッフにおいても，医師と同様に高いレベルのストレスがみられた．強いストレスを感じているスタッフは，ストレスをそれほど感じていないスタッフに比較して，職務満足度が低く，病気休暇をとる率も高かった．これまでみてきたように，ヘルスケアのシステムにおいては保健専門職の職務満足度が，職務の遂行の程度，治療に対する患者の満足度，患者が治療方針を遵守する程度を予測する重要な因子であることが実証的に明らかになってきている．したがって，医療スタッフのストレスの問題は，ヘルスケア・システムにとっては見逃すことのできない深刻なテーマとなっている．

以上にみたように，ヘルスケアが行われる場の3領域，つまり"ヘルスケアの専門職とのコミュニケーション""ヘルスケアの場における対人的雰囲気""ヘルスケアのスタッフの職場環境"において，心理学的要因が重要な意味をもっていることは明らかである．また，そのような心理学的要因に対処するために必要とされる心理学の知識と技能は，単なる患者個人に介入するための技能と知識を越えた幅広いものであることも明らかである．保健専門職の間では，このような幅広い心理学の知識と技能を提供できる健康臨床心理士に対する要望は非常に強い．

このように健康臨床心理士への期待は高い．しかし，健康臨床心理士は，緊急性が高い現場で活動しているのにもかかわらず，利用できる資源は乏しい．そこ

で，健康臨床心理士は，心理学の知識と技能を幅広く提供できる方法を開発し，それを活動する場で実践していくことに一層注意を払うべきである．健康臨床心理士には，職場で治療を受けている患者すべてが心理学の知識と技能の恩恵を受けられるように活動の幅を広げる工夫をしていくことが求められている．そこで，健康臨床心理学の活動の幅を広げるために，表11.2および次節では，個人，集団，組織，コミュニティといった異なる次元での健康臨床心理士の活動をまとめることにした．

8. アセスメント

健康臨床心理学のアセスメントの方法すべてを説明することは，本章の範囲を越えている．個々の患者を対象とするアセスメントの技法や手続きについては，本書の他の個所で解説されており，読者は，それらを参照することができる．介入に向けての見立ての形成，つまり事例の定式化（formulation）は，アセスメントに基づいてなされる．したがって，定式化は，注意深い面接と，気分，生活の質，社会的支援体制，対処方略などを測定する質問紙の結果に基づくことが必要である．行動日誌は，病気に関連した問題の頻度や気分の変動性（例えば，痛みのレベル，心悸亢進，てんかん発作，医療処置中の不安感）を調べるのにも役立つ．観察もまた重要である．具体的には，健康臨床心理士が患者に同行して診察場面に入り，診察や治療を受けている最中の患者の行動をさまざまな側面について観察し，記録するといった方法がある．例えば，血液検査や精密検査の際の患者の様子や血液透析の際に注射をされる患者の様子を観察するということが行われる．

健康臨床心理士は，以上の方法の他にもヘルスケアのさまざまな領域で発展してきているアセスメントの技法を用いる．時には，最近開発されたばかりの技法を用いることもある（Bowling 1995）．例えば，近年発展してきている重要な領域として，病気認知の測定がある．この点については，すでに本章において既述した．また，医療効果簡易調査用紙やSF-36（Ware & Sherbourne 1992）といった包括的なアセスメント技法は，あらゆる臨床状況における変化を測定するために有効である．それに対して，ある特定の臨床状況を測定するアセスメント技法もある．例えば，特定の臨床状況として糖尿病における情動調節を測定するATT-39（Dunn et al. 1986）のような技法がそれに相当する．このような特定

状況の測定法は，健康臨床心理士が特定の治療に焦点を当てたアセスメントを行う際に利用できる．なお，ヘルスケアの各領域における測定法は，現在急速な勢いで発展しつつある．例えば，機能，健康状態，ソーシャルネットワークとサポート，生活満足や生活の質といった領域で数多くの測定法が開発され，その有効性が実証されている．

どのような形式のアセスメントを採用するかということとは別にアセスメントの過程で重要な意味をもつのは，介入のレベルを決定することである．同じ問題に焦点を当てる場合でも，介入するレベルが異なることがある．表11.2には，その例を示した．ヘルスケアの現場で活動する健康臨床心理士の数は非常に限られている．したがって，その場で最もよく生じる問題に応じて，介入は病棟レベルがよいか，あるいは各部門レベルでよいのかを決定していくことが必要となる．例えば，健康臨床心理士が勤務する臨床の場において，心臓発作後の患者の不安や医療処置の前のストレスが普通にみられるのならば，それらの問題とアセスメントし，その結果に基づいて介入のレベルを決定することが求められる．ただし，患者の心理的問題が深刻な場合（例：重い恐怖症）には，まず個人を対象とした心理学的介入を実施しなければ，医療を受けることができないということもある．

この他，健康臨床心理士にリファーされてくる事例もある．そのような事例については，患者個人の問題というよりも，病棟やユニットのスタッフ側に何らかの問題があることが考えられる．過重労働をしているスタッフや緊迫したストレス状況の中で仕事をしているスタッフは，経過が予定通りに進まず，病状が悪化するような事例に対しては治療意欲を喪失しがちである．そのような場合には，患者への直接的な介入よりも，スタッフへの介入のほうが重要なことがある．

9. 介入（1）――個人のレベル

身体的病気の患者で心理的問題も併せて抱えている患者に対しては，それが個人的介入であっても集団的介入であっても，心理学的な介入をする場合には心理療法モデルを用いることになる．心理療法モデルを用いる点では，他の専門領域の臨床心理士と同様である．ヘルスケアの領域では，患者の身体的健康はさまざまな状態にある．例えば，認知行動療法は，このようなさまざまな健康状態にある患者に幅広く適用されている．心理療法は，病気という現実を否定することをめざすものではない．そうではなく，患者が自ら置かれた状況を現実的に把握で

きるように援助することに関わるのが，この領域の心理療法の目的となる．患者は，病気を患っていることで感情的な衝撃を受けている．患者自身が，その感情的な衝撃を認識しつつ，自らの置かれた状況を把握するのを援助するのが，この領域の心理療法である．さらに，ヘルスケアの領域の心理療法には，患者の病気に関連した問題を把握する作業も含まれる．例えば，身体麻痺となり，自由の喪失を経験している患者を考えてみよう．患者は，子ども時代における親と死別した際に経験した喪失感を再び体験しているかもしれない．そのような場合，心理療法の中でこの点を把握し，認識していくことが重要となる．

　個人レベルで患者に介入する場合，その患者の人格的資源と環境的資源の両方を併せてアセスメントする理論的枠組みを採用することが重要となる．このことを強調したのが，Moos (1995) である．ここでいう人格的資源とは，対象となっている患者の自尊心，病気認知，対処スタイルである．また環境的資源とは生活ストレス，ソーシャル・サポートの体制，家族関係である．Moosは，背中の痛みと高血圧症を患うM婦人を例にあげて説明している．M婦人は，夫の死後，抑うつ状態に陥った．アセスメントによって，彼女には，死別，突然の収入の喪失，職場での昇進の失敗といった数多くの生活ストレスがみられただけでなく，子どもや親戚からのサポートも欠如していることが明らかとなった．そのような状況の中で彼女は，自分の苦しい現実に直面することを回避し，超然としてひとり孤高を保つことで状況に対処していた．それが，彼女の対処スタイルであった．しかし，心理療法を受けることを通して，彼女は，力強い対処の仕方を身につけていった．具体的には，状況を論理的に分析し，サポートを受けられる対象を探すことを始めた．その結果，友人の助けを得て，夫と死別した女性たちのサポートグループにメンバーとして参加した．彼女は，このグループに参加することで喪失感を他者と共有する機会を得た．それとともに，このグループ体験は，彼女が他者から支えられながら，しかもストレスを感じることの少ない生活状況を築いていく機会ともなった．

身体化障害の場合

　個人レベルへの介入であっても，対象となる患者が医療サービスに対して不適切な要求をしている場合には，介入のアプローチは自ずと異なってくる．そのような例としては，本章で既述した身体化障害を示す患者がある．身体化障害の患者の場合，自己の身体症状について誤った解釈をし，それを"破滅的な"ものと

思い込んでいる．そこで，症状を破滅的とみなす誤った解釈に介入のポイントを絞ることが必要となる．なぜならば，そのような誤った解釈が身体化障害を維持するのに重要な役割を果たしているからである．そのような事例では，"私は脳梗塞に襲われる""私は息が詰まってしまう""心臓発作が起きている"といった自動思考が生じてくる．そのような場合，認知行動療法が有効な介入法となることが明らかとなっている．具体的には，まずアセスメントにおいて，自動思考を同定し，そして，それらの自動思考を変化させるように介入する．その際，気晴らしやリラクセーションの技法を利用し，行動を計画的に形成していくことが効果的である．

　この10年の間に，身体化障害や慢性疲労症候群といった特定の症候群に対して有効な介入方略が開発されてきた．実際，さまざまな症候群に対して有効な介入法となる個人心理療法や集団心理療法が発展してきている．統制された研究によれば，そのような心理学的介入は，一般的な医学的治療と比較して長期的な効果をもたらすという点で有益であるとの結果が示されている．ただし，大きな問題が残っている．それは，患者が適切な介入を受ける体制が整備されていないということである．例えば，身体化障害が医療スタッフによって正確に診断されたとしても，患者が健康臨床心理士や精神科医のところにリファーされるのを望まないことがしばしば生じる．そのような場合には，健康臨床心理士や精神科医という資源が有効に利用されないことになる．そこで，資源を最も効果的に利用するためには，健康臨床心理士が医療スタッフのコンサルタントとなるコンサルテーション・アプローチが必要となる．そのような患者に対処するためのガイドラインでは，患者に関わっているスタッフ間のコミュニケーションの改善が必要であると強調される．これは，健康臨床心理士と医療スタッフを適切なコミュニケーションをとってこの種の患者に対応することの重要性を指摘しているものである．

　もちろん，多くはないにしても，器官性疾患が見逃されて身体化障害と誤診されている可能性も常に考慮しておくべきである．その点で，医療スタッフとの連絡を保っておくことが本質的に重要である．いずれにしろ，身体化障害を疑われる患者に有効に対処することは，たいへん難しい．したがって，現在では，早期の予防を優先すべきであるということが大方の認識となっている．

医療方針に従わない患者の場合

　最後に，医療方針に従わない患者に対する心理学的介入に触れておく．健康臨床心理士のところには，このような医療方針を遵守しない患者がしばしばリファーされてくる．この種の患者への介入のほとんどは，患者の病気への適応を援助するための心理療法の実施ということになる．例えば糖尿病のような慢性病と診断された場合，患者は情緒的なショックを受ける．その結果，生き延びるために必要な最低限の課題はこなすが，それ以外のことは無視してしまうということが生じる．糖尿病についていうならば，患者は生き延びるために必要な日々の注射のみをするだけで，それ以外にも重要な食事制限や注射のタイミングといったことについては無視し，注意を払わなくなる．病気の診断を受けた時に患者は，抑うつ，悲嘆，絶望感といった強い心理的反応を感じるものである．そのような強い心理的反応によって，病気をコントロールしようという意欲が失われてしまうことがある．

　病気をコントロールしようという患者の意欲があっても，医療方針を遵守することが難しい場合もある．それは，医療方針がたいへん複雑な場合である．先述した重症の腎不全の患者であるＴ氏は，血液透析による治療を受けていた．その際の治療方針は，非常に複雑な課題を複数こなすことを求めるものであったので，彼は，生活の在り方そのものを変えざるを得なかった．以下にその治療課題の一部を示す．

- ・1週間に3度の透析のセッションへの参加（1セッション4時間）
- ・液体の摂取制限——1日に700mlまで（およそ3カップ）
- ・カリウム摂取のための食事（例：新鮮な果物，野菜，木の実，穀物全般）
- ・ナトリウムの食事制限（例：食塩）
- ・リン酸塩の食事制限（例：規定された食物のみ）

　このように多くの条件や制限がある状況においては，医療スタッフの目的と患者の目的が異なることは大いにあり得る．患者は，長期間の忍耐と即時的な満足を天秤にかけ，治療方針に従わないことを選択するかもしれない．そのような場合には，患者に何をなすべきかをただ単に教示し，指導するだけの伝統的なアプローチでは役立たない．その代わりに，患者がそのような選択をした理由を取り上げて話し合うとともに，適切な自己管理をするのに障碍となっている現実的要因や感情的要因を探り，それに対処することが必要となる．

　腎不全の治療方針を遵守するのが難しい患者への心理学的介入において，行動

表 11.3 研究の 3 段階の期間における液体過剰摂取による入院日数と透析日数

	ベースライン	研究の段階　（それぞれ 6 週間） 行動的介入　発達的介入 　　　　　　（6 週間に 1 度）		フォローアップの介入
入院日数	11	2	0	0
透析日数	23	20	18	21

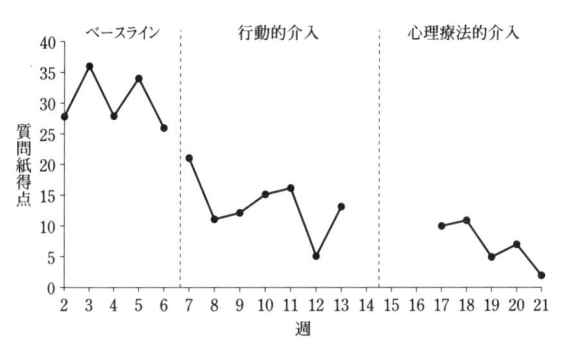

図 11.4　T 氏の総合的な苦悩に関する質問紙測定の得点の変化（週単位）

療法と心理療法を併用するアプローチが採用されてきた（Brownbridge 1991）.行動療法のアプローチでは,患者と協働していく方針がとられている.以下に,その方針の一部を示す.

- 教育
- 液体摂取を減らすために現在実行している方略の見直し
- 日々の液体摂取のパターンを日記に記録する（どのような状況で飲み始め,それをどのように認知しているのか,そして心理的には,それがどのような意味があるのかについての記述も含む）
- 過度の液体摂取の結果に関するアセスメント（生理学的,認知的,対人関係的等々の側面からの検討）
- 液体摂取を減らすための方略について自由な話し合い（気晴らしをする,氷をなめるなど,さまざまな方法を考えてみる）

　T 氏の場合,液体摂取を制限することが治療方針として示されていた.心理学的介入においては,上記の手続きに基づき,T 氏が治療方針に従って液体摂取を制限できるような援助が行われ,その結果,改善がみられた.この心理学的介入の効果の実証的データを表 11.3 に示した.表 11.3 には,液体の過剰摂取のために入院していた日数と,行動療法と心理療法を実施した期間において患者が透析

を受けた回数を示してある．心理学的介入を行うことで，入院日数は減少している．また，図11.4に示したように質問紙によって測定された患者の心理的苦悩も，心理学的介入が行われた期間を通して減少している．

10. 介入 (2)——集団のレベル

健康臨床心理士は，他の保健専門職とチームを組み，その一員として活動することもある．このような活動には，他の専門職が特定の患者に対して心理的ケアをする際に助言を与えること，他の専門職が心理学的活動をする際にスーパーヴィジョンをすること，心理学の知識と実践の関連領域の訓練をすることなどが含まれている．それに加えて，他の専門職と協働して臨床活動を実践していくことも，チームにおける健康臨床心理士の重要な仕事である．

健康臨床心理士と他の専門職との協働のよい例としては，心臓のリハビリテーションのプログラムにおける活動がある．それは，心臓発作を経験した後の患者のための，軽い運動を基本としたプログラムである．このプログラムは，生存率の上昇をはじめとして，これまで幅広い効果をあげてきている．プログラムを受けることを通して，患者において好ましい心理的変化（例：自信の回復）がみられたとの報告がなされている．健康臨床心理士は，このような活動の担当者になることが多い．

さまざまな議論はあるが，全般的にみるならば，心臓疾患を抱える患者への心理学的介入の効果は，実証的に十分に裏づけられているといえる．なお，心臓疾患を抱える患者への心理学的介入において焦点が当てられるのは，次の3領域である．個々の領域については，以下に解説する．

- ライフスタイルの変化
- 心理教育的介入
- 不安や抑うつに対する心理療法

ライフスタイルの変化

ライフスタイルの変化を起こすプログラムとしては，例えば，喫煙率の減少，食習慣の改善，身体運動の増加を目標としたものがある．このようなプログラムについては，近年非常に大きな関心が寄せられている．喫煙を止めるためのプログラムは，特に重要である．というのは，心臓のリハビリテーション・プログラ

表 11.4 喫煙防止のためのガイドライン

1.	変化モデルのサイクルを活用する	介入を変化の段階に適合させる
		逆戻りの可能性に対して計画する
		いくつかの試みの可能性に対して考慮する
		進歩をふりかえるフォローアップを一体化する
2.	教育を活用する	相互作用的な方法を活用して示す
		喫煙の肯定的な側面を認識する
		即時的利益と長期的リスクを示す
3.	社会的影響を認識させる	セッションにパートナーを招く
		利用可能なソーシャルサポートを用いる
4.	自己効力感を増加させる	変化が困難な理由を理解することを強調する
		患者に変化に対する責任を与える
		患者に方略を選択をさせる
5.	嗜癖／依存に関する心理生物学的モデルを活用する	必要に応じてニコチンパッチのようなものを付属として用いる
		困難な場所，時，状況を識別するためモニタリングする
		困難な状況に対して計画する：最初は回避し，徐々に取り扱う（条件づけや反応を消去するための段階的暴露）
		あらかじめコーピングスキルや方略を練習する
		ストレスマネジメントのためにリラクゼーションや認知的スキルを用いる

ムを受けている患者の 62% が心臓発作後にすぐに喫煙を止めたにもかかわらず，12 カ月後には 20% が再び喫煙をし始めたとの研究報告がなされているからである (Latchford & Kendal 1994). 表 11.4 に示したように，喫煙を止めるためのプログラムでは，患者が逆戻りするのを引き止めるのを援助するさまざまな方略が用いられている．

Ornish ら (1990) の研究は，アメリカでも冠動脈疾患の患者がライフスタイルをより健康的なものに改善していくのを援助する介入が行われており，それが劇的な効果をもたらすことを報告している．Ornish らは，運動と食習慣を根本的に改善することを目的とする集中プログラムに参加している患者を調査し，アテローム性動脈硬化症の進行が改善されている患者を見出したのである．患者は，毎週 8 時間このプログラムに参加することが求められる．したがって，プログラムへの参加は，それなりの手間と費用がかかるものではある．しかし，参加者は，このようなプログラムによる介入は，手術を受けるよりはずっと安価であると述べている．しかも，最近では，患者にそれほど集中した参加を要請しないプログラムも開発されており，そのような介入でもそれなりの成果をあげているようである．

心理教育的介入

既述したように多くの患者は，心臓発作に関して誤った思い込みをもっている．特に重要になるのは，冠状動脈症と心臓発作の原因についての間違った思い込みである．例えば，ストレスが心臓発作を引き起こす原因だと思い込んでいる患者を考えてみよう．そのような場合，患者は，以前のライフスタイルを再開することに大きな支障をきたすことになる．同様に多くの患者は，自らが心臓発作の原因となると思い込んで活動を不必要に恐れるようになる．例えば，性行動が心臓発作の原因と考える患者は，性生活を恐れるようになる．心臓の活動や心臓発作の要因に関する知識は，誰もが幅広くもっている．しかし，それらは，正確なものではない可能性がある．"1度心臓発作を経験したなら，2度と健康な状態には戻れない"といった思い込みをもっている患者がいるとすれば，そのような知識は，病気からの回復に役立たないことは明らかである．

それとは反対に，同じ思い込みであっても，それが，身体的回復の可能性を認めるとともに，その回復は患者自身の努力次第であるとみなしている積極的内容のものであるならば話は違ってくる．そのような積極的な思い込みをもっている患者は，病気の再発を不必要に恐れ，心配ばかりして不自由な生活を送ることをしないで済むことができるであろう．

このように思い込みの内容は，その後の患者の生活のあり方に大いに影響を与える．したがって，患者の誤った思い込みを改善することが重要となる．しかし，誤った思い込みを実際に改善するためには，注意深い，慎重な介入を要する．その点で，認知療法は，有効な介入モデルといえる．例えば，Lewin ら（1992）によれば，認知療法は，患者の運動を促進するプログラムの中に取り入れられ，非常に効果的な役割を果たしていることが報告されている．

抑うつと不安の心理療法

既述したように，多くの患者（約30％）は，心臓発作を体験した後，長期にわたって深刻な心理的問題に悩まされ続ける．このような心理的問題をもつ患者は，必ずしも予後が悪い患者や重症の心臓発作を体験した患者というわけではない．そのような患者には，本書の各所で紹介されているさまざまな個人心理療法アプローチを適用することができる．ただし，その場合，効果的な介入を行うためには，上記のように心理療法アプローチを心理教育的アプローチにしっかりと組み合わせる形にすることが必要である．なぜなら，心臓発作についての誤った

思い込みが，心理的混乱が持続する要因となっていることが考えられるからである．

実際には，ほとんどの心臓リハビリテーションは集団形式で行われている．集団形式の活動で，十分な効果をあげることは可能ではある．しかし，実証的研究では，ソーシャル・サポートを最大にするために患者の配偶者や家族をリハビリテーションのすべての側面に関与させるべきであるとの結果が示されている．したがって，単に集団形式が効果的であるというだけでなく，それに加えて配偶者や家族の協力を求めることが重要となる．それとともに，心臓発作後の患者すべてを対象に心理的症状の有無について調査し，個人相談を必要とする人には，その機会を提供することが賢明である．

心臓リハビリテーション以外にチームでの活動が有効な効果をもたらすことが確かめられてきている領域として，慢性的痛みのマネジメントがある．慢性的痛みに対する医学的治療の効果には限界があることが，この30年間ではっきりしてきた．そして，心理学的介入の可能性が探求されてきた．このようなことが生じたのは，痛みについての理論が変化してきたためである．1965年にMelzacとWallが提案した痛みのモデルは，痛みを知覚する際に脳の中枢過程が重要な働きをしていることを明らかにした．以来，このモデルは，痛みへの介入に関して非常に強い影響を与えてきている．例えば，抑うつなどの気分状態や期待といった心理的要因が痛みの経験において主要な役割を演じていることが明らかとなってきている．その結果に触発され，上記モデルに基づいて痛みに対して有効な介入をするための心理学的モデルを構成する試みが数多くなされてきている．

このように，MelzacとWallのモデルに基づき，痛みのマネジメントのための行動的方法および心理的方法が形成されてきた．それらの方法については，これまで多くの実験的な効果研究が行われてきている．その結果，痛みと痛みに伴う苦しみを減じるためには，行動療法と認知行動療法の技法が非常に有効であることが明らかとなった．また，痛みに対しては，集団形式の介入もしばしば用いられている．通常，集団形式の介入は，痛みによって行動することに消極的になっている患者を対象とした段階的行動活性化プログラムの一環として行われる．そのプログラムでは，患者は，集団の中で徐々に行動のレベルを増していくように励まされる．

病院において痛みに対処するサービスを行う部門で活動する健康臨床心理士は，個別で仕事をする場合もあれば，多職種が協力する痛みマネジメント・チームで

仕事をする場合もある．チームを組む場合，協力する他の専門職としては麻酔医，作業療法士，看護師，薬剤師などが考えられる．

11. 介入 (3)――組織／コミュニティのレベル

本章ではすでに指摘したことであるが，患者へのケアの効果を最大にするために，心理学以外の他のヘルスケア・スタッフに心理学の技能と知識を広げることが重要となる．組織レベルで活動する健康臨床心理士は，心理学の原理に基づく新しいケア・システムや情報提供のシステムを導入するために，他のヘルスケア・スタッフと協力して活動することがある．他の専門職と協力する活動の例としては，手術部門でも行われている実践がある．

近年，外科技術は，大いに進歩している．その結果，現在では，身体内の自然な隙間を利用した手術（内視手術）や小さな切開口から繊維光学の道具（腹腔鏡）を利用して行う手術などが可能となっている．そのような方法は，手術というものの性質を根本的に変化させた．具体的には，全身麻酔ではなく局所麻酔を採用するようになり，薬物投与の量も減少し，入院期間も短縮されるようになっている．そのような状況の中で患者においてみられる強い不安感に関心を抱く外科医が出てきた．最近では，入院せずに外来通院で手術を行う場合が増加してきており，患者に適切な情報を提供し，手術に向けての心の準備を整えていくシステムを開発，改善していくことが求められている．そこで，患者の不安を減じるために健康臨床心理士と協力して，外来で手術をする患者への対応の改善を図ろうとする外科医がみられるようになってきている．

外来での通院手術の場合，手術実施後にケアを提供する機会はほとんどない．そのため，手術前の介入は，手術後に直面しうる問題に対して患者を準備させる手段として非常に重要となる．そのような事前介入をしておくことによって，患者の不安を減らし，手術後の回復の程度を促進することができる．健康臨床心理士は，このような要請を受けて，ストレスを減じて好ましい結果を生み出すための心理学的技法を数多く開発するとともに，その効果評価も行ってきた．具体的には，手術に関する情報や患者に生じる身体感覚についての情報の提供，リラクゼーション・トレーニング，心理療法的介入などの技法も含めて，通院手術患者のためのさまざまな心理学的技法を提案してきた．それは，単独で用いられることもあれば，複数の技法を組み合わせて用いられることもある．

手術に向けて心の準備をしておくことによって，何らかの具体的効果がもたらされるのであろうか．答えは"具体的効果はある"である．効果があることは実証的研究にはっきりと裏づけられている．実際に，さまざまな効果がもたらされる．心の準備をしておくことの最も重要な意義は，準備ができている患者は，できていない者と比較して，気分が安定しており，手術後にすぐに病院を出ることができ，痛みに対処するための薬物の量も少なくて済むということである．

組織変革のための介入
　他の専門職と協働する組織的な介入は，スタッフのストレスに対処するためにも有効である．例えば，スタッフのストレスに対処するために問題解決アプローチを採用するということがある．FieldingとSnowden（1996）は，このような問題解決アプローチを利用してストレスに対処する組織的介入に関する研究例である．この研究で対象となった介入では，健康臨床心理士と人事部長がチームを組み，各部門の責任者の協力を得て，組織内で生じているストレスの原因を分析した．そして，その分析結果に基づき各部門および組織全体でそのストレスの問題に対処するための方策を考え出すという作業を行った．そのアプローチの鍵となる特徴を以下にあげる．

- どのような経過をたどって分析結果が出たのかという，結果の出所を明確にする．
- 結果がフィードバックされて解決策が生み出される過程を相互作用過程として設定するように工夫する
- 見出されたことをわかりやすい表現に言い換えて伝えるようにする．
- 実際に実行できる行動を考え出すようにもっていく．
- 行動を促進できる鍵となる責任者の参加を求める．

　この介入研究は，大学付属の研修病院をフィールドとして行われた．32人の部門責任者と272人のスタッフが研究計画に参加した．まず，職業的ストレス指標を用いて部門責任者とスタッフのストレスに関する調査が行い，多くのストレス源を見出した．その分析結果は，ワークショップにおいて部門責任者とスタッフにフィードバックされた．ワークショップにおいて，部門責任者とスタッフとの間でストレスを減じるための介入法についての話し合いが行われた．そのようなワークショップが何回か開催され，最終的に組織としてストレスに介入する枠組みが提案された（図11.5を参照）．研究の最後の段階では，実際に多くの組織変革が実施され，その効果の評価がなされた．

　ストレスのレベルを減じるために組織変革がなされたならば，その効果を継続

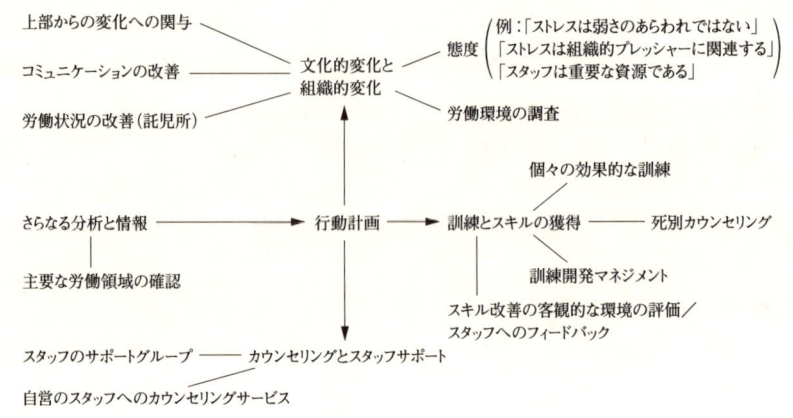

図11.5 スタッフに対するストレスレベル低下のための方略

的に評価することは，特に重要となる．例えば，新米の医師の過密勤務によるストレスが問題となり，医師の勤務時間を減らす目的で新たな勤務スケジュールが導入された．しかし，その効果の評価研究では，新たなスケジュールは医師のストレスを増大させ，職務満足度を低下させるという結果が示された．研究によって，新米の医師のストレスレベルは，伝統的な当番制（6日に一晩）で勤務していた時に比較して，新たに導入された完全シフト制（8～12時間シフト）での勤務のほうが高いことが明らかとなったのである．勤務時間の合計については，完全シフト制（1週間につき59.8時間）のほうが当番制（1週間につき72.7時間）より少ないという事実にもかかわらず，このような結果がみられたことは驚くべきことである．研究は，結果として"新たな対策"はスタッフの心理面での不健全さを悪化させ，職務満足を低下させただけであったと結論づけた．

コミュニティへの介入

以上，組織レベルでの健康臨床心理学の介入についてみてきた．次にコミュニティ・レベルでの介入について論じることにする．これまで多くの健康臨床心理士は，伝統的に，コミュニティ・レベルの介入よりも個人やチーム・レベルでの介入に焦点を当てる傾向があった．しかし，近年，大きく考え方が変化しつつある．健康に関連した行動については，社会および環境からの強い影響を受けていることが認識されるようになってきている．現在の政府は，社会的不平等を解消することを強調する政策をとっている．このような政策は，コミュニティ・レベルの介入の発展を促進させる要因となるのである．加えて最近では，"健康活動

地域"の創設が提唱されている．このような動きは，健康臨床心理学におけるコミュニティ・レベルでの介入の発展を刺激するものである．

　ヨーロッパ社会において主な死因となっている病気のいくつかは，かなりの程度ライフスタイルのあり方によって影響を受けていることが明らかとなってきている．そこで，もし，これらの病気の発生頻度を有意に減少させるということであれば，人々が自らの行動を変化させなければならないということになる．医療の専門職は，すでにこのことには気づいている．一般開業医も，このような観点から患者に喫煙を止めるようにと忠告を与えている．しかし，残念なことに，患者は，一般開業医の忠告を信頼できるものとして受けとめてはいるが，それによって行動を変えるということはしない．結局，一般開業医の忠告や直面化は，効果がないのである．むしろ，一般開業医が直接的に喫煙を止めさせようとして患者に問題への直面化をさせることは，防衛の強化につながり，患者の行動を一層頑なにしてしまう傾向がある．このようなことから，医療専門職は，患者の行動を適切に変化させることのできる介入方略の開発と実践を心理学に期待するということになったのである．

　このような変化を起こす介入方略モデルとして，ProchaskaとDiClemente (1984) のトランス理論 (transtheoretical) モデルがある．これは，変化を想定する段階から，それを実際に実行し，さらに変化した行動を維持する段階に至る，変化の発展段階を含むモデルであり，嗜癖行動に介入するための枠組みとして最もよく採用されているものである．最近では，このトランス理論モデルは，単に嗜癖だけでなく，ヘルスケアの領域で問題となる行動全般に対して有効な介入モデルであることが認識されてきている．

　このように介入モデルが開発され，実践されてはいるものの，問題となっている病気の発生率に影響を与える程度に広汎な行動変化を引き起こすことは，たいへんな作業である．そのような変化を実際に達成することは，とても大きな課題である．この点に関してイギリスでは，最近，プライマリケアにおいてライフスタイルをより健全な方向に改善していく大規模な試みがなされた (OXCHECK and Family Heart Study)．その結果生じた変化は，大きなものではなかった．むしろ，医療専門職からみれば取るに足らない程度の小さな変化しかみられなかったといってもよい．そこで，今後の課題は，コミュニティへの大規模な介入と，ProchaskaとDiClementeのモデルのように洗練された行動変化のモデルを組み合わせた試みを行っていくということになる．つまり，単にコミュニティに広

範囲に介入するだけでなく，行動改善に向けて個々の患者の動機づけを高めることを目指した介入法も組み込んだ計画を立てることが重要となる．そのような組み合わせができるかどうかに，コミュニティ・レベルの介入の将来がかかっているといえる．

ただし，そのようなコミュニティに介入する際には，行動の社会的コンテクストも考慮に入れておく必要がある．例えば，ある研究によれば，労働階級の女性にとって喫煙は，彼女たちが置かれた社会的および物質的状況を考えるならば，ストレスをコントロールするためには合理的な選択であることが示されている．したがって，社会的に恵まれない環境では，コミュニティに介入する場合，喫煙行動を続けている原因となっているさまざまな変数を明らかにし，その多様な変数に対処する方法を見出すことが必要となる．

コミュニティへの介入に関連する領域として，病気の予防を目指して健康増進活動を行う1次予防（primary prevention）の活動がある．一見したところ，健康臨床心理士は，この1次予防の領域に寄与できる知識や技法をたくさんもっているように思われる．しかし，実際は，この領域に健康臨床心理士が関与することは稀である．むしろ，健康臨床心理士は，しばしば2次的予防の領域に関わる．これは，心臓のリハビリテーションのように病気の再発を予防する活動である．このように2次的予防の活動と関連をもっていることは，現在患者が健康臨床心理士にリファーされてくる道筋にも反映されている．

このように健康臨床心理士は，2次的予防の領域に関わっている．しかし，その一方で病院におけるコンサルテーションや組織レベルの介入に関してはまだまだ発展の余地があることは既述した通りである．したがって，臨床健康心理士は，将来，2次的予防にさらに深く関与をしていくことも必要であろう．多くの健康臨床心理士が活動している病院という場は，"好機に開かれた窓"（window of opportunity）を患者に提供する所である．病院は，患者が自らの不健康な行動を変える可能性が最も高い場所である．その点で病院は，患者が生活しているどの場よりも，健康に向けて行動を改善していく好機を提供する場なのである．健康臨床心理学においては，そのような病院という場の特徴を最大限に生かすように活動を発展させていくことが重要となる．

12. まとめ

　ヘルスサービスは，ヨーロッパ諸国では最も多くの雇用者を抱えている活動のひとつである．それは，政治，経済，科学研究のコンテクストの変革を目指して活動している巨大組織である．変革は，しばしば既存の事態への挑戦を含み，困難をともなう．困難ではあっても変革は必然であり，しかも変革を成し遂げるためには継続が必要となる．この20年の間に健康と病気に関する心理学のコンテクストは変化し，健康に関わる心理学の知識も変化してきた．本章では，健康と病気に関する心理学の変化の意味するところを記述し，そして健康臨床心理士がこの変化に積極的に反応するとともに新たな変化を生み出しつつある様子を伝えることを試みてきた．

　多くの点で医療は，医師と患者の間の協働（collaboration）としてみることができる．これが医療のあるべき状況である．ところが，医療の伝統的な見方は，患者をヘルスケアの受動的な受け手とみなす．それは，単に不正確な見方というだけでなく，医療の領域における問題を見過ごす危険を冒すことにつながる．その問題は，患者とスタッフの心身の幸福（well being）に大きく関連するだけでなく，健康システム全体の経済とも大きな関連をもつものである．

　このような医療の現場において健康臨床心理士が有効な活動をするためには，以下の事柄を十分に理解していることが必要となる．それは，健康心理学の知識の基盤，健康臨床心理士が専門的に関わる医学の領域，臨床心理学の本質的要素である臨床技能，健康臨床心理士が活動する組織の幅広いコンテクストである．多くの臨床心理士は，健康領域の知識の基盤を確かなものにしていくことにも積極的である．したがって，健康臨床心理学においても研究調査は重視される．そのため，健康臨床心理士が，アカデミックな健康心理学者や他の医療専門職と協働で研究をする機会も多くなっている．

　健康臨床心理学は，臨床心理学の一分野である．臨床心理学の他の分野が新たな課題に挑戦し，専門領域を拡大しているのと同様に健康臨床心理学の領域も常に変化し，拡大している．医療技術の領域では，近年数多くの顕著な発展がみられる．例えば，現代では，数多くの遺伝病に対する遺伝子検査が可能となっており，また人工授精などの方法も年々進歩している．しかし，これらの新しい技術は，それに関与する人々の間にモラルと倫理のジレンマを新たに引き起こすことになった．つまり，新しい技術に基づく医療を受ける人々は，単にそこから恩恵

を受けるだけでなく，その結果によって心理的な混乱も同時に引き起こされる．それと関してモラルと倫理のジレンマが新たに生じることになったのである．

このように，技術発展にともなって新たな活動領域が広がるとともに新たな心理的問題も生じている状況の中で，健康臨床心理士への期待はますます高まってきている．医療技術の発展によって生じた新たな領域においては，心理学的介入の必要性が認識されつつある．そこで，新たな領域の発展に寄与することが，健康臨床心理士に求められているのである．例えば，不妊治療はそれを利用する夫婦に強いストレスを生じさせる性質のものである上に，夫婦はその過程で非常に困難な判断を迫られるものである．このような心理的ストレスを考慮して，政府の"受胎と胎生に関する専門部局"は，不妊治療を行う施設に対して，治療プログラムに参加するすべての夫婦にカウンセリング・サービスを提供することを法律で義務づけている．

健康臨床心理学は，将来どのようになっていくのであろうか．専門職として健康臨床心理学の活動に関わっている者の間では，健康臨床心理学の専門性の確立に向けての強い熱意がみられる．健康臨床心理学の専門性確立へ意欲が高まっていることは，間違いない．しかも，そのような専門性確立に向けての動きは，ヘルスサービスを利用する人々から支持され，共有されているように思われる．健康臨床心理学が医療の利用者から支持されると思われる根拠は，その費用を減じる効果が実証されているからである．医療の現場においては，心理学的介入を採用することによって費用対効果の改善が進むとの実証的研究結果が数多く示されるようになってきている．

なお，健康臨床心理士の間で専門性確立への熱意の高まりがみられる理由としては，この領域は非常に興味深いし，面白いからということがある．医療の領域で活躍できるようになるには，医学の文献を読みこなせるようになる必要がある．心理学にも難解な専門用語が多いが，医学における専門用語はその比ではない．そのような専門用語に慣れることは，たいへんな作業である．しかし，ひとたび，医学の文献を読みこなせるようになれば，医療の領域において健康臨床心理士は，多種多様な問題とクライエントに対処できるようになる．そのような地点に立った健康臨床心理士が扱う問題やクライエントは，人間の経験の全体領域に及ぶのである．

引用文献

Becker, M. H., Haefner, D. P. and Maiman, L. A. (1997). The health belief model in the prediction of dietary compliance: a field experiment. *Journal of Health and Social Behaviour*, **18**, 348-66.

Belar, C. and Deardorff, W. (1996). *Clinical health psychology in medical settings: A practitioner's guidebook.* American Psychological Association, Washington.

Bennett, P. and Murphy, S. (1994). Psychology and health promotion. *Psychologist*, **7**, 126-28.

Bowling, A. (1995). *Measuring health. A review of quality of life measurement scales.* Open University Press, Milton Keynes.

Brownbridge, G. (1991). *Psychological intervention to improve treatment adherence in adolescents undergoing haemodialysis: a preliminary study.* Unpublished MSc dissertation, University of Leeds.

Brownbridge, G. and Fielding, D. (1994). Psychosocial adjustment and adherence to dialysis treatment regimes. *Paediatric Nephrology*, **8**, 744-49.

Dunn, S. M., Smartt, H. H., Beeney, L. J. and Turtle, J. R. (1986). Measurement of emotional adjustment in diabetic patients: Validity and reliability of the ATT39. *Diabetes Care*, **9**, 480-89.

Engel, G. (1977). The need for a new medical model: A challenge for Biomedicine. *Science*, **196**, (4286), 129-136.

Fielding, D. and Snowden, D. (1996). Stress in hospital staff: Research to aid management action. *Proceedings of the British Psychological Society*, **4**, 4.

Humphris, G., Kaney, S., Broomfield, D., Bayley, T. and Lilley, J. (1994). Stress in junior hospital medical staff. *NHS Management Executive (Medical Manpower and Education) Report.*

Latchford, G. and Kendal, S. (1994). Smoking cessation in cardiac rehabilitation. *Health Psychology Update*, **18**, 10-13.

Leventhal, H., Nerenz, D. and Steele, D. J. (1984). Illness representations and coping with health threats. In *Handbook of psychology and health, Vol. IV: social and psychological aspects of health* (A. Baum, S. E. Taylor, and J. E. Singer eds.). LEA, Hillsdale NJ.

Lewin, B., Robertson, I., Cay, E., Irving, J. and Campbell, M. (1992). Effects of self-help post-MI rehabilitation on psychological adjustment and use of health services. *Lancet*, **339** (8800), 1040-46.

Moos, R. (1995). Development and applications of new measures of life stressors, social resources and coping responses. *European Journal of Psychological Assessment*, **11**, 1-13.

Ornish, D., Brown, S. E., Schwerwitz, L. W., *et al.* (1990). Can lifestyle changes reverse coronary heart disease? *Lancet*, **336**, 129-33.

Prochaska, J. O. and DiClemente, C. C. (1984). *The transtheoretical approach: crossing traditional boundaries of therapy.* Dow Jones Irwin, Homewood, Il.

Ware, J. E. and Sherbourne, C. D. (1992). The MOS 36-item Short-Form Health Survey (SF-36). *Medical Care*, **30**, 473-83.

参考文献

Broome, A. and Llewelyn, S. (1995). *Health psychology : processes and applications* (2nd ed.). Chapman and Hall, London.

Nichols, K. (1993). *Psychological care in physical illness* (2nd ed.). Chapman and Hall, London.

Ogden, J. (1996). *Health psychology : a textbook*. Open University Press, Buckingham.

Sarafino, E. (1994). *Health psychology : biopsychosocial interactions* (2nd ed.). John Wiley, New York.

Shillitoe, R. (1994). *Counselling for diabetes*. BPS Books, Leicester.

12── プライマリケアと臨床心理士の活動

John Marzillier

　プライマリケアとは，一般市民に最も近い場での医療活動であり，患者が最初に利用する医療でもある．本章では，そのようなプライマリケアの領域における臨床心理士の活動を，以下のような側面から解説する．①一般開業医のクリニックにおける臨床心理サービス．これは，最も一般的な活動である．しかし，臨床心理士の数に限りがあるため，幅広い活動ができない．②プライマリケアにおける他のスタッフ（看護師や訪問保健師など）へのコンサルテーション・サービス．臨床心理士がその専門的知識や技能を用いて，他のスタッフの活動を援助する．③システム論モデルあるいは社会構成モデルの観点から，問題を理解し，介入する方法と活動の開発．臨床心理士は，クライエントの自助能力を尊重するとともに，社会的コンテクストの影響を組み入れて問題を捉える革新的な援助方法を開発してきている．④プライマリケアの活動のさまざまな側面に関する研究．例えば，医師－患者間のコミュニケーションに関する研究などによって，プライマリケアの活動を改善する視点を提供してきている．⑤健康の増進と病気の予防のプログラムへの参加．クライエントの心構えと行動を変化させることによって，プログラムの効果を最大限にすることに貢献できる．現在，臨床心理士は，一般開業医の診療を媒介とした活動だけでなく，コミュニティの中で直接活動するサービスも始めており，この点についても解説する．

1. はじめに

　臨床心理士は伝統的に，ヘルスケアの中で専門職として活動してきた．病院，特別なユニット，施設などに所属し，一定の問題をもつクライエントに対して，心理学の知識と原理を用いた介入を行ってきた．例えば，精神病の領域では，臨床心理士の多くは，精神科チームに所属して専門的なアセスメントと介入を行っている（5章と9章を参照）．この他，学習機能障害をもつ人々のためのセンター，神経科学部門，思春期の青少年のためのユニット，地域の犯罪者収容施設，専門病院，身体障害リハビリテーションセンター，小児科部門などは，臨床心理士が専門職として専門的なサービスを提供できる場である．このような場で活動する臨床心理士の仕事については，本書の各章で解説されている．

　このように，さまざまな専門的サービス機関がみられる．しかし，このような機関で臨床心理士の専門的サービスを受けられる人々の割合は，コミュニティに

おいて同様の問題を抱えて生活している人々全体の中ではほんのわずかである．大多数の人々は，そのような専門的なサービスを受けられない状態に留まっている．イギリスでは，健康の問題を抱える人々のうち約90％は，専門機関にリファーされることなく，一般開業医をはじめとするプライマリケア従事者の下で治療を受けることになる．これは，見逃してはならない重要なことである．その理由は，異なるケアの段階という観点からみていくとはっきりしてくる．

2. プライマリケアと臨床心理サービスの現状

ケアの段階という考え方は，GoldbergとHuxley（1980）によって提唱されたものである（図12.1を参照）．このケアの段階という観点に基づいて彼らは，次のような研究結果を示している．それは，コミュニティで精神障害の患者が250名見出された（段階1）として，そのうち実際に精神科の専門的サービス（段階4）を受けるに至った人は，たった17人だけであったという結果である．しかも，臨床心理士のもとを訪れる人は，確かなことはいえないが，おそらくこの17人のうちのかなり限られた人数になるであろう．このように段階が進むにしたがって人数が減るのは，それぞれの段階の間に，ある種のフィルターが存在し，その間の行き来を自由にさせない働きをしているからである．

GoldbergとHuxleyは，このようなフィルターがどのように作用しているのかを説明している．例えば，段階2はプライマリケアの場における精神障害の発症であり，段階3は精神障害として認識されることである．この段階2と段階3の間にあるのが"発見フィルター"である．このフィルターを通過して実際に精神障害が発見される割合は，わずかである．精神障害を抱えながら，それとして認識されない患者は相当数にのぼるのである．同様に，その認識された（段階3）人々のうちごく少数だけが，精神科医にリファーされる（段階4）．したがって，段階3と段階4の間には，"紹介フィルター"が存在している．

臨床心理士は，一般開業医から直接，患者をリファーされることがある．そのような場合には，患者が一般開業医から精神科医にリファーされる場合と同じフィルターが機能することになる．また，臨床心理士は，専門医（例えば，神経科医や精神科医）から多くの患者をリファーされることになる．そのような場合には，別のフィルターが働くことになる．結局，このように種々のフィルターの介在を考えるならば，ヘルスケアのシステムの中で専門職として活動するというこ

	コミュニティ	プライマリケア		専門的な精神科サービス	
	段階1	段階2	段階3	段階4	段階5
	コミュニティからとったランダムサンプルの罹病率	プライマリケアにおける精神疾患の罹病率	顕著な精神疾患の罹病率	精神科の患者総数	精神科入院患者
年間発生率の中央値	250 →	230 →	140 →	17 →	6（年間1000人あたりの危険率）
	第1のフィルター	第2のフィルター	第3のフィルター	第4のフィルター	
・4つのフィルターの性質	問題行動	障害の発見	精神科医への紹介	精神科病棟への入院	
・鍵となる人物	患者	プライマリケア医	プライマリケア医	精神科医	
・鍵となる人物を操作する因子	症状の重症度とタイプ	面接技術	自分の管理能力に対する自信	病棟の有効性	
	心理社会的ストレス	人格性因子	精神科のサービスの質と有効性	コミュニティの適切な精神科サービスの有効性	
・他の因子	学習された問題行動のパターン	訓練と態度	精神科医に対する考え方		
	周囲の態度	問題となっている症状のパターン	患者の症状のパターン	患者の症状のパターン	
	医療サービスの有効性	患者の社会的人口統計的な性質	患者とその家族の考え方	患者と家族の考え方	
	治療費の支払能力			ソーシャルワーカーの訪問の遅れ	

図 12.1　精神科的ケアへの経路（GoldbergとHuxley 1980より）

とは，心理的問題全体の中のほんの一部にしか対応していないことに他ならない．全体としては，多くの人々が数多くの問題を示しているのにもかかわらず，フィルターを通過して専門職である臨床心理士のところに辿り着くのは，ほんの一部に過ぎないのである．ただし，これは，臨床心理士が対処しきれない数のクライエントを相手にせざるを得ない事態を招かないように臨床心理士を防御している面もないとはいえない．とはいえ，結果として，クライエントにとって，臨床心理士の専門サービスは，選択的で，時には特異なものになってしまっている．特定の問題やクライエントに対応して適切なサービスを提供するというのではなく，そこに介在する"フィルター"の特質次第でサービスの在り方が決まってしまうのである．

コミュニティに向けての動き

このような状況の中で臨床心理士は，過去25年以上の間，プライマリ・ヘル

スケアとの隔たりを縮め，より直接的なつながりを形成してきている．例えば，一般開業医のクリニックのある建物内で専門的なサービスを提供している臨床心理士がいる．また，保健師やコミュニティ看護師との密接なつながりを維持する努力をしている臨床心理士もいる．さらに，ひとつ，あるいはそれ以上の治療チームに所属し，プライマリケアの内で常勤職となっている臨床心理士もいる．イギリスでは，成人のメンタルヘルス・サービス全体が，一般開業医のクリニックやコミュニティ・センターの建物内に配置されている地域もある．

このような"コミュニティに向けての動き"は，他のメンタルヘルス専門職，特に精神科医と看護師においても同様の動きがみられる．これは，メンタルヘルスにおける一般的動向を反映したものである．かつて，メンタルケアは，大規模精神病院における専門的治療に重きが置かれてきた．しかし，最近では，そのような伝統的な在り方に替わるものとして"コミュニティの中でのケア"が新たな動向となってきている．

この10年の間にイギリスのメンタルヘルス・サービスに関しては，組織面において非常に重要な変化がみられた．前政権の時代に，国民健康サービス（NHS）の組織と基金についての改革が着手された．改革は，現政権においても引き継がれ，結果としてプライマリケア・サービスに重点を置き，そこにサービスの内容や資金の使途を判断する，より強い権限を与えることが決定された（保健省 1996）．その結果，一定の予算が基金として一般開業医に付与される制度が開始された．そこでは，ある程度の規模を超える一般クリニックが独自の財源をもち，自らが望む専門的サービスの職務委託ができる機会が与えられた．これを契機として一般開業医は，メンタルヘルスのケアを自らが適切と思われる方向に発展させるように動き始めた．そして，基金を活用し，自らのクリニックでカウンセラーや臨床心理士などメンタルヘルス・サービスのためのスタッフを直接雇う一般開業医も多くなった．このようにして，メンタルヘルスのサービスの専門活動を利用する新たな窓口が発展した．その後，新しい政権では，一般開業医への基金付与の制度は廃止されたが，この利用窓口は存続し，利用者がメンタルヘルスの専門活動にアクセスするシステムが2種類に広がるという結果となった．

もうひとつの重要な変化は，コミュニティのメンタルヘルスのチームが急速に発展したことである．これは，個々の地区ごとのメンタルヘルスに関するニーズに応じたサービスを展開できるように，それぞれの地域を基盤として組織されたものである．これらのチームは，一般開業医などからの患者のリファーに対して

オクスフォード市の「プライマリケア・トラスト」の標示．イギリスでは，プライマリケアは国民健康サービス（NHS）の管轄下にある．そのため，一般開業医のクリニックや病院などで行われているプライマリケアは，政府から信託された活動としてトラスト（信託）という位置づけとなる．

迅速かつ効果的に対処できるように，多職種のメンタルヘルスの専門職が協働する体制となっている．臨床心理士は，そのようなチームに参加する．その際の役割は，チームに直属するメンバーであったり，あるいはコンサルタントやマネージャーとしての関与であったりする．このような臨床心理士の活動形態については，後述する．

臨床心理士は，このような経緯でプライマリケアの現場，あるいはプライマリケアの影響力が増しつつあるメンタルヘルス・サービスの現場で活動するようになった．プライマリケア関連の現場における臨床心理士の活動の増加は，当初は望ましいものとして歓迎された．というのは，それまで臨床心理士は精神医学に取り込まれていたのが，そこから開放されるきっかけとなったということがあったからである．また，プライマリケアの現場で活動することで，これまで対象にしてこなかった問題にも対処する機会が増えた．その結果，臨床心理士の活動の幅が広がるとともに，多種多様な状態に対処できる柔軟性も増したということもあった．

しかし，このような発展は，予期せぬ問題を引き起こした．それは，多忙という問題である．臨床心理士は，需要に比して数に限りがある．成人のメンタルヘルス・サービスは，以前からすでに満杯状態であった．それに加えてプライマリケア関連の仕事が増えることで，仕事量に押しつぶされる危機状態となっている．プライマリケアの利用者は，臨床心理士の専門サービスを受けようとすると，長い順番待ちリストを渡される．なかには希望しても臨床心理士に会えないためにどこか他へ回っていってしまう人もいる．臨床心理士は一方で活動の幅を広げる努力をし，他方で多忙となったために対応できない人々を作り出してしまった．そのため，臨床心理士は，このようなジレンマに対処する術を探ってきた．本章では，その臨床心理士の対処の仕方をテーマとしている．

3. プライマリ・ヘルスケア

　プライマリ・ヘルスケアとは，個人が地域のヘルスサービスを利用する際に最初に接点をもつところである．表12.1に示したようにヘルスケアは多層になっており，プライマリケアは，その中の一層を構成しているのである．

　プライマリ・ヘルスケアは，人口が5万人以下の小規模の地域コミュニティにサービスを提供することに関わっている．先進国では，プライマリ・ヘルスケアは，医師を通して行われている．医師は，患者を専門病院のサービスにリファーする"窓口"の役割を果たしている．つまり，医師は，膨大な数の患者の診断と治療を行うとともに，専門的なアセスメントや介入を必要とする患者を判断し，その人たちをリファーする作業を行っている．

　このようなプライマリ・ヘルスケアの組織は，国によって異なっている．フランスなどの国々では，非常に多くの医師が個人で開業している．それに対して，イギリスでは一般開業医の多くは，複数の医師がクリニックを共同経営するなど，協力関係を結んで活動をしたり，多職種間でチームを組んで活動したりしている．また，プライマリ・ヘルスケアの財源も，国によって異なっている．デンマーク，ニュージーランド，イギリスなど数カ国では，サービスは，政府の税収によって中央から資金供給されている．しかし，多くの国々では，加入が強制される健康保険，個人加入の保険，医師への直接支払いといったさまざまな制度が複合する形態で運営されている．

　イギリスでは，プライマリケアに関わる医師は，診療科目の限定がない一般診療を行う．それゆえ，一般開業医（general practitioner）と呼ばれる．一般開業医は，年齢，性別，病気の種類に関わりなく，担当する個人や家族に対して人間的そして医療的なケアを行う．しかし，他の国々では，患者は，小児科医や婦人科医といった専門医を直接訪ねるシステムになっている．その場合，医師は，イギリスの一般開業医とは異なり，自分の専門とする病気の患者に対してだけ専門的な治療を施す責任をもつということになる．

　いくつかの国々では，プライマリケアに関わる医師は，他の専門職と協働してプライマリケアのチームを組んで活動するようになってきている．その場合，一般開業医のグループが核となって，営業責任者，秘書，受付，看護師を直接雇用する形態となっている．イギリスでは，それらの専門職の給与は，一般開業医の請求によってその70％ほどは政府から援助を受けられるようになっている．そ

表 12.1 集団の大きさとケアの段階,そして専門的サービスの関係

集団の人数	ケアの段階	専門家／ケアを提供する前提となる人
家族（1-10）	セルフケア	友人,専門家ではない援助者（全ての症候の1/4のみが専門的な医療従事者のもとにもちこまれる）
50-50,000	プライマリケア	単独の一般開業医,グループクリニック,保健センターのクリニック
50,000-500,000	専門職	総合病院,専門クリニック
500,000-5,000,000	高度な専門職	地方のあるいは高度な専門病院あるいはクリニック

の他にも,プライマリケアの場で働いている専門職はいる.例えば,保健師,専属ソーシャルワーカー,カウンセラー,精神科医,そして臨床心理士などである.それらの専門職は,一般開業医に雇用されているか,営業責任者と契約しているかのいずれかである.そして,それらの専門職も,プライマリケアのチームにおいて,程度の差はあれ,いずれも重要な役割を担っている.

4. プライマリ・ヘルスケアにおける心理的問題

プライマリケアにおいては,どのような心理的問題が存在するだろうか？ これは,答えることの難しい問いである.というのは,"心理的問題"という用語は,漠然としていて,多くの異なる解釈が可能だからである.前述したGoldbergとHuxleyの研究では,うつ病,統合失調症（精神分裂病）,不安というように診断のつく精神医学的障害に焦点を当てている.しかし,人々が日々の生活の中で抱えている心理的問題も,精神医学的障害に劣らず重要である.例えば,夫婦の不和,仕事上のストレス,子どもの教育についての心配事,学校でのいじめなどが,そのような心理的問題に相当する.さらに,純粋に身体的疾患であっても,多くの場合,心理的問題を引き起こすということもある.例えば,永続的な障害の受容の必要性,慢性疾患が家族や友達に与える影響,あるいは外科的外傷による容姿の変化が自尊心や周囲の人の受容に与える影響などは,心理的問題を引き起こす要因となる.

幸運にも,人々は,ほとんどの心理的な心配事が専門的な援助を必要とするような問題であるとは思っていない.ほとんどの人々は,自らの心理的問題を自分自身で処理している.実際のところ,それなりに適切に対処している.これは,ヘルスケアの専門職が心得ておくべきことである.というのは,人々が経験する些細な心配事や懸念といったものは,多くの場合,"自ずと解決するもの"なの

である．つまり，介入の必要などないのである．逆に専門的な援助には，普通の心配事を"病気"や"障害"につくり上げてしまう危険性がある．医学的治療においては，まず，治療すべき，それらしい"病気"が存在することが前提となる．そのような前提があって，医学的治療が必要となる．例えば，不安に対して，ベンゾジアゼピン系の軽い安定剤を処方することは，多くの場合不必要なだけでなく，害を及ぼす可能性もあるということは，現在では広く認められている．もし，そのような安定剤が不安に処方されたなら，心理的にも身体的にも薬への依存性が生じることになるからである．それは，結果として，その人の情緒的状態は慢性的な治療が必要なものであるとの見解を強化することに結びついてしまう危険性がある．医学の影響力が強いプライマリケアの領域では，心理援助においても，医学的治療の意味合いが強くなる．したがって，プライマリケアに関わる専門職は，上記のような危険性には注意しておかなければならない．

心理的問題の発生率

"心理的問題"という用語が曖昧であるために，プライマリケアにおける心理的問題の発生率について明確な数字を出すのは難しい．一般開業医は，医学的治療だけでなく，心理的問題に関する相談も行っている．一般開業医に，そのような相談は全活動の中でどのくらいの割合を占めるのかを尋ねた場合，4割ほどであるとの答えが返ってくることが多い．しかし，そのばらつきは大きく，0%と答える者から100%と答える者までいる．ある臨床心理士が受けた366の相談が心理的なものに関連していたかどうかを，その臨床心理士と医師が別々に評価した研究がある（McPherson & Feldman 1977）．臨床心理士は，それらの相談がすべて心理的問題に関連があることを前提とした上で，そのうち12%を"非常に関連がある"，あるいは"かなり関連がある"と評価した．それに対して医師の場合は，関連を認めた事例は全体の18%であった．しかも，臨床心理士と医師の評価の相関は非常に低かった．この結果は，どのような相談が心理的なものに関連していたかという評価に関しては，相当な不一致がみられることを示している．

このように心理的問題に関しては，主観的な評価が多くみられるということが明らかとなった．結局，この結果は，プライマリケアにおいて心理的混乱をアセスメントする一般開業医の判断の信頼性や正確さを評価しているというよりは，心理的な事柄に関する一般開業医の考え方を評価したものといえる．この結果か

らいえることは，心理的問題を理解しようとする一般開業医の在り方は一人ひとり異なっているということ，したがって，患者の側でも相談相手の一般開業医の在り方に対応して心理的問題を語るかどうかの態度を決めるであろうということである．要するに，患者が自分の心理的問題を自由に打ち明けようとは思えない態度を示す一般開業医もいれば，逆にこの人なら相談してみようという一般開業医もいる．そのため，患者から心理的問題を打ち明けられることのない一般開業医がいる一方で，患者の心理的問題の相談で溢れかえっている一般開業医もいるということになる．

このように，心理学的問題という用語が曖昧なために，厳密な意味での調査が難しくなっている．そこで，心理的問題の発生率を評価する別の調査法として，例えば精神病のように判別しやすい特定の障害分類に焦点を当てて調査する方法がある．

精神科的な病の発生率

神経症，統合失調症（精神分裂病），躁うつ病などの"正式な精神疾患"と，心理学的あるいは精神医学的な要素をともなった身体疾患や社会的問題との間に明確な区切りを引くことは可能である．ところが，プライマリケアの領域においては，その正式な精神科診断についても，発生率の推定は，非常にまちまちである．一般開業医に治療されるすべての病気の4分の1から3分の1は精神科的な病気だと推定されている．また，1年間に一般開業医が診る患者の約14％が精神障害の治療を求めての来院であるとの報告もある．現在までのところ，一般開業医が対応する精神障害の中で断然多いのが，軽度の感情障害である．これは，不安，抑うつ，あるいは不安と抑うつの混合状態である．ただし，プライマリケアの場で精神障害が示されても，その多くは，一般開業医によって診断されることはない．そのため，プライマリケアにおける精神障害については，"隠れた精神病事態"と呼ばれてきた．

例えば，GoldbergとBridges（1987）によれば，一般診療において新たに診断された疾病のほぼ3分の1については，すでに確立されている診断基準によって精神障害と分類されるものであったのにもかかわらず，一般開業医はその半分以上を"身体疾患"と判断していたとのことである．なお，その場合，純粋な精神病（身体的な随伴症状を伴わないもの）は稀であったとのことである．したがって，一般診療においては，ほとんどの精神症状が身体化された訴えや身体症状

によって覆い隠されてしまうのである．このように精神科的病気の発生率を正確に把握することは難しい．精神科的病気，その中でも特に軽度の感情障害を抱えた患者の割合は非常に多いにもかかわらず，そのような患者の相当数は，一般開業医によって気づかれていないのである．これが，調査研究によって見出された結論である．

バーンズ夫人は，"隠れた精神病事態"の例である．彼女は，長く続いている不眠について一般開業医に相談し，ほんの短い問診の後に睡眠薬が処方された．ところが，バーンズ夫人の表面上の訴えには，実はもっと根深い不安が覆い隠されていたのだった．彼女は，自分の子どもを虐待するという脅迫的な観念に苦しんでいたのだった．自分の意志に反して，自分の子どもたちを殺してしまうはめになるという恐怖感に苛まれていた．このような思いが浮かんできて，彼女は眠れないのだった．彼女の不安は，強迫症状になり始めていた．彼女は，ナイフや鋭利なものを隠し，恐ろしいことが起こるのを防ぐために儀式的な言葉を繰り返し唱えていた．

結局，バーンズ夫人は臨床心理士にリファーされ，その結果，不安に対する適切な援助を受けることができた．プライマリケアの場に来る患者の多くは，バーンズ夫人のように身体的症状をまず訴える．例えば，頭痛，身体の緊張，皮膚の問題，倦怠感などが，そのような身体的な訴えである．しかし，そのような身体的訴えをさらに分析すると，表面下にある心理的問題が姿を現わしてくる．そのため，このような身体的訴えは，患者が心理的問題を相談するための"入場切符"と呼ばれる．

プライマリケアの場における心理的問題の発生率を明らかにするためには，次のような方法を用いることもできる．それは，臨床心理士が効果的に対処できる問題とはどのような種類のものかを，一般開業医に尋ねるという方法である．このような質問によって，一般開業医が臨床心理士にリファーするのが有効であるとみなす問題が明らかになる．すでに複数の臨床心理士が，このような観点から，プライマリケアの場における心理的問題を分類する研究を行っている．その中でも最も影響力のある分類のひとつとして，Kincey (1974) の研究がある（表12.2）．Kinceyが示した5つの分類には，臨床心理士が心理的問題を扱う専門職としてプライマリケアの場で出会う広い範囲の問題がまとめられている．このような問題に対処する活動においては，臨床心理士は，本質的にセラピストの役割をとることになる．それは，ある意味で，臨床心理士の通常の介入技能を，単

表12.2 臨床心理学的介入を受けるべき心理的問題の5つのカテゴリー(Kincey 1974より引用)

カテゴリー	説明
(a) 不安とストレスの問題	全般的な不安, パニック発作, 恐怖症妄想と儀式, 心身症あるいはストレスを原因とする疾患. 例：偏頭痛, 喘息
(b) 習慣の問題	個人的な苦痛, 健康の障害, 社会問題の原因となる種々の習慣. 例：喫煙, 肥満, 大食症, 飲酒問題, 遺尿, 遺糞, 薬物依存
(c) 教育的, 職業的な困難と決定	人生における決定あるいは転換点. 例：退学, 転職, 退職 教育あるいは職業における問題. 例：学習の問題, 自信, 社会的スキルの欠如
(d) 人間関係または社会的あるいは夫婦の問題	他人との関係から生じる問題. 例：内気, 主張できないこと. 夫婦の不和, 性に関する心理的問題, 反社会的・攻撃的行動
(e) 身体疾患やその他の大きなライフイベントに対する心理的適応	病気や入院による心理的傷害に対する適応, 慢性の障害の受容, 子供の誕生の際の事故, 末期の病, 死

純にプライマリケアの場に移動させただけということになる．例えば，精神科クリニックで臨床心理士が用いている介入技能を一般開業医のクリニックにもってきて適用しているということである．

なお，一般開業医が臨床心理士をどのようにみているのかを調査した研究がある．それによれば，上記の分類で示された心理的問題は，一般開業医が臨床心理士にリファーする傾向が高い問題であるとの結果が得られている．また，一般開業医は，臨床心理士が患者に心理学的介入をすることを強く望んでいることも明らかとなった．その際，患者の要望に応えて短期間で問題の解決を図る介入を提供することを臨床心理士に求めていることも示されている．もちろん，問題に介入する活動は重要ではある．しかし，それは，プライマリケアの領域で働く臨床心理士の，数ある活動の中のひとつに過ぎない．これは，注意しておかなければならない点である．

5. 一般診療の中での臨床心理士の活動 (1)——個人への介入

一般診療の現場は，臨床心理士が活動するのに最も実りの多い領域である．ここ数年，一般開業医は，ますます多くの患者を，精神科クリニックを媒介せずに直接臨床心理士にリファーするようになってきている．その結果，一般開業医と臨床心理士との連絡が密となり，一般開業医は，臨床心理学の専門サービスがどのようなものであるのかを，よりよく理解するようになっている．臨床心理士が一般診療の現場で直接活動し，プライマリケアのチームに心理療法を提供するようになることで，臨床心理士と医療スタッフの協働が行われるようになってきて

いる．

　しかし，心理療法を提供するといった活動には，大きな問題がある．それは，この種のサービスが一部の選択された診療に限定せざるを得ないということである．サービスを必要とする人々すべてを対象とすることはできないのである．イギリスで活動している臨床心理士は，あらゆる専門領域を合わせても 2500 人しかいない．したがって，たとえ，すべての臨床心理士が現在の専門領域を離れてプライマリケアに関わったとしても，それでも必要なだけの臨床心理士をくまなく配置することはとうてい不可能である．もちろん，すべての臨床心理士をプライマリケアの領域に配置することなど，望み得ないのはいうまでもない．そこで，一般診療の現場の状況を考慮して，臨床心理士は，ただ単に心理療法を提供するといった活動とは異なるあり方を検討しなければならなくなったのである．

プライマリケアにおける専門的な短期介入
　プライマリ・ヘルスケアで活動する臨床心理士のほとんどは，地域の専門クリニックで伝統的に行ってきたのと本質的には同一の方法で仕事をしてきた．それは，一般開業医からリファーされた患者に対して専門的なアセスメントと介入を実施するというものであった．専門的アセスメントは，主に認知能力のアセスメントで構成されている．具体的には，例えば，心理測定検査を用いて知能や記憶といった認知能力をアセスメントするといったものである．専門的アセスメントは，心理療法に比較して実施される回数はずっと少ない．しかし，身体的ハンディキャップをもつ患者や器質障害をもつ患者に関しては，このようなアセスメントは知的能力や障害のパターンを明らかにできる点で有用である．読み，書き，計算の学力や知能のアセスメントは，児童生徒の学業関連の全体的能力を把握するのに有効である．（このような種類のアセスメントを専門活動として行っているのは，学校に属している教育心理学者である．）

　不安，抑うつ，強迫，恐怖などの情緒的な問題，あるいは行動の障害，人間関係の問題，生活上の問題（表 12.2 を参照）を呈する人々への専門的な介入法としては，認知行動療法が主に用いられている．このアプローチでは，介入に向けて明確な目標を定め，それについてクライエントと話し合い，同意を得た上で，心理学の原理を活用して短期間で目標を達成するような介入を行う．例えば，一人で外出することに強い不安を感じる広場恐怖の事例では，介入の目標は，近くのショッピングセンターに，あまり不安にならずに一人で出かけるということに

なる．また，拒食や過食といった摂食障害の事例では，目標は，より正常な食行動のパターンを確立し，異常な食行動を修正することになる．（認知行動療法のアプローチについての詳細は5章を参照のこと）．

一般診療の場に勤務している臨床心理士は，専門クリニックに勤務する臨床心理士に比較して，より短期間の介入で済ます傾向がある．一般診療の場における臨床心理士の活動を丹念に調査した研究がある．それによると，1人の患者が受ける臨床心理士の面接は，平均して3.7回のセッション，あるいは2.5時間であった（Robson et al. 1984）．これは，地域の専門クリニックで患者1人が受ける面接時間の約半分である．したがって一般診療の場で行われている心理学のサービスの利点として，一人ひとりの患者にかかる時間が少ないということがある．

プライマリケアにおける認知行動療法の有効性

一般診療の場において短期の認知行動療法は，どのような効果があるのだろうか．一般診療の場における臨床心理士の心理援助活動に関する統制群を用いた効果研究は，2つの研究がみられるだけである．最初の研究（Earll & Kincey 1982）では，一般開業医から臨床心理士にリファーされた50人の患者が無作為に介入群と統制群のいずれかに割り当てられた．患者は15歳以上で，精神病や器質的な脳疾患の兆候がなく，他の場所で治療されたことがなく，特別な診断がついたことのない人が選ばれた．研究方針が書かれたKinceyのガイドラインが一般開業医に配布され，上記の条件を満たす患者が集められた．患者の多くは，不安を基盤とした問題を抱えている人々であった．介入群の患者は，1人の臨床心理士が担当し，行動のセルフコントロールを目標とした介入が行われた．患者は平均16.3週の間に7.7回のセッションを受けた．統制群の患者は，一般開業医が適切であると思う方法で治療された．

研究の結果は次のようなものであった．臨床心理士が介入している期間において，介入群の患者は，統制群の患者に比較して向精神薬の投与量を減らすことができた．しかし，それ以外には2群の間に統計学的な有意差は認められなかった（例えば，他の薬剤の処方，診療費，外来患者の受診回数など）．7カ月のフォローアップにおいて介入群の患者の85％は，臨床心理士によって，ある程度または大いに助けられたと報告している．しかし，情緒的な苦悩，人生への満足度，自己コントロール度に関して，心理学的尺度の上では介入群と統制群の間に統計学的な有意差は認められなかった．さらに，向精神薬の処方量についても，フォ

ローアップ期間中に介入群の患者に対する投与量が増加する傾向がみられたため,結局2群の間の差は消失した.

この研究では,臨床心理士へのリファーが,はっきりと患者の利益になるということが示されなかった.介入群の患者の85%がサービスに満足し,介入期間中は向精神薬の投与量が減少したものの,その後のフォローアップでは介入群と統制群の間に明らかな差はみられなかった.この研究を解釈する際の大きな問題は,1人の臨床心理士がすべての介入を行っているという事実である.つまり,臨床心理サービスの評価と1人の臨床心理士の評価とを混同していることである.どちらの群も患者数が少ないことも,統計学的有意差を見出すのを難しくしたということもある.

2つめの統制研究 (Robson et al. 1984) は,EarllとKinceyの研究手続きの問題点を回避してはいるが,本質的に同じデザインで行われている.429人の患者が,心理療法を受ける介入群と一般開業医の治療を受けるだけの統制群に無作為に振り分けられた.なお,心理療法を受ける患者は,対象となっている一般診療所に勤務4名の臨床心理士のうち1人に割り当てられる手続きになっていた.臨床心理士の介入は,最長10週間続けられた.また,個々の介入は,平均3.7セッション,または2.5時間の面接時間を要するというものであった.患者は,心理学的尺度,薬剤費用,一般クリニックでの相談回数,総合病院への受診回数などが,介入の最終期から終了1年後までいろいろな段階で評定された.患者の抱えている問題の評定には,Kinceyのカテゴリが用いられた.それによると,多くの患者は,不安にまつわる問題 (47.9%),人間関係の問題 (17.4%),行動の障害 (16.2%) を抱えていた.それに加えて,13.7%の患者は,抑うつのために受診していた.

この研究の結果は,前述の研究に比較するならば,心理療法の効果を肯定的に示すものであった.介入直後から34週後のフォローアップまでの間,患者が抱えている問題の改善の程度が評定された.その結果,臨床心理士の心理療法を受けた患者は,統制群に比較して顕著な改善を示した.心理療法期間中から24週後のフォローアップまでの間,心理療法を受けている患者が一般開業医の外来を訪れる回数は顕著に減少した.また,心理療法期間中から1年後のフォローアップまでの間,向精神薬の処方量も明らかに減少していた.統制群の患者は時間を追って徐々によくなっていったが,介入群には及ばなかった.1年後のフォローアップでは,統制群は,投薬にかかった費用 (統制群の方が高かった) 以外の尺

度で介入群と有意差がない程度まで改善が進んだ．Robson ら（1984）は，この研究で臨床心理士の心理療法を受けた患者は統制群の患者に比べて改善が促進され，受診の頻度も低く，薬剤費用も少なくて済んだということが観察されたと結論づけている．結果として，一般クリニックにおける臨床心理士の価値を支持する内容であったといえる．

　上述の研究は，一般診療においてみられる心理的問題の大部分は，臨床心理士の援助によって改善が早く進むものの，時間をかければ自ら解決していくものであることを示唆している．これは，軽度の障害に関しては当てはまるかもしれない．それ以外の障害や問題に関しては，必ずしも当てはまるとはいえない．この点に関して Milne と Souter（1988）は，自らが行った臨床心理サービスについての評価研究を行っている．その研究によれば，順番待ちリストに載っている間，患者は，ほとんど，または全く改善を示さなかったのに対し，認知行動療法を実施した場合，実施期間中およびその後で明らかな改善を示したとのことである．この研究によって，Milne と Souter は，患者の問題が慢性的で困難であればあるほど，心理学的介入の必要性が高くなることを明らかにしたといえる．

　イギリスにおいては，近年，重い精神病への新たな取り組みが発展している．上記結果は，この点に関して特に重要となる．政府は，重い精神病の治療に重点を置くようになっている．その結果，臨床心理士などコミュニティのメンタルヘルス・サービスのチームで活動するスタッフは，非常に難しい問題を抱えた人々への対応に時間と労力をかけなければならなくなってきている．認知行動療法のような短期の介入が，このような困難な問題を抱えた患者に対して効果的な援助であるかどうかは，まだはっきりしていない面がある．実際，認知行動療法を重症例に適用することで，介入が長引く傾向もある．例えば，週1回の介入が1年も2年も続いている場合もある．もし，プライマリケアの場で活動する臨床心理士が長期間にわたってひどく混乱している患者を中心とした介入に専念するようになったなら，今まで援助の対象となってきた不安や抑うつの患者はどうなるのであろうか．そこで起こりそうなことは，一般開業医，特に自分で予算管理をしている一般開業医が，臨床心理士に替わってカウンセラーを雇うようになるということである．

カウンセリングとカウンセリング心理学

　この5年間，一般クリニックで働くカウンセラーの数は，顕著に増加した．そ

の結果，イギリスのほぼ半数の一般クリニックに，さまざまな形態でカウンセラーが属するようになっている．その多くは一般開業医に直接雇われる形態である．また，臨床心理サービスを行う機関に勤務し，臨床心理士と一緒に仕事をするカウンセラーもいる．経済的に苦しい利用者にとっては，臨床心理士よりも安価な費用で援助を受けられることがカウンセラーの利点となる．

　臨床心理士は，直接的な心理援助の活動以外にも，組織運営，教育，人事管理などの仕事の責任を負っている．それに対してカウンセラーたちは，時間のほぼ100％をクライアントとの面接に使うことができる．そのため，カウンセラーは，経費面でも利点があると思われがちである．しかし，これは，カウンセラーが臨床心理士と同じサービスを提供でき，しかもそのサービスが効果的であると仮定した上での話である．プライマリケアにおけるカウンセリングの効果に関する研究では，カウンセリングが有効であったとの結果は出ていない（Roth & Fonagy 1996）．カウンセリングは，限られた対象（例：喪失後の抑うつ），あるいは限られた援助モデル（例：対人関係の心理療法）に従っている場合にのみ，有効であることが示されている．

　少数ではあるが，プライマリケアの領域でカウンセラーを雇うことに反対している臨床心理士もいる．しかし，多くの者は，ヘルスサービスが変化する中での市場の力の産物と考え，この事実を受け入れている．臨床心理士の間でみられるカウンセラーへの抵抗は，臨床心理学の成立に際して多くの精神科医たちが見せた敵対心を思い起こさせるものがある．この点に関しては臨床心理士が，かつての精神科医と同じような専門家集団の自己防衛に走らないことを願いたい．むしろ，Shillitoe と Hall（1997）が示すように，臨床心理サービスの中でカウンセラーが働くことは，臨床心理士とカウンセラーの双方にとって大きな利益をもたらすことに注目したい．カウンセラーにとっては，定期的にミーティング，スーパーヴィジョン，訓練などを行っている組織化された活動に所属するという利益がある．また，臨床心理士は，高い水準の援助の専門性と個人面接の経験をもつ専門職であるカウンセラーと関わることで，利益を得ることができる．

　最近，イギリス心理協会の中にカウンセリング心理学部門が設立された．カウンセリング心理学は，アカデミックな心理学の理論を基盤とし，それを個人の成長に重点を置いて構成された心理療法の訓練に統合するという特徴をもっている．このようなカウンセリング心理学部門の設立は，カウンセリング心理士という新たな専門職の発展につながっている．この新しい専門職が，臨床心理学にとって

どのような意味をもつのか，特に臨床心理学を脅かすものになるのかについての判断は，今後の推移を見守るべきである．

6. 一般診療の中での臨床心理士の活動 (2)――他職種との協働

臨床心理士は，一般開業医およびプライマリ・ヘルスケアのチームのメンバーと協働して活動することがある．具体的には，事例に関わる際に協働する場合もあれば，特定のプロジェクトを遂行する際に協働する場合もある．協働して活動することには，明らかにさまざまな利点がある．特に他の専門職と協働することによって，臨床心理士は，時間と技能を有効に使用することが可能となる．

臨床心理士とプライマリケアのスタッフとのコンサルテーションは，さまざまなレベルで行われる．最も簡単なものは，コーヒーやランチをともにしながらの非公式なミーティングである．ここでは，リファーするかどうかが未決定の事例についての議論や，（医学的あるいは心理学的）介入についての情報交換などが行われる．これが一段階発展したものとして，個々の事例に協働して関わる活動がある．例えば，夫婦関係やセックスをテーマとした事例に集団療法や家族療法の形式で協働して介入するという方法である．

Deysら (1989) は，家族システムの観点とチーム・アプローチの方法に基づいて，臨床心理士と一般開業医が協働して事例に取り組むプロジェクトについて報告している．一般開業医あるいは臨床心理士がセラピストになり，そのセラピストと家族のやりとりを他のチームメンバーがマジックミラー越しに観察するといった形態の家族療法が行われることがある．そこでは，セラピストが望めば，その場ですぐに他のメンバーによるコンサルテーションが可能となる．このようなチーム・コンサルテーションは，家族療法においては標準的なやり方である．この方法は，すぐにその場で，事例についての臨床的な妥当性を検討できるという利点がある．

また，別のレベルの協働作業として，特定の技能を教育するために臨床心理士が一般開業医や他のプライマリケアのスタッフ訓練を行っているということもある．1つの例をあげると，臨床心理士は，投薬や単なるアドバイスに代わる技能として，不安をマネジメントする技能（リラクゼーション，目標設定，標準練習）をプライマリケアのスタッフに教えている．プライマリケアの質の評価は，ケアを実際に行うスタッフがそのような技能をどれほど効果的に用いるかという

ことにかかっていることになる.

保健師との協働

　協働のよい例として，児童臨床心理士と保健師との間で行われている活動がある．例えば，睡眠に問題をもつ就学前児童の親のグループワークを協働して運営する活動が，それにあたる．就学前の子どもが睡眠の問題をもつことは非常に多い．子どもは，気持ちを鎮めることができず，しばしば目覚めてしまう．そのため，適切な睡眠の習慣をつけることができずに，例えば両親のベッドに連れて来られるといったことが生じる．このような睡眠の問題に対して多くの親は，専門的な援助を受けることなく自分たちで対処している．しかし，なかには，自身も寝不足となり，子どもの睡眠に悩んで感情的に消耗してしまう親もいる．保健師は，小さな子どもをもつ親の家を定期的に訪れているため，しばしば親の心配事の聞き手となる．そこで，眠れない子どもにどのような手助けをすればよいか尋ねられることがしばしば生じる．

　睡眠の問題に対する行動マネジメントは，次のような手続きから構成されている．まず状況を丹念に記録する．次に不眠を維持することになっている随伴的要因は何かという観点から個人的状況を分析し，その結果を話し合い，行動の改善に向けての目標を同意の上で定める．そして，段階を追ってその目標の達成に取り組んでいく．ここで，4歳半の女の子リンダの行動マネジメントを例にとって考えてみる．彼女は，夜ベッドに行くことを拒んでいた．毎晩テレビの前のソファーで眠ってからベッドに連れて行かれ，午前12時から1時の間に起きて夢遊病者のように歩き回って両親の部屋に来るということを続けていた．両親のベッドに入った後は起きずに朝まで眠った．もしも両親が夜中にリンダを彼女のベッドに連れて行こうとすると，リンダは泣き叫んだ．無理やり連れて行って彼女のベッドに寝かせるようにしても，後から必ず両親を捜しに来た．そこで，最終的な目標は，リンダが自分のベッドで眠るようになることと定められた．行動のマネジメントのためになされたアドバイスは，以下のようなものだった．

(1) 入浴したらすぐベッドに行かせること．
(2) リンダに20分ぐらい，彼女のベッドでお話を読み聞かせること．
(3) 両親は本を読み終わってもリンダが眠るまで部屋にいること，ただし彼女とは最小限にしか関わらないこと，例えば読書，編み物などをしていること．

　その後，アドバイスは，段階を追って展開していった．まず両親は，リンダが

寝る前に部屋から徐々に遠ざかるようにした．例えば，最初は部屋の外，次に踊り場，最後に階段の下というように続いた．これらの手続きは，気持ちを鎮めるという問題の解決につながった．このように行動マネジメントの手続きは，わかりやすいものとなっている．問題によっては，介入することによって事態が複雑化し，問題が見えにくくなってしまうこともある．しかし，行動マネジメントの手続きはわかりやすいので，問題を見えにくくすることなく，むしろ当座の問題をはっきりさせた上で介入を実行していくことが可能となる．

この事例では，保健師が子どもの問題に苦慮している両親から相談を受け，その状況を把握していた．そこで，臨床心理士が保健師から問題状況についての情報を得た上で協働して行動マネジメントを利用して介入した．臨床心理士は，行動マネジメントの専門的技能をもっている．したがって，臨床心理士と保健師の協働の意義は，臨床心理士が保健師の把握した問題状況に基づいて行動マネジメントを適用できるという点にある．

6. 社会構成的な展望をもつ

ほとんどのヘルスケア・システムでは，医学的あるいは病理的問題モデルが支配的である．そのため，人々は"症状"によって示される"疾患"をもつ"患者"とみなされ，"治療"が必要であるとされる．このモデルは，巨大な製薬産業によって後押しされている．その結果，一般開業医の役割のほとんどは，薬を処方することで占められるようになってしまっている．多くの臨床心理士は，このモデルに従い，不安や抑うつという"疾患"の治療法を発展させようとし，問題は個人の中にあるという考えを暗黙のうちに支持してきた．

しかし，そのような見方が唯一のものではない．近年，医学的あるいは病理的モデルに替わるものとして，社会構成的モデルが提案されている．それは，問題を社会的なコンテクストにおいてみることの重要性を強調するものである．社会的コンテクストの重要性という観点から，個人の変化だけでなく，同様に社会の変化も求めるのが社会構成的モデルの特徴である．例えば，多くの人々が抗不安薬の処方やストレス・マネジメントを求めて医師や臨床心理士のもとを訪れる．しかし，そのストレスは，過重な仕事の負担，深刻な経済的問題，耐え難い住環境，対処不可能な家族の要求などに由来する場合が多い．そのような場合に，個人の症状に焦点を当てるだけの治療は，問題を維持している重要な要因をみない

で済ますことに他ならない．そして，それは，患者のストレスに対する脆弱性をそのまま残してしまうことにつながる．それでは，将来，ストレスに直面した場合，耐えられずに再び症状を呈することは目に見えている．さらに，専門家に問題を診断してもらい，治療を受けることは，その人自身の自助能力を損なう危険性もある．依存の対象が臨床心理士であろうと，医師であろうと，カウンセラーであろうと，専門家を頼りにして問題点を指摘してもらい，治療を施してもらおうとするあり方そのものが，個人の自助能力を台無しにしてしまうのである．

ナラティヴ・セラピー

Jones, Moss, Holton（1997）は，メンタルヘルスの問題を抱えた成人へのコンサルテーションにおいて，社会構成主義の立場を反映させることを提唱している．そこで提唱されたコンサルテーションは，次のようなものである．それは，2人の臨床心理士によって行われ，1人はクライエントとの面接を行い，もう1人はそれを観察する．休憩をとった後，2人の臨床心理士は，クライエントの前でその面接について議論する．その際，観察していた臨床心理士が社会的なコンテクストに焦点を当てる．その目的は，クライエントが新たな物語に気づくように援助することにある．面接において，クライエントは，自己の在り方について物語る．それは，自己の在り方に関するクライエントの認識を示す物語である．そこで，社会構成的モデルでは，クライエントが自己についての古い物語に替わる新しい物語に気づき，社会経済的要素も含んだ生活のコンテクストにおいて自己の物語を見直すようにすることが，介入の目的となる．臨床心理士は，地域のコミュニティで利用できるサポート資源に関する情報をクライエントに提供し，クライエントが自らを効果的に変化させるためには何ができるのかに焦点を絞って話し合う．このようにして，それまでの古い物語に替わる新たな社会的物語が構成されると，クライエントは，自分自身で問題を解決したいと主張するようになる．

Partridgeら（1995）は，家族療法で用いられるシステム論的モデルに基づいて，上記社会構成的モデルと同様のアプローチを提唱している．Partridgeらの方法における面接者は，メンタルヘルスのチームの面前で，クライエントへのコンサルテーションを行う．コンサルテーションの場にメンタルヘルスのチームがいる理由は，コンサルテーションのプロセスで進行していることを見直す鏡の役割をとるためである．

このセッションの最大の特徴は，見直し（reflecting）チームの話し合いが組み込まれていることである．見直しチームのメンバーは，コンサルテーションのプロセスを観察しており，それについて話し合いをする．そこに，クライエントと面接者が招かれ，その話し合いを聞くことになる．チームのメンバーは，さまざまな事柄を議論する．問題がどのようなものとして示され，クライエントがその問題をどのように解釈しているのかを話題とする．それに加えて，クライエントの解釈とは異なる解釈の可能性や新しい解釈の基盤となっているものの考え方なども話し合われる．また，クライエントの強さや信念を議論し，問題を新しい枠組みでとらえ直すことやジレンマを探し出すことも話題となることもある．そこで行われる見直しは，すべて仮説として提示される．そこでは，ある見方が自動的に他の見方を越えて特権的に正しいという位置付けを得ることはないということが前提となっている．どのような見方も特別扱いはされないのである．セッションは，見直しチームの話し合いを聞いていたクライエントがその議論を見直し，まとめることで終わりとなる．その結果，セッション参加者が全員協力して"次の段階"に向けてどのようにしていくかを判断することになる．

　このようにチームメンバーを利用する方法は，人的資源の乏しいヘルスケアの組織にとっては，贅沢なやり方に見えるかもしれない．しかし，Partridgeら（1995）は，この方法を採用することで，問題解決が迅速に進み順番待ちリストを18カ月から3〜4カ月に短縮できただけでなく，個人療法を選ぶクライエントを減少させることもできたので，結果として多くの資源を節約できたと報告している．問題は，そのようなサービスの在り方が最終的にどのような効果をもたらすかということである．その点に関して，安易な二分法に陥ってしまう危険があることも指摘しておきたい．このような方法は，最終的には，患者が自己自身で解決法を見出すことを目標としている．そのため，患者は，（薬物や心理療法で）介入されるか，または自分たちで解決法を見つけるかのどちらかである，という二分法である．実際のところは，患者は自分たちで解決法を見つける前の最初の時点では援助を必要としているのである．そして，ほとんどの心理学的介入法は，クライエントが自分自身で問題を整理するのを援助するように構成されている（5章を参照）．したがって，少なくとも，心理学的介入法に関しては，心理療法による介入か，クライエントの自己解決かという二分法は，当てはまらないのである．

8. プライマリケアにおける研究

　研究技法と方法論の教育は，臨床心理士の訓練の重要な部分となっている．大学院の教育課程において臨床心理士は，実験研究法を学び，適切な統計分析を用いて研究を実施し，論文を執筆することが求められる．大学院に在籍している間は，このような研究技法を臨床的問題に適用することを学び，複数の研究を実施することが義務となっている（1章を参照）．このような臨床研究を遂行することは，（あらゆる場合においてというわけではないが）臨床心理士の仕事の1つである．少なくとも，最低でも週1回程度は研究のために時間を割くということがあってもよいと思われる．ところが，さまざまな理由から，大学院を終了して現場で働く臨床心理士の多くは，積極的に研究に関わるということがなくなる．臨床活動に専念する必要性，目下の関心の方向，研究の限界への気づきなどが，研究活動から離れる理由となっているのかもしれない．しかし，プライマリケアの領域においては，臨床心理士は，研究者として特別な貢献を果たすことができるのである．臨床心理士が他の研究者と協働して臨床研究を遂行することが強く求められており，現在，そのための方法が考えられている．

心理的問題の発見と同定

　どのような心理的問題がプライマリケアの領域に存在しているのかは，未だ明確になっていない．その点に関する確かな知識は得られていない．現在のところ，臨床心理士は，不安，抑うつ，強迫といった障害を区別して分類する診断カテゴリを利用して，コミュニティで生じる問題の割合を明らかにしてきている．そのような診断カテゴリは広く用いられており，それに基づいて標準化されたアセスメント技法も多く開発されてきている．プライマリケアの領域においても，そのような診断カテゴリを利用して保健師，コミュニティ看護師，一般開業医が担当する問題の頻度を集計し，問題の表われ方を明らかにする作業が臨床心理士によってなされている．

　さらに，心理的問題の自然経過に関する詳細な調査は，非常に関心がもたれるものである．なぜなら，前述したように，心理的問題の多くは，専門家の手助けなしに解決されているからである．臨床心理士は，心理的問題やそれらをアセスメントする方法についての知識をもっている．したがって他の専門職と協働して研究することで，興味深い結果をもたらすことが可能となる．特に，公衆衛生を

専門とする医師との疫学的な共同研究は，実り多い結果をもたらすはずである．この種の研究から得られた知識は，実践的に有効な資料となる．例えば，どのような問題に介入する必要があるのかという判断をする際には，そのような研究の成果は大いに活用できるものである．

プライマリケアの専門的活動における心理学的側面

医師，看護師，受付，保健師など，プライマリケアに携わる人々の仕事の多くの部分が"心理学的"色合いを増している．これは，一般に認められている傾向である．大雑把にいうならば，このような傾向は，プライマリケアの専門的活動における対人関係技能と態度の重要性と関連している．もちろん，対人技能や態度が重要であることは，プライマリケアに限られたことではなく，医学一般に当てはまるともいえる．しかし，プライマリケアには，重要な特徴として，人々と接触する頻度が高いということがある．95％以上の人が少なくとも5年に1度は自ら一般開業医のもとを訪れているのである．しかも，プライマリケアの仕事の大部分において，訪れた人々と効果的に関わることが求められている．予約の確認にしろ，包帯の取替にしろ，個人的コンサルテーションにしろ，医療的処置にしろ，いずれも対人関係が重要な要素となっている．そこで，臨床心理士や社会科学者は，プライマリケアにおけるコミュニケーションのプロセスに関する研究を行うようになってきている．特にどのような要素が援助的であり，どのようなことが効果的なコミュニケーションを妨げるのかという点に，研究の関心が向かっている (Pendleton & Hasler 1983)．

医師などが治療方針を提示しても，多くの患者はそれを守らないということがある．その原因のひとつとして，コミュニケーション不足ということがある．医者から受けるコミュニケーションには満足していると答える患者も少なくはない．しかし，患者のかなりの割合（35から40％の間）は，不満足と答えている．医師と患者のコミュニケーションに関する心理学研究は，満足感に影響するいくつかの要素を明らかにした．例えば，医師は，多くのことを患者に伝えようとする．ところが，そのようなコミュニケーションは，患者にとっては複雑すぎて理解できず，情報が多すぎて正確に思い出せないということになる．患者の知識や思い込みを考慮に入れずに，一方的に伝えられるということもある．

より効果的なコミュニケーションのあり方を構成するためには，記憶と忘却のプロセスに関する心理学研究を参照することが有効である．人々は，メッセージ

の最初（初頭効果）と最後（最新効果）に存在する情報を記憶する傾向があり，その中間の部分は適切に記憶されない．ところが，その中間部分に治療やその効果に関する重要な情報が含まれているのである．また，具体的な情報，重要であると強調された情報，繰り返された情報は，そうでない情報よりも容易に記憶される．このように記憶についての心理学研究は，有効な成果を生み出している．したがって，心理学的知識をプライマリケアの実践に適用することは十分に可能となっている．そして，実際に，このような適用は，始まっている．

9. 予防と健康増進

　病気を予防し，健康を増進するためにはプライマリヘルスにおけるケア活動が重要な役割を担っているとの認識がとみに高まっている．そして，そのような方向にプライマリケアの活動を変化させていく鍵を握っているのは，一般開業医であるとみなされている．もちろん，診療看護師や保健師などの医療スタッフも重要ではあるが，一般開業医の潜在的な影響力は大きいといえる．患者の約3分の2は，1年のうちに1回は自分の主治医となっている一般開業医のところに相談に行く．患者にとって家庭医でもある一般開業医は，気軽に利用できる場になっている．そのため，一般開業医は，健康の教育と増進のための機会を数多くもっている．医師というものは，一般的に尊敬され信頼される人物でもある．そのため，患者は，そのアドバイスを真剣に聞く．例えば，一般開業医が喫煙者に喫煙をやめるようにアドバイスした研究がある．それによると，多いとはいえないが，ある一定数の喫煙者が，医師のアドバイスを受けて喫煙をやめるのに成功したとの結果が示されている．近年，医師だけでなく，その他の専門職も含めて，プライマリケアのスタッフは，健康増進のための活動にますます多く関わるようになってきている．それは予防接種や健康診断といった直接の活動から，ライフスタイルに関する教育やアドバイスに至るまで，さまざまな面に及んでいる．

　臨床心理士もまた，予防と健康増進に直接注意を向けるようになっている．これは，とても意味があることである．というのは，より健康的なライフスタイルを確立するために，まず心理面での変化が必要になるからである．例えば，食物，特に高脂肪で低繊維の食物は，虚血性心疾患やある種の癌に関連しているとの証拠が数多く蓄積されている．もし，人々が食生活を変えることができるならば，心疾患や癌といった発症率の高い病気のリスクを減少させることができる．そこ

で求められるのは，心構えと行動の変化である．例えば，食生活の改善が健康のために必要だという心構えをもち，より健康的な食行動パターンを実際に確立していくことが必要となるのである．一般開業医，診療看護師，保健師は，人々に変化を迫る立場にいる．変化するよう患者に促す役回りとしては，最高の位置付けである．しかし，一般開業医，診療看護師，保健師は，具体的にどのように患者にアドバイスを与えるべきであるのかについては素人である．それに対して臨床心理士は，日々の仕事として，クライエントの心構えや行動に変化をもたらす方法を探っている．したがって，クライエントの心構えや行動を変化させることを専門とする臨床心理士がプライマリケアのスタッフと協働することで，介入の効果を最大限にもっていくことが可能となる．

身体的健康の面で病気の予防と健康の増進が強調されるようになってきているが，それと同時に精神的健康の面でも健康の増進に注意が払われるようになってきている．Newton（1988）は，うつ病や統合失調症（精神分裂病）などの主要な心理障害についての研究を分析することを通して，いくつもの心理学的予防法を提案している．この予防法は，多岐にわたっている．乳幼児や児童の安全を確保するための技法から深刻な心理的混乱に陥る危険性をもった人を同定し，支援する方法までが含まれている．乳幼児や児童の安全を確保できるならば，将来抑うつや不安障害に陥る可能性を減じることに役立つかもしれない．Newtonが指摘しているように，健康のための心理的条件については，現在研究成果が蓄積されつつある段階である．そのような研究成果が基礎となって，病気の予防とメンタルヘルスの増進に向けての研究が発展するといえる．

10. コミュニティ・サービス

プライマリケアにおける臨床心理士の活動は，ほとんどの場合，一般診療のチームと連携して行われてきている．これは，別に驚くことではない．イギリスにおいて臨床心理士は，すでに一般開業医，看護師などのヘルスケア・スタッフとの協力関係を確立したヘルスケアの専門職となっているからである．臨床心理士は，プライマリケアの場に活動を広げていく中で，活動の仕方についても幅を広げてきた．つまりそれまでの伝統的な方法に加えて他の専門職と連携して活動するといった新たな方法も積極的に展開するようになってきているのである．その結果，一般診療の領域は，心理援助という点において実り豊かな場となっている．

しかし，図12.1に関連して既述したように，コミュニティの中には，表に現れているよりもずっと多くの心理的問題が伏在している．つまり，現在，一般診療において認識されているのは，コミュニティに存在する心理的問題のほんの一部に過ぎないのである．このことの重要性に気づいた臨床心理士は，直接"コミュニティの内で"活動を展開するようになってきている．

コミュニティのメンタルヘルス・チーム

コミュニティのメンタルヘルス・チームは広範に発展し，それにともなって病院施設の中での精神病治療から"コミュニティの内でのケア"への移行が生じた．コミュニティのメンタルヘルス・チームは，さまざまなメンタルヘルスの専門職のグループから構成されており，地域のコミュニティ，とりわけ一般開業医にサービスを供給するために密接な協力の下に活動している．チームは，1人あるいはそれ以上のコミュニティ看護師，作業療法士，ソーシャルワーカー，臨床心理士，そして精神科医から構成されている．最近では，フルメンバーで活動するのではなく，チームで連絡を取りながら活動するのが通常の形態となっている．クライエントは，一般開業医あるいは地域の施設からリファーされてくる．そのようなクライエントに対してチームは，一定範囲内の援助的介入を提案する．たいていの場合は，短期の実用的な介入を提案する．また，ストレス・マネジメント，自己表現トレーニング，対象喪失を経験した人々のグループなども，クライエントのために実施されている．

コミュニティ・チームの目的は，地域のニーズに適切に対応するとともに，メンタルヘルス専門機関の悩みの種となっている紹介患者の長い待ちリストの短縮化を図ることである．それに加えて，精神医療に関連するスティグマを減少させること，多職種のアプローチを組み合わせて実用的で有効な心理学的介入を短期間で行うことなども目指されている．

しかし，コミュニティのメンタルヘルス・チームには問題もある．複数の臨床心理士が，"民主的な"チームで仕事をすることは，専門職としてのアイデンティティの消失や専門的技能の衰退を招くと報告している（Anciano & Kirkpatrick 1990）．つまり，その場の哲学が，"メンバーの誰もがあらゆる仕事をする"という具合になってしまうのである．また，多数の患者がリファーされてくるため，患者の割り振りが適切になされていないとの報告もある．つまり，患者の数に圧倒されてしまい，チームメンバーへの割り振りが，専門的技能とクライ

エントのニーズとの適合に基づくのではなく，単なる恣意的なものになっていると指摘されている．このような状況の中で臨床心理士は，クライエントに直接関わるチームの中心メンバーとしての役割と，他の専門スタッフにアドバイスをするコンサルタントとしての役割の，2つの立場に引き裂かれることになる危険性がある．

コミュニティ心理学

コミュニティ心理学という用語が最初に唱えられたのは，アメリカにおいてである．心理学の実践に関して，メンタルヘルスの場においては個人心理療法ではなく，生態学的観点に基づいて心理的問題を把握する方法が重要となることを主張するために，コミュニティ心理学という語が用いられたのである．したがって，コミュニティ心理学という用語には，個人療法から生態学的観点に基づく介入へという，本質的な立場の転換の主張が含まれている．

コミュニティ心理学は，人間の行動に何らかの問題が生じる場合，社会環境的圧力が，その問題の生起に決定的な影響を及ぼしているとの観点に立つ．そこで，コミュニティ心理学は，社会環境的影響力の重要性を強調し，臨床実践に関しては，緩やかな意味での"システム指向"の介入アプローチを支持している．また，コミュニティ心理学は，多くのメンタルヘルスの問題は，例えば貧困，失業，人種差別，都市問題といった社会政治的状況の産物であり，したがって，心理的問題に強い影響を与えるためには，これらの社会情勢を変化させることが必要であるとの認識に基づいている．

このような見解に基づくコミュニティ心理学にあっては，メンタルヘルスや病気に関する臨床心理士の見方は，現在のところ満足できるものではないということになる．むしろ，コミュニティ心理学は，より広い視野をもつことを求めている．このような視点の違いが明らかになった最初の例として，ホームレスの問題がある．地方では仕事が不足していることに加えて，家族との同居にはさまざまな問題があるため，多くの若者は，都会で仕事を探さざるを得なくなる．しかし，都会に出たところで，若者にはお金も友人もなく，誰も助けてくれない．生活は荒れ，仕事を見つけるどころか，泊まる場所さえなくなる．それに引き続いて，失望，抑うつ，アルコールや薬物への依存の問題が起きてくる．このような問題は，個人に由来する問題であると同時に，社会システムに由来する問題である．

コミュニティ心理士と呼ばれる人々が存在するのは，実際にはアメリカだけで

ある．それ以外の国には，コミュニティ心理士それ自体は存在しない．その理由は，おそらく社会的なヘルスサービスの場で仕事をしていくのが難しいからであろう．とはいえ，臨床心理士の中には，コミュニティ心理学的展望に立って，活動を展開していくことを試みている者もいる．そのような臨床心理士は，個人に介入する活動から，社会システムの変化を生み出し，あるいは引き起こす活動に向けて徐々に活動の焦点を移すことになる．例えば，社会政治的変化を求めるボランティア・グループと連携すること，精神病や学習機能障害の権利擁護を求める役割をとること，社会福祉局関連の仕事をすること，セルフヘルプ・グループの設立や運営を支援することなどが，そのような社会システムの変化に関わる活動である．

現在のところ，このようなコミュニティでの役割は，あまり発展していない．しかし，ヘルスケア・システムに関しては，常に政治的および財政的な限界がある．それがサービスに直接影響を及ぼしていることを考えるならば，臨床心理学の領域においても，このようなコミュニティでの役割は，今後ますます重要になってくるであろう．

11. まとめ

臨床心理士は，長年にわたってプライマリケアの場で活動してきている．臨床心理士は，さまざまな点でプライマリケアのサービスに貢献してきた．第1に，心理学的な介入において貢献してきている．これについては，外来のクリニックにおけるのと同様の活動を提供している．現在のところ，このような心理学的介入が，最も一般的で，最も利用されているサービスである．研究結果は，このようなサービスの有効性を支持している．しかし，臨床心理士の数には限りがある．そのため，臨床心理士が純粋に心理援助の活動に携わることには限界がある．ある一定の選択されたクライエントにしか対応できない状況にある．

なお，この5年間，一般開業医に直接雇用されるカウンセラーや臨床心理関連の機関で仕事をするカウンセラーが増えてきている．カウンセリング心理学の新しい専門職もできてきている．このようなカウンセリング専門職の発展は，プライマリケアにおける臨床心理士の心理援助の活動を脅かすものとなる．しかし，臨床心理士とカウンセラーに関連するサービスは，全体として増加している．そのため，2つの専門職がともに利益を得るだけの領域は確保される状況にはある．

臨床心理士の第2の貢献として，他のスタッフへのコンサルテーションのサービスがある．臨床心理士は，臨床心理学の技能と知識を利用してプライマリケアに従事するスタッフの活動を援助する．そのような例として，児童臨床心理士が保健師のコンサルテーションをすることを通して，両者の密接な協働作業が行われるということがある．

第3の貢献は，システム論的モデル，あるいは社会構成的モデルの観点から問題を理解する革新的な活動方法を開発してきたことである．そのような革新的方法に基づくコンサルテーションでは，クライエントが問題についての見方を変え，新たに社会的コンテクストの影響を組み入れた問題の捉え方ができるようになることが目指される．また，クライエントは，個人心理療法から離れ，その代わりに自分自身で問題解決法を見つけ出せることを目標とした援助を受ける．

第4に，臨床心理士は，プライマリケア活動のさまざまな側面についての研究を行うことができる．これも，臨床心理士の貢献である．医師−患者間のコミュニケーションについての研究は，その一例である．

最後に，第5として，臨床心理士は健康の増進と病気の予防のプログラムに参加できるということがある．実際，臨床心理士が関与したプログラムが，プライマリケアの場で実践されてきている．その例としては，ダイエットと喫煙に関する助言プログラムがある．

臨床心理士は，概して，一般開業医の診療を媒介としてプライマリケアにおける活動を展開してきた．しかし，このような活動の在り方だけがすべてではない．臨床心理士は，コミュニティ心理士あるいはコミュニティ・チームの一員としてコミュニティの中で直接活動することも始めている．

引用文献

Anciano, D. and Kirkpatrick, A. (1990). CMHTs and clinical psychology: the death of the profession? *Clin. Psych. Forum*, **26**, 9-12.

Department of Health (1996). *Primary care: delivering the future*. Department of Health, London.

Deys, C., Dowling, E., and Golding, V. (1989). Clinical psychology: a consultative approach in general practice. *J. R. Coll. Gen. Pract.*, **39**, 342-44.

Earll, L. and Kincey, J. (1982). Clinical psychology in general practice: a controlled trial evaluation. *J. R. Coll. Gen. Pract.*, **32**, 32-37.

Goldberg, D. and Bridges, K. (1987). Screening for psychiatric illness in general practice: the general practitioner versus the screening questionnaire. *J. R. Coll. Gen.*

Pract., **37**, 15-18.

Goldberg, D. P. and Huxley, P. (1980). *Mental illness in the community. The pathway to psychiatric care.* Tavistock, London.

Jones, S., Moss, D. and Holton, R. (1997). A consultation service to adults referred as having mental health problems. *Clin. Psychol. Forum*, **105**, 21-26.

Kincey, J. A. (1974). General practice and clinical psychology—some arguments for a closer liaison. *J. R. Coll. Gen. Pract.*, **24**, 882-88.

McPherson, I. and Feldman, M. P. (1977). A preliminary investigation of the role of the clinical psychologist in the primary care setting. *Bull. Brit. Psychol. Soc.*, **30**, 342-46.

Milne, D. and Souter, K. (1988). A re-evaluation of the clinical psychologist in general practice. *J. R. Coll. Gen. Pract.*, **38**, 457-60.

Newton, J. (1988). *Preventing mental illness.* Routledge and Kegan Paul, London.

Partridge, K., Bennett, E., Webster, A. and Ekdawi, I. (1995). Consultation with clients: an alternative way of working in adult mental health. *Clin. Psychol. Forum*, **83**, 26-8.

Pendleton, D. and Hasler, J. (eds.) (1983). *Doctor-patient communication.* Academic Press, London.

Robson, M. H., France, R., and Bland, M. (1984). Clinical psychologists in primary care; controlled clinical and economic evaluation. *Brit. Med. J.*, **288**, 1805-08.

Roth, A. and Fonagy, P. (1996). *What works for whom? A critical review of psychotherapy research.* Guilford Press, New York.

Shillitoe, R. and Hall, J. (1997). Clinical psychologists and counsellors : working together. *Clin. Psychol. Forum*, **101**, 5-8.

参考文献

Feldman, M. D. and Christensen, J. F. (1977). *Behavioral medicine in primary care: a practical guide.* Appleton and Lange, Stamford.

France, R. and Robson, M. (1997). *Cognitive behaviour therapy in primary care.* Jessica Kingsley, London.

Onyett, S. (1995). *Making community mental health teams work: CMHTs and the people who work in them.* Sainsbury Centre for Mental Health, London.

編訳者あとがき

下山晴彦

1. 今，イギリスが面白い

　現在，社会的な専門活動としての臨床心理学が世界で最も発展しているのは，イギリスである．もちろん，これまで世界の臨床心理学をリードしてきたのはアメリカである．しかし，アメリカの臨床心理学の発展史においては，社会的専門活動としての側面に主な焦点が当てられていたのではない．むしろ個人開業（private practice）としての側面に重点が置かれていた．しかも，近年，アメリカの臨床心理学は，マネジドケアの影響を強く受け，活動は保険会社のコントロールを強く受けるようになっている．それによって，個人開業としての活動は打撃を受け，また社会的活動としての側面は混乱している．

　それに対してイギリスは，ほとんどの臨床心理士は保健省関連の国民健康サービス（NHS）に公務員として雇われ，臨床心理学は，国民のメンタルヘルスのニーズに対応するサービスを提供する社会的専門活動として展開している．それがどのように展開しているのかについては，本書の各章で具体的に記述されている通りである．したがって，社会的専門活動としての臨床心理学は，イギリスが最も進んでいるといえるのである．そして，その展開のあり方が，世界の臨床心理学の発展という点からも，また日本の臨床心理学の発展を考える上でも，非常に興味深い．本書の最大の魅力は，そのようなイギリスの臨床心理学のあり方を領域ごとに分かりやすく，しかも具体的に解説しているところである．

2. 社会経済政策の観点から見た"専門職としての臨床心理士"

　臨床心理学の初期においては，それぞれの学派が自らの理論（教義）に従って心理的"治療"に役立つと信じる方法を，私的活動として患者に実施していた．それが，次第に社会的な専門活動となることによって，社会のシステムや論理に組み込まれていくことになった．それは，経済の論理に組み込まれていくことでもあった．

　臨床心理学の活動は，当初は一部の富裕層や精神科患者を対象とした特殊な活動であった．それが，次第にその有効性が認められ，社会からのニーズが高まるのに従って，一般の数多くの市民が利用する社会活動となり，さらには政府が臨床心理学の活動を専門活動として活用するようになってきた．それは，同時に利用者の費用をどのように供給するのかということが重要なテーマとして関わってくることでもある．つまり，臨床心理学の活動を幅広く普及させることは，同時にそれをサポートする財源が必要となるということである．ただし，いずれの国でも国家財政は厳しく，医療費，特にメンタルヘルスへの費用は切り詰めることが求められる．上述したようにアメリカでは，そこに保険会社が入り込

み，臨床心理学の活動を含めて医療をコントロールするようになっている．その結果，社会的サービスとしての臨床心理学の活動を発展させる方向が見えにくくなっている．

それに対してイギリスでは，エビデンスベイスト・アプローチに基づく効果研究の結果，メンタルヘルスの分野においては医師の独占による医療こそが医療費の増大につながるとして，むしろ国策として，臨床心理士などの医師以外の専門職にメンタルヘルスの活動を分配する方針をとっている．医療の中に患者を抱え込まずに，患者が病気や障害を持ちつつコミュニティで生活するのを支援する活動を多職種の協働によって行う，新たなメンタルヘルスサービスのシステムを構築している．本書においては，2章をはじめとしていずれの章でも他職種の協働が臨床心理士の活動のポイントとして強調され，その具体的方法が記述されているが，それは，このようなイギリスのメンタルヘルス政策の方針による．

専門職としての臨床心理士の活用は，精神医療に限られたものではない．本書（特に11章や12章）で述べられているように，特に高度医療技術の発展によって，かつては致死であった疾患でも，今はある程度治療ができるようになった．しかし，その代わりに，重い病の後遺症を慢性的に抱えて生活する患者が増加することになった．慢性疾患の場合，心理的ストレスによる訴えが多くなり，医療費は増大する一方となる．そこで，心理的ストレスを改善するために臨床心理学的介入をすることが，医療費の抑制のために必須となる．また，癌，心臓病，脳梗塞などは，生活習慣とも密接に関連しており，その予防には，臨床心理士による心理面での介入が不可欠であることも明らかとなっている．

したがって，社会経済政策の観点からは，専門職として臨床心理士を活用して慢性患者の心理的問題や生活習慣病に対処することが，医療費を抑える点で非常に重要な課題になっているのである．それは，社会的要請といえるものである．日本においては，医療費の抑制は思うように進んでいない．しかし，先進国においては，このテーマは避けて通れない問題である．このような臨床心理学の最先端の課題と，その対処法を具体的に示しているのも，本書の魅力である．

3. イギリスとの比較によって明らかとなる日本の臨床心理学の特殊性

さて，このような臨床心理学の発展過程において，日本の臨床心理学は，どのような段階にあるのだろうか．この点においてイギリスと日本の臨床心理学との比較は，たいへん興味深い．

本書の1章における議論に基づくならば，臨床心理学（clinical psychology），カウンセリング（counselling），心理療法（psychotherapy）は，学問としては異なったものである．ところが，日本では，これらの概念が区別されないまま使用されている．そのため，さまざま考え方が混在し，臨床心理学の全体像を構成することができないでいる．本書で一貫して主張されているように，本来の臨床心理学は，実証的なデータに基づいて，対象となる問題のアセスメントを行ったうえで，介入に向けての方針を立て，さまざまな

技法を用いて問題に介入し，さらにその有効性を確認していく活動を意味する．そこでは，"心理学の実証性"が専門性の基本として重視される．それに対して，カウンセリングと心理療法は，特に心理学に属するものではない．カウンセリングは，人間性の尊重を軸とした人間援助の総合学を目指しており，ボランティアなどの参加を積極的に認めるなど，専門性よりも一般性や日常性が重視される活動である．また，心理療法は，活動としては，特定の学派の理論を前提とした技能の向上を目指すものであり，依拠する理論に拘り，学派色の強い，私的な養成機関での教育を行うことを重視するのが特徴となる．

日本では，1980年代以降，心理力動的な学派が大きな比重を占めてきており，その点で心理療法が，日本の臨床心理学の理想モデルとなってきた．しかし，心理療法は，本来依拠する理論に基づく厳しい訓練を必要とすることを考えるならば，真の意味で「心理療法家（サイコセラピスト）」の名に値するのは，日本の"臨床心理士"の中でもほんの一部に過ぎない．むしろ，大多数の者は，「カウンセラー」として総合的な援助活動を行っている．要するに，「心理療法」を理想モデルとしながら，実際は「カウンセリング」を実質モデルとして大多数を構成し，「臨床心理学」はほとんど機能していないというのが，日本の臨床心理学の実態ということになる．

4. 日本の臨床心理学の発展における本書の意義

周知のように日本では，いじめの問題に端を発してスクールカウンセリング制度が導入され，2001年度からその主要な担い手として臨床心理士がスクールカウンセラーとして公立の中学校に公式に配置されるようになった．これは，政府が臨床心理学の活動に正式に国家予算を提供したということであり，日本の臨床心理学が社会的専門活動として発展する契機となる画期的な出来事であった．しかも，スクールカウンセリングの活動そのものは，日本で伝統的に重視されてきた深層心理的な個人心理療法の限界を超えて，学校というコミュニティに開けた多様な介入モデルを構成していく土壌を提供するものである．これは，本書の各所で解説されているコミュニティにおける介入プログラムにも通じるものである．

このようなスクールカウンセリングに示される新しい動きを促進し，日本の臨床心理学を社会的専門活動として発展させるためには，狭い心理療法の枠組みに囚われずに現場で行われている臨床心理学の活動を全体として再構成し，その有効性を実証的に検討し，活動のアカウンタビリティを社会や行政に示してゆくことが必要となる．私は，日本の臨床心理学は社会的専門活動としての発展を目指すべきであるとの立場から，『講座臨床心理学』（全6巻，東京大学出版会）を編集，出版した．本書は，その方向をさらに一歩進め，社会的専門活動としての臨床心理学のあり方を具体的に示すものとなっている．この点が，本書の特に重要な意義である．日本の臨床心理士や臨床心理学を学ぶ学生は，特定の心理療法に限定された情報を一方的に与えられている状況である．そのため，日本では学問と

しての臨床心理学を学ぶ際の選択肢が非常に狭く，偏っている．そのようななかで，本書は，日本の読者にとって世界標準の臨床心理学のかたちを示す貴重な情報源となる．

5. 翻訳にあたって

原著出版の翌年の2000年に，私は，日本臨床心理士資格認定協会の「大学院における臨床心理学の教育に関するカリキュラム作成ワーキンググループ」の責任者として，諸外国の臨床心理学教育を調査研究することを委託された．そこで，イギリスを調査することにし，イギリスのカウンセリングおよび臨床心理学をリードする人々に会うことになった．そのなかに本書の編者のひとりであるジョン・ホール博士がいた．その訪問の際に，彼の自宅で手作りの夕食をいただいた．そのような交流のなかで私は日本の臨床心理学の現状を彼に伝え，彼はイギリスの臨床心理学の状況を解説し，世界の臨床心理学の発展についての話が弾んだ．そのような話し合いのなかで本書の翻訳の企画が自然に起きてきた．

本書は，ご覧のように多領域にまたがる幅広い内容を網羅している．そこで，臨床心理学の研究と実践に関わっている若手に，まずそれぞれの専門領域に近い章の訳稿を依頼した．そして，私が，その訳稿に基づき，文体の統一を含めて全体を再度訳出し，翻訳を完成させた．各章の担当者は，以下の通りである．

1章	野村晴夫	東京大学大学院教育学研究科・助手
2章	宇留田麗	駒沢女子大学人文学部・専任講師
3章	野村晴夫	
4章	大西晶子	東京大学大学院教育学研究科・博士課程
5章	高野明	東京大学学生相談所・助手
6章	松澤広和	公立みつぎ総合病院・臨床心理士
7章	古池若葉	跡見学園女子大学文学部・専任講師
8章	岡本潤子	家庭裁判所・調査官
9章	上田裕美	大阪教育大学教育実践総合センター・専任講師
10章	望月聡	筑波大学心理学系・専任講師
11章	及川恵	日本学術振興会・特別研究員
12章	渡辺由佳	横浜市立港湾病院小児科・医師

翻訳にあたっては，ホール博士とも相談し，日本の読者にとって読みやすいように各章の順番を入れ替えるとともに，紙幅の都合上原書の2つの章（"Working with physically disabled people" の章と "Working with alcoholic and drug misusers" の章）を割愛した．

翻訳に着手した後，私は，オックスフォード大学の客員研究員としてホール博士のもと

に滞在する機会に恵まれた．そこで，彼に訳出上不明な点を直接尋ねることができただけでなく，本書で解説されているさまざまな領域の活動に，彼の案内で参加し，活動の実際を観察することができた．それは，たいへん幸運なことであった．彼に伴われて，グループホームで生活する統合失調症の患者を訪れて一緒に面接したり，犯罪歴のある重症の精神病患者のユニットでアセスメント面接に同席したりした．また，何度となく地域やユニットでの多職種のミーティングに参加する機会も得た．さらに，オックスフォード大学の臨床心理学博士課程の授業や現場実習にも継続的に参加し，教育訓練の実際を体験することもできた．

　このようなイギリスの臨床心理学の最前線に触れた経験が本書の訳出に役立ったことは言うまでもない．まさにホール博士の全面的な協力によって本書の翻訳が可能になったといえる．何にも増して彼に感謝したい．そして，彼の協力に応えるためにも，本書が日本の臨床心理学の発展に少しでも役に立つことを祈る次第である．なお，本書の各所に配置した写真（10章のMRIを除く）は，私がイギリスに滞在中に撮ったものである．読者の皆さんが，少しでもイギリスの臨床心理学の実際をイメージする助けになればと思い，掲載することにした．

索　引

ア　行

ICD-11　148
アウトリーチ活動　181
アセスメント　2, 10, 12, 14, 19, 20, 21, 23, 75, 76, 78, 79, 80, 88, 94, 107, 110, 122, 123, 129, 130, 131, 132, 141, 143, 152, 163, 189, 190, 192, 204, 210, 211, 227, 228, 230, 231, 234, 239, 259, 262, 263, 265, 266, 267, 268, 269, 271, 286, 299, 300, 302, 303, 321, 325, 327, 328, 336, 338, 342, 374, 375, 376, 404, 414
アメリカ　14, 15, 16, 17, 105, 106, 147, 148, 222, 241, 326, 368, 381, 419
アメリカ心理学会（APA）　14
怒りのマネジメント　274, 275
イギリス心理学会　17, 19, 34, 47, 58, 60, 347
医師　31, 32, 40, 45, 46, 67, 91, 113, 152, 226, 320, 415
いじめ　399
痛み　5, 6, 7, 188, 197, 383
一般開業医（GP）　45, 102, 111, 115, 124, 126, 127, 147, 161, 162, 183, 355, 365, 387, 394, 395, 396, 398, 400, 401, 402, 403, 404, 405, 406, 407, 409, 411, 414, 416, 417, 420
インシュリン・ショック療法　30
陰性症状　288, 299
ヴァリデーション・セラピー　193
うつ病　26, 161, 190, 287, 399, 417
ヴント，W.　3
HIV（AIDS）感染者　15, 92, 93
NHS　→国民保健サービス
エビデンスベイスト医療　42, 85
エビデンスベイスト・ヘルスケア　85
援助コミュニティ　307, 308
親（養育者）　111, 114, 115, 116, 118, 123, 126, 131, 136, 137, 138, 143, 220, 223, 224, 226
親カウンセリング　128
親子関係のパターン　118

カ　行

絵画療法　138
介護者　179, 180, 192
介護付き施設　197, 198
介助者　40, 42, 179, 180, 182, 192, 199, 203
回想法　194
ガイドライン（臨床実践の）　86
介入　19, 20, 24, 26, 38, 78, 80, 82, 88, 107, 110, 116, 122, 136, 142, 143, 147, 152, 156, 158, 168, 171, 191, 194, 197, 206, 230, 232, 240, 245, 253, 256, 257, 262, 271, 272, 275, 276, 277, 279, 283, 286, 304, 314, 329, 338, 341, 343, 359, 375, 378, 382, 384, 409, 411, 419
介入過程評価　31
介入技法　25, 29, 146
介入計画　189, 245
介入効果　30, 31, 84, 85, 156
介入プログラム　31, 87, 94, 139, 156
介入法　7, 14, 30, 70, 76, 83, 125, 132, 150, 161, 170, 209, 211, 301, 338, 404, 413
介入目標　81
解離性障害　368
カウンセラー　11, 24, 44, 57, 183, 399, 408, 420
カウンセリング　15, 19, 44, 57, 89, 94, 189, 202, 222, 225, 408
カウンセリング心理学　57, 58, 96, 98, 420
カウンセリング心理士　58, 96, 98
科学者かつ実践者（モデル）　11, 12, 73, 75, 76, 146
学習機能障害　78, 216, 217, 218, 219, 220, 222, 223, 224, 226, 228, 232, 243, 244, 245, 255, 271
学習困難　116, 216
家族　40, 42, 80, 95, 118, 120, 122, 142, 170, 171, 201, 205, 287, 299, 305, 336, 337, 340, 383
家族関係　123, 129, 131, 168
家族システム療法　136, 138

索　引——429

家族療法　　25, 26, 132, 133, 138, 146, 168, 170, 171, 172, 409, 412
学校　　117, 118, 126, 129, 223, 225, 404
学校心理学　　15
カップル療法　　→夫婦療法
家庭医　　→一般開業医
環境アプローチ　　308
環境的資源　　376
管区警備付きユニット　　251, 255, 258, 262
看護師　　10, 23, 31, 32, 43, 47, 49, 50, 51, 52, 59, 61, 67, 90, 91, 100, 112, 152, 191, 194, 226, 258, 259, 293, 309, 384, 415, 416, 417
観察者評定（尺度）　　191, 269
関門制御説　　5, 7
キーワーカー　　60, 313
危機（リスク）アセスメント　　261, 300
器質障害　　27, 28, 216, 217, 225, 333, 340, 404
基準照合形式　　190
喫煙（者）　　387, 388, 416, 421
機能障害　　27, 28, 216, 217
機能的コミュニケーションのトレーニング（FCT）　　234, 235
機能の側性化　　323
機能分析　　74, 79, 230, 271
気晴らし　　160, 197
気分障害　　287
基本ニーズ査定法　　286
虐待　　118, 120, 123, 203, 256, 402
QOL　　→生活の質
急性期　　320, 321, 322, 326, 329, 331, 337
急性ストレス反応　　12
教育心理学　　56
境界性人格障害　　256
教師　　40, 56, 112, 114, 116, 126, 226
行政機関　　17
強迫　　404, 414
強迫行為　　157, 158
強迫性障害　　19, 157, 158
恐怖症　　19
協力モデル　　42
クライエント　　40
クライエント中心療法　　57
クライエントの尊厳　　77
クライン, M.　　25
クリニック　　17, 146, 147

グループホーム　　224
グループ療法　　→集団療法
訓練（臨床心理士の）　　10, 15, 17, 19, 32, 96, 97, 146, 414
訓練（スタッフの）　　23, 66, 238, 239, 409
ケア　　38, 103
ケア・インパクト（負担）　　31
ケア・システム　　105
ケア・プラン　　298
ケア・ワーカー　　22, 40
系統的脱感作法　　155
頸動脈内アミタールソーダテスト　　328
警備付きユニット　　→管区警備付きユニット
刑務所　　253
ケリー, G.　　21
幻覚　　306, 307
研究　　83, 110, 414
健康信念モデル　　355
健康心理学　　96, 98, 350f
健康心理士　　96
健康臨床心理学　　96, 352, 355, 358, 363, 374, 386, 389, 390
健康臨床心理士　　353, 354, 355, 358, 359, 361, 367, 369, 370, 373, 375, 380, 383, 384, 385, 388, 390
言語療法（士）　　32, 40, 54, 141, 226, 323, 337
幻聴　　288
ケンドリク・テストバッテリ　　190
語彙テスト　　21
抗うつ剤　　159, 196
効果研究　　208, 405
効果評価　　152, 175
攻撃（性，行動）　　27, 191, 235, 236, 243, 254, 266, 267, 272, 273, 274, 288
更生（犯罪者の）　　252, 253, 259
構成モデル　　233, 235
構造化面接　　185, 268
肯定的関心　　25
行動アセスメント（法）　　300, 302
行動化　　166
行動観察　　190
行動規範（臨床心理士の）　　11
行動主義　　4, 271
行動的家族療法　　139

行動的手法（アセスメント） 23
行動評価尺度 185
行動分析 25
行動マネジメント（法） 198, 206, 338, 410, 411
行動療法 14, 25, 26, 74, 132, 136, 153, 155, 172, 329, 378, 383
高齢者 14, 35, 67, 77, 81, 178f
国民健康サービス（NHS） 14, 17, 18, 32, 58, 86, 90, 92, 97, 98, 182, 184, 249, 250, 251, 352, 353, 396
コクラン・センター 85
心の理論 120
個人開業 16, 35
コスト（費用） 86, 101, 150
子育てプログラム 55
孤独 186
子どものアセスメント 121
子どものメンタルヘルス 112
コミュニケーション 38, 39, 70, 96, 113, 222, 236, 371, 415, 421
コミュニティのメンタルヘルス・チーム 418, 421
コミュニティ活動 147
コミュニティ看護師 48, 49, 66, 295, 396, 414, 418
コミュニティ・ケア 99, 100, 102, 226, 353
コミュニティ・サービス 67, 99, 139
コミュニティ心理学 419, 420
コミュニティ心理士 419, 420, 421
コミュニティ・プログラム 252
コミュニティへの介入 386, 388
コンサルタント・モデル 15
コンサルテーション 89, 90, 94, 96, 110, 125, 140, 142, 184, 199, 204, 258, 264, 265, 352, 409, 412, 415, 421
コンピュータ連動連続断層撮影（CT） 322, 323

サ 行

サービス評価 87
再検査信頼性 24
作業療法（士） 31, 43, 52, 53, 67, 88, 90, 141, 181, 183, 208, 226, 258, 307, 323, 337, 343, 384, 418
ジェノグラム 171

資格（臨床心理士の） 32
時間見本法 191, 302
磁気共鳴画像法（MRI） 322
自己管理スキル 278, 300
自己教示トレーニング法 26
自己評価尺度 191
自己表現 156, 172
自己表現（アサーション）トレーニング 156, 173, 418
自己モニタリング 76, 196, 197, 306
自殺企図 115
システム・アプローチ 80, 95, 171, 172
自然観察法 230
自尊心 243, 254, 334
失禁 191, 209, 218
実習 16
質的研究（法） 5, 176
質問紙 21, 22, 76, 127, 267, 301
児童心理学 110, 122
児童心理セラピスト 112
児童精神科医 112, 129
児童臨床心理士 410, 421
自閉症 116, 117, 120
社会経済的問題 91
社会構成的モデル 411, 421
社会的役割の安定化（SRV） 241, 296
集団行動療法 307, 309
集団心理療法 173, 174
集団療法 25, 88, 172, 173, 259, 273, 409
集中治療部（ICU） 89
収容施設（精神科） 289, 290, 292
手術 384
純粋性 25
準専門活動 44
情緒的問題 237
小児・少年 110f
小児科医 111, 129, 141
情報の伝達システム 38, 39
職業リハビリテーション 343
自立能力 334
人格障害 254, 256, 268, 272, 287
人格的資源 376
心気症 368
神経心理学 26, 190, 318f
神経内科医 320, 322
神経臨床心理学 318f

神経臨床心理士	12, 318f	精神病質障害	254, 255, 257
心理士（資格）	10	精神病質チェックリスト（PCL）	268
心臓病	361	精神病理学	22
心臓発作	362, 382	精神分析	133, 146, 162, 165, 175
身体化症状（障害）	376, 401	精神分析的心理療法	132, 136
身体醜形恐怖	369	性的問題	77, 150, 151, 158, 257, 335
心的外傷	12, 13, 78, 112, 117, 120, 132, 334	性犯罪	251, 253, 269, 275, 278

心的外傷後ストレス障害（PTSD） 12, 13, 56, 74, 116, 137, 330
信頼関係 152, 162
心理学 3, 4, 5, 20, 26, 35, 43, 46, 49, 64, 65, 66, 74, 78, 89, 94, 102, 415, 416
心理学的アセスメント →アセスメント
心理学的介入 →介入
心理教育的アプローチ 304, 305, 382
心理検査 185
心理測定 72, 76, 129, 322, 404
心理テスト 14, 20, 23, 263
心理力動的アプローチ 165, 169, 176
心理力動的心理療法 75, 146, 162, 166, 168
心理力動論 24
心理療法 10, 11, 24, 25, 75, 76, 121, 146, 163, 164, 165, 175, 189, 195, 196, 197, 199, 237, 244, 287, 309, 311, 339, 340, 343, 345, 346, 375, 376, 378, 379, 384, 403, 404, 406, 407, 408, 413, 421
睡眠 186
睡眠障害 127
スーパーヴァイズ 16, 127
スーパーヴィジョン 17, 20, 23, 62, 89, 90, 380, 408
スキル教育 139
スキル・トレーニング 174
スタッフ・サポート 143, 264
ストレス 117, 118, 120, 131, 134, 140, 187, 336, 363, 364, 412
ストレスマネジメント 94, 305, 411, 418
生活史 132, 193, 262
生活スキル 78, 286, 288, 296
生活の質（QOL） 69, 87, 184
政策立案（ヘルスケア・システムの） 93
成人 145f
精神科医 10, 90, 183, 259, 395, 399, 418
精神遅滞 216
精神病（重い） 80, 100, 102, 282f, 393
精神病院 252, 283, 287, 289, 292, 307

生物心理社会モデル 357
生理学的測定 23
世界保健機関（WHO） 85, 216
世界保健機関の障害分類 27
責任性（臨床心理士の） 33
折衷主義 146
セックス療法 169, 170
摂食障害 74, 80, 116, 159, 167, 168, 169, 405
折衷的介入法 25, 166, 176
セラピスト 24, 37, 43, 53, 67, 105
セルフケア 222
セロトニン作動性抗うつ剤 158
全人的モデル 93
専門活動 43
専門職 43, 72, 106
喪失（体験） 188, 194
ソーシャルケア 54, 55
ソーシャルサービス 54, 55, 101, 110
ソーシャル・サポート 50, 139, 355, 363, 383
ソーシャルスキル・トレーニング（SST） 172, 173, 198, 310, 311
ソーシャルワーカー 10, 31, 54, 111, 124, 125, 152, 181, 183, 226, 259, 399, 418
ソーシャルワーク 284, 287
測定の信頼性 24
産業心理学 57
組織心理学 57, 110
組織変革 385

タ 行

ターミナルケア 88, 194
対象関係技法 21
対人関係スキル 271, 273
対人関係療法（IPT） 169
対人スキル 172, 254, 256, 257
対人スキル・トレーニング 277
妥当性の評価 24

多発性硬化症　332, 333
単一事例研究法　76
短期ケア　224
短期認知療法　84
チームワーク　33, 59, 62, 70, 126, 200, 283
知的器質障害　216, 217, 218, 220, 221, 222, 224, 225, 226, 228, 234, 235, 237, 241, 242, 244, 254
知的障害　216f
知能　218, 219
知能テスト　227
痴呆　190, 326, 328
注意欠陥／多動性障害（ADHD）　116, 117, 129
挑発的行動　220, 221, 255
治療（パラダイム）　103, 256, 296, 411, 412
治療方針の遵守　366, 367, 378
DSM-IV　148, 150
デイケア　184
定式化（事例の）　10, 79, 132, 374
デイセンター　38
デイ・ホスピタル　181, 182
データベース　210
的確な共感　25
出来事契約法　170
徹底操作　162, 165, 194
転移　164, 169
てんかん　117, 323, 324, 330, 333
電気ショック療法（ECT）　196
ドイツ　14, 15
投影的技法　21
等価性　242, 243
動機づけ　82
統合教育　223
統合失調症　11, 85, 263, 284, 287, 399, 401
頭部外傷　332, 334, 338, 342, 345
登録制度　33, 34
トークン・エコノミー（法）　30, 82, 307, 309, 310
特殊病院　250
特殊教育学校　222
独立性（臨床心理士の）　32
ドメスティック・バイオレンス　83
トラウマ　→心的外傷
トランス理論モデル　387

ナ 行

内的感作法　276
ナラティヴ・セラピー　412
ニーズ　103, 128, 192, 210, 225, 233, 234, 244, 286
人間性心理学　146
認知行動主義　271, 272
認知行動的アプローチ　156, 306
認知行動療法　10, 25, 81, 116, 132, 136, 137, 146, 153, 154, 156, 158, 159, 161, 166, 167, 168, 169, 175, 176, 195, 375, 377, 383, 404, 407
認知心理学　74, 75
認知的アセスメント　21
認知的アプローチ　26
認知（的）プロセス　82
認知分析療法　146, 169
認知モデル　74
認知リハビリテーション　338, 343
認知療法　25, 26, 82, 89, 137, 159, 160, 196, 329, 382
ネットワーク　200, 224
脳卒中　332, 333
脳損傷　74, 318, 319, 324, 333
能力　23
ノーマライゼーション　77, 241, 296

ハ 行

パーソナリティ　21, 23, 82
パーソナリティ・テスト　21
バーンアウト　50, 52, 207
徘徊　191
博士号　18
曝露（法）　13, 155
発達障害　129
発達心理学　119
パニック　74, 157
パニック恐怖　127
パニック障害　76
パニック発作　115, 154, 156
犯罪　248f
ハンディキャップ　28, 35, 216, 217, 282, 283, 285, 287, 299, 303, 311
反応防止法　158
PTSD　→心的外傷後ストレス障害

索引——433

ビネー，A.　20
病院（総合病院）　17, 39, 47, 94, 96, 101, 124, 320, 353, 388
評価　20, 67, 68
評価尺度　76, 169
病気表象モデル　355, 356
表出感情（EE）　304
標準準拠的テスト　227, 228
評定尺度　22, 301
評定法　300
病理モデル　233, 240
病歴聴取　322
疲労　74
広場恐怖　154, 155, 156, 172, 175, 404
不安　11, 74, 77, 80, 134, 140, 148, 153, 154, 155, 156, 157, 158, 159, 176, 182, 187, 195, 243, 254, 300, 306, 307, 318, 319, 330, 334, 359, 361, 363, 367, 399, 400, 401, 404, 407, 411, 414
不安対処トレーニング　196
夫婦カウンセリング　344, 345
夫婦療法（カップル療法）　169, 170, 172
フォローアップ　346
不妊治療　390
不眠　402, 410
プライマリケア　35, 44, 45, 84, 102, 367, 370, 387, 393f
プライマリ・ヘルスケア　395, 398, 404, 409
フラッシュバック　12, 56
フロイト，A.　25
フロイト，S.　25
プロバイダー　55
ベースライン　68
ペニス容積計測法　269, 270, 276
ヘルスケア　16, 35, 38, 41, 43, 45, 54, 58, 59, 63, 67, 72, 73, 86, 94, 96, 102, 106, 212, 350, 352, 375, 376, 389, 393
ヘルスケア環境　370, 371
ヘルスケア・システム　19, 20, 32, 34, 35, 43, 47, 94, 95, 103
ヘルスケア・スタッフ　39, 40, 62, 86, 90, 96, 372, 373, 375, 384, 385
ヘルスケア専門職　9, 11, 32, 33, 43, 48, 63, 65
ヘルスケアチーム　59

ヘルスサービス　15, 54, 91, 101, 105, 110, 389
法心理学（者）　57, 259, 260
暴力　191
保健師　56, 88, 111, 127, 134, 135, 136, 152, 226, 396, 399, 410, 411, 414, 415, 416, 417, 421
ホスピス　126
ボランティア（団体）　37, 40, 99, 124, 180, 182, 184, 199, 347

マ 行

マギルーメルザック式痛みに関する質問票　7, 8
マネジド・ケア　86, 106
慢性障害　284, 285, 296
慢性的痛みのマネジメント　383
慢性疲労症候群　377
万引き　270
ミーティング　408, 409
見直しチーム　413
無気力　188
メイアーズ・ブリッグス類型指標　21
メタ分析　84, 279
メンタルヘルス　15, 66, 70, 99, 105, 111, 412
メンタルヘルス・サービス　282, 284, 285, 396, 397
妄想と幻覚　288, 300, 306
妄想評価尺度　301
燃え尽き症候群　→バーンアウト
目標設定アプローチ　305
モデリング　273, 275, 310
物語パラダイム　5
物忘れ　187
問題解決（スキル）トレーニング　128, 273

ヤ 行

薬物濫用　15
薬物療法（治療）　158, 159, 160, 284, 288, 314, 327, 400
夜尿（症）　121, 171
遊戯療法　138
ユニット　291, 292, 293, 294, 297, 303, 309
ユング，C.　25

養育者　　→親
養育スタイル　　122
陽性症状　　288, 299
陽電子放射断層撮影（PET）　　322, 323
抑うつ　　11, 12, 22, 24, 74, 77, 78, 80, 82, 139, 148, 159, 160, 161, 162, 164, 176, 182, 188, 196, 243, 263, 277, 300, 306, 318, 319, 328, 330, 334, 354, 359, 361, 363, 367, 383, 401, 404, 407, 411, 414
予防　　416, 421
予防的ケア　　180

ラ　行

ライフスタイル　　93, 96, 351, 380, 382, 387, 416
ライフレビュー　　194, 197
リアリティ・オリエンテーション　　192, 193, 206, 207, 208
理学療法（士）　　31, 52, 53, 67, 88, 141, 142, 181, 183, 226, 323, 337, 343, 363, 370
リサーチ・クエスチョン　　83
リハビリテーション　　26, 53, 69, 87, 104, 184, 198, 295, 296, 308, 320, 327, 329, 332, 333, 334, 336, 337, 339, 341, 344, 383
リハビリテーション・カウンセリング　　339
REHAB尺度　　301
リファー（紹介）　　37, 45, 111, 125, 126, 138, 141, 259, 270, 331, 339, 352, 353, 375, 394, 395, 396, 402, 403, 404, 409, 418
利用者　　41, 201
リラクゼーション　　7, 151, 154, 197, 275, 307, 384
臨床心理学　　64, 98, 245
臨床心理士の定義　　11
臨床老年学　　209, 212
倫理的問題　　233, 270, 276, 299
レパートリー・グリッド（法，尺度）　　21, 268, 346
老人ホーム　　183, 184, 191
労働心理学　　57
老年医学　　180
老年科医　　181
老年学　　200
老年精神医学　　181, 182
ロールプレイ　　173, 174, 269, 273, 275, 305

編訳者略歴

1957年　静岡県に生まれる．
1983年　東京大学大学院教育学研究科教育心理学専攻
　　　　第1種博士課程退学
1995年　東京大学大学院教育学研究科教育心理学コース助教授
1997年　博士（教育学），現在に至る

主要著訳書
「臨床心理学研究の理論と実際」（1997年，東京大学出版会）
「心理臨床の基礎1　心理臨床の発想と実践」（2000年，岩波書店）
「講座臨床心理学」（全6巻，共編，2001-02年，東京大学出版会）
「心理学の新しいかたち」（共編著，2002年，誠信書房）
ヘイヴンズ「心理療法におけることばの使い方」（2001年，誠信書房）

専門職としての臨床心理士

2003年4月17日　初　版

［検印廃止］

編訳者　下山（しもやま）　晴彦（はるひこ）

発行所　財団法人　東京大学出版会

代表者　五味文彦

113-8654 東京都文京区本郷7-3-1
電話03-3811-8814・振替00160-6-59964

印刷所　株式会社理想社
製本所　矢嶋製本株式会社

©2003 Haruhiko SHIMOYAMA
ISBN 4-13-011112-4　Printed in Japan

Ⓡ〈日本複写権センター委託出版物〉
本書の全部または一部を無断で複写複製（コピー）することは，著作権法上での例外を除き，禁じられています．本書からの複写を希望される場合は，日本複写権センター（03-3401-2382）にご連絡ください．

講座 臨床心理学 [全6巻]
下山晴彦・丹野義彦——[編]

A5判・並製, 平均300頁.
各巻定価(本体価格3500円+税)

1巻　臨床心理学とは何か
臨床心理学の専門性／日本の臨床心理学の発展に向けて／臨床心理学と他の専門領域との関連性／臨床心理学と隣接領域との連携

2巻　臨床心理学研究
研究の理念と方法／臨床的記述研究／心理臨床活動の評価研究／因果関係を探る科学的研究

3巻　異常心理学Ⅰ
異常心理学総論／不安に関連した研究と臨床／発達過程に関連した研究と臨床

4巻　異常心理学Ⅱ
人格障害に関連した研究と臨床／抑うつに関連した研究と臨床／精神分裂病に関連した研究と臨床

5巻　発達臨床心理学
発達臨床心理学／発達前期／発達後期／関係性の発達と臨床心理学

6巻　社会臨床心理学
社会臨床心理学／各領域における臨床心理学の発展／社会における臨床心理学の展開

臨床心理学研究の理論と実際　　下山晴彦　　　　　A5・6800円
教育心理学Ⅱ：臨床と発達援助の心理学　下山晴彦編　A5・2900円